中国农垦农场志丛

海 南
西联农场志

中国农垦农场志丛编纂委员会　组编

海南农垦西联农场志编纂委员会　主编

中国农业出版社

北 京

图书在版编目（CIP）数据

海南西联农场志/中国农垦农场志丛编纂委员会组编；海南农垦西联农场志编纂委员会主编． —北京：中国农业出版社，2021.9
（中国农垦农场志丛）
ISBN 978-7-109-28329-9

Ⅰ．①海…　Ⅱ．①中…②海…　Ⅲ．①国营农场－概况－儋州－1952—2020　Ⅳ．①F324.1

中国版本图书馆CIP数据核字(2021)第112847号

出 版 人：陈邦勋
出版策划：刘爱芳
丛书统筹：王庆宁
审 稿 组：干锦春　薛　波
编 辑 组：闫保荣　王庆宁　黄　曦　李　梅　吕　睿　刘昊阳　赵世元
设 计 组：姜　欣　杜　然　关晓迪
工 艺 组：王　凯　王　宏　吴丽婷
发行宣传：毛志强　郑　静　曹建丽

海南西联农场志
Hainan Xilian Nongchangzhi

中国农业出版社出版
地址：北京市朝阳区麦子店街18号楼
邮编：100125
责任编辑：李　梅
责任校对：吴丽婷　　责任印制：王　宏
印刷：北京通州皇家印刷厂
版次：2021年9月第1版
印次：2021年9月北京第1次印刷
发行：新华书店北京发行所
开本：889mm×1194mm　1/16
印张：23　插页：10
字数：600千字
定价：158.00元

ISBN 978-7-109-28329-9

同志们努力工作

朱德 一九五七年一月廿四日

1957 年 1 月 24 日，朱德总司令视察西联农场时题词

我国的橡胶事业现在还处于幼年时期，但是大规模的网营橡胶园正在兴办。希望密切（）着（）橡胶前进与更密切 希望会成功的。

陈云
一九五七年四月一日

1957 年 4 月 1 日，国务院副总理陈云视察西联农场时题词

南国富源

谢觉哉

一九六〇年一月三十日

1960 年 1 月 30 日，最高人民法院院长谢觉哉视察西联农场时题词

業精於勤

一九六零年一月卅日参观
西联垦殖场
董必武

1960 年 1 月 30 日，国家副主席董必武视察西联农场时题词

西联宝岛，
南国珍珠。
周恩来
一九六〇年二月九日
于梅罗那大

1-60 年 2 月 9 日，周恩来总理在农业部部长何康陪同下视察西联农场时题词

大量挖塘打井，畜牧猪羊
地，保证橡胶吃饱喝足
於止选择侨农，松土施肥
其他技术措施，最大限度提
高橡胶产量优质，综合经
种经营，发展农林渔牧
使西联农场不建花多两
方面成为全国冠军，而且
在其他多方面，也将首屈
一指！
邓子恢 一九六〇年 三月卅日

1960 年 3 月 30 日，国务院副总理邓子恢视察西联农场时题词

— 4 —

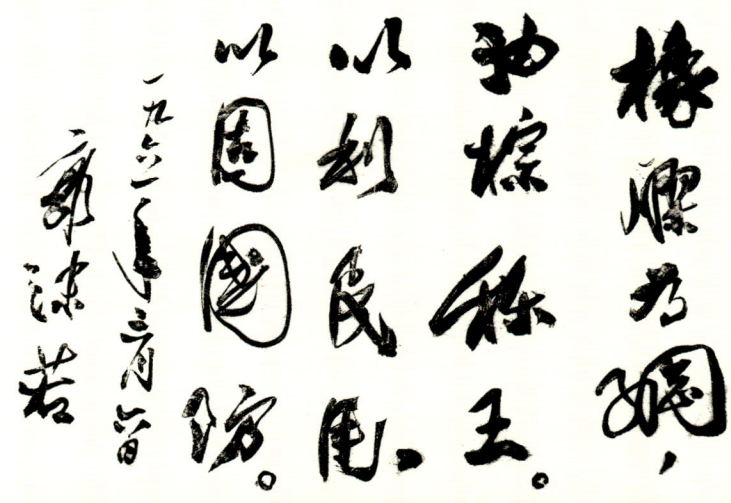

梅隖花姸
独擅称王。
以刻民风，
以固国防。

一九六一年三月六日

郭沫若

1961 年 3 月 6 日，全国人大常委会副委员长郭沫若视察西联农场时题词

大力发展橡胶
事业，争取粮食
自给，坚决贯彻
党的多种经营
的方针。

一九六一年三月八日

张云逸

1961 年 3 月 8 日，中国人民解放军大将张云逸视察西联农场并题词

胡锦涛

一九九六年
四月二日

1996 年 4 月 2 日，中共中央政治局常委、中共中央书记处书记
胡锦涛到西联农场考察时在留言板上签名

二、产业资源

百年胶园

百年胶园纪念碑

海南电视台记者拍摄西联农场种植收获的马来西亚波罗蜜

西联农场场区内的湿地公园

西联农场波罗蜜种植基地

西联农场种植的马来西亚波罗蜜

林相整齐的橡胶园

开展种植橡胶大会战

胶园冬春管理现场会

中小苗管理工作查验会

胶工参加割胶技术比赛

胶工参加磨刀技术比赛

西联农场干部职工齐心协力，灾后重建橡胶家园

西联农场干部职工投身抗风救灾、恢复生产行动

原华丽家具公司实木车间

西联农场干胶仓库

西联农场胶球厂生产的优质胶球

西联农场职工养殖的羊群

西联农场木材厂加工车间

西联农场养鸡场

农场职工种植的荔枝果园

农场职工种植的香蕉

五、农场风貌

西联农场联宝区

西联农场红卫小区

西联农场实施道路硬化工程

农场职工家室通了自来水

职工们领到自己住房的房产证

西联农场场部小域镇

西联农场办公楼

西联农场中心公园

空中俯瞰西联农场办公楼

六、农场生活

西联豪廷花园剪彩仪式

西联超市剪彩仪式

锦盈大酒店、农副产品交易市场改扩建签约仪式

西联农场公司管理人员介绍西联农场资源

西联农场公司管理人员向客商推介西联招商项目

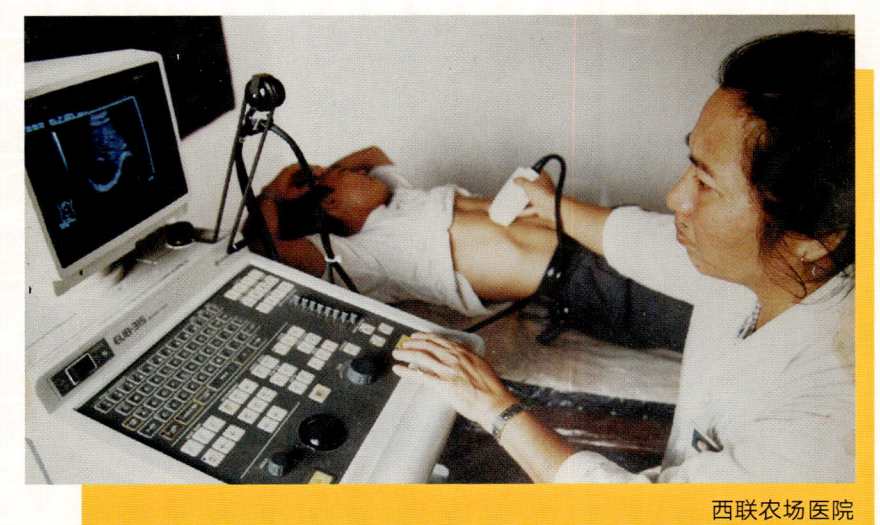

西联农场医院

西联幼儿园

西联中心小学语音室

西联中学

在西联农场举行国际自行车赛

国际马拉松赛途经西联农场

西联农场歌舞晚会

知青劳动归来

知青业余时间跳舞排练

知青排练舞蹈

知青养殖小猪

割胶大师李东

割胶神刀手郑红芬

西联农场公司揭牌仪式

西联农场公司党日活动

西联农场公司党委七一表彰会议

西联农场公司党员重温入党誓词

西联农场公司开展党史学习教育党课

西联农场公司主题党日活动植树造林

中国农垦农场志丛编纂委员会

主　任

张桃林

副主任

左常升　邓庆海　李尚兰　陈邦勋　彭剑良　程景民　王润雷

成　员（按垦区排序）

马　辉　张庆东　张保强　薛志省　赵永华　李德海　麦　朝

王守聪　许如庆　胡兆辉　孙飞翔　王良贵　李岱一　赖金生

于永德　陈金剑　李胜强　唐道明　支光南　张安明　张志坚

陈孟坤　田李文　步　涛　余　繁　林　木　王　韬　魏国斌

巩爱岐　段志强　聂　新　高　宁　周云江　朱云生　常　芳

中国农垦农场志丛编纂委员会办公室

主　任

王润雷

副主任

陈忠毅　刘爱芳　武新宇　明　星

成　员

胡从九　李红梅　刘琢琬　闫保荣　王庆宁

中国农垦农场志丛

海南农垦西联农场志编纂委员会

主　　　　任：羊博锴

第一副主任：苏保财

副　主　任：郭海滨

委　　　员：刘杰文　符冠豪　谢永斌　何钦宝　王　彪

　　　　　　谢忠南　王国强　薛鸿盛　吴彦易　梁步宁

　　　　　　梁海忠　曾杰平　杨发俊　符汉雄　符友富

　　　　　　黎　明　钟有显　王开波

海南农垦西联农场志编写组

主　　　编：郭海滨

执行主编：李挺奋

副　主　编：谢永斌　梁步宁　李德发　李小凡

编写人员：简国强　吴德荣　符丽春　洪一铮　罗成兴

　　　　　　黄　振　吕月媚　陈慧颖　薛图邦　欧玉婷

　　　　　　梁富年　符鹏安　何建臻　唐丽云　苏杰成

　　　　　　罗理想

中国农垦农场志丛自 2017 年开始酝酿，历经几度春秋寒暑，终于在建党 100 周年之际，陆续面世。在此，谨向所有为修此志作出贡献、付出心血的同志表示诚挚的敬意和由衷的感谢！

中国共产党领导开创的农垦事业，为中华人民共和国的诞生和发展立下汗马功劳。八十余年来，农垦事业的发展与共和国的命运紧密相连，在使命履行中，农场成长为国有农业经济的骨干和代表，成为国家在关键时刻抓得住、用得上的重要力量。

如果将农垦比作大厦，那么农场就是砖瓦，是基本单位。在全国 31 个省（自治区、直辖市，港澳台除外），分布着 1800 多个农垦农场。这些星罗棋布的农场如一颗颗玉珠，明暗随农垦的历史进程而起伏；当其融汇在一起，则又映射出农垦事业波澜壮阔的历史画卷，绽放着"艰苦奋斗、勇于开拓"的精神光芒。

（一）

"农垦"概念源于历史悠久的"屯田"。早在秦汉时期就有了移民垦荒，至汉武帝时创立军屯，用于保障军粮供应。之后，历代沿袭屯田这一做法，充实国库，供养军队。

中国共产党借鉴历代屯田经验，发动群众垦荒造田。1933 年 2 月，中华苏维埃共和国临时中央政府颁布《开垦荒地荒田办法》，规定"县区土地部、乡政府要马上调查统计本地所有荒田荒地，切实计划、发动群众去开荒"。到抗日战争时期，中国共产党大规模地发动军人进行农垦实践，肩负起支援抗战的特殊使命，农垦事业正式登上了历史舞台。

20 世纪 30 年代末至 40 年代初，抗日战争进入相持阶段，在日军扫荡和国民党军事包围、经济封锁等多重压力下，陕甘宁边区生活日益困难。"我们曾经弄到几乎没有衣穿，没有油吃，没有纸、没有菜，战士没有鞋袜，工作人员在冬天没有被盖。"毛泽东同志曾这样讲道。

面对艰难处境，中共中央决定开展"自己动手，丰衣足食"的生产自救。1939 年 2 月 2 日，毛泽东同志在延安生产动员大会上发出"自己动手"的号召。1940 年 2 月 10 日，中共中央、中央军委发出《关于开展生产运动的指示》，要求各部队"一面战斗、一面生产、一面学习"。于是，陕甘宁边区掀起了一场轰轰烈烈的大生产运动。

这个时期，抗日根据地的第一个农场——光华农场诞生了。1939 年冬，根据中共中央的决定，光华农场在延安筹办，生产牛奶、蔬菜等食物。同时，进行农业科学实验、技术推广，示范带动周边群众。这不同于古代屯田，开创了农垦示范带动的历史先河。

在大生产运动中，还有一面"旗帜"高高飘扬，让人肃然起敬，它就是举世闻名的南泥湾大生产运动。

1940 年 6—7 月，为了解陕甘宁边区自然状况、促进边区建设事业发展，在中共中央财政经济部的支持下，边区政府建设厅的农林科学家乐天宇等一行 6 人，历时 47 天，全面考察了边区的森林自然状况，并完成了《陕甘宁边区森林考察团报告书》，报告建议垦殖南泥洼（即南泥湾）。之后，朱德总司令亲自前往南泥洼考察，谋划南泥洼的开发建设。

1941 年春天，受中共中央的委托，王震将军率领三五九旅进驻南泥湾。那时，南泥湾俗称"烂泥湾"，"方圆百里山连山"，战士们"只见梢林不见天"，身边做伴的是满山窜的狼豹黄羊。在这种艰苦处境中，战士们攻坚克难，一手拿枪，一手拿镐，练兵开荒两不误，把"烂泥湾"变成了陕北的"好江南"。从1941年到1944年，仅仅几年时间，三五九旅的粮食产量由0.12万石猛增到3.7万石，上缴公粮1万石，达到了耕一余一。与此同时，工业、商业、运输业、畜牧业和建筑业也得到了迅速发展。

南泥湾大生产运动，作为中国共产党第一次大规模的军垦，被视为农垦事业的开端，南泥湾也成为农垦事业和农垦精神的发祥地。

进入解放战争时期，建立巩固的东北根据地成为中共中央全方位战略的重要组成部分。毛泽东同志在1945年12月28日为中共中央起草的《建立巩固的东北根据地》中，明确指出"我党现时在东北的任务，是建立根据地，是在东满、北满、西满建立巩固的军事政治的根据地"，要求"除集中行动负有重大作战任务的野战兵团外，一切部队和机关，必须在战斗和工作之暇从事生产"。

紧接着，1947年，公营农场兴起的大幕拉开了。

这一年春天，中共中央东北局财经委员会召开会议，主持财经工作的陈云、李富春同志在分析时势后指出：东北行政委员会和各省都要"试办公营农场，进行机械化农业实验，以迎接解放后的农村建设"。

这一年夏天，在松江省政府的指导下，松江省省营第一农场（今宁安农场）创建。省政府主任秘书李在人为场长，他带领着一支18人的队伍，在今尚志市一面坡太平沟开犁生产，一身泥、一身汗地拉开了"北大荒第一犁"。

这一年冬天，原辽北军区司令部作训科科长周亚光带领人马，冒着严寒风雪，到通北县赵光区实地踏查，以日伪开拓团训练学校旧址为基础，建成了我国第一个公营机械化农场——通北机械农场。

之后，花园、永安、平阳等一批公营农场纷纷在战火的硝烟中诞生。与此同时，一部分身残志坚的荣誉军人和被解放的国民党军人，向东北荒原宣战，艰苦拓荒、艰辛创业，创建了一批荣军农场和解放团农场。

再将视线转向华北。这一时期，在河北省衡水湖的前身"千顷洼"所在地，华北人民政府农业部利用一批来自联合国善后救济总署的农业机械，建成了华北解放区第一个机械化公营农场——冀衡农场。

除了机械化农场，在那个主要靠人力耕种的年代，一些拖拉机站和机务人员培训班诞生在东北、华北大地上，推广农业机械化技术，成为新中国农机事业人才培养的"摇篮"。新中国的第一位女拖拉机手梁军正是优秀代表之一。

（二）

中华人民共和国成立后农垦事业步入了发展的"快车道"。

1949 年 10 月 1 日，新中国成立了，百废待兴。新的历史阶段提出了新课题、新任务：恢复和发展生产,医治战争创伤,安置转业官兵,巩固国防,稳定新生的人民政权。

这没有硝烟的"新战场"，更需要垦荒生产的支持。

1949 年 12 月 5 日，中央人民政府人民革命军事委员会发布《关于 1950 年军队参加生产建设工作的指示》，号召全军"除继续作战和服勤务者而外，应当负担一部分生产任务，使我人民解放军不仅是一支国防军，而且是一支生产军"。

1952 年 2 月 1 日，毛泽东主席发布《人民革命军事委员会命令》："你们现在可以把战斗的武器保存起来，拿起生产建设的武器。"批准中国人民解放军 31 个师转为建设师，其中有 15 个师参加农业生产建设。

垦荒战鼓已擂响，刚跨进和平年代的解放军官兵们，又背起行囊，扑向荒原，将"作战地图变成生产地图"，把"炮兵的瞄准仪变成建设者的水平仪"，让"战马变成耕马"，在戈壁荒漠、三江平原、南国边疆安营扎寨，攻坚克难，辛苦耕耘，创造了农垦事业的一个又一个奇迹。

1. 将戈壁荒漠变成绿洲

1950 年 1 月，王震将军向驻疆部队发布开展大生产运动的命令，动员 11 万余名官兵就地屯垦，创建军垦农场。

垦荒之战有多难，这些有着南泥湾精神的农垦战士就有多拼。

没有房子住，就搭草棚子、住地窝子；粮食不够吃，就用盐水煮麦粒；没有拖拉机和畜力，就多人拉犁开荒种地……

然而，戈壁滩缺水，缺"农业的命根子"，这是痛中之痛！

没有水，战士们就自己修渠，自伐木料，自制筐担，自搓绳索，自开块石。修渠中涌现了很多动人故事，据原新疆兵团农二师师长王德昌回忆，1951年冬天，一名来自湖南的女战士，面对磨断的绳子，情急之下，割下心爱的辫子，接上绳子背起了石头。

在战士们全力以赴的努力下，十八团渠、红星渠、和平渠、八一胜利渠等一条条大地的"新动脉"，奔涌在戈壁滩上。

1954年10月，经中共中央批准，新疆生产建设兵团成立，陶峙岳被任命为司令员，新疆维吾尔自治区党委书记王恩茂兼任第一政委，张仲瀚任第二政委。努力开荒生产的驻疆屯垦官兵终于有了正式的新身份，工作中心由武装斗争转为经济建设，新疆地区的屯垦进入了新的阶段。

之后，新疆生产建设兵团重点开发了北疆的准噶尔盆地、南疆的塔里木河流域及伊犁、博乐、塔城等边远地区。战士们鼓足干劲，兴修水利、垦荒造田、种粮种棉、修路架桥，一座座城市拔地而起，荒漠变绿洲。

2. 将荒原沼泽变成粮仓

在新疆屯垦热火朝天之时，北大荒也进入了波澜壮阔的开发阶段，三江平原成为"主战场"。

1954年8月，中共中央农村工作部同意并批转了农业部党组《关于开发东北荒地的农建二师移垦东北问题的报告》，同时上报中央军委批准。9月，第一批集体转业的"移民大军"——农建二师由山东开赴北大荒。这支8000多人的齐鲁官兵队伍以荒原为家，创建了二九〇、二九一和十一农场。

同年，王震将军视察黑龙江汤原后，萌发了开发北大荒的设想。领命的是第五师副师长余友清，他打头阵，率一支先遣队到密山、虎林一带踏查荒原，于1955年元旦，在虎林县（今虎林市）西岗创建了铁道兵第一个农场，以部队番号命名为"八五〇部农场"。

1955年，经中共中央同意，铁道兵9个师近两万人挺进北大荒，在密山、虎林、饶河一带开荒建场，拉开了向三江平原发起总攻的序幕，在八五〇部农场周围建起了一批八字头的农场。

1958年1月，中央军委发出《关于动员十万干部转业复员参加生产建设的指示》，要求全军复员转业官兵去开发北大荒。命令一下，十万转业官兵及家属，浩浩荡荡进军三江平原，支边青年、知识青年也前赴后继地进攻这片古老的荒原。

垦荒大军不惧苦、不畏难，鏖战多年，荒原变良田。1964年盛夏，国家副主席董必武来到北大荒视察，面对麦香千里即兴赋诗："斩棘披荆忆老兵，大荒已变大粮屯。"

3. 将荒郊野岭变成胶园

如果说农垦大军在戈壁滩、北大荒打赢了漂亮的要粮要棉战役，那么，在南国边疆，则打赢了一场在世界看来不可能胜利的翻身仗。

1950年，朝鲜战争爆发后，帝国主义对我国实行经济封锁，重要战略物资天然橡胶被禁运，我国国防和经济建设面临严重威胁。

当时世界公认天然橡胶的种植地域不能超过北纬17°，我国被国际上许多专家划为"植胶禁区"。

但命运应该掌握在自己手中，中共中央作出"一定要建立自己的橡胶基地"的战略决策。1951年8月，政务院通过《关于扩大培植橡胶树的决定》，由副总理兼财政经济委员会主任陈云亲自主持这项工作。同年11月，华南垦殖局成立，中共中央华南分局第一书记叶剑英兼任局长，开始探索橡胶种植。

1952年3月，两万名中国人民解放军临危受命，组建成林业工程第一师、第二师和一个独立团，开赴海南、湛江、合浦等地，住茅棚、战台风、斗猛兽，白手起家垦殖橡胶。

大规模垦殖橡胶，急需胶籽。"一粒胶籽，一两黄金"成为战斗口号，战士们不惜一切代价收集胶籽。有一位叫陈金照的小战士，运送胶籽时遇到山洪，被战友们找到时已没有了呼吸，而背上箩筐里的胶籽却一粒没丢……

正是有了千千万万个把橡胶看得重于生命的陈金照们，1957年春天，华南垦殖局种植的第一批橡胶树，流出了第一滴胶乳。

1960年以后，大批转业官兵加入海南岛植胶队伍，建成第一个橡胶生产基地，还大面积种植了剑麻、香茅、咖啡等多种热带作物。同时，又有数万名转业官兵和湖南移民汇聚云南边疆，用血汗浇灌出了我国第二个橡胶生产基地。

在新疆、东北和华南三大军垦战役打响之时，其他省份也开始试办农场。1952年，在政务院关于"各县在可能范围内尽量地办起和办好一两个国营农场"的要求下，全国各地农场如雨后春笋般发展起来。1956年，农垦部成立，王震将军被任命为部长，统一管理全国的军垦农场和地方农场。

随着农垦管理走向规范化，农垦事业也蓬勃发展起来。江西建成多个综合垦殖场，发展茶、果、桑、林等多种生产；北京市郊、天津市郊、上海崇明岛等地建起了主要为城市提供副食品的国营农场；陕西、安徽、河南、西藏等省区建立发展了农牧场群……

到1966年，全国建成国营农场1958个，拥有职工292.77万人，拥有耕地面积345457公顷，农垦成为我国农业战线一支引人瞩目的生力军。

（三）

前进的道路并不总是平坦的。"文化大革命"持续十年，使党、国家和各族人民遭到新中国成立以来时间最长、范围最广、损失最大的挫折，农垦系统也不能幸免。农场平均主义盛行，从1967年至1978年，农垦系统连续亏损12年。

"没有一个冬天不可逾越，没有一个春天不会来临。"1978年，党的十一届三中全会召开，如同一声春雷，唤醒了沉睡的中华大地。手握改革开放这一法宝，全党全社会朝着社会主义现代化建设方向大步前进。

在这种大形势下，农垦人深知，国营农场作为社会主义全民所有制企业，应当而且有条件走在农业现代化的前列，继续发挥带头和示范作用。

于是，农垦人自觉承担起推进实现农业现代化的重大使命，乘着改革开放的春风，开始进行一系列的上下求索。

1978 年 9 月，国务院召开了人民公社、国营农场试办农工商联合企业座谈会，决定在我国试办农工商联合企业，农垦系统积极响应。作为现代化大农业的尝试，机械化水平较高且具有一定工商业经验的农垦企业，在农工商综合经营改革中如鱼得水，打破了单一种粮的局面，开启了农垦一二三产业全面发展的大门。

农工商综合经营只是农垦改革的一部分，农垦改革的关键在于打破平均主义，调动生产积极性。

为调动企业积极性，1979 年 2 月，国务院批转了财政部、国家农垦总局《关于农垦企业实行财务包干的暂行规定》。自此，农垦开始实行财务大包干，突破了"千家花钱，一家（中央）平衡"的统收统支方式，解决了农垦企业吃国家"大锅饭"的问题。

为调动企业职工的积极性，从 1979 年根据财务包干的要求恢复"包、定、奖"生产责任制，到 1980 年后一些农场实行以"大包干"到户为主要形式的家庭联产承包责任制，再到 1983 年借鉴农村改革经验，全面兴办家庭农场，逐渐建立大农场套小农场的双层经营体制，形成"家家有场长，户户搞核算"的蓬勃发展气象。

为调动企业经营者的积极性，1984 年下半年，农垦系统在全国选择 100 多个企业试点推行场（厂）长、经理负责制，1988 年全国农垦有 60% 以上的企业实行了这项改革，继而又借鉴城市国有企业改革经验，全面推行多种形式承包经营责任制，进一步明确主管部门与企业的权责利关系。

以上这些改革主要是在企业层面，以单项改革为主，虽然触及了国家、企业和职工的最直接、最根本的利益关系，但还没有完全解决传统体制下影响农垦经济发展的深层次矛盾和困难。

"历史总是在不断解决问题中前进的。"1992年，继邓小平南方谈话之后，党的十四大明确提出，要建立社会主义市场经济体制。市场经济为农垦改革进一步指明了方向，但农垦如何改革才能步入这个轨道，真正成为现代化农业的引领者？

关于国营大中型企业如何走向市场，早在1991年9月中共中央就召开工作会议，强调要转换企业经营机制。1992年7月，国务院发布《全民所有制工业企业转换经营机制条例》，明确提出企业转换经营机制的目标是："使企业适应市场的要求，成为依法自主经营、自负盈亏、自我发展、自我约束的商品生产和经营单位，成为独立享有民事权利和承担民事义务的企业法人。"

为转换农垦企业的经营机制，针对在干部制度上的"铁交椅"、用工制度上的"铁饭碗"和分配制度上的"大锅饭"问题，农垦实施了干部聘任制、全员劳动合同制以及劳动报酬与工效挂钩的三项制度改革，为农垦企业建立在用人、用工和收入分配上的竞争机制起到了重要促进作用。

1993年，十四届三中全会再次擂响战鼓，指出要进一步转换国有企业经营机制，建立适应市场经济要求，产权清晰、权责明确、政企分开、管理科学的现代企业制度。

农业部积极响应，1994年决定实施"三百工程"，即在全国农垦选择百家国有农场进行现代企业制度试点、组建发展百家企业集团、建设和做强百家良种企业，标志着农垦企业的改革开始深入到企业制度本身。

同年，针对有些农场仍为职工家庭农场，承包户垫付生产、生活费用这一问题，根据当年1月召开的全国农业工作会议要求，全国农垦系统开始实行"四到户"和"两自理"，即土地、核算、盈亏、风险到户，生产费、生活费由职工自理。这一举措彻底打破了"大锅饭"，开启了国有农场农业双层经营体制改革的新发展阶段。

然而，在推进市场经济进程中，以行政管理手段为主的垦区传统管理体制，逐渐成为束缚企业改革的桎梏。

垦区管理体制改革迫在眉睫。1995年，农业部在湖北省武汉市召开全国农垦经济体制改革工作会议，在总结各垦区实践的基础上，确立了农垦管理体制的改革思路：逐步弱化行政职能，加快实体化进程，积极向集团化、公司化过渡。以此会议为标志，垦区管理体制改革全面启动。北京、天津、黑龙江等17个垦区按照集团化方向推进。此时，出于实际需要，大部分垦区在推进集团化改革中仍保留了农垦管理部门牌子和部分行政管理职能。

"前途是光明的，道路是曲折的。"由于农垦自身存在的政企不分、产权不清、社会负担过重等深层次矛盾逐渐暴露，加之农产品价格低迷、激烈的市场竞争等外部因素叠加，从1997年开始，农垦企业开始步入长达5年的亏损徘徊期。

然而，农垦人不放弃、不妥协，终于在2002年"守得云开见月明"。这一年，中共十六大召开，农垦也在不断调整和改革中，告别"五连亏"，盈利13亿。

2002年后，集团化垦区按照"产业化、集团化、股份化"的要求，加快了对集团母公司、产业化专业公司的公司制改造和资源整合，逐步将国有优质资产集中到主导产业，进一步建立健全现代企业制度，形成了一批大公司、大集团，提升了农垦企业的核心竞争力。

与此同时，国有农场也在企业化、公司化改造方面进行了积极探索，综合考虑是否具备企业经营条件、能否剥离办社会职能等因素，因地制宜、分类指导。一是办社会职能可以移交的农场，按公司制等企业组织形式进行改革；办社会职能剥离需要过渡期的农场，逐步向公司制企业过渡。如广东、云南、上海、宁夏等集团化垦区，结合农场体制改革，打破传统农场界限，组建产业化专业公司，并以此为纽带，进一步将垦区内产业关联农场由子公司改为产业公司的生产基坭（或基地分公司），建立了集团与加工企业、农场生产基地间新的运行体制。二是不具备企业经营条件的农场，改为乡、镇或行政区，向政权组织过渡。如2003年前后，一些垦区的部分农场连年严重亏损，有的甚至濒临破产。湖南、湖北、河北等垦区经省委、省政府批准，对农场管理体制进行革新，把农场管理权下放到市县，实行属地管理，一些农场建立农场管理区，赋予必要的政府职能，给予财税优惠政策。

这些改革离不开农垦职工的默默支持，农垦的改革也不会忽视职工的生活保障。1986年，根据《中共中央、国务院批转农牧渔业部〈关于农垦经济体制改革问题的报告〉的通知》要求，农垦系统突破职工住房由国家分配的制度，实行住房商品化，调动职工自己动手、改善住房的积极性。1992年，农垦系统根据国务院关于企业职工养老保险制度改革的精神，开始改变职工养老保险金由企业独自承担的局面，此后逐步建立并完善国家、企业、职工三方共同承担的社会保障制度，减轻农场养老负担的同时，也减少了农场职工的后顾之忧，保障了农场改革的顺利推进。

从1986年至十八六前夕，从努力打破传统高度集中封闭管理的计划经济体制，到坚定社会主义市场经济体制方向；从在企业层面改革，以单项改革和放权让利为主，到深入管理体制，以制度建设为核心、多项改革综合配套协调推进为主：农垦企业一步一个脚印，走上符合自身实际的改革道路，管理体制更加适应市场经济，企业经营机制更加灵活高效。

这一阶段，农垦系统一手抓改革，一手抓开放，积极跳出"封闭"死胡同，走向开放的康庄大道。从利用外资在经营等领域涉足并深入合作，大力发展"三资"企业和"三来一补"项目；到注重"引进来"，引进资金、技术设备和管理理念等；再到积极实施"走出去"战略，与中东、东盟、日本等地区和国家进行经贸合作出口商品，甚至扎根境外建基地、办企业、搞加工、拓市场：农垦改革开放风生水起逐浪高，逐步形成"两个市场、两种资源"的对外开放格局。

（四）

党的十八大以来，以习近平同志为核心的党中央迎难而上，作出全面深化改革的决定，农垦改革也进入全面深化和进一步完善阶段。

2015年11月，中共中央、国务院印发《关于进一步推进农垦改革发展的意见》（简称《意见》），吹响了新一轮农垦改革发展的号角。《意见》明确要求，新时期农垦改革发展要以推进垦区集团化、农场企业化改革为主线，努力把农垦建设成为保障国家粮食安全和重要农产品有效供给的国家队、中国特色新型农业现代化的示范区、农业对外合作的排头兵、安边固疆的稳定器。

2016年5月25日，习近平总书记在黑龙江省考察时指出，要深化国有农垦体制改革，以垦区集团化、农场企业化为主线，推动资源资产整合、产业优化升级，建设现代农业大基地、大企业、大产业，努力形成农业领域的航母。

2018 年 9 月 25 日，习近平总书记再次来到黑龙江省进行考察，他强调，要深化农垦体制改革，全面增强农垦内生动力、发展活力、整体实力，更好发挥农垦在现代农业建设中的骨干作用。

农垦从来没有像今天这样更接近中华民族伟大复兴的梦想！农垦人更加振奋了，以壮士断腕的勇气、背水一战的决心继续农垦改革发展攻坚战。

1. 取得了累累硕果

——坚持集团化改革主导方向，形成和壮大了一批具有较强竞争力的现代农业企业集团。黑龙江北大荒去行政化改革、江苏农垦农业板块上市、北京首农食品资源整合……农垦深化体制机制改革多点开花、逐步深入。以资本为纽带的母子公司管理体制不断完善，现代公司治理体系进一步健全。市县管理农场的省份区域集团化改革稳步推进，已组建区域集团和产业公司超过 300 家，一大批农场注册成为公司制企业，成为真正的市场主体。

——创新和完善农垦农业双层经营体制，强化大农场的统一经营服务能力，提高适度规模经营水平。截至 2020 年，据不完全统计，全国农垦规模化经营土地面积 5500 多万亩，约占农垦耕地面积的 70.5%，现代农业之路越走越宽。

——改革国有农场办社会职能，让农垦企业政企分开、社企分开，彻底甩掉历史包袱。截至 2020 年，全国农垦有改革任务的 1500 多个农场完成办社会职能改革，松绑后的步伐更加矫健有力。

——推动农垦国有土地使用权确权登记发证，唤醒沉睡已久的农垦土地资源。截至 2020 年，土地确权登记发证率达到 96.3%，使土地也能变成金子注入农垦企业，为推进农垦土地资源资产化、资本化打下坚实基础。

——积极推进对外开放，农垦农业对外合作先行者和排头兵的地位更加突出。合作领域从粮食、天然橡胶行业扩展到油料、糖业、果菜等多种产业，从单个环节向全产业链延伸，对外合作范围不断拓展。截至 2020 年，全国共有 15 个垦区在 45 个国家和地区投资设立了 84 家农业企业，累计投资超过 370 亿元。

2. 在发展中改革，在改革中发展

农垦企业不仅有改革的硕果，更以改革创新为动力，在扶贫开发、产业发展、打造农业领域航母方面交出了漂亮的成绩单。

——聚力农垦扶贫开发，打赢农垦脱贫攻坚战。从 20 世纪 90 年代起，农垦系统开始扶贫开发。"十三五"时期，农垦系统针对 304 个重点贫困农场，绘制扶贫作战图，逐个建立扶贫档案，坚持"一场一卡一评价"。坚持产业扶贫，组织开展技术培训、现场观摩、产销对接，增强贫困农场自我"造血"能力。甘肃农垦永昌农场建成高原夏菜示范园区，江西宜丰黄冈山垦殖场大力发展旅游产业，广东农垦新华农场打造绿色生态茶园……贫困农场产业发展蒸蒸日上，全部如期脱贫摘帽，相对落后农场、边境农场和生态脆弱区农场等农垦"三场"踏上全面振兴之路。

——推动产业高质量发展，现代农业产业体系、生产体系、经营体系不断完善。初步建成一批稳定可靠的大型生产基地，保障粮食、天然橡胶、牛奶、肉类等重要农产品的供给；推广一批环境友好型种养新技术、种养循环新模式，提升产品质量的同时促进节本增效；制定发布一系列生鲜乳、稻米等农产品的团体标准，守护"舌尖上的安全"；相继成立种业、乳业、节水农业等产业技术联盟，形成共商共建共享的合力；逐渐形成"以中国农垦公共品牌为核心、农垦系统品牌联合舰队为依托"的品牌矩阵，品牌美誉度、影响力进一步扩大。

——打造形成农业领域航母，向培育具有国际竞争力的现代农业企业集团迈出坚实步伐。黑龙江北大荒、北京首农、上海光明三个集团资产和营收双超千亿元，在发展中乘风破浪：黑龙江北大荒农垦集团实现机械化全覆盖，连续多年粮食产量稳定在 400 亿斤以上，推动产业高端化、智能化、绿色化，全力打造"北大荒绿色智慧厨房"；北京首农集团坚持科技和品牌双轮驱动，不断提升完善"从田间到餐桌"的全产业链条；上海光明食品集团坚持品牌化经营、国际化发展道路，加快农业

"走出去"步伐，进行国际化供应链、产业链建设，海外营收占集团总营收 20％左右，极大地增强了对全世界优质资源的获取能力和配置能力。

千淘万漉虽辛苦，吹尽狂沙始到金。迈入"十四五"，农垦改革目标基本完成，正式开启了高质量发展的新篇章，正在加快建设现代农业的大基地、大企业、大产业，全力打造农业领域航母。

（五）

八十多年来，从人畜拉犁到无人机械作业，从一产独大到三产融合，从单项经营到全产业链，从垦区"小社会"到农业"集团军"，农垦发生了翻天覆地的变化。然而，无论农垦怎样变，变中都有不变。

——不变的是一路始终听党话、跟党走的绝对忠诚。从抗战和解放战争时期垦荒供应军粮，到新中国成立初期发展生产、巩固国防，再到改革开放后逐步成为现代农业建设的"排头兵"，农垦始终坚持全面贯彻党的领导。而农垦从孕育诞生到发展壮大，更离不开党的坚强领导。毫不动摇地坚持贯彻党对农垦的领导，是农垦人奋力前行的坚强保障。

——不变的是服务国家核心利益的初心和使命。肩负历史赋予的保障供给、屯垦戍边、示范引领的使命，农垦系统始终站在讲政治的高度，把完成国家战略任务放在首位。在三年困难时期、"非典"肆虐、汶川大地震、新冠肺炎疫情突发等关键时刻，农垦系统都能"调得动、顶得上、应得急"，为国家大局稳定作出突出贡献。

——不变的是"艰苦奋斗、勇于开拓"的农垦精神。从抗日战争时一手拿枪、一手拿镐的南泥湾大生产，到新中国成立后新疆、东北和华南的三大军垦战役，再到改革开放后艰难但从未退缩的改革创新、坚定且铿锵有力的发展步伐，"艰苦奋斗、勇于开拓"始终是农垦人不变的本色，始终是农垦人攻坚克难的"传家宝"。

农垦精神和文化生于农垦沃土，在红色文化、军旅文化、知青文化等文化中孕育，也在一代代人的传承下，不断被注入新的时代内涵，成为农垦事业发展的不竭动力。

"大力弘扬'艰苦奋斗、勇于开拓'的农垦精神，推进农垦文化建设，汇聚起推动农垦改革发展的强大精神力量。"中央农垦改革发展文件这样要求。在新时代、新征程中，记录、传承农垦精神，弘扬农垦文化是农垦人的职责所在。

（六）

随着垦区集团化、农场企业化改革的深入，农垦的企业属性越来越突出，加之有些农场的历史资料、文献文物不同程度遗失和损坏，不少老一辈农垦人也已年至期颐，农垦历史、人文、社会、文化等方面的保护传承需求也越来越迫切。

传承农垦历史文化，志书是十分重要的载体。然而，目前只有少数农场编写出版过农场史志类书籍。因此，为弘扬农垦精神和文化，完整记录展示农场发展改革历程，保存农垦系统重要历史资料，在农业农村部党组的坚强领导下，农垦局主动作为，牵头组织开展中国农垦农场志丛编纂工作。

工欲善其事，必先利其器。2019 年，借全国第二轮修志工作结束、第三轮修志工作启动的契机，农业农村部启动中国农垦农场志丛编纂工作，广泛收集地方志相关文献资料，实地走访调研、拜访专家、咨询座谈、征求意见等。在充足的前期准备工作基础上，制定了中国农垦农场志丛编纂工作方案，拟按照前期探索、总结经验、逐步推进的整体安排，统筹推进中国农垦农场志丛编纂工作，这一方案得到了农业农村部领导的高度认可和充分肯定。

编纂工作启动后，层层落实责任。农业农村部专门成立了中国农垦农场志丛编纂委员会，研究解决农场志编纂、出版工作中的重大事项；编纂委员会下设办公室，负责志书编纂的具体组织协调工作；各省级农垦管理部门成立农场志编纂工作机构，负责协调本区域农场志的组织编纂、质量审查等工作；参与编纂的农场成立了农场志编纂工作小组，明确专职人员，落实工作经费，建立配套机制，保证了编纂工作的顺利进行。

质量是志书的生命和价值所在。为保证志书质量，我们组织专家编写了《农场志编纂技术手册》，举办农场志编纂工作培训班，召开农场志编纂工作推进会和研讨会，到农场实地调研督导，尽全力把好志书编纂的史实关、政治关、体例关、文字关和出版关。我们本着"时间服从质量"的原则，将精品意识贯穿编纂工作始终。坚持分步实施、稳步推进，成熟一本出版一本，成熟一批出版一批。

中国农垦农场志丛是我国第一次较为系统地记录展示农场形成发展脉络、改革发展历程的志书。它是一扇窗口，让读者了解农场，理解农垦；它是一条纽带，让农垦人牢记历史，让农垦精神代代传承；它是一本教科书，为今后农垦继续深化改革开放、引领现代农业建设、服务乡村振兴战略指引道路。

修志为用。希望此志能够"尽其用"，对读者有所裨益。希望广大农垦人能够从此志汲取营养，不忘初心、牢记使命，一茬接着一茬干、一棒接着一棒跑，在新时代继续发挥农垦精神，续写农垦改革发展新辉煌，为实现中华民族伟大复兴的中国梦不懈努力！

中国农垦农场志丛编纂委员会

2021 年 7 月

海南西联农场志
HAINAN XILIAN NONGCHANGZHI

农场志是地方志的一个类别。地方志工作是为国存史的文化基础事业，是坚定文化自信的重要载体，是推动社会主义文化繁荣兴盛的重要力量之一。地方志工作具有存史、教化、资治等功能，承上启下、继往开来、服务当代、有益后世。中共中央总书记、国家主席习近平强调要高度重视修史修志，激发我们的民族自豪感和自信心，坚定全体人民振兴中华、实现中国梦的信心和决心。中国农垦农场志丛编纂委员会将西联农场志列入首批全国农垦农场志编纂名单，是对西联农场发展历史的重视和肯定。西联农场党委有信心落实习近平总书记关于史志工作的指示，在农业农村部农垦局和海南省农垦投资控股集团的指导下，完成西联农场志的编纂工作。

海南农垦西联农场（前身为海南省国营西联农场）是海南省农垦系统成立最早的国营农场之一，至今走过了近70年的历程。1952年，为了贯彻落实党中央关于"一定要建立我们自己的橡胶生产基地"的战略决策，林业一师的部分官兵、民工、知识分子、支边青年和归国华侨响应党的号召，相继来到海南儋州洛南地区开始了创建西联农场的战斗。农场的开拓者们住草房，饮山水，披荆斩棘，开荒造地种橡胶，写下了变荒山为宝地的奇迹篇章。第一代垦殖者们艰苦奋斗的创业精神，是西联农场珍贵的精神财富。西联农场职工群众将1952年

12月5日确定为建场日。

西联农场创建近70年来得到党和国家领导人的关心和爱护。1957年1月24日，中共中央政治局常委、中共中央副主席、中共中央军委副主席朱德视察西联农场并题词：同志们努力工作。1960年1月30日，国家副主席董必武视察西联农场并题词：业精于勤。1960年2月9日，国务院总理周恩来视察西联农场并题词：西联宝岛 南国珍珠。1996年4月2日，中共中央政治局常委、中共中央书记处书记、中共中央党校校长胡锦涛视察西联农场，并称赞"西联为国家作出了很大贡献"。2010年4月12日，中共中央政治局常委、中共中央书记处书记、国家副主席习近平视察西联农场，在听取有关领导汇报后指出，西联农场和海南农垦要真正走出农场改革的创新之路，做到各方面有机结合起来，振兴海南岛，实现海南岛跨越式发展，和全国人民一道奔小康。

曾到西联农场视察的领导同志还有（时任）：国务院副总理陈云、邓子恢，全国人大常委会副委员长郭沫若，中国人民解放军大将张云逸，最高人民法院院长谢觉哉，中共中央政治局常委、中共中央纪律检查委员会书记贺国强，农垦部部长王震，农业部部长何康，农垦部副部长萧克，农业部副部长白志健、屈冬玉，农业部党组成员杨绍品，全国政协常委班禅额尔德尼·确吉杰布，广东农垦总局局长王昌虎，中共海南省委书记许士杰、阮崇武、杜青林、卫留成、邓鸿勋、汪啸风，海南省政协主席毛万春，中共海南省委副书记于迅、李宪生、李军，中共海南省委常委张德春、刘学斌、许俊、张韵声，海南省副省长王厚宏、李东升、陈苏厚、韩至中、陈成，海南省政协副主席史贻云、马永霞等。

西联农场的主业和经济支柱是天然橡胶，建场以来这一格局没有改变。在"四五"计划的五年中，干胶年产量超1000吨；"五五"计划中年产超2000吨；从"六五"计划起，年产干胶超3000吨。至1990年止，西联农场橡胶总面积达69318亩，开割面积52021亩，产量3280吨，居全省农垦系统前列；历年累计干胶总产量57445.44吨，名列儋县各农场之首；平均每年产干胶1472.9吨。至2019年，西联农场种植橡胶188355亩，橡胶树株数433.2万株，已开割橡胶面积127654亩，年生产干胶总产量8958吨，位居海南垦区农场橡胶产量前列。

西联农场的主导产业有天然浓缩乳胶、改良性橡胶木板方材、供发电、胶球、家具、建材等。西联农场生产的浓缩乳胶连续三届获得"中国农业博览会金奖和名牌产品"称号，橡胶木板方材荣获1993年中国新科技成果博览会专利技术专利产品金奖，胶球和家具打入国际市场。

20 世纪 90 年代初期，西联农场实施"大力发展橡胶产业，着力兴建资源加工业，努力兴办第三产业"的发展战略，使西联农场逐步形成以农为主，农、工、商综合经营的中型农垦企业。西联农场始终实行以"橡胶为主，多种经营，综合发展"的经济方针，积极发展林业及热带作物。早在 20 世纪 70 年代，防护林及经济用材林的总面积已达到 15000 多亩。经过多年的不断发展，1990 年，西联农场林地面积已有 25568 亩，防护林与橡胶面积之比为 1：2.7。水稻一直是西联农场经济持续发展的重要支柱之一。到 1990 年，水稻种植面积已达 6727 亩，平均亩产298 公斤，年总产量超 2000 吨。2019 年，西联农场种植水稻面积 23474 亩，亩产346 公斤，产量 8122 吨。

2000 年，西联农场在小城镇建设中大力实施"多方投资，共同建设"的战略，国家、农场和个人合理负担，并实行统一总体规划、统一住房设计、统一施工管理、统一配套设施、统一环境建设的"五统一"举措，并吸引了外单位共投资5000 多万元参加小城镇建设，使西联农场小城镇和职工住房建设迅速发展，在海南西部的热土上迅速崛起了一座文明小城镇。海南省规划的百座城镇示范建设规划中，西联农场场部城镇被列为海南省重点城镇建设项目之一。西联农场已建设成为初具规模的现代化小城镇。2012 年，西联农场被列为海南省农垦十大重点小城镇建设项目之一。西联农场规模较大的红卫小区分三期新建 50 幢 1000 套职工住房。该小区建成后，被中国共产党海南省委员会（以下简称：海南省委）、海南省人民政府（以下简称：省政府）授予 2007—2010 年度海南省"文明生态示范村"称号。党和国家领导人习近平、贺国强，海南省委书记卫留成等先后到该小区视察，并对小区的建设和农场民生工程建设给予高度赞扬。2013—2015 年，西联农场对农场中心公园、场部两条主道路、红卫小区人工湖、职工娱乐场所、百年橡胶园纪念公园进行全面规划设计。西联小城镇已成为当地经济、文化中心和农副产品集散地，带动了周边地区经济的发展和社会进步。

西联农场近 70 年的发展过程中，经历了多次体制和建制改革。1951 年 10 月，人民政府接收洛南地区的私人胶园，成立洛南站。1952 年 12 月，洛南站与联昌胶园合并为农场，称为"南联场"。1955 年，"南联场"改名为"西联农场"。1958 年9 月合并到那大公社，改名为西联大队。1959 年 6 月同西泉农场合并，称为西联农场。1969 年 4 月至 1974 年 10 月，西联农场纳入兵团体制，改名为"广州军区生产建设兵团第五师第四团"各方面实行军事化管理。1974 年 10 月改名为"广东省国营西联农场"。1988 年 5 月改为"海南省国营西联农场"。1997 年 9 月，西联农场改制为国有独资公司，确定名称为海南农垦西联农场有限责任公司。2000 年 7 月 24 日，西联农场进行政企分开的体制改革，建立和完善现代企业制度。2000 年 9 月，海南农垦选取西联农场作为推进政企分开、建立和完善现代企业制度的试点单位。2002 年 2 月，成立海南农垦西联农场有限责任公司，原农场场长主管的生产经营工作，由新任命的总经理负责；在组织构架方面，改革方案设计中分为农场、公司、社区三套机构。2003 年 10 月，海南农垦实施"三项改革（即国有开割胶园长期承包经营、农场内部政企分开、深化农场二级企业改革），西联农场是试点单位之一。按照试点方案，西联农场建立社区管理委员会（简称社区管委会），把学校、医院、幼儿园、派出所、社会保障分局、计划生育等社会服务机构从企业中分离出来，交给社区管理；企业与社区实行机构、人员、职能、资产、费用、核算"六分开"，社区管委会模拟政府运作。基本框架是"一个党委两个实体"，即在农场党委的领导下，把农场的行政和社会管理职能及机构剥离出来，成立社区管委会，把生产经营管理职能留给农场公司。2004 年 3 月，试点运行停止，重新恢复国营农场原先的管理体制。2005 年，橡胶主业从西联农场剥离出来，成立海胶集团西联分公司。

2008 年 6 月 18 日，国务院常务会议审议并原则通过《关于推进海南农垦管理体制改革的意见》，明确海南农垦管理体制改革的目标是，按照"政企分开、社企分离、建立现代企业制度"的总体要求，通过体制改革、机制创新，实现海南农垦"体制融入地方、管理融入社会、经济融入市场"，促进农垦和海南经济社会又好又快发展。这是中共中央的一项重大决策，也是海南站在改革开放 30 周年、设立海南省和建立海南经济特区 20 周年新的历史起点上肩负的一项新的重大使命。农场社会职能平稳有序移交，职工失业、工伤、生育、养老、医疗保险先后完全实现省级统筹，中小学校、民政职能、气象站实现整体移交地方管理。农场内部政企分开，海胶集团西联分公司与农场实现主辅分离。

2009 年 3 月，农垦总局对垦区农场实行合并重组，西联农场和西流农场、新盈农场重组为新的西联农场，至此，西联农场分为存续农场和海胶集团西联分公司。

2010 年 1 月，根据国务院《关于同意推进海南农垦管理体制改革意见的批复》（国函〔2008〕59 号）和中共海南省委、海南省人民政府《关于海南农垦管理体制改革的实施意见》（琼发〔2008〕14 号）的总体要求，为发挥自身资源优势，推动企业实现产业化经营，海南农垦按照现代企业制度的要求，将下属国营农场通过改制组建成投资公司，并于 2009 年底在西联农场进行试点。西联农场成为海南农垦 8 家试点农场之一。西联投资公司为投资控股公司，其股权比例为：海南农垦总公司与 51％，西联农场占 49％。成立投资公司的目的是为了充分发挥农场的土地资源优势，通过项目带土地的方式控制资源，筹集发展资金，实现农场有序发展。

2010 年 9 月，根据海南省委办公厅和省政府办公厅联合印发的《关于深化海南农垦管理体制改革的实施方案》（琼办发〔2010〕36 号）文件精神，在全垦区 50 个农场投资公司中，地处海南岛东南部地区的 24 家农场划归农垦总公司管理，儋州西联投资有限公司等 26 家投资公司不再进行社企分离，继续归农垦总局管理。

2015 年，根据中共海南省委、省政府《关于推进新一轮海南农垦改革发展的实施意见》（琼发〔2015〕12 号）和《海南省人民政府办公厅关于海南垦区农场社会管理属地化改革的指导意见》精神及省深化农垦管理体制改革领导小组工作部署，农场公司积极主动与儋州市对接联系，推进社会职能管理工作取得进展。西联农场根据中共海南省委、省政府的意见，向地方完成了公安及协警移交、学前教育移交、医疗卫生机构移交；稳妥推进设居工作，于 2017 年 3 月挂牌成立西联居、西流居和新盈居。

2017 年，根据中共海南省委、省政府《关于推进新一轮海南农垦改革发展的实施意见》，按照《公司法》和有关法律法规，结合实际情况，于 2017 年 3 月经海垦控股集团董事会讨论审议同意并批复了《海南农垦西联农场有限公司组建方案》《海南农垦西联农场有限公司章程》。同年 5 月 8 日，海南农垦西联农场有限公司挂牌成立。

从农场初创至 2020 年，西联农场精神文明建设硕果累累。累计共有 215 人荣获国家、省（部）、地区级的表彰。农场先后荣获"全国精神文明先进单位"称号；被全国总工会授予"模范职工之家"称号；获得"海南省综合实力 30 强企业"荣誉称号；多次荣获海南省及原海南农垦总局"精神文明建设先进单位""先进党委""优秀企业""综合治理先进单位""计划生育先进单位"和"安全生产先进单位"称号。

在即将庆祝西联农场成立 70 周年之际，西联农场编纂了西联农场志。在记录农场发展历史的同时，总结农场发展中的经验和教训，为农场今后的发展提供参考和借鉴。在"十四五"规划期间和今后，西联农场职工群众要以史为鉴，坚持发扬艰苦奋斗、勇于开拓的光荣传统，坚定不移地坚持改革开放，坚持实事求是、因地制宜地发展生产，坚持加强企业内部管理，坚持民生建设和不断提高职工生活水平，把西联农场建设得更加富裕、更加美好！

羊博锴

2021 年 7 月 1 日

海南西联农场志

HAINAN XILIAN NONGCHANGZHI

凡例

一、宗旨

以马克思列宁主义、毛泽东思想、邓小平理论、"三个代表"重要思想、科学发展观、习近平新时代中国特色社会主义思想为行动指南，坚持辩证唯物主义和历史唯物主义，实事求是地记载20世纪50年代至2020年海南省农垦西联农场（简称"西联农场""西联"）发展变化情况，力求做到思想性、科学性、资料性相统一，为社会主义物质文明和精神文明建设服务。

二、断限

本书上限定为1950年，下限断至2020年。部分内容视情况上溯或下延。

三、体裁

本志采用述、记、志、录、图、表等体裁。设有六编二十余章；前有概述、大事记，后有附录，中间以志体为主；大事记行文采用记事编年体。

四、纪年

本志采用公元纪年。书中所称"海南岛解放前""海南岛解放后"系以 1950 年 5 月 1 日海南岛解放日为界线。

五、称谓

本志采用第三人称称谓。

六、数据

统计数据一般以西联农场统计部门公布的数字为准。统计部门没有的数据则采用各有关单位调查核实的材料。

七、计量

计量单位统一使用法定计量单位，以汉字表达，个别单位因行业习惯或引用历史档案而使用市制单位，如"亩"等，均于第一次出现处加标准说明。

八、产值

本志中相关年度经济产值数额，除特别注明外，均为当年价。

中国农垦农场志丛

目 录

第四编　党群组织

第五编　科研教育卫生

第六编　社会生活

概　　述

1952年，为了贯彻落实党中央关于"一定要建立我们自己的橡胶生产基地"的战略决策，林一师的部分官兵、民工和支边青年、归国华侨响应党的号召，相继来到海南儋州洛南地区开始了创建西联农场的战斗。自1952年12月5日开始，西联农场的开拓者们战天斗地，团结拼搏，用自己的青春和热血，让荒山野岭变成绿海胶林，让落后和荒凉变成进步和繁荣，谱写了一部可歌可泣的创业史。

一、党和国家领导人的关心和支持

创建近70年来，西联农场的开发建设得到党和国家领导人的关心和爱护。

1957年1月24日，中共中央政治局常委、中共中央副主席、中央军委副主席朱德视察西联农场，并题词：同志们努力工作。

1960年1月30日，国家副主席董必武视察西联农场并题词：业精于勤。

1960年2月9日，国务院总理周恩来视察西联农场，并题词：西联宝岛 南国珍珠。

1996年4月2日，中共中央政治局常委、中央书记处书记、中央党校校长胡锦涛视察西联农场，并称赞"西联为国家作出了很大贡献"。

2001年2月24日，中共中央总书记、国家主席江泽民在三亚听取西联农场领导关于西联农场党建和经济工作的专题工作汇报。

2010年4月12日，中共中央政治局常委、中央书记处书记、国家副主席习近平到西联农场调研，在听取有关领导汇报后指出，西联农场和海南农垦要把理顺体制之后的后续工作做好，真正走出农场改革的创新之路，做到各方面有机结合起来，振兴海南岛，实现海南岛跨越式发展，和全国人民一道奔小康。

曾到过西联农场视察的领导（时任）还有：国务院副总理陈云、邓子恢，全国人大常委会副委员长郭沫若，中国人民解放军大将张云逸，最高人民法院院长谢觉哉，中共中央政治局常委、中共中央纪律检查委员会书记贺国强，农垦部部长王震、农业部部长何康，农垦部副部长萧克，农业部副部长白志健、屈冬玉，农业部党组成员杨绍品，全国政协常委兼中国佛教协会副会长班禅额尔德尼·确吉杰布，广东农垦总局局长王昌虎，中共海南省委书记许士杰、阮崇武、杜青林、卫留成、邓鸿勋、汪啸风，海南省政协主席毛万春，中共海南省委副书记于迅、李宪生、李军，中共海南省委常委张德春、刘学斌、许俊、张韵声，海南省副省长王厚宏、李东升、陈苏厚、韩至中、陈成，海南省政协副主席史贻云、马永霞等。

二、西联农场发展简况

1951 年 10 月，人民政府接收洛南地区资本家的胶园，成立洛南站。

1952 年 12 月，洛南站与联昌胶园合并为农场称为"南联场"。

1955 年，"南联场"改名为"西联农场"，洛基改为"西泉农场"。

1958 年 9 月，西联农场合并到那大公社，改名为"西联大队"。

1959 年 6 月，西联农场同西泉农场合并，称为"广东省国营西联农场"。

1969 年 4 月，西联农场改名为"广州军区生产建设兵团第五师第四团"。

1974 年 10 月，恢复场名为"广东省国营西联农场"。

1988 年 5 月，由原"广东省国营西联农场"改为"海南省国营西联农场"。

1997 年 9 月 22 日，根据农业部《关于海南省西联农场建立现代企业制度试点实施方案的批复》（农垦发〔1997〕13 号）要求，同意西联农场改制为国有独资公司，确定名称为海南农垦西联农场有限责任公司。

2000 年 7 月 24 日，海南省委、省政府召开会议并出台《关于加快农垦改革和发展的意见》，要求海南农垦进行政企分开的体制改革，建立和完善现代企业制度。

2000 年 9 月 16 日，根据《海南省农垦总局关于印发海南农垦建立现代企业制度试点的工作方案的通知》（琼垦局体改字〔2000〕3 号）要求，明确海南农垦选取西联农场作为推进政企分开，建立和完善现代企业制度的试点单位，海南省农垦总局组成工作组蹲点西联农场具体指导。

2002 年 2 月 5 日，按照《海南省农垦总公司关于设立海南农垦西联农场有限责任公司的批复》（琼垦企编〔2002〕1 号），成立海南农垦西联农场有限责任公司，设立董事会、经理层、监事会，董事长、场长、党委书记由一人担任，原农场场长主管的生产经营工作，由新任命的总经理负责；成立社区办公室，社会职能工作全部交给该室管理，西联农场名称继续保留，方便协调各方关系。在组织构架方面，改革方案设计中分为农场、公司、社区 3 套机构。

2003 年 10 月，海南农垦实施《海南省农垦国有开割胶园长期承包经营办法（试行）》《关于推进农场内部政企分开的决定》《关于深化农场二级企业改革的决定》（简称为"三项改革"），在实施《关于全面推进农场内部政企分开的决定》的改革中，要求各国营农场建立社区管理委员会（简称社区管委会），把学校、医院、幼儿园、派出所、社会保障分局、计划生育等社会服务机构从企业中分离出来，交给社区管理，企业与社区实行机构、人员、职能、资产、费用、核算"六分开"，社区管委会模拟政府运作。基本框架是"一个党委两个实体"，即在农场党委的领导下，把农场的行政和社会管理职能及机构剥离出来，成立社区管委会，把生产经营管理职能留给农场。该文件还就社区管委会名称、机构设置、人员编制、主要职责，都做出明确规定，先后在西联农场等 8 个国营农场进行先行试点。

由于橡胶产权制度量化到职工家庭的问题未解决，加上政企分开内外条件不够成熟，旧的矛盾和问题未能解决又产生许多新的矛盾和问题，2004 年 3 月试点运行停止，重新恢复国营农场原先的管理体制。

2005 年，橡胶主业从西联农场剥离出来，成立海胶集团西联分公司。

2008 年 6 月 18 日，国务院常务会议审议并原则通过《关于推进海南农垦管理体制改革的意见》，明确海南农垦管理体制改革的目标是，按照"政企分开、社企分离、建立现代企业制度"的总体要求，通过体制改革、机制创新，实现海南农垦"体制融入地方、管理融入社会、经济融入市场"，促进海南农垦和海南经济社会又好又快发展。这是中央的一项重大决策，也是海南站在改革开放 30 周年、设立海南省和建立海南经济特区 20 周年新的历史起点上肩负的一项新的重大使命。农场社会职能平稳有序移交，先后在职工失业、工伤、生育、养老、医疗保险完全实现省级统筹，中小学校、民政职能、气象站实现整体移交地方管理。农场内部政企分开，海胶西联基地分公司与农场实现主辅分离。

2009 年 3 月，农垦总局对垦区农场实行合并重组，西联农场和西流农场、新盈农场重组为新的西联农场，至此，西联农场分为存续农场和海胶集团西联分公司。

2010 年 1 月，根据省委办公厅和省政府办公厅联合印发的《关于深化海南农垦管理体制改革的实施方案》（琼办发〔2010〕36 号）文件精神，为发挥自身资源优势，推动企业实现产业化经营，海南农垦按照现代企业制度的要求，将下属国营农场通过改制组建成投资公司，并于 2009 年底在红明、红光、南海、西联、红林、东和、南新、南滨等 8 家农场进行试点。西联投资公司为投资控股公司，其股权比例为：海南农垦总公司占 51%，西联农场占 49%。成立农场投资公司的目的是为充分发挥农场的土地资源优势，通过项目带土地的方式控制资源，筹集发展资金，实现农场有序发展。

2010 年 9 月，根据省委办公厅和省政府办公厅联合印发的《关于深化海南农垦管理体制改革的实施方案》（琼办发〔2010〕36 号）文件精神，在全垦区 50 个农场投资公司中，地处海南岛东南部地区的 24 家农场划归农垦总公司管理，儋州西联投资有限公司等26 家投资公司不再进行社企分离，继续归农垦总局管理。

2015 年，根据省委、省政府《关于推进新一轮海南农垦改革发展的实施意见》（琼发〔2015〕12 号）和《海南省人民政府办公厅关于海南垦区农场社会管理属地化改革的指导意见》精神及省深化农垦管理体制改革领导小组工作部署，农场公司积极主动与儋州市对接联系，推进社会职能管理工作取得进展。

（一）完成公安及协警移交

根据省委办公厅印发的《关于海南省垦区公安机关移交地方管理工作实施方案》的要求，农场成立了工作领导小组，积极稳妥地推进公安及协警等保安人员移交工作，共有 3家派出所 22 名民警 33 名协警移交地方管理。

（二）完成学前教育移交

农场共有 3 所公办幼儿园，即：西联幼儿园、西流幼儿园、新盈幼儿园。根据《海南农垦 40 个国营农场公办学前教育机构移交属地市县政府管理实施方案》和《关于做好海南农垦 40 个国营农场所属公办学前教育机构移交属地市县政府管理有关工作的通知》精神，2016 年 7 月 8 日，儋州市政府与农场签订了西联农场公办幼儿园移交儋州市人民政府管理协议，在人员移交方面，3 所幼儿园符合移交条件的在职在岗教职员工共有 38 人，其中西联 30 人，西流 6 人，新盈 2 人。目前农场 3 所幼儿园已成建制移交属地化管理，其运转状况良好。

（三）完成医疗卫生移交

共有 3 家职工医院和 3 家防疫站，即西联、西流、新盈医院，西联、西流、新盈防疫站。根据《海南省人民政府关于印发海南省国有农场医院、防疫站、卫生所（室）移交地方政府管理的指导意见的通知》精神，2016 年 11 月 30 日，农场与儋州市人民政府签订了人事移交协议。3 家医院、3 家防疫站共移交 384 人。其中在编在岗人员 165 人（西联医院、防疫站移交 59 人，西流医院、防疫站移交 59 人，新盈医院、防疫站移交 47 人）。退休人员 219 人（西联医院 84 人，西流医院 72 人，新盈医院 63 人）。移交干部、工人人事档案 277 卷，其中在编在岗人员人事档案 165 卷，退休人员人事档案 112 卷。

（四）稳妥推进设居工作

按照《儋州市国有农场社会管理职能属地化改革实施方案》要求，农场设立 3 个居，即那大镇西联居、和庆镇西流居、光村镇新盈居。2017 年 3 月 23 日上午，西联居、西流居、新盈居同时挂牌成立。每个居的组织架构由党组织、自治组织和居民服务中心三部分组成。一是设立居党组织。居党组织为党总支部委员会，按《中国共产党章程》及其他有关规定建立，隶属于所属镇党委，并向其负责。居党总支委员会设成员 5 名，其中书记 1 名，副书记 1 名，委员 3 名。二是设立居自治组织。居民委员会设成员 5 名，其中主任 1 名，副主任 1 名，委员 3 名。三是设立居民服务中心。西联农场设 3 个居民服务中心，聘用工作人员 63 名，其中西联居聘用工作人员 22 名；新盈居聘用工作人员 22 名；西流居聘用工作人员 19 名。居民服务中心内设办公室组、社会管理事务组、社会服务组、农技服务组和市政管理组等 5 个组。根据居民点情况，3 个片区设立 133 个居民小组。其中西联居设立 55 个居民小组；西流居设立 36 个居民小组；新盈居设立 42 个居民小组。

2017 年，根据省委、省政府《关于推进新一轮海南农垦改革发展的实施意见》（琼发〔2015〕12 号），按照《公司法》和有关法律法规，结合实际情况，分别制定了《海南农垦西联农场有限公司组建方案》《海南农垦西联农场有限公司章程》，3 月 19 日，农场召开了职工代表大会，通过了《海南农垦西联农场有限公司组建方案》《海南农垦西联农场有限公司章程》。3 月 23 日，经海垦控股集团董事会讨论审议同意并批复了《海南农垦西联农场有限公司组建方案》《海南农垦西联农场有限公司章程》。5 月 8 日，海南农垦西联农场有限公司挂牌成立。

三、民生建设

海南设省以来，特别是农垦体制改革，民生建设是西联农场投入最多、速度最快、成效最显著的时期，也是西联农场职工享受到改革发展成果的突出体现。

民生问题，是农场职工群众最关心、最直接、最现实的利益问题。建场以来，正是因为把维护广大农垦职工群众的根本利益作为改革的出发点和落脚点，大力度、大规模、超常规地推进民生建设，西联农场解决了长期以来没有解决或没有很好地解决的民生问题，化解了许多社会矛盾，特别是并场队的民生问题得到解决，平息了各种纠纷，使西联农场在确保社会稳定的前提下推进改革，在推进改革过程中确保社会稳定。改革、发展、稳定的目标，就是在这样的基础上实现。

西联农场是在"先生产、后生活"的特定历史条件下建立起来的农业企业，一直是以"艰苦奋斗""无私奉献"为核心价值观，因此过去的民生建设远远落后于生产建设，特别是职工住房，非常简陋。20 世纪 60 年代后期又陆续接纳了一批农村人口进入农场，交通不便，吃水不卫生，住房多数为茅草房或砖木结构的瓦房。长期以来，民生建设欠账较多。

1996年，西联农场率先在海南农垦系推行职工住房制度改革，彻底更新了传统的住房观念，1996年，全场共出售公有旧房514套，职工集资新建住房336套。

1998年，省农垦总局提出，解决农垦民生问题首先要解决职工住房问题，提出要用5年时间完成全垦区职工茅草房、危房（简称"两房"）改造工程，并出台了一系列的优惠政策，调动各方的积极性，很快就出现职工自费改造"两房"的热潮。农场大规模进行住房改造、打井引水、修建路桥、架设电网等民生工程建设。

①住房建设。2008—2017年，农场累计完成职工保障性住房和危房改造6708套。2018年完成住房改造170套，2019年完成住房改造128套，2020年完成住房改造96套。

②硬化道路建设。2008—2017年，省和农垦总局共投入5472.46万元，农场累计完成了道路硬化140.6公里，90个队实现了路面硬化"村村通"。投入1498万元（中央资金1200万元，自有资金298万元）硬化通畅道路39公里，解决胶工在胶园"路难行"问题。

③职工安全饮水。在农垦总局的大力支持下，投入资金1601万元，基本解决了职工安全饮水问题。

四、橡胶生产和多种经营

20世纪90年代初期，西联农场实施"大力发展橡胶产业，着力兴建资源加工业，努力兴办第三产业"的发展战略，使西联农场逐步形成以农为主，农、工、商综合经营的中型农垦企业。主导产业有天然浓缩乳胶、改良性橡胶木板方材、供发电、胶球、家具、建材等。浓缩乳胶连续三届先后荣获"中国农业博览会金奖和名牌产品"称号，橡胶木板方材荣获1993年中国新科技成果博览会专利技术专利产品金奖，胶球和家具打入国际市场。

西联农场的主业和经济支柱是天然橡胶，建场以来这一格局没有改变过。

1950年海南岛解放以前，农场范围内就有胶园2817亩（亩为非法定计量单位，1亩≈667平方米）。到1957年时西联农场植胶面积已有16684亩。此后农场种植橡胶面积不断扩大，1961—1965年共开垦胶园15666亩，种植橡胶总株数达38.15万株，芽接树占88%。至1990年，橡胶总面积达69318亩，开割面积52021亩，居全省农垦系统前列。在"四五"计划的五年中，干胶年产量超1000吨；"五五"计划中干胶年产超2000吨；从"六五"计划起，年产干胶超3000吨；1990年产量达3280吨。至1990年止，西联农场历年累计干胶总产量 57445.44 吨，名列儋县各农场之首；平均每年生产干胶 1472.9 吨。

自 2003 年开始，省农垦总局决定，将国有橡胶园转为由职工家庭长期承包经营，把职工家庭培育成"自主经营、自负盈亏、自我发展"的经营实体，橡胶产品实行"完成上缴，剩余归己、统一收购、市价结算"的经营方法。这一做法符合海南农垦山地分散作业的垦情和现阶段生产力发展水平的改革，获得了职工的支持，促进了橡胶事业的发展。

西联农场成立以来，橡胶生产先后经历进口橡胶关税降低对国产橡胶的冲击，走私橡胶、边贸橡胶对国内市场的干扰等的影响，橡胶因市场价格低迷几次出现大积压，社会上也曾出现过"海胶西联的出路到底在哪里"的疑问。但不管市场怎样变化，灾害多么频繁，西联农场职工群众对橡胶事业的热爱不变，西联的橡胶事业在新的历史条件下，以一种新的形式发展至 2020 年，海胶西联分公司橡胶种植面积 19.1 万亩，农场职工自营经济橡胶种植面积 1.92 万亩。天然橡胶不但支撑着西联农场的经济，而且保证着西联农场的稳健发展。

西联农场始终实行以"橡胶为主，多种经营，综合发展"的经济方针，积极发展林业及热带作物。早在 20 世纪 70 年代，防护林及经济用材林的总面积已达到 15000 多亩，热带作物及水果也开始小面积种植。经过多年的不断发展，1990 年，该场林地面积已有 25568 亩，防护林与橡胶面积之比相当于 1∶2.7。其他热带作物和经济作物种植面积 3017 亩，经济效益为 50 多万元。水稻一直是该场经济持续发展的重要支柱之一。建场伊始年产 100 吨，1975 年后大面积播种，到了 1990 年止，已有 6727 亩，平均亩产 298 公斤，年总产量超 2000 吨。

西联农场的工业实力雄厚。工业企业共有 10 个，且发展较早。1975 年，有稳定生产能力的胶厂及砖瓦厂各 4 座，以后逐渐合并，并不断投资扩大生产能力。至 1990 年，浓缩胶乳厂日产能力 15 吨，砖厂年产能力 400 万块，乳胶手套厂年产 4000 万只，汽水厂年产 525 吨。1990 年，全场工业总产值达 1001.1 万元，工农业总产值 4694.2 万元。

五、职工自营经济

20 世纪 80 年代以来，发展职工自营经济是西联农场经济发展的亮点之一。

1984 年以兴办职工家庭农场为标志的西联改革拉开序幕后，允许职工务工、经商、跑运输，个体经济开始发展。到 1992 年，西联农场面对蓬勃发展的个体经济，提出"职工自营经济"的概念，认定发展职工自营经济是加快西联农场经济发展，提高职工生活水平的重要途径，是西联农场生产力发展的一个方向，并提出了鼓励职工发展自营经济的政策。自营经济的发展，使职工的收入大幅度提高。有些职工发展自营经济从第一产业延伸到第二、第三产业，少数有条件的地区还逐步向规模化、基地化、专业化发展，物资供应、产品销售、技术指导等社会化服务体系也初步建立了起来。2020年职工自营经济纯收入达6.15亿元。

西联农场发展职工自营经济成为企业新的经济增长点，推动农业结构、企业组织结构和产品结构的调整，促进生产要素的优化组合，壮大企业的总体实力；职工自营经济拓宽就业渠道，吸纳大批富余劳动力，增加了职工的经济收入，稳定职工队伍，提高企业的凝聚力；职工自营经济的发展提高职工的素质，造就了一大批懂技术、善经营、会管理的优秀人才，推动了企业技术进步，提高企业职工上岗、转岗能力；职工自营经济带动周边农村种养业的发展，促进农民的增收和场乡关系的密切和加强。

六、小城镇建设

20世纪末至21世纪初，西联农场已建成了初具规模的现代化小城镇。

2000年，西联农场大力实施"多方投资，共同建设"的战略，国家、农场和个人合理负担，并实行统一总体规划、统一住房设计、统一施工管理、统一配套设施、统一环境建设的"五统一"举措，并吸引了外单位共投资5000多万元参加小城镇建设，使西联农场小城镇和职工住房建设迅速发展，在海南西部的热土上迅速崛起了一座文明小城镇。全省规划的百座城镇示范建设规划中，农场场部城镇被列为省重点城镇建设。2008年被儋州市政府列入市政建设整体规划范围。

2012年，西联农场被列为农垦十大重点小城镇建设之一。农场已建有西园、东园、北园住宅区，红卫小区，联港小区。其中规模较大的是红卫小区，农场从2008年9月开始，分为3期在原红卫队安规划新建50幢1000套职工住房。该小区建成后，被海南省委、省政府授予2007—2010年度海南省"文明生态示范村"称号。党和国家领导人习近平、贺国强，海南省委书记卫留成等先后到该小区视察，并对小区的建设和农场民生工程建设给予高度的赞扬。2013—2015年，西联农场对农场中心公园、场部两条主道路、红卫小区人工湖、职工娱乐场所、百年橡胶园纪念公园进行全面规划设计。随着西联小城镇的建设，它将成为当地经济、文化中心和农副产品集散地，极大地带动了周边地区经济的发展和社会进步。

七、社会主义精神文明建设

从农场初创至 2020 年，西联农场精神文明建设硕果累累。累计共有 215 人荣获国家、省（部）、地区级的表彰。农场先后荣获"全国精神文明先进单位"称号；被全国总工会授予"模范职工之家"称号；获得"海南省综合实力 30 强企业"荣誉称号；多次荣获海南省及原海南农垦总局"精神文明建设先进单位""先进党委""优秀企业""综合治理先进单位""计划生育先进单位"和"安全生产先进单位"称号。

西联农场经济社会建设取得的成绩虽然是多方面的，但记载这些对海南农垦各个时期经济社会发展最突出、最有特色、最有影响的事件，反映特色，突出重点，展示特点，将成功的经验和某些失败的教训集中归纳，如实记载西联农场这段历史，并把它留给后人，对农场今后工作更好更长远地发展是有重要意义的。

大 事 记

- **1950 年** 海南岛解放，"天任"胶园收归国有。
- **1951 年** 10 月，人民政府接收洛南地区资本家的胶园，成立洛南站。
- **1952 年** 12 月，洛南站与联昌胶园合并为农场"南联场"。
- **1955 年** 12 月 10 日，中国第一座天然橡胶浓缩胶乳加工厂在西联垦殖场建成投产。

  同年，"南联场"改名为"西联农场"。
- **1956 年** 10 月 11 日，参加中共八大的捷克斯洛伐克共产党中央代表团参观西联农场。
- **1957 年** 1 月 24 日，中共中央副主席、中国人民解放军总司令朱德视察西联时题词：同志们努力工作。

  4 月 1 日，国务院副总理陈云视察西联农场，并为西联题词：我国的橡胶事业虽然有几十年的历史，但是大规模的国营橡胶园还正在初办。我们要兢兢业业稳步前进。只要这样我们是会成功的。
- **1958 年** 8 月 13 日，越南人民代表团参观西联农场。

  9 月，西联农场合并到那大公社，改名为西联大队。
- **1959 年** 6 月，西联大队与西泉农场合并，称为广东省国营西联农场。

  11 月，农垦部部长王震视察西联农场。

  12 月，农垦部副部长萧克视察西联农场。
- **1960 年** 1 月 30 日，国家副主席董必武视察西联农场，并题词：业精于勤。

  同日，最高人民法院院长谢觉哉视察西联农场并题词：南国富源。

  2 月 9 日，国务院总理周恩来在农业部部长何康陪同下，视察西联农场，并题词：西联宝岛，南国珍珠。

  3 月 30 日，国务院副总理邓子恢视察西联农场，并指示："大量挖塘打井，养猪积肥，保证橡胶吃饱喝足，加上选种、除虫、松土、锄草等其他技术措施，最大限度提高橡胶单位产量，结合多种经营，发展农林渔牧，使西联农场不仅在产胶方面成为全国冠军，而且在其他各方面也将首屈一指。"

10月1日，越南劳动党（今越南共产党）主席胡志明考察西联农场，并题词：祝你们跃进，跃进，再跃进。

1961年 3月6日，全国人大常委会副委员长郭沫若视察西联农场并题词：橡胶为纲，油棕称王；以利民用，以固国防。

3月8日，中国人民解放军大将张云逸（海南籍）视察西联农场并题词：大力发展橡胶事业，争取粮食自给，坚决贯彻党的多种经营的方针。

1969年 4月，西联农场改制为"广州军区生产建设兵团第五师第四团"。

1974年 10月，结束兵团体制，恢复广东省国营西联农场场名。

1977年 3月8日，朝中友协代表团考察西联农场。

1979年 3月20日 国家农垦部授予西联农场"红旗农场"称号。

1983年 4月28日，西联农场生产的浓缩胶乳，获农牧渔业部1982年优质产品奖，同时还获国家银质奖。

1984年 以兴办职工家庭农场为标志的西联改革拉开序幕后，允许职工务工、经商、跑运输，个体经济开始发展。

1988年 2月，海南建省筹备组组长许士杰来西联农场考察并题诗：三十六年胶万株，于会似海作先驱；元戎总理注心血，多种经营是楷模。

5月，"广东省国营西联农场"改为"海南省国营西联农场"。

同年起至1990年，西联农场推行场长负责制。

同年，西联农场职工以入股形式兴办乳胶手套厂，总投资500多万元。

1989年 4月30日至6月30日，西联农场开展妥善处置不合格党员活动，历时两个月。

12月18日，海南省农垦总局局长陈苏厚来西联农场视察工作。

同年，西联橡胶木材厂分三批从西德进口生产设备。

1990年 3月5日至9日，海南省农垦总局对西联农场1989年度场级领导进行"德、能、绩、勤"考核，考核方法：进行单人谈话调查，被考核人进行述职报告，进行民意测验，反馈考核结果。

4月3日至4日，农业部农垦司司长孙泮琪来西联农场考察，海南省农垦总局副局长王法仁陪同考察。

1992年 2月20日，中共海南省委书记邓鸿勋到西联农场考察。

4月24日，海南农垦总局第三届中学生田径运动会在西联农场中学举行。

8 月 26 日，西联农场投资 91 万元建起 1 座 2 台主变、3200 千伏安输变电站，与海南大电网联通。

9 月 25 日，为了丰富职工文化生活，西联农场安装了有线电视，收视率达 100%。

12 月，西联农场建起商业一条街和改造一个 2323 平方米的农贸市场。

1993 年 3 月 31 日，西联农场被农业部确定为国有企业清产核资扩大试点单位。

5 月 4 日，西联农场被海南省农垦总局确定为岗位技能工资制度改革试点单位。

7 月 1 日，《西联农场职工住房改革管理办法》实施。

9 月 16 日，中共海南省委副书记、省人大常委会主任杜青林视察西联木材厂、西联胶球厂、南珠家具厂。

1995 年 8 月，西联木材厂被列为 1994 年全国农垦大中型企业。

1996 年 4 月 2 日，中共中央政治局常委、中共中央书记处书记，中共中央党校校长胡锦涛到西联农场考察。

7 月 22 日，中共海南省委书记、省长阮崇武到西联农场视察。

10 月 7 日，儋州市政府、国土局将 1971 年协议划出的五星分场天角潭林场地 3957 亩中的 2500 亩土地使用权归还西联农场。

11 月 15 日，海南省副省长陈苏厚到西联农场视察。

12 月 28 日，农场小城镇西园新区竣工。作为海南农垦系统二、三类区住房制度改革试点单位，西联农场采取集资建房形式，兴建 30 幢 320 套职工住房。总建筑面积为 2.8 万平方米。

1997 年 4 月，海南农垦总局批准西联农场组织离退休职工集资兴建经济住房 600 套工程，第一期兴建 300 套 19500 平方米。

5 月 15 日，中共海南省委常委、省委宣传部部长，海南省省长特别助理刘学斌来西联农场视察。

5 月 18 日　海南省副省长王厚宏、韩至中来西联农场视察。

6 月 9 日，西联农场兼并农垦华利家具厂。

9 月 6 日，国家计委长期规划司、国家经贸委企业司、国家体改委生产体制司、国家国有资产管理局企业和农业部农垦局的代表，联合组成五部委局考察组来西联农场考察。

9月22日，根据农业部《关于海南省西联农场建立现代企业制度试点实施方案的批复》（农垦发〔1997〕13号）要求，同意西联农场改制为国有独资公司，确定名称为海南农垦西联农场有限责任公司。

● **1998年**　1月14日，西联农场与美国安能公司联营的海南安联橡胶发展有限公司举行开业典礼。

3月18日，西联农场向南宝乡承包土地5000亩，建设高标准高质量高效益的天然橡胶种植基地。

4月5日，农业部副部长白志健到西联等农场考察。

4月，西联农场被海南省政府列为海南农用土地定权发证试点单位。

5月18日，海南省副省长李东升视察西联农场工业生产情况。

10月23日起至12月底，西联农场全体干部职工义务培养高产橡胶树23万株。

12月，西联农场与农垦总局及外商合资组建海南海晶农业开发有限公司。

同年，西联农场超额完成省农垦总局下达的扭亏增盈指标，实现利润398.7万元。

同年，西联农场党委被省农垦总局评为先进党委。

● **1999年**　3月21日，海南省在作为省场务公开试点单位之一的西联农场召开动员大会。

4月22日，中共海南省委常委、组织部部长张德春来西联农场考察。

至4月，西联农场在临高县南宝乡租地开垦定植橡胶的3000亩土地，已完成开垦定植5000亩。

5月1日，西联农场优秀胶工刘学现获全国五一劳动奖章。

6月8日，中共海南省委常委、纪委书记刘学斌视察西联农场场务公开工作。

9月，西联农场被评为全国精神文明建设先进单位。

11月10日，中南六省客商来西联农场参观木业加工情况。

11月3日，中共海南省委副书记、省长汪啸风来西联农场，对国有企业改革发展情况进行调研。

11月11日，农业部南亚课题组来西联农场，视察产业结构和橡胶加工布局调整情况。

2000 年 4 月，西联农场优秀胶工刘学现继 1999 年荣获全国五一劳动奖章之后，又被评为全国劳动模范。

7 月，西联农场成为农业部建立现代企业制度改革的试点单位之一，并成为海南农垦改革的先行点。

10 月，海南农垦改革指导组进驻西联农场。西联农场率先在全垦区全面推行建立现代企业制度的改革。

12 月，西联农场制定第十个五年计划。

2001 年 2 月 24 日，西联农场领导在三亚向中共中央总书记、国家主席江泽民专题汇报西联农场党建和经济工作。

3 月底开始，在现代企业制度改革中，西联农场全面实行开割胶树职工长期承包经营。

5 月 15 日，海南省副省长韩至中到西联农场就建立现代企业制度改革情况进行调研。

6 月 22 日，中共海南省委书记、省人大常委会主任杜青林到西联农场调研，并强调：农垦要发挥自身优势，加快体制改革推动经济结构优化和产业升级。

9 月，西联农场开始实行管理人员公开招聘、公开竞争、择优聘用的人事制度改革。

9 至 10 月，西联农场对橡胶中小苗实行"两费自理"的职工经营实行承包。

2002 年 2 月 5 日，按照《海南省农垦总公司关于设立海南农垦西联农场有限责任公司的批复》（琼垦企编〔2002〕1 号），成立海南农垦西联农场有限责任公司。设立董事会、经理层、监事会，董事长、场长、党委书记由一人担任。原农场场长主管的生产经营工作，由新任命的总经理负责；成立社区办公室，社会职能工作全部交给该室管理，西联农场名称继续保留，方便协调上下、左右关系。在组织构架方面，改革方案设计中分为农场、公司、社区 3 套机构。

2003 年 1 月 1 日，西联农场全面推行职工医疗制度改革，实行就医和大病住院报销制度。

1 月 22 日，西联农场党委会决定进一步完善开割胶树长期承包经营，全场调减承包产量 132 吨。

4月1日起，西联农场开始实行干部工资浮动制度，工资分为基础工资和效益工资两部分，效益工资与干胶产量完成的比例挂钩。

9月，海南省农垦改革领导小组到西联农场对三项改革进行调研。省农垦总局在总结西联改革经验教训的基础上，在全垦区全面推行三项改革。

同年，西联农场生产干胶创历史新高，达到4937吨。

● **2004年** 3月11日，西联农场（有限责任公司）领导班子成员调整，李智全任场长兼公司董事长，简陈洪任党委书记兼公司监事会主席，黎玉清任总经理。

8月起，东方红、东风等分场的胶工经营分配办法由"长期承包，上缴租金"改为"长期承包，实产计配"。

同年，西联农场干胶产量首破5000吨大关，达到5018吨。

● **2005年** 3月，海南天然橡胶产业集团股份有限公司正式成立。西联农场分离为海南省国营西联农场和海南天然橡胶产业集团股份有限公司西联分公司。相应地，对农场和分公司分别进行机构、职能设置和人员配备。

5月9日，农场、分公司、党委领导班子调整，黎玉清担任党委书记兼农场副场长，欧阳文溪任党委副书记、场长兼分公司经理，吴荣华任党委副书记、纪委书记兼工会主席，朱坚任农场副场长，刘晓联任分公司副经理。

7月1日始，西联农场党委用半年的时间在全场范围内开展第二批保持共产党员先进性教育活动。全场1219名党员参加了集中教育活动，受教育率达100%，群众满意率达91.4%。

9月，遭受海南32年来最大的台风"达维"的重创，西联农场安全转移安置群众8156人，全场无一人伤亡，但经济损失严重。

10月，西联农场正式启动为期五年的全场危房改造工程计划，实行全部平顶化建设，每户建筑面积98平方米，户型两房一厅一厨一卫一个天井。年内破土动工第一批4个生产队的住房全面改造完毕，职工于2006年春节前喜迁新居。

● **2006年** 4月，西联农场被省农垦总局确定为社会主义新农垦示范农场。

8月，西联农场以红湖队（转制队）作为试点单位，推进转制队的文明生态队（村）建设。投入51.74万元铺设了7条约1.2公里的环队水泥坡板路，建造红湖桥，兴建文化室和绿化工程。

10月1日始，西联农场开展"法律进队（村）"活动，共组织进村入户工作组3批1899人次，进村入户数为633户；出动宣传车98车（次），广播宣传13天，印发宣传资料4000份，悬挂横幅45条，张贴标语《通告》12000张，干部职工受教育率达100%。

至2006年12月止，西联农场共完成从2005年底开始的9个单位288户危房改造任务，面积达16902平方米；还对1977年转入农场职工的新建房屋，给予1.2万元的补贴。

当年，西联农场投入80万元解决了奋斗、跃新、红旗、联宝、场部等单位的饮水难问题；同时恢复了7个作业区卫生所，解决了边远单位职工看病难问题。

- **2007年** 1月，海南知名品牌（企业）评价委员会决定授予西联农场为"最具影响力的海南知名农场"荣誉称号。

  西联农场累计生产干胶4116吨，比年度计划3680吨增产436吨，与2006年相比增产567吨。

  4月，在海南省农垦总局的帮助与支持下，西联农场出资115万元，解决了基层18个生产队681户群众饮水难问题；投资410万元修建了贯通3个生产作业区、全长12.48公里的水泥主干道，有效解决了基层职工群众行路难的问题。

  从2006年底至2007年12月止，在"惠民安居工程"中，西联农场出资2024万元，修建和新建职工住房438户，改善了职工居住环境。

- **2008年** 6月12日，西联农场启动红卫职工住宅小区建设工程，共建设600套。

  6月17日，西联农场共向四川汶川地震灾区捐款人民币145531.10元。

  9月5日，海南农垦管理体制改革，西联农场与海胶西联分公司政企分开，社企分离。

- **2009年** 3月20日，西联农场、新盈农场和西流农场（社区）重组为新的西联农场（社区），场部设在原西联农场。

  4月29日，在海南省农垦第三届新农村理论之星读书活动演讲比赛中，西联农场选手获得二等奖。

  5月20日，省农垦总局第七纪检审计派驻组在西联农场场部挂牌成立。

  7月2日，中央四部委检查组到西联农场开展关于西联新增项目建设投资的检查工作。

9月，海南环岛国际自行车赛终点站设在西联农场。

至12月，西联农场红卫小区已完成第一期民生工程的安置计划，职工已入住新居；同月启动建设民生工程第二期200套。

当年，西联农场共完成民生建设工程2000套住宅，每户职工享受农场住房补贴12000元。

● **2010年** 1月25日，儋州西联投资有限公司成立。

1月28日，西联农场第一届职工代表大会第一次会议召开。

3月31日，中共海南省委副书记于迅到西联农场调研。

4月12日，中共中央政治局常委、中共中央书记处书记、国家副主席习近平视察西联农场。

11月16日，中美洲和加勒比海地区国家工会领导参观访问西联农场。

12月5日，中共中央政治局常委、中央纪律检查委员会书记贺国强视察西联农场，在红卫小区实地考察。

12月6日，粤海知青慰问团在西联农场演出。

同日，海南省农垦首批产权证发证仪式在西联红卫小区举行。

● **2011年** 1月21日，西联农场第一届职工代表大会第二次会议在西联农场召开。

4月8日，由西联农场引进的首个外资项目——西联大型超市和商住大楼在西联农场场部正式动工建设。

4月9日，西联农场与海南浦琼实业发展有限公司合作开发的西联豪廷举行开工仪式。

4月28日，海南省农垦公安局、儋州市公安局西联分局派保安驻扎西联农场，维护西联治安。

8月22日，海南省农垦总局局长周公卒、副局长林芳明在西联农场调研，了解基层农场改革发展和基层职工的生活情况。

● **2012年** 1月13日，海南省农垦总局局长周公卒到西联农场新盈分场调研。

1月16日，海南省农垦总局党委书记王一新到西联农场调研。

2月15日，农业部调研组到西联农场调研。

3月30日，西联农场职工代表大会第一届第四次会议召开。

4月10日，海南省委副书记李宪生、副省长陈成，在省农垦总局局长周公卒、省农垦集团公司总经理林进挺等领导陪同下到西联农场调研红卫小区保障性安居工程项目。

4月17日，海南省总工会调研组到西联农场调研农垦改革事宜。

4月27日，国务院农村综合改革小组办公室调研组到西联农场调研农业开发项目。

5月8日，海南省农垦总局党委副书记、纪委书记李恩杰到西联农场宣讲海南省党代会精神。

6月7日，海南省总工会主席徐远航到西联农场开展"面对面，心贴心，实打实、服务职工下基层"调研活动。

6月19日，西联农场召开集中整治"庸懒散贪"专项工作动员部署大会。

10月17日，海南省委巡视四组、海南省建设厅在西联农场调研农场住房建设问题。

同年，西联农场被列为海南农垦10个热带农产品标准化产业基地之一。

2013年 1月15日，海南省农垦总局局长周公卒、海胶集团总裁刘大卫一行到西联农场慰问基层职工。

3月17日，农业部调研组到西联农场开展"百乡万户"调研。

6月14日，海南省农垦总局局长吕勇到西联农场调研。

2014年 1月 海南省农垦集团董事长、总经理林进挺到西联农场慰问困难职工。

5月 海南省农垦总局局长吕勇到西联农场调研公司化改制情况。

11月，西联农场历届返城知青回到农场举办"我们的成长始于西联"文艺晚会。

11月19日，农业部党组成员杨绍品、中国农垦经济发展中心主任冯广军、农业部农垦局副局长胡建军一行到西联农场调研，了解农场改革发展情况。

2015年 1月20日，海南省农垦总局局长吕勇到西联农场基层慰问困难职工。

4月21日，海南省委副书记、海南省深化海南农垦管理体制改革领导小组组长李军一行在省农垦总局党委书记周公卒的陪同下到西联农场调研。

5月10日，西联农场举办以歌颂母亲节暨讲述"最美家庭"故事会为内容的联欢晚会。

6月26日至28日，2015年海南农垦"西联杯"全省老年人气排球邀请赛在西联农场举办。

8月18日，纪念抗日战争胜利70周年海南垦区爱国主义教育巡展在西联农场举行。

11月3日，西联农场举办"加快农业现代化"讲座，邀请海南大学应用科技学院副院长、中国农经学会理事张德生教授主讲。

11月7日，西联农场邀请海南省老书画家到农场演示献艺。

同日，中国人民解放军原总后勤部政委张文台上将到西联农场参观百年橡胶园，海南省农垦总局党委书记、海南省农垦集团党委书记周公卒，海胶集团副总裁陈圣文等陪同参观。

11月30日，由海南农垦残联举办的2015年残疾人实用技术培训项目在西联农场开班。主要培训内容为种养技术、家用电器、摩托车维修等技能。西联农场40多名残障人士参加为期7天的培训。

● **2016年** 1月8日，商务部驻海南副特派员崔彬赴西联农场橡胶园和天然乳胶加工厂进行现场调研。

1月18日上午，海南省农垦投资控股集团有限公司（简称"海垦控股集团"）党委书记、董事长张韵声到西联农场慰问困难职工。

8月4日，农业部农垦局政策体改处梅东海到西联农场调研。

9月13日，西联农场举行社区管理服务中心成立大会并举行揭牌仪式。

9月28日，海南省"社保走基层"宣讲团一行到西联农场进行宣传，向农场基层职工普及社保知识。

10月19日，海垦控股集团党委书记、董事长张韵声深入西联农场察看台风风后灾情，指导生产生活自救。

11月23日，前任中共中央委员会总书记、国家主席、中共中央军委主席胡锦涛在西联农场视察百年胶园。

12月，全国政协常委、中国佛教协会副会长班禅额尔德尼·确吉杰布视察百年胶园。

● **2017年** 1月18日，海垦控股集团党委书记、董事长张韵声到西联农场慰问困难职工。

2月22日，海垦控股集团党委委员、副总经理杨志成到西联农场对扭亏保盈工作进行调研。

3月7日，中共儋州市委书记张耕来到国营西联农场，就加快推进农场设"居"及社会管理和公共服务职能移交地方政府管理工作进行调研。

3月27日，农业部副部长屈冬玉等一行来到西联农场，就海南农垦改革工作进行调研。

3月31日，农业部农垦局副局长彭剑良一行到西联农场调研。

5月8日，海南农垦西联农场有限公司揭牌。

7月12日，海南省政协副主席马永霞到西联农场调研。

10月28日，海南省人大常委会环境资源工作委员会主任何少群到新盈红树林国家湿地公园调研。

同日，国家林业局驻广州森林资源监督专员办事处专员关进敏到新盈红树林国家湿地公园调研。

12月21日，中共海南省委常委、省委统战部部长张韵声在西联农场视察百年胶园。

12月22日，第十八届中共中央政治局原常委、中共中央书记处原书记刘云山在西联农场视察百年胶园。

● **2018年**　3月26日，海南省农林水利交通建设工会筹备组副组长刘亚明一行到西联农场公司工会开展调研工作。

5月17日，海垦控股集团党委委员、副总经理张志坚一行在西联农场调研，听取关于棚户区改造和项目招商工作情况的汇报。

9月4日，海垦控股集团总法律顾问周苍国到西联豪廷花园小区调研。

9月20日，海南省政协党组书记、主席毛万春，海南省政协党组副书记、副主席马勇霞，带领调研组到西联农场公司，对百年胶园进行保护和规划发展情况进行调研。

9月29日，海南省政协副主席、科技厅厅长史贻云，儋州市政协副主席、科技局局长谢群峰一行到西联农场公司进行改革发展工作调研。

10月23日，海南省农垦投资控股集团有限公司关心下一代工作委员会名誉主席、海南省农业厅原厅长、原海南省农垦总局（总公司）局长（总经理）林玉权来西联农场公司对关心下一代及老年人体协工作进行调研。

● **2019年**　3月12日，海垦集团党委委员、副总经理、海南橡胶党委书记、董事长王任飞在西联农场参加瞻仰百年橡胶树暨植树节活动启动仪式。

3月13日，儋州市委书记袁光平，海垦控股集团党委副书记、纪委书记、工会主席邢帆到新盈红树林国家湿地公园实地考察。

6月25日，财政部政策研究室原主任、中科院地理资源所研究员王卫星，海垦集团副总经理、海南橡胶党委书记、董事长王任飞一行到西联农场公司千年荔枝林、古榕树群、湿地公园及百年胶园进行考察。

7月24日，海南省侨联党组书记、主席黎才旺率队到西联农场公司华侨队开展归侨侨眷民生问题调研。

8月14日，海垦控股集团党委副书记、纪委书记、工会主席邢帆一行到西联农场公司走访调研，了解企业发展、信访维稳等情况。

8月23日，国家林草局湿地司副司长鲍达明、国家林草局中南调查规划设计院副院长贺东北、国家林业局中南林业调查规划设计院湿地监测评估处处长刘世好、工程师曹虹等调研人员深入新盈红树林国家湿地公园，开展湿地保护工作调研。

8月27日，海垦控股集团党委副书记、总经理王业侨率队赴西联农场公司督导海垦"两个确保"百日大行动落实情况。

8月28日，海南省政府副秘书长、信访局局长戴青云率队到西联农场公司调研西联豪廷花园项目。

9月23日，海垦控股集团党委委员、副总经理张志坚到西联农场公司指导产业发展工作。

9月26日，儋州市副市长黎秀全、副秘书长黄德钊深入西联农场公司开展垦地融合发展调研。

11月29日，海垦控股集团投资总监、规划发展部总经理梁春发一行到西联农场公司召开"两区"划定工作督导会。

12月25日，海南省公安厅护林保胶总队总队长俞丽率队到西联农场公司开展警保联控工作调研。

● **2020年**　1月9日，海南省纪委监委驻海垦控股集团纪检监察组组长李振中一行到西联开展春节送温暖慰问活动，调研党风廉政建设工作。

同日，海垦控股集团党委委员、副总经理王任飞率队到西联农场公司召开西部片区谋划2020年重点工作专题会。

8月4日，海南大学副校长傅国华教授一行到西联农场公司召开校企合作项目洽谈会。

8月27日，海垦控股集团党委委员、副总经理王任飞赴西联农场公司督导重点项目进展情况。

9月10日，由国家发展改革委地区经济司副司长曹元猛一行组成的推进海南自贸港建设工作专班，到海垦西联农场公司调研。

9月14日，海垦控股集团党委委员、副总经理张志坚在西联农场公司移民安置点实地调研北门江天角潭水利枢纽工程建设移民安置工作。

9月22日，海垦控股集团党委书记、董事长盖文启到西联农场公司调研。

11月11日，海南省自然资源和规划厅副厅长陈景进到海垦·新盈共享农庄项目现场调研。

11月12日，儋州市人民政府副市长黎秀全与相关职能部门到西联农场公司调研"2020年棚户区改造职工安置房工程建设项目"进展情况。

11月16日，农业农村部农垦局副局长王润雷率队到西联农场公司调研指导西联农场志编纂工作。

第一编

地理和建制沿革

中国农垦农场志丛

第一章 地理和资源

第一节 地 理

西联农场位于海南省儋州市东北部。地理坐标在东经109°26′14″～109°36′46″，北纬19°33′10″～19°44′20″。场区范围北至东成镇，南接那大镇，东邻原西流农场，西隔牙拉河，为西庆农场、华南热作"两院"试验农场；南至儋州市那大镇8公里；中部为洛基镇。场部与那大镇洛南村相邻。

一、交通条件

西联农场交通便利，基本形成了外部联系和内部交流的两级公路体系，道路网络完善，路况较好。场部至所在的儋州市区6公里，北至海口市127公里，南至三亚市255公里。对外公路上，海榆西线（国道）从场区西流分场穿过；农场场部距西环铁路儋州站8公里，至美兰国际机场157公里。场区内部交通条件良好，场部至各主要作业区和生产队路面都进行了硬化，职工生产生活交通较便捷。

二、自然条件

1. **地形地势** 农场主要地形为低丘占地，地势呈南北低。全场海拔高度在40～140米之间，主要农业生产区坡度多在5°～15°。

2. **气象气候条件** 西联农场的主要气候类型为亚热带，主要气候特点是季风气候。年平均气温23.3℃，月平均气温最高的6、7月约为27.7℃，最低的1月约16.9℃，极端高温40.3℃，极端低温1.1℃。年平均降水量1584毫米，5月至10月为雨季，雨季降水量占全年的85%；11月至次年4月为旱季，降水量在702毫米。年日照时长为2239小时。农场常年主导风向为东北风，风力在4级左右；台风影响大，年均约3次，历史最大风力13级。本地区影响农业生产的主要灾害性天气有台风、旱灾等自然灾害。

3. **土壤条件** 农场土壤类型主要为片岩砖红泥土壤，土层厚，有机质含量高，透水性好，自然肥力高，其主要理化性质分别为 pH 5.1～6.5 ，有机质 8.1 克/千克。

4. **水源条件** 西联农场场区内现有红旗水库，库容为 70000 立方米；总灌溉面积 1560 亩。流经场区的河流主要有西流河、牙拉河等，年径流分别为 46400 立方米；松涛水库松涛干渠流经场区场部。

第二节　自然资源

西联农场公司有国有划拨土地 21.08 万亩。西联农场公司资源丰富，拥有中国"第一片"、数量最多、面积最大、保存完好的"百年橡胶园"，占地 127 亩；有海南新盈红树林国家湿地公园，占地 765.75 亩，2016 年 8 月通过中华人民共和国国家林业局（以下简称国家林业局）试点验收；湿地公园周边生长着 200 多株茂密的古榕树群、占地 780 亩的千年荔枝园，临近光寸钰滩等多个观光旅游景点。公司场部与市区连片，规划定位为那大城区的北部片区门户和重要综合服务区、儋州市特色旅游小镇和特色农产品生产及贸易中心。

西联农场地势南高北低，最高点大吉岭海拔为 183 米。地形以变质岩、花岗岩低丘台地（南部）和沉积物台地（北部）为主，坡度多在 5°以下，适宜机械作业。气候属微寒中风气候区，干、湿季节各半。台风侵袭到此一般成为热带低压掠过而已，风力显著减弱。场内河溪较多，但流量不大，东南部有加朗河，东北部有石牌河。松涛东干渠那大分干及其支渠纵贯场区，渠网密布，并建有水电站，用水用电方便。

第二章 建制沿革

第一节 西联农场的沿革

西联农场的建制体制演变，大约分为 4 个时期。

一、垦殖建制时期（1952—1955 年）

西联农场的前身是 1919 年华侨引种的"天任"胶园（后分为"天任""蔡惠"胶园），1950 年海南岛解放以后收归国有，作为橡胶育种基地，扩建后最早组成了洛南作业一区和加朗作业二区。

1951 年 10 月，人民政府接收洛南地区华侨的胶园，成立洛南站。

1952 年 12 月，洛南站与联昌胶园合并为农场称为"南联场"。其后，1952 年 12 月 5 日被定为西联农场建场日。

1955 年初，"南联场"改称西联农场。

二、农场建制时期（1959—1969 年）

农场初创业时期，整体转业的解放军林业工程第一师官兵一部（简称"林一师"）、行政派遣来的大中学校学生成为农场的主要力量。

从 1955 年至 1957 年，西联农场开始有胶、粮、油等产品产出。在"企业化管理"的口号下提出做好企业管理工作。

1958 年，由于受"人民公社化"运动的影响，刚刚建立起来的基层劳动组织被打乱。1958 年 9 月，西联农场合并到那大公社，改名为西联大队。1959 年 6 月，西联大队同西泉农场合并，称为西联农场。

1959 年 2 月 14 日，中共广东省委召开海南和湛江热带地区座谈会，形成《关于加速开发海南和湛江热带地区的座谈会纪要》。4 月 24 日，国务院决定动员 4 万名退伍兵参加广东农垦建设，加速发展橡胶和热作物生产。同年 11 月，林一师官兵奔赴海南，与此同时有大批来自广东、广西、江西、福建、湖南、湖北、河南、安徽等地转业军人，从四面八方汇聚到海南，部分转业官兵被分配到西联农场参加屯垦戍边和橡胶生产建设。

1960 年 6 月，当时的印度尼西亚、马来西亚采取了排华政策，这两国的华人华侨 300 多人在中国政府的帮助下安置在西联农场东风队、东光队、兰马队、东进队，开始他们的新生活。

1965 年，海南农垦在西联农场推广经济核算制，西联农场企业管理水平得到较大的提高。

三、生产建设兵团建制时期（1969 年 4 月—1974 年 10 月）

从 1969 年至 1974 年，整个海南垦区转为兵团建制。1969 年 4 月，西联农场改名为"广州军区生产建设兵团第五师第四团"，各项内部管理制度和运行机制都实行军事化。

20 世纪的 60 年代末期至 70 年代初期，大批知识青年响应毛主席号召到祖国最需要的地方去，有 200 多名知识青年分配到西联农场 7 个分场各个连队，从事橡胶生产。这些知识青年带给了农场新的建设力量和活力。1974 年后这批知识青年陆续回城。

四、恢复农场建制时期（1974 年 10 月至今）

1974 年 9 月，中国人民解放军广州军区（以下简称：广州军区）下达撤销广州军区生产建设兵团建制的命令。1974 年 10 月，恢复原西联农场的名称和建制。

1978 年 7 月，越南当局悍然驱赶我国广西边民，中国政府将被驱赶的广西边民安置到西联农场五星分场正装连（今华侨队），共 41 户 164 人。1980 年，一部分边民又从华侨队搬迁到新建点跃新队，现居住在两个单位的都是这批边民的一代、二代子女。

2002 年 2 月 5 日，按照《海南省农垦总公司关于设立海南农垦西联农场有限责任公司的批复》（琼垦企编〔2002〕1 号），成立海南农垦西联农场有限责任公司，设立董事会、经理层、监事会，董事长、场长、党委书记由一人担任；在组织构架方面，改革方案设计中分为农场、公司、社区 3 套机构。

2005 年 3 月，海南垦区正式成立海南天然橡胶产业集团股份有限公司。西联农场分离为海南天然橡胶产业集团股份有限公司西联分公司和海南省国营西联农场。相应的，对农场和分公司进行机构、职能设置和人员配备。

2009 年 3 月，省农垦总局对垦区西联农场实行合并重组，西联农场和西流、新盈农场重组为新的西联农场。西联农场分为存续农场和海南橡胶集团西联分公司。农场下设分场。

2017 年 3 月 23 日，西联农场顺利完成公司制改革，成立海南农垦西联农场有限公司。公司拥有土地面积 21.08 万亩。公司场部的土地与那大市区接壤，公司被儋州市政府规划定位为那大城区的北部片区门户和重要综合服务区，儋州市特色旅游小镇和特色农产品生产及贸易中心。

2017 年 5 月 8 日，海南农垦西联农场有限公司正式揭牌。

第二节　西联农场分场的情况

至 2020 年，西联农场划分为 7 个分场 49 个生产队，分场的具体情况如下：

①洛南分场下辖八一队、保卫队、红卫队、前卫队、赤卫队、洛南队、高田坡队。总人口 1385 人，总户数 393 户，劳动力 709 人，职工总数 207 人，在岗职工 51 人，土地面积 15137.3 亩。

②加朗分场下辖加朗队、沙屋队、双岭队、南门队。总人口 1058 人，总户数 134 户，劳动力 270 人，职工总数 122 人，在岗职工 26 人，土地面积 8376.1 亩。

③五星分场下辖猛进队、光辉队、光明队、奋斗队、奋勇队、华侨队、跃新队、跃进队、前进队。总人口 2053 人，总户数 485 户，劳动力 983 人，职工总数 102 人，在岗职工 82 人，土地面积 28696.7 亩。

④红旗分场下辖红湖队、红光队、红星队、红专队、红旗队、红岭队、红山队。总人口 2326 人，总户数 548 户，劳动力 1214 人，职工总数 279 人，在岗职工 55 人，土地面积 23630.7 亩。

⑤胜利分场下辖长征队、兰马队、胜利队、团结队、万里队、先锋队。总人口 634 人，总户数 145 户，劳动力 336 人，职工总数 98 人，在岗职工 42 人，土地面积 15135.1 亩。

⑥东风分场下辖东城队、东风队、东辉队、东进队、东明队、东平队、东升队、东新队。总人口 3310 人，总户数 849 户，劳动力 1436 人，职工总数 218 人，在岗职工 86 人，土地面积 23512.2 亩；联宝公司：总人口 117 人，总户数 31 户，劳动力 69 人，职工总数 47 人，在岗职工 33 人，土地面积 5063 亩（租南宝乡地）。

⑦东方红分场下辖曙光队、阳光队、晨光队、黎明队、石牌队、农业队、东方红队、

春光队。总人口 14 ⊥9 人，总户数 320 户，劳动力 811 人，职工总数 144 人，在岗职工 44 人，土地面积 2896⊥.8 亩。

⑧1959 年 6 月原西泉农场下辖的东明队、东进队、兰马队、东风队、东光队（后两队合为东风队）、一所学校（农中）、一所医院、一个加工厂（旧址还在原东光队处），因当时西泉农场经济出现困难，没钱没粮就顺势并入西联农场。原西泉农场党委书记是邓光明。

⑨西联农场并场队概况。原儋县长坡公社大老大队，新中国成立以前有 8 个自然村。其中 7 个自然村是老革命根据地。新中国成立以后经人民政府正式命名为红色游击区的有 6 个村：沃头村、老村、大老村、碗窑村、黄泥村、立丁村。命名为抗日根据地的是石碑村。1958 年 10 月成立人民公社时成立大老大队。1966 年 1 月大老大队改由西联农场代管，保持大队建制，农场派工作组常年下队协助工作，并借款给大队购买两台胶轮拖拉机，支援大队耕作，帮助大队修建仓库、晒场，廉价供应肥料、种苗等，帮助大队发展生产。

1976 年前的大老大队，当时总户数 341 户，总人口 1744 人，其中男 873 人、女 871 人，内有党员 28 人，团员 33 人；全劳力 647 人，半劳力 118 人，副劳力 24 人；其中干部 20 人，教师 3 人，卫生员 2 人，机务人员 3 人。土地总面积 21827 亩，其中水田 1500 亩，旱地 2149 亩，荒山 17562 亩；农经作物有 612 亩，其中橡胶 433 亩，甘蔗 179 亩；畜牧 340 头，其中水牛 205 头，黄牛 135 头。

1977 年 1 月，大老大队取消建制，正式并入西联农场，按相邻的地理位置分别划归农场的东风、红旗、东方红等作业区管理，共有 10 个生产队，分别为红湖队、红星队、红光队、红专队、阳光队、晨光队、农业队、东平队、东新队、东升队。转制时总人口 2846 人，总户数 764 户，土地面积 27922 亩。

2005 年，原大老大队现有总户数 633 户，总人口 2620 人，其中 18 岁以下 771 人，18～60 岁（男）783 人，18～50 岁（女）738 人，家属、老人 328 人；就业人员 1070 人，其中在岗职工 218 人，在册无岗 267 人，无岗有业 163 人，无岗无业 13 人，外出务工 251 人，免领岗位（个人上缴社会保障费）103 人，其他 45 人；另外就业人员中共有干部 84 人，其中科级以上干部 16 人，一般干部 42 人，教师 22 人，医务人员 4 人；土地总面积 27922 亩，其中橡胶面积 12055 亩（国有 9643.4 亩，私营 2411.6 亩），水、旱田面积 5398.2 亩，林地面积 730.6 亩，茶、果树面积 16 亩，渔业面积 84 亩，其他土地面积 2744.2 亩。

第二编

经　济

中国农垦农场志丛

第一章　经济总情况

第一节　各个五年计划经济发展概况

第一个五年计划时期（1953—1957 年），1957 年，农场职工 2004 人，已利用土地面积 8.19 万亩，工农业总产值 284.49 万元（不变价）；其中农业总产值 91.11 万元，工业总产值 193.38 万元。

第二个五年计划时期（1958—1962 年），1962 年，职工 2787 人，已利用土地面积 7.48 万亩，工农业总产值 263.22 万元（不变价）；其中农业总产值 188.59 万元，工业总产值 74.63 万元。

第三个五年计划时期（1966—1970 年），1970 年，职工 5546 人，已利用土地面积 8.51 万亩，工农业总产值 1162.96 万元（不变价）；其中农业总产值 834.94 万元，工业总产值 328.02 万元。

第四个五年计划时期（1971—1975 年），1975 年，职工 6247 人，已利用土地面积 8.2 万亩，工农业总产值 985.18 万元（不变价）；其中农业总产值 909.33 万元，工业总产值 75.85 万元。

第五个五年计划时期（1976—1980 年），1980 年，职工 7940 人，已利用土地面积 8.77 万亩，工农业总产值 1164.28 万元（不变价）；其中农业总产值 1079.94 万元，工业总产值 84.34 万元。

第六个五年计划时期（1981—1985 年），1985 年，职工 7694 人，已利用土地面积 9.51 万亩，工农业总产值 2455.54 万元（不变价）；其中农业总产值 2279.01 万元，工业总产值 176.53 万元。

第七个五年计划时期（1986—1990 年），1990 年，职工 8246 人，已利用土地面积 9.51 万亩，工农业总产值 4694.20 万元（不变价）；其中农业总产值 3693.10 万元，工业总产值 100.11 万元。

第八个五年计划时期（1991—1995 年），1995 年，职工 6106 人，已利用土地面积 11.26 万亩，工农业总产值 9056.00 万元（不变价）；其中农业总产值 5322.00 万元，工业总产值 3734 万元。

第九个五年计划时期（1996—2000 年），2000 年，职工 5054 人，已利用土地面积 13.96 万亩，工农业总产值 11648 万元（不变价）；其中农业总产值 5863 万元，工业总产值 5785 万元。

第十个五年计划时期（2001—2005 年），2005 年，职工 5054 人，已利用土地面积 13.96 万亩，工农业总产值 11648 万元（不变价）；其中农业总产值 5863 万元，工业总产值 5785 万元。

第十一个五年规划时期（2006—2010 年），"十一五"的五年农场累计完成生产总值达到 15.0165 亿元。第一产业累计完成生产总值 5.36 亿元，年均增长 −5.21 ％，其中：种植业生产总值累计 4.06 亿元，年均增长 −9.80 ％；养殖业生产总值累计 0.76 亿元，年均增长 25.01 ％；第二产业累计完成生产总值 2.13 亿元，年均增长 3.95 ％；第三产业累计完成生产总值 0.35 亿元，年均增长 17.61 ％。"十一五"末的 2010 年，职工 4765 人，已利用土地面积 13.9 万亩，工农业总产值 14850 万元（不变价）；其中农业总产值 7687 万元，工业总产值 7163 万元。

第十二个五年规划时期（2011—2015 年），"十二五"末期的 2015 年，已利用土地面积 13.9 万亩；工农业总产值（现价）56382 万元；其中农业总产值 46554 万元，工业总产值 9828 万元。五年中在岗职工年均收入 18697 元，2015 年与 2010 年同期对比增加了 4757 元，增幅 25％；2015 年职工自营经济纯收入 24943 万元，与 2010 年同期对比增加了 13617 万元，增幅 54.5 ％。

第十三个五年规划时期（2016—2020 年）中的 2019 年，西联农场职工 5054 人，已利用土地面积 13.96 万亩；年度累计完成总收入 6368.76 万元，占年度计划 5900 万元的 108％，其中：营业收入 3753.23 万元，资产处置收益 1092.3 万元，营业外收入 1523.23 万元；利润总额完成 1802 万元，占年度计划利润总额 1800 万元的 100.1％。

历年具体数据见表 2-1-1。

表 2-1-1　西联农场历年经济发展数据表

年份	人口	职工（人）	职工年平均工资（元/年）	自营经济平均收入（元/年）	土地总面积（万亩）	已利用面积（万亩）	固定资产投资（万元）	工农业总产值（万元）	农业总产值（万元）	工业总产值（万元）	地区生产总值（万元）
1952	103	103	56.0	—	4.36	1.76	—	4.69	3.29	1.40	—
1953	326	326	51.0	—	4.36	2.82	—	43.07	37.37	5.70	—
1954	316	316	54.0	—	4.42	2.99	—	25.74	19.06	6.68	—
1955	484	484	50.0	—	9.88	3.22	418.00	60.93	26.31	34.62	—

（续）

年份	人口	职工（人）	职工年平均工资（元/年）	自营经济平均收入（元/年）	土地总面积（万亩）	已利用面积（万亩）	固定资产投资（万元）	工农业总产值（万元）	农业总产值（万元）	工业总产值（万元）	地区生产总值（万元）
1956	2544	1901	550.0	—	9.69	5.02	113.00	94.00	34.80	59.20	—
1957	2662	2004	510.0	—	8.19	4.39	60.00	284.49	91.11	193.38	—
1958	3107	2270	476.0	—	9.83	4.70	12.00	633.10	187.72	445.38	—
1959	3953	2436	436.0	—	11.00	6.36	149.00	745.55	231.40	514.15	—
1960	5374	3366	411.0	—	12.00	9.22	250.00	742.89	322.48	420.41	—
1961	5883	3260	414.0	—	12.00	9.39	183.00	459.55	199.92	259.63	—
1962	5238	2787	430.0	—	13.50	7.48	120.00	263.22	188.59	74.63	—
1963	5973	3017	447.0	—	13.90	6.23	181.00	315.78	185.24	130.54	—
1964	6264	2871	456.0	—	13.48	6.26	121.00	499.78	263.84	235.94	—
1965	6913	3178	400.0	—	12.65	6.37	70.00	740.10	458.75	281.35	—
1966	7616	3567	332.0	—	12.85	7.03	102.00	983.34	647.90	335.44	—
1967	8089	3618	353.0	—	12.85	7.28	87.00	806.75	472.08	334.67	—
1968	9173	4493	322.0	—	12.85	7.29	66.00	476.78	306.96	169.82	—
1969	10026	4850	362.0	—	12.08	7.09	88.00	1132.34	758.39	373.95	—
1970	11193	5546	413.0	—	11.76	8.51	111.00	1162.96	834.94	328.02	—
1971	12133	6076	401.0	—	13.53	8.36	157.00	1086.94	1014.80	72.14	—
1972	12469	6094	409.0	—	13.92	8.18	131.00	1019.70	831.79	187.91	—
1973	13003	6275	452.0	—	13.92	8.27	66.00	1046.73	1025.00	21.73	—
1974	13240	6197	631.8	—	13.92	8.23	108.00	1059.89	978.26	81.63	—
1975	13305	6247	517.2	—	13.92	8.20	127.00	985.18	909.33	75.85	—
1976	13514	6513	523.3	—	13.92	8.35	80.00	1541.18	1410.23	130.95	—
1977	15773	7707	496.3	—	15.80	8.86	119.00	1663.48	1553.18	110.30	—
1978	16216	7975	558.1	—	15.80	8.82	208.00	1707.33	1603.15	104.18	—
1979	15994	7919	582.8	—	15.80	8.80	162.00	1802.25	1699.76	102.49	—
1980	16044	7940	669.0	—	15.80	8.77	73.00	1164.28	1079.94	84.34	—
1981	15690	7940	727.7	—	15.80	9.51	201.76	2176.88	2045.04	131.84	—
1982	15630	7950	775.8	—	15.80	8.21	175.10	2436.64	2271.18	165.46	—
1983	15323	7961	816.0	—	15.80	8.22	128.40	2469.19	2297.28	171.91	—
1984	15206	7648	844.0	—	15.80	8.83	206.90	2587.91	2395.41	192.50	—
1985	15254	7694	837.7	—	15.80	9.51	201.76	2455.54	2279.01	176.53	—
1986	15168	7714	870.1	—	15.80	9.90	205.24	2604.18	2312.89	291.29	1642.78
1987	15667	7847	949.7	—	15.80	10.37	280.68	2846.60	2488.60	358.00	1872.31
1988	16490	8390	899.3	—	1580.00	10.52	1999.40	3122.30	2595.90	526.40	2179.89
1989	16630	8515	989.8	—	15.80	10.70	772.00	2971.00	2434.00	537.00	2545.50
1990	16197	8246	1552.3	—	15.80	10.81	1080.70	4694.20	3693.10	1001.10	2982.20
1991	16407	8214	1612.9	325.8	15.80	10.86	264.10	5517.40	3714.00	1803.40	3124.70
1992	16470	7662	2113.4	511.6	15.80	10.86	313.00	7240.00	4004.00	3236.00	3674.00

（续）

年份	人口	职工（人）	职工年平均工资（元/年）	自营经济平均收入（元/年）	土地总面积（万亩）	已利用面积（万亩）	固定资产投资（万元）	工农业总产值（万元）	农业总产值（万元）	工业总产值（万元）	地区生产总值（万元）
1993	16016	7323	2720.2	766.0	15.80	11.12	890.00	7694.00	3843.00	3851.00	4296.00
1994	15579	6522	1852.2	910.0	15.80	11.05	1563.00	10037.00	5027.00	5010.00	5276.00
1995	15993	6106	2586.0	1848.0	15.80	11.26	531.00	9056.00	5322.00	3734.00	5761.00
1996	16082	6050	3530.6	3677.9	15.80	11.59	3326.00	11648.00	5863.00	5785.00	9200.00
1997	16241	6002	3045.7	2854.0	15.80	11.74	2090.00	12447.00	5387.00	7060.00	9300.00
1998	17275	5659	3700.3	3858.0	15.80	12.10	1810.00	11911.00	6209.00	5702.00	8572.00
1999	16303	5101	4116.8	4292.0	15.80	12.93	2004.00	11972.00	5901.00	6071.00	8449.00
2000	15281	5054	3124.3	5130.0	15.80	13.97	1211.00	11913.00	6153.00	5760.00	9363.00
2001	15164	5055	3513.4	3466.0	15.80		961.00	9868.00	5987.00	3881.00	8156.00
2002	14913	4956	4476.0	4500.0	15.80	13.84	1533.00	10837.00	6215.00	4622.00	8963.00
2003	15413	4665	7098.0	4802.0	15.80	13.81	2030.00	12752.00	6602.00	6150.00	10926.00
2004	16424	4527	7805.0	7944.0	15.80	13.94	1288.00	13329.00	6363.00	6966.00	11938.00
2005	16388	4765	6308.0	5592.0	15.80	13.90	1355.00	14850.00	7687.00	7163.00	12792.00
2006	17071	4811	5927.0	6133.0	15.80	13.90	2173.00	17939.00	10732.00	7207.00	15755.00
2007	—	—	8819.0	5738.0	15.80	13.90	3995.00	—	—	—	30477.00
2008	40347	10749	13365.0	7026.0	—	—	4833.00	46281.00	38691.00	7590.00	32909.00
2009	42470	10497	14038.0	6465.0	—	—	17924.00	41680.00	35065.00	6615.00	32575.00
2010	33499	4026	13940.0	11694.0	—	—	15779.00	29183.00	21182.00	8001.00	23492.00
2011	35325	4463	16740.0	15110.0	—	—	12095.00	34627.00	26629.00	7998.00	39814.00
2012	34050	3827	19239.0	21033.0	14.36	9.73	9960.00	78063.00	68193.00	9870.00	41910.00
2013	38027	3827	21345.0	22135.0	—	—	—	118791.00	108963.00	9828.00	—
2014	41481	2807	22000.0	24168.0	—	—	—	45723.00	36358.00	9365.00	—
2015	40630	1916	23513.0	28437.0	16.93	9.97	11286.00	56382.00	46554.00	9828.00	71347.00
2016	40933	1650	24675.0	36345.0	16.93	9.99	14342.00	52579.00	47562.00	5017.00	78657.00
2017	42994	694	25080.0	35483.0	20.15	10.19	16269.00	52782.00	49571.00	3211.00	87232.00
2018	42951	552	27845.0	39085.0	19.14	10.82	17245.00	67010.00	63650.00	3360.00	95165.00
2019	42574	502	29901.0	43475.0	21.00	10.35	18167.00	51115.00	47537.00	3578.00	97870.00
2020	43000	411	36521.0	44500.0	21.00	10.35	6890.00	74229.00	69931.00	4298.00	99827.00

第二节　固定资产投资

西联农场的固定资产投资，均由海南农垦总局负责计划和下拨。各个五年计划时期西联农场固定资产投资情况如下：

第一个五年计划时期（1953—1957年），共投资591万元，其中：1955年投资418万元，1956年投资113万元，1957年投资60万元。

第二个五年计划时期（1958—1962年），共投资714万元，其中：1958年投资12万元，1959年投资149万元，1960年投资250万元，1961年投资183万元，1962年投资120万元。

1963年至1965年的三年国民经济调整时期共投资372万元，其中：1963年投资181万元，1964年投资121万元，1965年投资70万元。

第三个五年计划时期（1966—1970年），共投资454万元，其中：1966年投资102万元，1967年投资87万元，1968年投资66万元，1969年投资88万元，1970年投资111万元。

第四个五年计划时期（1971—1975年），共投资589万元，其中：1971年投资157万元，1972年投资131万元，1973年投资66万元，1974年投资108万元，1975年投资127万元。

第五个五年计划时期（1976—1980年），共投资642万元，其中：1976年投资80万元，1977年投资119万元，1978年投资208万元，1979年投资162万元，1980年投资73万元。

第六个五年计划时期（1981—1985年），共投资913.92万元，其中：1981年投资201.76万元，1982年投资175.1万元，1983年投资128.4万元，1984年投资206.9万元，1985年投资201.76万元。

第七个五年计划时期（1986—1990年），共投资4338.02万元，其中：1986年投资205.24万元，1987年投资280.68万元，1988年投资1999.4万元，1989年投资772万元，1990年投资1080.7万元。

第八个五年计划时期（1991—1995年），共投资3561.1万元，其中：1991年投资264.1万元，1992年投资313万元，1993年投资890万元，1994年投资1563万元，1995年投资531万元。

第九个五年计划时期（1996—2000年），共投资10441万元，其中：1996年投资3326万元，1997年投资2090万元，1998年投资1810万元，1999年投资2004万元，2000年投资1211万元。

第十个五年计划时期（2001—2005年），共投资7167万元，其中：2001年投资961万元，2002年投资1533万元，2003年投资2030万元，2004年投资1288万元，2005年投资1355万元。

第十一个五年规划时期（2006—2010 年），共投资 44704 万元，其中：2006 年投资 2173 万元，2007 年投资 3995 万元，2008 年投资 4833 万元，2009 年投资 17924 万元，2010 年投资 15779 万元。

第十二个五年规划时期（2011—2015 年），不完全统计，投资 33341 万元，其中：2011 年投资 12095 万元，2012 年投资 9960 万元，2015 年投资 11286 万元（2013 年、2014 年投资缺资料）。

第十三个五年规划时期（2016—2020 年），不完全统计，投资 72913 万元，其中：2016 年投资 14342 万元，2017 年投资 16269 万元，2018 年投资 17245 万元，2019 年投资 18167 万元，2020 年投资 6890 万元。

第二章　基础设施建设

第一节　建设规划

一、西联农场场部建设规划（1987—2000 年）

西联农场是海南农垦局植胶最早，产胶最多的农场之一。位于海南岛儋州市北部，场区四至分别与儋州市东成乡、前进乡，西流农场和华南热带作物学院相连，场区被洛基乡分隔成四大块。场部位于场区南部，距儋州市那大镇 9 公里，东北至海口市 150 余公里，西北沿洋浦港外公路至洋浦港加工区 49 公里，交通便利。

1987 年西联农场有土地总面积 15.804 万亩（105.36 平方公里），总人口 15141 人，总户数 4324 户，职工 7714 人，场区在海南岛橡胶种植区划中属琼北微寒中风区，干湿季节各占一半。场区土地坡度平缓土层深厚，是橡胶的适宜种植区。1919 年华侨已在西联开办了天任胶园，现由农场管理，场区河流众多，但流量不大。松涛水库灌溉渠道蜿蜒，通过场区农场，利用渠道自然落差修建小水电站多座，因此用水、用电较方便。

全场分三级管理，下设 7 个分场，54 个生产队以及其他基层单位 21 个。主要经营橡胶种植业，1986 年，橡胶种植 6.87 万亩，水稻播种面积 5927 亩，产干胶 3118 吨，粮食 1711 吨，工农业总产值 2834 万元，是垦区经济效益最好的几个农场之一，党和国家领导人多次到场视察工作，并留下珍贵的题词，外国友人、华侨和港澳同胞也经常来参观。

西联农场场部经多年建设已初具规模，1987 年时常住人口 3600 人，734 户，其中职工 1010 人。各类房屋建筑面积达 97820 平方米，其中混合结构房屋 56750 平方米，占 58%。住宅为 29270 平方米，人均 8 平方米，场部目前有场机关、工厂、学校、医院、商业，服务行业等单位 13 个，工业有橡胶加工厂、橡胶制品厂、皮鞋厂、小型木材厂、粮食工厂、食品厂等。与广州橡胶三厂联营的橡胶制品厂，生产的各种胶球主要供出口，是海南第一家生产出口的厂家。利用世界银行贷款，即将兴建的橡胶木材加工厂，立足于本地资源，年产 2 万立方米木材，是农垦的骨干厂之一，有较好的发展前景。

由于人口聚居，周围农村较富裕，场部的商业、服务行业也相应得到发展，商业、服务业从业人员近 140 人，个体商户 43 户，农贸市场也较为活跃。月平均 61 个摊位，100 个左右商贩参加交易，月交易额为 5000 元以上。场部现有一座拥有 100 个床位的招待所和一座园林式的高级小宾馆。

场部的教育、文化、医疗等设施也有了较好的基础。

已建成日产 1000 吨自来水的水厂，供水设施比较完善。农场 1987 年有 7 座电站，总装机容量 1100 千瓦，已和国家电网联网，电力供应较为充足，场部输电线路也比较合理。

原场部建设存在的问题：

①原过境公路（目前仍使用）弯曲地穿过场部，干扰大。内部交通组织不顺畅，部分仓库、工厂运输量大　运输道路穿过居住区，较不合理。

②商业、服务业网点比较分散，形不成吸引人的商业中心。

③由营房式的宿舍演变成的老住宅不太适应农场职工家庭生活的需要。

④教育、文化、医疗等方面的设施有待配套完善。

（一）规划依据

1. 各级政府和农垦系统各级有关部门颁发的小城镇规划文件等

2. 农场生产发展规划

①至 2000 年，橡胶面积达 7.5 万亩，林业 3 万亩，其他热带作物 2 万亩，水稻 0.25 万亩，并利用林下，大力发展红白藤种植。

②年产干胶 6900 吨，木材 1.5 万立方米。在此期间将兴建一些工厂。

③新建或扩建标准胶厂一座。

④新建年加工 2 万立方米的木材厂一座（现已完成可行性研究）。

⑤新办藤制品厂一座。

⑥至 2000 年，全场工农业总产值达 8000 万元以上。

（二）场部发展方向

农场场部目前已经成为全场行政、经济、文化商业服务等中心，其中心作用将继续加强和发展。

充分发挥位置适中，交通方便，现有基础较好的优势，发展成为农垦以及当地的农林牧产品加工基地。

将我国最早的天然橡胶种植园之一的天任胶园作为旅游参观点。

（三）人口规模预测

全场人口以自然增长法计算，场部人口用自然机械增长法计算。自然增长率至 1990 年争取达到 9‰，1991—2000 年争取达到 7‰。

计算结果，至 2000 年全场人口为 17100 人。场部常住人口为 4800～5000 人；场部 2.5 公里半径内人口为 15200 人（包括农村人口，不包括场部常住人口）。

（四）　场部规划要点

1. 疏通道路，改善交通

①将过境公路引至洋浦港外公路。

②分别从商业楼和水电站路口，修两条路与洋浦港外公路相接，使场部对外交通通畅。

③将加朗分场到场部道路改线，取道原路，从北边进入场部，减少对居住区的干扰。

④开通招待所至红卫电站的道路，作为内部的主要道路。

⑤在进入场办公楼前广场的桥边修一座姐妹桥，使之与广场相匹配；扩建红卫桥，使之与主要道路相适应。

⑥在渠道上新修两座人行便桥，便于日常活动。

2. 调整分区，合理布局

①将汽车队、建筑构件厂搬迁至洋浦港外公路东侧，木材加工厂也规划在这一带，食品厂将迁至汽车队原址，包括修配厂、自来水厂，使西南边形成工业区，工业区紧靠过境公路，进出方便，减少对场部中心的干扰。今后在条件许可的情况下能将运输量较大的物资仓库和粮油厂迁至木材厂南边，原设施用来兴办一些无污染的工业、手工业，使布局更趋于管理。

②商业、金融、邮电和其他服务行业相对集中在新开道路的两侧并沿原公路安排个体商户，将农贸市场迁至商业大楼后面，这样可以形成一个比较完整的商贸活动场所。

3. 改善居住环境

①改造老住宅区，将平房改为二层楼房，尽量使每户有自家院子。

②开辟新的住宅区，新住宅区以小团组的形式进行布置，每组内安排小块绿地，以改善环境。新住宅是以小体量的，两户一幢的楼房为主，便于以"自建公助"的形式修建。

4. 完善教育、文化、医疗设施

①修建中学的 400 米跑道的运动场，科学馆、室内球场等。

②在办公楼对面建一幢职工俱乐部。

③利用场部中央鱼塘和原建筑构件厂建设小公园和游泳中心，游泳中心规划有标准池、儿童池和跳水池。游泳中心有两个方案供选择。

④利用商业楼边的鱼塘修建街心瀑布喷泉水景。

5. 建立保留区和纪念园　修复天任楼，建立天任胶园保留区，使之成为我国植胶历史的纪念园和旅游参观点，保留区面积为100亩左右。

6. 利用资源 充分利用原有资源，推动西联小城镇建设。

①凡混合结构房屋，一般都尽量保留，

②原有输电线路和供水管线较合理，加以利用，不重新规划。

7. 洋浦港外公路两侧路边，原则上不安排建筑物 以避免重蹈过境公路穿越城镇中心的覆辙。

二、西联农场"十二五"小城镇建设规划

"十二五"期间，西联小城镇主要规划为8个功能区，以西联场部为中心，北部湾大道两侧为主线进行勾画，自南向北扩展。充分利用南面的前卫队、洛南队4000多亩的土地，北面保卫队、八一站4000多亩的土地以及五星作业区天角潭水库周边2000亩土地，进行科学整体规划，对场部旧城区天任棚户区进行升级改造，扩大小城镇规模，8个功能区分别为：

1. **房地产功能区** 主要分布在南面前卫队1000多亩土地，规划建设为房地产业，与那大城区对接。

2. **文化、旅游、休床、教育功能区** 重点突出百年胶园红色教育文化基地，挖掘和展示农垦老一代吃苦耐劳、团结奋斗的艰苦岁月，记载知识青年生活、奋斗和奉献的历程，拟规划建设成为具有农垦鲜明特色的百年胶园和知识青年纪念馆，同时建设一些"农家乐"、郊游和垂钓等休闲旅游项目。

3. **农业产业示范功能区** 充分利用西联场部的区位优势打造城乡经济圈，衔接儋州市城区，辐射带动场部周边的那大镇茶山村委会、桥南村委会、白南村委会、石屋村委会、塘坡村委会、地方侨植农场等30个自然村近万人，发展现代农业，打造生产、加工、销售一体化产业链格局，科学合理布局，推动高效密集的涉农深加工产业。选择具有活力、特色、持续的旅游观光产品，如花卉基地、绿色菜篮子基地、热带水果基地、养殖禽畜基地等，建设标准化无公害农产品示范区，提高农产品的附加值和综合经济效益。

4. **农产品交易中心和农产品加工功能区** 主要布局在八一站区域，建立小城镇农产品质量安全、农产品储藏保鲜基地，建设瓜菜、热带水果等农副产品批发交易市场，完善农资、农产品流通综合交易场所。同时，以具有传统优势和良好声誉的几千亩马来西亚一号波罗蜜为产品资源，发展波罗蜜脆片加工等农产品加工项目，形成有序、规模、管理、服务一体农产品集散中心。

5. **居住功能区**　加强红卫小区基础设施配套建设和物业管理，让居住有 1000 户的这个大型社区真正成为农垦职工住宅示范点。加快联港小区的整体规划和工程建议，积极争取总局和政府的支持，加快场部老城区天任棚户区改造工程，先行规划，加快速度，逐步完善道路、供水、供电、通信、绿化、防污、防灾等一系列综合功能，把农场变成那大城区的宜居地和后花园。

6. **康复、养老功能区**　对西联医院、招待所进行全方位的改造，在其近百亩土地上完善各种功能，加强基础设施、公益事业建设，把西联医院改造成具有医疗、康复、养老等功能的医院，把西联招待所改造成适合各类人群居住的宾馆酒店，在西联场部建设儋州重要的康复、养生、养老功能区。

7. **工业园区和汽车交易功能区**　主要布局在八一站区域，建设材料加工、建筑材料加工等基地，并建设一个大型的集汽车销售、维护功能的 4S 店和汽车驾驶培训中心。

8. **物流、商业功能区**　主要布局在五星作业区华侨队周边 2000 亩区域，在此建设儋州市物流中转站和包储基地、儋州市大型建材市场。

三、西联农场 2014—2018 年项目规划

按照海南农垦和儋州市产业发展规划及空间布局要求，结合农场土地利用总体规划和成熟的资源、产业发展优势等条件，首先开发做好物业经营和现代农业建设两大产业板块；其次是筹措和培植旅游、房地产、颐养疗养、矿产开发等若干个具有发展前景的产业，推动农场经济向纵深发展。

（一）2014 年主要发展两大产业板块

1. 做好物业产业经营板块，成立儋州西联物业经营管理公司，形成农场新的经济增长点　具体的做法是：首先通过与民营资本相结合的方式，整合经营已建好的西联豪廷花园、西联超市房地产项目以及西联西润服务中心、西流农贸市场等项目形成的 9833 平方米的商业性资产（未含在建项目 119 亩的儋州北大门户综合体、87.47 亩的联合城市花园和 80 亩的新盈农产品交易中心等，按项目合同比例将分得的 41917 平方米的住房、商铺），开发旅馆、酒店、商店及养老院等商业性服务业，逐步形成商业经营产业链，实现国有资产的保值增值。其次是整合原西联、西流、新盈三个物业站的经营管理资源，通过开展家政服务、民用设备设施安装及维护维修、环境卫生管理等多种形式的有偿服务，创新服务方式，延伸业务范围，拓宽服务领域，获取新的经济增长点，为广大职工提供便捷、多样、个性化的服务。第三是加强对西联小型（拥有发电量 600 万度）水力发电站的

经营管理，进一步建立和完善公司法人机构和手续。采取承包经营、固定上缴、自负盈亏的经营管理模式，积极向社会提供商业电力服务，增加农场的收益。

2. 积极发展特色农业板块，打造现代农业产业链，成立儋州西联高效农业开发有限责任公司 通过对农业产业布局和结构的重新调整，进一步整合农场现有的土地资源和已形成的种养业基础条件，积极开发特色农业。具体操作办法：一是继续做好和完善73.5亩，总投资400万元的西联"东升现代农业示范基地"大棚种植的项目，发挥其示范性作用及品牌效应，辐射和带动全场现代高效农业产业的发展。二是对前期已投入1371万元，经过中低产田改造的新盈7200亩的1、2号工地和西流分场5个转制队3904亩的耕地及更多的散碎农业用地进一步整合。农场采取反租或职工带土地经营权入股的办法，克服和解决农场土地紧缺、零散不利于综合开发利用等困难问题。通过由项目公司经营或有实力的农业龙头企业招标经营等方式，开发建设现代农业基地，实现农场地租和经营的收益，农户（或职工）的就业机会、劳动报酬和地租或股红的收益，以及开发商的经营利润三赢的目标。

（二）2015—2018年继续抓好现代农业和物业管理服务两大板块的建设，积极培植和逐步打造旅游、颐养疗养、房地产、矿产资源等产业

1. 全力打造生态旅游项目 由海南省农垦总局主导，西联农场积极参与和配合，充分依托新盈红树林国家湿地公园、新盈千年荔枝园、新盈古榕树群等旅游资源优势，培植打造集民俗文化、观光旅游、休闲度假等为一体的海南西部主题公园及国际旅游岛的重点旅游景区。

一是按照国家对红树林湿地公园的建设要求，积极抓好配套基础设施的建设。力争3年内完成对新盈红树林国家湿地公园、新盈千年荔枝园、新盈古榕树群等景点的基础设施建设，形成红树林国家湿地公园的雏形。

二是按照"海南西部主题公园"的标准要求，不断完善红树林湿地公园景点管理软件的开发建设，提高其科学管理的水平和服务质量。此外，积极筹备对红树林景区周边丰富的耕地资源和浅海资源的开发利用，积极发展特色养殖业。形成陆、海产业相连，农、渔、牧业并举，经济效益和社会效益突显的观光旅游产业，丰富红树林国家湿地公园的内容，形成区域旅游项目的有机链接，努力把新盈红树林国家湿地公园建设成一个集风情特色、生态旅游、颐养疗养、休闲度假为一体的国家级标准旅游景区。

三是借助儋州打造海南西部旅游龙头为契机，充分利用好农场现有的文化旅游资源，积极争取儋州市政府对农场旅游开发的支持，逐步培植打造海南西部"红色之旅"。通过开发建设西联"百年胶园"、新盈泊潮革命老区和西流木排革命烈士纪念碑等教育基地，把红色旅游资源转化为具有绿色传统文化的旅游景点景区。

2. 开发颐养疗养项目　以组建农垦医疗集团为契机，按照"建设养生医疗产业园区，打造农垦医疗养生产业，以满足多层次、多样化的医疗养生服务需求"的改革思路，对现有的医院、招待所、老人活动中心等资源进行科学的、全方位的规划和充分利用，特别是现有的医疗卫生系统的人力、技术以及松涛水利干渠丰富的水资源和集休闲养生，娱乐健身为一体的中心公园环境资源的综合利用，进一步完善公益基础设施建设，努力打造一个环境优美，医疗卫生防疫条件优越，娱乐健身，修身养性的颐养疗养项目，彻底改变西联农场人居环境，促使儋州城市后花园的形成。

3. 开发房地产项目　按照儋州市城市建设的规划设计及要求，继续抓好西联豪廷花园、西联超市、联合城市花园、儋州北大门户城市综合体等 9 个已批准立项的房地产项目的建设。要不等不靠，积极保持与政府相关部门的联系，取得支持和帮助，努力解决项目筹备和建设过程中遇到的土地规划、土地划转、项目报建等手续办理困难、滞后等瓶颈问题，全力推动项目的开工建设；借助海南雪茄烟叶种植和深加工项目开发而掀起的地产建设的东风和新盈红树林国家湿地公园旅游项目开发建设的机遇，充分利用好新盈高速路两旁的土地资源，积极招商引资，筹备上房地产项目，以此带动区域经济的发展。

4. 培育发展农牧业产业　以西联海晶波罗蜜种植、儋州西联禾牧养猪、儋州西联绿原瓜菜种植等 3 个专业合作社为抓手，聚拢分散的自营经济农户，着力将千家万户的小生产与千变万化的大市场有机衔接起来，促进农场现代农牧业产业的发展。

一是不断扩大品牌海晶波罗蜜的种植面积，把分散的、小规模经营的波罗蜜农户组织起来，通过公司＋农户的运作模式，在原有 3000 亩的基础上，力争每年增加种植面积 2000 亩，3 年达到 10000 亩，投产后年产值 5000 万元的目标。促使该产业向规模化、现代化方向发展。同时，借助"海晶波罗蜜"的品牌效应和种植管理技术，积极对外扩展种植和经营业务，改善农场生产与经营的结构模式，增加农场和职工的收入。

二是着手筹备热带水果深加工项目及储藏保鲜基地的建设，提升热带水果的品位和价值。同时，开辟热带蔬菜、水果批发交易市场，促进农副产品及瓜果蔬菜的顺畅流通，实现农业投资的最佳回收。

三是挖掘农场畜牧养殖潜力。加快畜牧业的良种化、规模化、标准化和产业现代化建设，提高畜牧产品的质量，推进农场现代畜牧业建设。要充分利用林下空间，大力发展林禽、林畜、林蜂等模式的养殖业。力争到 2018 年，农场规模化养殖专业户基地 60 个，畜牧业经济达到 27256 万元。

5. 开发矿业资源产业　充分利用农场丰富的页岩土、千枚岩及花岗岩等地矿资源，积极打造儋州西联矿产资源开发利用经济联合体（公司），促使农场产业结构的优化和企业步入良性的发展轨迹，增加企业的收入。

一是做好花岗岩矿产资源开发。全力抓好在建项目通宝建材有限公司与农场联合开发的占地面积 136 亩，总投资 1300 万元，年开采量 10 万立方，农场年获益不少于 36.6 万元的花岗岩矿产开采项目，力争项目当年投产出效益。

二是继续推进千枚岩矿项目开发。农场积极与市政府部门沟通联系，尽快办理好与海南开源达矿业有限公司合作开发千枚岩矿项目的手续，取得开发的许可，力争当年下半年投产运营。该项目占山地面积 150 多亩，千枚岩矿储量达 300 万立方米以上。预计项目开发后农场每年获得收益不少于 30 万元。

三是积极招商或向广大职工筹资，开办 2 个年产 5000 万块的股份制的页岩砖厂。项目借助西联农场（包括新盈、西流分场）区域丰富的页岩土资源和闲置的旧厂房及空地等有利条件，通过向社会或广大职工筹集民营资本联合开发的方式，实现农场土地收益金和经营收益。

四、西联农场公司规划（2018—2021 年）

西联农场转企改制后　西联公司理清发展思路，明确发展目标，成立当年实现扭亏为盈，力争 3 年内实现较大盈利，初步建成自己产业体系，5 年实现健康快速发展，有完善的产业体系和现代企业制度，力争打造出一批具有核心竞争力的现代农业企业。

（一）产业发展战略

结合农场公司的资源禀赋和区位优势，以及儋州市对西联农场辖区的产业定位，西联公司制定了"三镇三园三基地"（三镇：西联、西流、新盈小镇；三园：农旅休闲康养产业园、百年橡胶园、海南新盈红树林国家湿地公园；三基地：热带特色高效农业基地、陆海养殖基地、商贸物流基地）的产业发展战略，大力发展产业，逐步把农场公司打造成具有核心竞争力的现代化农业企业、海南西部的旅游龙头企业，成为海南农垦新的经济增长点。

（二）产业发展规划

1. 三镇（西联、西流、新盈小镇）　为了加快特色小城镇建设的可持续发展，农场公司对西联、西流、新盈三个片区场部现有规划进行重新布局。西联场部规划立足西联自身发展，汇聚区域资源禀赋，联动那大城区建设，将西联组团打造成为集"产城融合、文旅休闲、田园体验、公共配套"于一体的新型产业组团。海南"垦地协同示范区"儋州那大主城区"北部门户区";儋州那大主城区"北拓先导区",打造新兴产业特色小镇;新盈场部依托农场及周边区域丰富且独特的自然与农业资源,以家庭度假和乡村旅游群体为核心客户打造集农事体验、亲子乐活、养身养心、田园栖居等功能为一体的海南田园农场家庭度假首选目的地。西流场部充分利用本场部的自身优势以自然生态(森林+水网)为基底、以垦区风情、红色文化、通用航空为特色、以儋州规划发展壮大西部中心城市职能为依托,以自身产业转型提升为重点,形成生态主题公园、现代农业板块、特色风情水街、生态田园社区、通航产业延伸五大特色板块,打造农旅结合、生态宜居、特色鲜明的"城郊田园小镇"。

(1)西联新兴产业特色小镇。西联场部用地面积 515.21 亩(含天角潭水库移民安置区),充分利用西联作为儋州市北部门户区位优势、百年胶园辉煌历史,打造宜居、宜业、宜游的"儋州·西联新天地"。预计拆迁安置 992 户,拆迁面积约 20 万平方米。规划设想有四个方面。一是利用安置区的产业园地 79.77 亩,将周边联合城市花园项目(87.47 亩)、龙湖置业公司开发项目(129.92 亩)、富鑫岛开发项目(185.5 亩)、儋州北大门户城市综合体项目(119.03 亩)连成一片,打造商贸物流一条街。二是与海胶集团及商贸物流集团合作开办海橡健康生活体验馆。体验馆以天然乳胶制品、橡胶木产品为主要销售产品,主要销售天然乳胶波浪枕、面包枕、U 型枕、靠垫、床垫等乳胶产品,还有床、桌椅等橡胶木家具,可采取线上线下销售。三是德润康养庄园。充分利用自身条件和滨水生态资源,开展农旅特色旅游,依托松涛水库得天独厚的资源及休闲度假产业,形成旅游休闲康养、观光体验、度假旅居、文娱一体为主的生态康养小区和特色旅游度假小镇的合体,打造主体化、娱乐化、情景化、体验化的合体。四是百年胶园,主题乐园。以"百年橡胶园"为主题,以橡胶树种植、天然橡胶综合加工、特色商业街及特色游玩项目为主要内容,强化"百年胶园"的保护与综合开发,打造一个集科普教育、生态旅游、休闲度假、户外运动等为一体的体验式生态观光旅游目的地。

(2)新盈滨海风情特色小镇。新盈场部用地面积 656 亩,预计拆迁安置 1500 户,预计拆迁面积约 24 万平方米。2019 年 1 月与海南省农垦建工集团签订合作开发协议,总建筑面积 437289.6 平方米,总投资 89.08 亿元。项目定位为以场部为核心,打造新盈片区全域产业功能体系。项目规划设想是"一心两轴三核五片"。"一心":旅游综合休闲中心。"两轴":小镇特色风貌轴、度假居旅功能轴。"三核":家庭度假节点、商业中心节点、康养度假节点。"五片":田园度假生活区、家庭度假生活区、养生养心度假区、风情商业服务区、新盈社区。力争把新盈场部打造成乡村振兴的模范样板工程,解决职工就业问题,提高职工生活水平,打造一个独具魅力的森林海岸度假小镇;铸就海南森林海岸特色亲子度假第一品牌。

(3) 海垦西流·蓝城红色文化休闲风情小镇。 西流场部用地面积 1067 亩，规划将充分利用场部的自身优势以自然生态（森林＋水网）为基底，以垦区风情、红色文化、通用航空为特色，以儋州规划发展壮大西部中心城市职能为依托，以自身产业转型提升为重点，形成生态主题公园、现代农业板块、特色风情水街、生态田园社区、通航产业延伸五大特色板块，打造农旅结合、生态宜居、特色鲜明的"红色文化休闲风情小镇"。本场部一方面，吸引人，分担城市外溢功能，结合自身特色产业，吸引城市居民周末度假，成为海南城郊休闲旅游典范；另一方面，留住人，通过棚户区改造和产业导入，增加片区就业机会，提高地方经济水平，改善农垦子弟生产生活环境，成为海南农垦产业转型创新示范小镇。项目预计拆迁安置 1557 户，预计拆迁面积约 240264 平方米。拟分三期建设，总建筑面积 119.7 万平方米，总投资 27.88 亿元。

2. 三园 西联农场规划中的"三园"是：农旅休闲康养产业园、海南新盈红树林国家湿地公园、百年橡胶园。

(1) 农旅休闲康养产业园。 农场公司利用资源优势，计划发展一批集休闲养生、田园特色、军垦特色聚集的产业园区。主要打造以下项目。

①海垦绿拓阳光雨露（新盈）共享农庄项目。项目用地位于新盈场部北面，西线高速公路新盈互通西南侧，面积约 1671.56 亩，本项目是以农业和民宿共享为主要特征，打造集"农业生产、观光、体验、乡村度假、餐饮等"为一体的、具有儋州农耕和民俗文化为特色的现代化共享农庄建设项目。项目规划形成"一心三园"功能分区，一心：共享农庄综合服务中心；三园：稻菜有机种植示范园、特色果品示范园、珍奇树种种植示范园。项目建设主要内容：田间基础设施工程、主体工程、配套服务设施、其他配套设施等建设及设施设备购置等。

②海垦·心盈田园综合体（共享农庄）项目。项目位于西联农场有限公司新盈片区界内。项目总面积 16498 亩。心盈田园综合体是海南农垦独资建设独立运营的自有项目，农场公司将把该项目倾力打造成：海南"三产融合"的成功典范；海南"共享农庄"示范样板；海南乡村旅游示范点以及海南人的自助有机菜盘子基地。建设内容为现代农业生产示范园产业化项目、热带花果世界产业化项目、创意农业体验园产业化项目、军垦文化园、千年荔枝园、社区服务中心、休闲聚集中心、美丽乡村（共享农庄建设）等 8 类共 17 个项目。

③海垦·红岛共享农庄项目。项目用地位于海垦西联农场公司西流片区红岛队，土地面积约 730 亩，该项目将结合美丽乡村建设，积极打造以发展共享农庄为抓手，发展热带

特色高效农业、打造集住宿、餐饮、亲水活动、休闲娱乐等为一体的综合式乡村产业园区。项目规划设想为生态果园种植区 300 亩，生态示范养殖区 50 亩，休闲游览区 50 亩，住宿办公区 20 亩，绿化道路及停车场其他配套设施用地 30 亩。目前，已经种植 230 亩波罗蜜，其中红肉品种 150 亩，榴梿蜜 80 亩。

④海垦·西联全景共享农庄项目。项目用地位于儋州市西联农场公司西联片区八一队，北部湾大道北侧，土地面积约 1075.3 亩。项目定位为以"自然、生态、科技、健康"为理念，以智慧田园为主题，以农业景观为特色，以共享农庄为模式，打造独具魅力的海南智慧农业体验中心与现代田园生活休闲度假目的地。项目规划形成"一心两廊七园"功能分区，一心：智慧农庄体验中心；两廊：滨水风情廊、共享漫游廊；七园：花田庄园、邻里乐园、荷香稻田、甜蜜果园、悠悠牧场、蔬菜王国、野趣林园。项目建设主要内容：田间基础设施工程、主体工程、配套服务设施、其他配套设施等建设及设施设备购置等。

⑤海垦·红旗洋共享农庄项目。项目位于西联片区红专队，项目总占地面积 3499.41 亩。项目定位为以生态景观、现代农业观光为基础，打造国际级康养农庄以农业＋文化＋旅游相结合，打造热带特色高效农业示范园。项目规划为"一轴""二环""三心""六园"。"一轴"，交通干线，农垦文化主轴。"二环"，一是内环为分区联络功能，二是外环为生产联络，骑行休闲。"三心"，一是旅游服务中心，二是康养服务中心，三是健康食品中心。"六园"，一是农垦文化园，二是四季果园，三是稻香田园，四是情趣养殖园，五是童话森林，六是多彩菜园。

(2) 新盈红树林国家湿地公园。 2016 年 8 月，新盈片区已通过国家林业局试点验收海南新盈红树林国家湿地公园。湿地公园有 5 公里的海岸线，占地 507.05 公顷（7605.75 亩）。新盈红树林国家湿地公园是海南面积较大、保护较好、人为干扰较少的滨海湿地之一。

2007 年 11 月，经国家林业局批准同意试点建设以来，至 2020 年公园的建设已累计投入资金 3000 多万元，保护恢复湿地面积 223.36 公顷，规划建设科普生态教育长廊、湿地宣教中心等科普宣教设施，已建设了一批基础设施。红树林具有独特的观赏价值，可开发生态旅游的项目有：建设红树林中心游览区、红树林生态观赏区、海底村庄游览观光区、鸟类观赏区、运动休闲区等。公司计划短期内完成对海南新盈红树林国家湿地公园、千年荔枝园、新盈古榕树群等景点的基础设施建设，发展湿地公园旅游休闲观光产业，按照"海南西部主题公园"的标准要求，不断完善湿地公园景点管理软件的开发建设，积极筹备对公园景区周边丰富的耕地资源和浅海资源的开发利用，发展特色养殖业，努力把湿地公园建设成一个集风情特色、生态旅游、颐养疗养、休闲养生度假为一体的国家级旅游景区。

（3）百年橡胶园。西联场部有内涵丰富意义深刻的"百年橡胶园"，这是马来西亚归侨 1907 年种植的中国第一片至今数量最多、面积最大、保存较完好的"百年橡胶园"，由"天任""蔡惠"两个老胶园组成，属海南省文物保护单位。

项目规划：该项目规划占地总面积 1230 亩，通过开发建设西联"百年橡胶园"，项目拟建设百年胶园公园纪念馆、游客接待中心、购物中心、宾馆、餐厅、停车场等，借助儋州打造海南西部旅游龙头为契机，充分利用好农场现有的文化旅游资源，积极争取儋州市政府对农场公司旅游开发的支持，逐步培植打造海南西部"红色之旅"。通过开发建设西联"百年胶园"和西流木排革命烈士纪念碑等教育基地，把红色旅游资源转化为具有绿色传统文化的旅游景点景区。

3. 三基地　西联农场规划建设的三基地是：热带特色高效农业基地、陆海养殖基地、商贸物流基地。

（1）热带特色高效农业基地。西联农场公司位于海南西北部，受台风影响较少，土地平坦肥沃，适合大力发展热带特色高效农业。

农场公司组建后，提出以品牌引领现代农业，着力打造知名品牌。借助西联是最早引进和种植马来西亚波罗蜜的农场，目前已种有 3000 多亩马来西亚波罗蜜，并获得认证。农场公司成立后将波罗蜜产业确定为公司主产业，计划 2018 年种植 1000 亩；2019 年种植 1000 亩。经公司相关职能部门对国内波罗蜜市场调研及对国内外波罗蜜品种的调研、筛选后，选择适应性较强、效益较好的红肉波罗蜜和榴梿蜜为公司主要种植品种。此外，西联发展绿色无公害瓜菜种植、泰国金椰种植项目、红心蜜柚种植等项目也符合海南国际旅游岛"国家热带现代农业基地"战略定位。

（2）陆海养殖基地。西联农场公司拥有海南垦区唯一的 5 公里海岸线，西联农场公司以"创新、协调、绿色、开放、共享"五大发展理念为引领，通过产业协同，在西联、新盈、西流 3 个片区打造陆海养殖基地。公司还在西联百年好合连心蛋及新盈湾跑海鸭蛋等产品生产、品牌推广、营销渠道等环节进行顶层设计，构建自身品牌培育、推广、维权的机制。

项目规划设想：一是采取项目合作方式，农场公司与草畜集团合作，项目用地 2000 亩，规划建设有室内养殖车间、室外养虾塘、生物养虾塘、蓄水池、生活区管理，采取"超离子水"养殖、"多层生物酶"技术，运用 OUA 智能养殖系统，达到对虾养殖废水"零排放"。通过项目合作，既可以解决村民的就业，也可以使企业增效。二是建立 730 亩的泥丁（泥虫）特色养殖示范基地，培育养殖专业合作社，发展养殖队伍，打造无公害特色泥丁（泥虫）产品品牌，实现泥丁（泥虫）养殖业优质、高效、可持续发展，以点带面，辐射带动周边村庄村民增加收入。三是挖掘畜牧养殖潜力。加快畜牧业的良种化、规模化、标准化和产业现代化建设，提高畜牧产品的质量，推进农场现代畜牧业建设。要充分利用林下空间，大力发展林禽、林畜、林蜂等模式的养殖业。

（3）商贸物流基地。西联农场公司有土地及仓储资源、资金及政策支持和丰富的产业基础优势，整体具有良好的发展前景和机遇。现有西联豪廷花园、西联超市、佳园商住楼项目所分得的商业房产铺面，正在经营西联红卫服务中心、西流农贸市场 3000 平方米的商业性资产经营管理，农场公司商贸物流产业具有一定基础；此外，农场公司与海南锦盈房地产开发有限公司合作的新盈农贸市场扩建改造项目和锦盈大酒店与已开工的农副产品交易市场项目，两个商贸物流产业项目动工建设，可增加农场公司商业经营规模和经济效益。

第二节　农场建设

一、房屋建筑

1991 年，西联农场被确定为海南垦区职工住房制度改革的试点单位。西联农场职工群众抓住机遇，实施"以房改为动力，多方投资，加速小城镇和住房建设"的发展思路，采取"五统一"的举措，取得明显的成效，实现了"三个翻一番"。短短几年，小城镇建成利用面积从 400 多亩增多到 900 多亩，入住人口从 2000 多人增加到 5000 多人，小城镇人均居住面积从 11 平方米增加到 21 平方米，提前超过了小康社会的人均居住条件。西联小城镇内有西园住宅区、东园住宅区、联港南路、联港中路、联港北路、思源路、思进路、天任区；有较高档次的农贸市场 2 个，店铺 150 多家；有工厂 8 家，以及医院、学校、幼儿园、招待所等。西联的成功实践为垦区小城镇建设和住房制度改革探索出可供借鉴的宝贵经验。以职工住房制度改革为动力，加快推进小城镇和职工住房建设。西联农场职工认真处理好国家、农场和个人三者合理负担，"多方投资、共同建设"，加速实现小城镇和职工住房建设社会化、商品化。农场和职工共同出资兴建的别墅式楼房的西园住宅区，总面积 2.8 万平方米别墅式住宅楼 32 栋房和店铺 399 个单元。农场提供土地和负责"三通一平"、职工集资兴建的东园住宅区，总面积 2.1 万平方米，别墅式住宅楼 42 栋、住宅 276 个单元；农场提供土地、场内外群众自建楼房 100 多幢，建筑面积 1.8 万平方米；职工购买原有公房 514 套，建筑面积 2.8 万平方米。

西联农场职工群众通过住房改造，加速小城镇建设的同时，实行优惠的用地政策，吸引了8家外资企业和部分行业驻农场机构积极参与西联小城镇建设。据统计，外单位共投资近5000万元，兴建商住和办公大楼等，总建筑面积近3万平方米。资金投入较多、建设规模较大的有：香港永利公司投资600万元，兴建占地1258.6平方米、高4层、建筑面积5216.5平方米的较高档次的西联农贸市场；台湾如来木业公司投资500万元，兴建高5层、建设面积为4000多平方米的商住楼；儋州市农业银行投资350万元，兴建高6层、建筑面积1800平方米的农行大楼；儋州市邮电局投资300万元，兴建高4层、建筑面积1500平方米的邮电大楼等。

西联农场建设小城镇，显示了较强的经济实力和较高的管理水平；加上较齐全的基础设施，优惠的政策和优质的服务，吸引了5家外资企业与农场合作兴建了安联、如来、广联、建铭、永利等合资企业；吸引了农场职工投资入股参与农场股份制改革。海南安联橡胶发展有限公司，是全球第二大的橡胶制品企业，安能有限公司与西联农场合作投资2000多万元，兴建年产专用橡胶能力为12000吨的橡胶加工企业。西关水电开发股份有限公司，是农场与职工共同投资500多万元的股份制企业。这些企业"落户"农场，又反过来加快了小城镇的发展。

加强环境和设施建设，统一绿化美化。西联农场把绿化、美化和设施配套与城镇建设统一起来，做到建成一个区，绿化美化和设施配套一个区。为此，西联农场特别邀请了海南省和"热作两院"的园林专家对整个西联小城镇的环境绿化美化和设施等进行了全面的规划，并加大环境和设施建设的投入。2020年以来，修建了8条水泥街道和主道长共4500多米；安装路灯800多盏；安装彩灯、射灯的街道长2000多米；绿化面积10万多平方米，种植椰子树、榕树、大王棕、菊花、三角梅、女贞球等共2000多株。自来水入户到家家户户，有线电视普及率近100%；安装程控电话1000多门，统一规范物业管理。还制定了《西联农场场部域镇管理规定》，使小城镇管理制度化、规范化。

2012年，西联农场被列为海南农垦十大重点小城镇建设之一。按照"规划先行，整体开发，完善设施，统筹协调"的部署，以农场场部为中心、北部湾大道两侧为主线进行勾画，自南向北扩展，把场部规划为八大功能区。这八大功能区是：房地产开发区、文化旅游休闲区、农业产业示范功能区、农产品交易中心和农产品加工功能区、居住功能区、康复养老功能区、工业园和汽车交易功能区、物流商业功能区。2015年来，农场投入42万元修缮进入招待所及小学旁边的道路硬化；投入67万元硬化、美化南珠市场广场道路及完善基础设施。投入293万元改造农场中心公园；投入270万元修缮场部3条主道路；投入276万元建设红卫小区绿化、硬化、人工湖、球场等工程，把其建设成为设施一流、环境一流的高标准小区。现在的西联场部环境焕然一新，一幢幢风格迥异的楼群，一排排别致明亮的路灯，一片片整齐翠绿的草坪和美丽风景树，赢得了广大职工的一致喜爱和赞誉。

2005—2020 年，西联农场完成职工保障性住房和危房改造 7802 套；完成城市棚户区改造 338 套。其中：完成 2005 年至 2007 年农垦总局下达的 287 套职工危房改造任务，共投入约 1000 万元；9 个生产队职工住房建筑面积 17220 平方米。

2008—2010 年，职工危房改造建设占地面积 210 亩，规划总建筑面积 90308 平方米，总投资 3532.75 万元。用 3 年至 5 年的时间分三期完成红卫队 50 幢 1000 套职工住房建设。2010 年 4 月该小区第一期 30 幢 600 套职工住宅在红卫职工住宅中心区建成。采用集资办法，对参与集资的每个建房户，农场每户补贴 1.2 万元。红卫大型集密住宅区列入农场小城镇建设总体规划，按园林风格设计，集美化、亮化、绿化、净化为一体，50 幢 5 层高 1000 套住宅，户型分为 80 平方米和 110 平方米，每户三房二厅一厨一卫，现已全部建成。

2012—2020 年，西联农场建设总投资超过 1 亿元、占地面积约 65 亩、建筑面积 44836.93 平方米的联港小区，充分利用地块内外现状生态资源，结合现有自然景观、水利干渠资源，营造环境、功能性设施、建筑相依相生的亲密关系；同时，规划突出与现状沿街建成区的整体一致性，实现邻里空间的灵活性，功能区域空间布局合理性，达到生态自然、邻里和谐相融的社区环境。提供现代、经济、舒适、好品质的建筑外观和不同类型户型设计，满足职工现代化生活需求。

通过危旧房改造和小城镇建设，西联农场实现了一年一变化、三年大变化。在新盈、西联、西流三个片区 117 个生产队，改造和新建住房 7802 套，建筑面积 624160 平方米，职工群众住上明亮宽敞的套间住宅（表 2-2-1）。

表 2-2-1　西联农场职工住房建设情况表

项目名称	建设时间	地点	户数
危房改造	2006—2020 年	西联、西流、新盈	7802
红卫小区	2008—2010 年	西联农场	1000
联港小区	2012—2019 年	西联农场	420

二、生活设施

（一）道路硬化

2006 年起，西联农场投入 1089.14 万元，硬化"村村通"道路 21.95 公里；投入

1922 万元，建设胶园道路 53.88 公里，解决胶工在胶园"路难行"问题。

（二）饮水工程

2006 年至 2013 年，西联农场实施的职工安全饮水项目，是海南垦区重要的民生工程之一，农垦总局有关部门认真督导，农场精心组织和实施。共投资 1373 万元，解决西联、西流、新盈 3 个分场 32 个转制队、并场队共 12031 人、2640 户的饮水问题（表 2-2-2）。

表 2-2-2　西联农场饮水工程施工情况表

大口井	水塔	设备房	管道	水泵	供电线路 220/380V 低压线
31 座	34 座	33 间	89240 米	36 台	6400 米

三、园林绿化设施

（一）2010 年后西联农场道路景观绿化工程项目建设内容和规模

①改造思源路、思进路、联港南路，总长 767 米，人行道铺砖 8619 平方米。投入资金 270 万元。

②2007 年休闲中心广场（办公楼）共投入资金 182 万元。

③2013 年西联中心公园景观改造项目，改造面积 18 亩，总投资 293.7 万元。

④2015 年西联老机关小区景观绿化工程，面积 793 平方米，总投资 53.46 万元。

⑤2017 年水利边人行道护栏 190 米、花岗岩护栏 190 米，投入资金 44.74 万元。

⑥2010 年新建面积 54 平方米公共厕所 1 座，投入资金 12.7 万元；2013 年公厕达标改造 2 座，面积为 25 平方米、27 平方米，投入资金 22.448 万元。西联农场场部共 3 座公厕总投入资金为 35.148 万元。

⑦2011 年新建西联职工服务中心（西联红卫小区内）建筑面积为 1839.9 平方米，投入资金 186.4 万元。

⑧2010 年西流农贸市场及铺面总建筑面积为 3308.48 平方米，总投入资金 389.86 万元，其中农贸市场主体为 1 栋 1 层框架结构，设置摊位 80 个，2 栋 2 层框架结构铺面 30 个。

（二）2020 年建设的工程项目

①海南农垦西联农场有限公司波罗蜜标准化种植及种苗示范基地建设项目。总面积为 1150 亩，其中红岛片 30 亩波罗蜜种植基地、红牧片 180 亩波罗蜜种植基地、石牌片 1、2 标段 600 亩波罗蜜种植基地（其中北区 381.2 亩、南区 218.8 亩）。主要建设内容：土地

平整、种苗购置、定植、道路工程、灌溉工程、排水工程、供电工程、配套设施等，种苗示范 150 亩，种植基地 1000 亩。

②2020 年总投资 3126.36 万元，新建 1 栋 11 层职工安置楼建筑面积为 8395.244 平方米共建 54 套，职工就业安置商铺 15 间。至 2020 年已完成向儋州市市政府立项及初步设计和概算批复等工作，并完成招标工作。

③2020 年儋州市西联农场各片区职工住房自建公助项目，本项目建设规模及建设内容：建设总户数 96 套，采取自建公助的形式，总建筑面积为 6925 平方米，总占地面积为 11679.36 平方米，总投资 1151.5 万元。

第三章 产业发展

西联农场在经济建设中，把第一产业放在首要地位；第一产业即农业是主业。同时抓好第二产业和第三产业。第一产业中橡胶生产种植是主要业务，第二产业中橡胶加工和食品工业、建筑业是主要业务；第三产业中房地产业、服务业是主要业务。

"十一五"计划末期的 2010 年，西联农场全年完成生产总值 2.35 亿元。其中第一产业生产总值 6720 万元；第二产业生产总值 6865 万元；第三产业生产总值 9907 万元。

"十一五"期间，西联农场累计完成生产总值 15.0165 亿元。其中，第一产业完成生产总值 5.36 亿元，第二产业完成 2.13 亿元，第三产业完成 0.35 亿元（表 2-3-1）。

表 2-3-1 国营西联农场"十一五"经济发展情况表（主要产业及产值）

单位：万元

项目	2006 年	2007 年	2008 年	2009 年	2010 年
生产总值	15755	14695	16659	33040	23492
第一产业	10672	9044	9541	17656	6720
其中：种植业	7929	6799	6932	14962	3999
养殖业	443	847	1109	2567	2662
第二产业	3064	2426	2978	6027	6865
其中：工业	2780	1819	2041	1978	2537
农产品加工	—	—	—	—	—
建筑业	284	607	937	4049	4328
第三产业	152	338	459	1090	1509
其中：房地产业	152	338	459	790	1209
服务业	—	—	—	300	300

第一节 第一产业

第一产业指以利用自然力为主，生产不必经过深度加工就可消费的产品或工业原料的部门一般包括农业、林业、渔业、畜牧业和采集业。

一、农业综合情况

1982 年，西联农场土地总面积 15.80 万亩，已开垦利用 8.21 万亩。农业产值

2271.18 万元。

1983 年，土地总面积 15.80 万亩，已开垦利用 8.22 万亩。农业产值 2297.28 万元。

1984 年，土地总面积 15.80 万亩，已开垦利用 8.83 万亩，橡胶面积 6.32 万亩，农业产值 2395.41 万元。

1986 年，已开垦利用耕地 10 万亩，已种橡胶 6.87 万亩；农业产值 2312.89 万元。

1990 年，土地总面积 15.80 万亩，已开垦利用 10.81 万亩。其中橡胶地 6.93 万亩，热作地 622 亩，苗圃地 234 亩，林地 25040 亩，耕地 6940 亩，果园 912 亩；农业产值 3693.10 万元。

1991 年，土地总面积 15.80 万亩，已开垦利用的土地 10.86 万亩，其中橡胶地 6.93 万亩，林地 2.56 万亩，水田 3498 亩，果园 780 亩；农业产值 3714 万元。

1992 年，土地总面积 15.80 万亩，已开垦利用地 11 万亩，其中橡胶 7 万亩，防护林 3 万亩、水稻 6270 亩、间种白藤 3000 亩、甘蔗 1635 亩、油料作物 390 亩、果园 1000 亩、其他作物 1000 亩。农业产值 4004 万元。

2003 年，土地总面积 15.80 万亩，国有胶园 8.20 万亩，职工自营忄质的荔枝、橡胶、胡椒、波罗蜜热作面积 1.29 万亩。农业产值 11978 万元。

2009 年，土地总面积 31.80 万亩。农业产值 40161 万元（表 2-3-2）。

表 2-3-2　西联农场农业产业情况

年份	土地总面积（万亩）	已开垦面积（万亩）	橡胶达到面积（亩）	农业产值（万元）
1952	4.36	1.76	13855	3.29
1953	4.36	2.82	21115	37.37
1954	4.42	2.99	22230	19.06
1955	9.88	3.22	22230	26.31
1956	9.69	5.02	29626	34.80
1957	8.19	4.39	30538	91.11
1958	9.83	4.70	30538	187.72
1959	11.00	6.36	30904	231.40
1960	12.00	9.22	31393	322.48
1961	12.00	9.39	31528	199.92
1962	13.50	7.48	33071	188.59
1963	13.90	6.23	43719	185.24
1964	13.48	6.26	46840	263.84
1965	12.65	6.37	47198	458.75
1966	12.85	7.03	48573	647.90
1967	12.85	7.28	48765	472.08

（续）

年份	土地总面积（万亩）	已开垦面积（万亩）	橡胶达到面积（亩）	农业产值（万元）
1968	12.85	7.29	48765	306.96
1969	12.08	7.09	52060	758.39
1970	11.76	8.51	61110	834.94
1971	13.53	8.36	62610	1014.80
1972	13.92	8.18	60659	831.79
1973	13.92	8.27	60518	1025.08
1974	13.92	8.23	60141	978.26
1975	13.92	8.20	60100	909.33
1976	13.92	8.35	59524	1410.23
1977	15.30	8.86	59524	1553.18
1978	15.30	8.82	58961	1603.15
1979	15.30	8.80	60003	1699.76
1980	15.30	8.77	59148	1079.94
1981	15.80	9.51	60359	2045.04
1982	15.80	8.21	58843	2271.18
1983	15.80	8.22	58800	2297.28
1984	15.80	8.83	66022	2395.41
1985	15.80	9.51	68792	2279.01
1986	15.80	9.90	68658	2312.89
1987	15.80	10.37	69556	2488.60
1988	15.80	10.52	69414	2595.90
1989	15.80	10.70	69389	2434.00
1990	15.80	10.81	69318	3693.10
1991	15.80	10.86	69318	3714.00
1992	15.80	10.86	71775	4004.00
1993	15.80	11.12	71561	3843.00
1994	15.80	11.05	71481	5027.00
1995	15.80	11.26	71059	5322.00
1996	15.80	11.59	71018	5863.00
1997	15.80	11.74	70858	5387.00
1998	15.80	12.10	73590	6209.00
1999	15.80	12.93	81969	5901.00
2000	15.80	13.97	84639	6153.00
2001	15.80	14.15	86022	5987.00
2002	15.80	13.84	82000	8804.00
2003	15.80	13.81	81949	11978.00
2004	15.80	13.94	81844	11400.00
2005	15.80	13.90	83700	13982.00
2006	15.80	13.90	78700	17691.00

（续）

年份	土地总面积（万亩）	已开垦面积（万亩）	橡胶达到面积（亩）	农业产值（万元）
2007	15.80	12.66	80000	8372.00
2008	14.94	12.62	81400	9372.00
2009	33.20	30.40	203121	40161.00
2010	9.23	7.25	201045	21182.00
2011	14.36	9.73	202200	26629.00
2012	14.36	9.73	204686	63193.00
2013	14.36	9.95	204213	108963.00
2014	14.36	9.97	203278	33358.00
2015	16.93	9.97	202375	45554.00
2016	16.93	9.99	203766	47562.00
2017	20.15	10.19	201768	49571.00
2018	19.14	10.82	190474	63650.00
2019	21.00	10.35	188355	47537.00
2020	21.05	10.56	202904	35412.00

二、农场农业产业化

2012 年西联农场被列为海南农垦 10 个热带农产品标准化产业基地之一。农场分别成立儋州西联海晶波罗蜜种植专业合作社、儋州西联禾牧养猪专业合作社、儋州西联绿原瓜菜种植专业合作社。采取"公司＋农户"的模式，大力发展种植业、养殖业。农场引进种植的马来西亚无胶波罗蜜远销岛内外，香蕉、瓜菜等产品市场份额不断扩大。农场通过儋州西联海晶波罗蜜种植专业合作社、儋州西联禾牧养猪、儋州西联绿原瓜菜种植等 3 个专业合作社这个抓手，凝聚分散的自营经济户，着力将千家万户的小生产与千变万化的大市场衔接起来，有力地促进了农场现代农业产业的发展。2014 年，儋州西联禾牧养猪合作社已有年产 1.5 万头肉猪和 20 万只肉鸡的规模，社员年人均纯收入为 7.5 万元。儋州西联海晶波罗蜜种植专业合作社种有 1800 亩波罗蜜，2014 年社员人均纯收入为 12 万元。儋州西联绿原瓜菜种植专业合作社种植瓜菜面积 500 亩，其中 80 亩大棚常年种植瓜菜，420 亩种植冬季瓜菜。2014 年社员人均纯收入为 5.2 万元。

2014 年，为调整农业产业结构，提升农业产业化的水平，农场领导班子积极争取国家政策的支持，加快现代农业基地的建设步伐。一是巩固完善了西流分场 5 个转制队共3904 亩水田的中低产田改造；二是利用国家的扶持资金投资 481 万元，建成了东升队 80亩瓜菜大棚；三是依托农综项目投资 903 万元，对新盈一、二号工地及周边共 7200 亩耕地进行中低产田改造，并逐步建成现代农业示范基地。

三、农业综合开发

（一） 依托土地优势做好农业项目开发

2012 年西联农场被列为海南农垦 10 个热带农产品标准化产业基地之一。按照农垦总局的要求，西联农场依托土地资源的优势对农产品生产基地建设进行规划布局。一是依托农综项目投资 468 万元，完成了西流分场 5 个转制队共 3904 亩水田的中低产田改造；二是依托农综项目投资 903 万元，对新盈一、二号工地及周边共 7200 亩耕地进行中低产田改造，并逐步建成现代农业示范基地；三是农场与新海康源农业开发有限公司签订了合作协议，通过农场出土地，公司有偿提供种苗、免费提供种植技术和按合同价统一回收成品的合作方式，利用农场东升队 240 亩农业基地种植桑树。四是根据省农业厅、财政厅印发的《关于 2011 年现代农业生产发展资金支持瓜菜设施大棚建设项目实施方案的通知》，西联农场选择东风作业区东升队建设瓜菜大棚项目。项目占地面积 150 亩，其中瓜菜设施大棚面积 80 亩，年产瓜菜 712 吨，总投资 481 万元。此外，为了提升职工自营经济活力，分别成立儋州西联海晶波罗蜜种植专业合作社、儋州西联禾牧养猪专业合作社、儋州西联绿原瓜菜种植专业合作社。

（二） 土地治理项目

"十一五"期间，西联农场通过争取国家财政专项资金和自筹资金，对红旗水库、红旗干渠进行了除险加固和防渗硬化处理。"十一五"期间累计清淤渠道 34.506 公里，累计工程土方量 2.07 万方。改良土壤 130 亩，新增灌溉面积 190 亩。

"十二五"期间，西联农场继续争取国家财政支持，开展农田整治、田间工程，重点对四行队等生产队 1409.08 亩土地进行农田整治，硬化防渗干支渠 76 公里；水库加固除险 1 处；硬化主要田间道路 22 公里。到 2015 年，农场共改良土壤 1409.08 亩，新增有效灌溉面积 2000 亩，改善有效灌溉面积 3000 亩；新增除涝面积 1000 亩，改善除涝面积 1000 亩。

（三） 标准化生产基地建设

"十二五"期间，西联农场进一步夯实农场热带现代农业的基础地位，以市场需求为导向，优化种植结构，提高农产品附加值，提高种植效益。重点建设一批无公害瓜果菜农业生产基地，农场在前卫队等生产队分别建立 3000 亩的波罗蜜标准化生产基地。计划年产量 2160 吨。2015 年创建了马来西亚 1 号波罗蜜农产品品牌。

"十二五"期间，农场继续以国家无规定动物疫病区建设为契机，挖掘农场畜牧养殖潜力；加快畜牧业的良种化、规模化、标准化和产业化建设，提高畜牧产品的质量，推进农场现代畜牧业建设。一是组建或者引进畜牧养殖龙头企业，实行股份制合作和产业化经营；二是建立优质畜牧养殖基地，实行专业化、规模化经营；三是加快农场畜牧养殖的品种改良和推广，提高养殖效益。

2019年，农场公司建设波罗蜜标准化种植基地及种苗示范基地项目。已在西流片区的红岛队、红阳队和新盈片区的新荣队共种植1030亩波罗蜜，其中海晶牌红肉波罗蜜600亩、榴梿蜜430亩。海垦集团批复同意波罗蜜标准化种植基地项目可行性研究报告及2019年农垦农业产业发展资金项目立项申请。委托海南省农垦设计院公司编制完成项目设计图及预算，实施方案经专家评审后报集团批准，波罗蜜标准化种植基地及种苗示范基地项目共获得2019年农业产业发展资金1015万元的支持。向中国农垦经济发展中心申报农场公司农产品"海晶牌"品牌，将"海晶牌"农产品品牌列入中国农垦品牌目录，树立海垦西联品牌形象。

2020年完成1000亩海晶牌红肉波罗蜜标准化种植基地土地平整、灌溉工程、道路工程、定植，150亩种苗示范基地的大棚建设和配套设施建设。共完成投资2510万元。

四、种植业

（一）橡胶种植业

天然橡胶是重要的战略物资和工业原料。海南于1906年开始引进南洋种子种植橡胶树。新中国成立前，西联农场范围内有胶园2817亩。1957年西联农场定名时，植胶面积已有30538亩。新中国成立前近50年，海南岛橡胶园面积约3.63万亩，年产干胶200吨左右。

1961—1965年，西联农场共开垦胶园15666亩，种植橡胶总株数达38.15万株，芽接树占88％。至1990年，橡胶种植总面积69318亩，开割面积52021亩，居全省农垦系统前列。西联农场干胶产量在"四五"计划的5年中，年产量超1000吨；"五五"计划期间，年产超双千吨；从"六五"计划起，年产干胶超3000吨，1990年达3280吨，在全省80多个橡胶农场中处于领先地位。至1990年止，农场历年累计干胶总产量57445.44吨，名列儋县各农场之冠。割胶39年，平均每年产干胶1472.9吨。

至2009年，西联农场共开荒植胶188355亩；经过历年淘汰更新，西联农场橡胶生产情况如下：

1952—1953 年。海南农垦把发展橡胶生产作为政治任务，集中人力、资金和机械设备，开荒种植橡胶 2.1 万亩。但由于在短时间内摊子铺得过大，物资、运输、技术等组织工作跟不上，特别是缺乏经验，在未经过改造的草原地开荒种胶，受到挫折。

1954—1958 年。农场自"大转弯"后，总结得出橡胶树具有"依山靠林"的生态习性，因而从 1954 年开始把橡胶种植重点从平原移到山区，从草原地区移向森林地区。在草原地区则大量营造防护林，进行环境改造。同时总结出等高开垦，修筑梯田，消灭茅草，种植覆盖作物等保持橡胶生态环境的技术措施。并开始选种育种和引进良种，开展大田芽接。1954—1958 年，在巩固前段已种植的胶园基础上，新定植种橡胶 9423 亩。

1961—1968 年。从 1961 年开始，垦区贯彻中央提出的"调整、巩固、充实、提高"的八字方针，明确橡胶生产的主要任务是"填平补齐，巩固发展"。这一时期在加强胶园抚育管理和林段基本建设补课以及抓好割胶的前提下，新定植橡胶 1.73 万亩，1968 年，种植面积达到 4.8 万亩。由于发展规模与速度适度，坚持质量第一，这批胶树基本保存下来。

这一时期，在橡胶栽培上，总结出"四化、五提前"（即林网化、梯田化、覆盖化、良种化，提前造林、提前育苗、提前开荒、提前种植覆盖作物、提前定植）的经验；在割胶生产方面，开展割胶技术大练兵和割胶"神刀手"活动，在总结割胶生产经验基础上，推行"五三、六清"的割胶技术操作方法；在制胶上，总结了"清洁、准确、及时、一致"的经验，并且从手工作业全部过渡到机械化工厂生产。至此，垦区橡胶生产技术从开荒、抚管、割胶到制胶等各方面都比较成熟起来。

1975—1990 年，共开荒定植和更新定植橡胶 6.93 万亩，由于注意发展的规模速度，讲求质量，因而保存率高。

2003 年，农场积极引进"胶木兼优"新品系进行试种。2003 年西联农场利用老胶树更新及其边角地计划种胶面积 2000 亩，到 4 月底已完成定植 2004 亩，完成计划的 100％，小苗成活率达到 100％。在定植中，从热作"两院"和国外引进的"胶木兼优"速生高产2000 号系列品系共 5 个新品种，共定植面积 1100 亩。2000 号新品系的主要特点是：生长快，定植 5 年可达到开割标准，比国内原有的品种至少提早 3 年开割；产量高，在泰国、马来西亚等国家株均干胶产量达到 8 公斤，比国内原有的品系高出 4 公斤左右；材值多，胶树高大挺拔，材值比国内原有的品系多几倍。到 2003 年，农场累计生产干胶112716 吨。

2004 年 9 月至 2005 年 5 月的百年不遇的特大旱情，农场全场动员，全力投入到对开割胶树的抗旱淋水中。2005 年 3 月，投入职工 3000 多人，抽水机 95 台，汽车、拖拉机以及摩托车、牛车、自行车等 1000 多辆，抽水、运水、挑水抗旱，经过 15 天的连续奋战，为开割胶树淋水 90 多万株，株均淋水 20 千克。并结合淋水，全面对开割胶树株均增施尿素。

2005 年 3 月底，海南农垦总局正式成立海南天然橡胶产业集团股份有限公司，并设立海南天然橡胶产业集团股份有限公司西联分公司。西联农场两套班子，分公司负责橡胶生产，农场负责橡胶产业以外的生产经营。2005 年，由于大灾严重影响干胶大幅度减产，全年完成干胶 3811 吨，比上年减产 1208 吨，减幅为 24.3%。

2006 年，农场抓早抓紧橡胶"两病"防治工作。全年使用药物 100 吨，防治橡胶病 137271 亩次。由于受 2005 年台风"达维"和 2006 年转制队"退场分胶"事件的影响，干胶有所减产，2006 年完成干胶 3549 吨（含三胶），比上年完成的 3811 吨（含三胶）减产 262 吨，减产 6.8%。

2008 年，由于受农场橡胶遭受寒害、虫害等天灾危害，突遇"金融风暴"造成的橡胶价格暴跌的袭击，经济遭重挫事件的影响，干胶有所减产。当年完成干胶 3884 吨（含三胶），比上年完成 4116 吨（含三胶）减产 232 吨，减 5.6%。

2009 年，农场在海南农垦改革的深入发展的基础上，继续深入贯彻落实国务院《关于推进海南农垦管理体制改革的意见》和省委省政府《关于海南农垦管理体制改革的实施意见》精神，全面顺利完成重组工作，由原西联农场、西流农场、新盈农场重组成新的西联农场。2009 年，橡胶种植面积达到 203121 亩，完成干胶产量 10674 吨。

2011 年第 17 号台风"纳沙"袭击海南省。在这次台风中，农场及分公司受到不同程度的灾害影响，农场直接经济损失 7274 万元。农场组织干部职工，奔赴抗灾自救第一线。全场共出动 458 人次，共扶胶树 862 株，全场上下掀起了援助分公司救灾效树的热潮（表 2-3-3）。

表 2-3-3 西联农场历年橡胶树种植情况

年份	橡胶达到面积（亩）	橡胶达到总株数（万株）	已开割橡胶面积（亩）	已开割橡胶株数（万株）	干胶总产量（吨）
1952	13855	28.88	2877	1.50	33
1953	21115	45.88	2877	4.73	98
1954	22230	49.07	2877	5.19	79
1955	22230	49.07	2877	5.57	92
1956	29626	71.33	2877	5.77	85
1957	30538	74.41	2877	5.79	80
1958	30538	74.41	2877	6.01	132
1959	30904	75.46	5357	12.03	121

（续）

年份	橡胶达到面积（亩）	橡胶达到总株数（万株）	已开割橡胶面积（亩）	已开割橡胶株数（万株）	干胶总产量（吨）
1960	31393	76.68	6485	14.85	166
1961	31528	77.07	8877	20.83	225
1962	33071	81.68	11453	27.27	288
1963	43719	111.82	14476	34.94	324
1964	46840	119.80	17228	41.82	506
1965	47198	120.56	20864	50.91	744
1966	48573	124.01	24510	60.02	982
1967	48765	124.49	27674	67.93	866
1968	48765	124.47	27674	67.93	594
1969	52060	133.36	31742	73.10	1138
1970	61110	151.41	32142	77.40	1590
1971	62610	155.16	33400	83.64	1529
1972	60659	148.93	33700	85.34	1110
1973	60518	149.04	37214	88.32	1467
1974	60141	145.53	39758	87.63	1376
1975	60100	146.75	44912	100.07	1221
1976	59524	145.28	45725	104.98	2070
1977	59524	141.61	46313	106.74	2301
1978	58961	142.81	47186	108.54	2374
1979	60003	144.47	47355	107.96	2448
1980	59148	141.07	47393	107.91	2418
1981	60359	143.57	48482	110.12	2871
1982	58843	138.49	49608	112.91	3160
1983	58800	136.84	51122	116.38	3250
1984	66022	165.43	53158	119.98	3327
1985	68792	175.21	54897	123.19	3037
1986	68658	167.15	56938	123.98	3118
1987	69556	171.17	56012	121.04	3277
1988	69414	172.42	55473	119.28	3255
1989	69389	177.34	54943	122.16	3112
1990	69318	184.26	52021	117.22	3280
1991	69318	179.68	52306	112.36	3094
1992	71775	189.50	55305	120.50	3389
1993	71561	190.70	54421	120.90	3465
1994	71481	193.80	53214	120.60	4013
1995	71059	194.50	52059	123.40	4640
1996	71018	194.80	49976	117.00	4865
1997	70858	201.90	46856	112.50	4425

（续）

年份	橡胶达到面积 （亩）	橡胶达到总株数 （万株）	已开割橡胶面积 （亩）	已开割橡胶株数 （万株）	干胶总产量 （吨）
1998	73590	213.90	44629	108.70	4436
1999	81969	250.30	43479	110.50	4279
2000	84639	247.70	43530	116.50	4208
2001	86022	263.60	44983	122.20	4026
2002	82000	246.00	43000	116.00	4276
2003	81949	256.20	46876	118.30	4937
2004	81844	253.50	52121	120.30	5018
2005	83700	248.60	53514	128.00	3811
2006	84677	236.10	55800	112.70	3459
2007	86615	240.00	57000	122.80	4116
2008	83457	244.20	62400	183.20	3884
2009	203121	487.40	147529	358.10	10674
2010	201045	482.50	144759	357.30	28948
2011	202200	485.30	145719	324.60	9073
2012	204686	450.30	144041	316.90	11903
2013	204213	449.30	141337	313.70	10915
2014	203278	467.20	145138	320.40	10534
2015	202375	465.50	142083	318.60	9432
2016	203766	468.60	141758	317.40	6974
2017	201768	47.80	142309	324.60	12808
2018	190474	438.10	131557	302.70	9430
2019	188355	433.20	127654	294.70	8958
2020	202904	485.80	125333	290.70	8393

橡胶初加工　在 20 世纪 50 年代初，西联农场天然橡胶初加工以生产烟胶片为主。1956 年至 1961 年重点转向生产浓缩胶乳，1962 年后又转为主要生产烟胶片。20 世纪 70 年代初，开始引进标准胶生产技术，1976 年后，橡胶初加工逐步转为主要生产标准胶。

（1）烟胶片。1958 年前，垦区投产的胶树少，所生产的胶乳多就地设点加工成烟胶片。

垦区加工烟胶片通常采用的工艺流程是：鲜胶乳→过滤→稀释→澄清→再过滤→混合加酸→凝固→压片→挂片→熏烟→分级→包装→打标→入库。

（2）浓缩胶乳。1955 年，西联农场建起中国第一座浓缩胶乳厂，其工艺和设备全部由中国自行设计与制造，设计规模日产胶乳 4 吨，当年生产浓缩胶乳 21 吨。这一时期浓缩胶乳占橡胶初产品总量的 58.3％。

20 世纪 80 年代以前，只单纯生产高氨浓缩胶乳。这种胶乳在生产海绵等胶制品时除氨麻烦，生产费用较高，污染也较严重。1981年西联农场浓缩胶乳厂根据厂商要求，开始了低氨浓缩胶乳的生产研究，1983年农牧渔业部正式将低氨浓缩胶乳列为产品开发项目。该产品于1987年通过部级鉴定，并投入批量生产。

海南农垦浓缩胶乳生产工艺，有膏化法和离心法。1958年前，西联农场兴建的浓缩胶乳厂采用膏化法生产工艺。由于膏化法生产的胶乳产品存在变异性大、纯度低、黏度高、后膏化严重，以及生产周期长和冬季低温期产品质量难于控制等缺点，西联农场于1958年从瑞典引进浓缩胶乳离心机，开始运用离心法加工技术，使产品质量明显提高。20世纪60年代初，中国自行制造离心机并供应胶厂，从而膏化法生产工艺逐步被淘汰。

西联农场采用的离心法生产工艺流程是：在浓缩胶乳生产技术上，尤其在胶乳的保存以及挥发脂肪酸值、机械稳定性、热稳定性的控制等方面，都积累了丰富黏经验，并有所创新。20世纪70年代初期，由于强割导致乳胶的机械稳定性急剧下降，只有30％的产品达到400秒以上的部颁标准。1975年至1976年，除了加强胶树的施肥管理、搞好胶乳早期加氨、进厂及时补氨外，在工艺上主要采取加入棕仁油皂（0.03％～0.06％）和月桂酸铵皂（0.02％～0.04％）的措施，把胶乳的机械稳定性提高到650秒以上。此外，在加工任务繁重的情况下，采用氨和TT/ZnO复合剂对鲜胶乳进行早期保存，有效地控制了鲜胶乳挥发脂肪酸的增长，浓乳VFA值都控制在0.05以下。自此以后，垦区浓缩胶乳的一级产品率均保持100％。

(3) 胶球生产。 1985年，西联农场与广州市橡胶三厂合资筹建西联农场胶球厂，至1991年生产能力达到87万个，最高生产年1995年达到140万个，至2001年累计生产体育用球1553.3万个；1990年出口173.37万个，占同期生产用量的78.34％，1991年以后停止出口，2002年以后，停止生产。

（二）其他种植

1. 波罗蜜种植 1999年，西联农场从马来西亚引进波罗蜜优良品种进行试种并从中筛选出适于本地栽培的马来西亚1号品种（琼引1号）种植取得成功。该品种具有挂果快、少果胶、产量高、果大肉厚、甜度高和香脆可口等特点。果树栽种18个月便可挂果，此后产量随着树龄的增长而增加，单果重可达10～20千克，5年树龄的单株挂果在150～250千克，每667平方米（1亩）产量可达3000～5000千克。马来西亚1号波罗蜜的销售价格保持在每千克2～3元，产品经广东转销港澳特区后，价格往往上涨10倍以上。

2012年，西联农场成立儋州西联海晶波罗蜜种植专业合作社，该合作社种有1800亩波罗蜜，2014年社员人均纯收入为12万元。2017年，西联农场种植马来西亚1号品种的面积达4038亩，均已进入盛产期，年收入2608万元，经济效益显著。以海南农垦推广西联农场种植马来西亚波罗蜜的经验，在海南东和、东升、岭头、新中、红明、南海、三道等国有农场推广种植。由于该品种见效快，盛产期产值较高，深受群众欢迎。据不完全统计，至2019年，中国波罗蜜种植面积约1.67万公顷，其中海南省波罗蜜种植面积约1.33万公顷。马来西亚良种波罗蜜极易种植，病虫害少，而且管理技术难度不大，只要保证一定的水、肥条件，便可茁壮成长。一株2年树龄的波罗蜜树，树高仅2米左右，便已挂果累累。西联农场的波罗蜜产业主要以职工自营为主。2019年，西联农场种植面积达到5500亩，亩产2250公斤，总产11250吨，收入4500万元（表2-3-4）。

表 2-3-4 西联农场波罗蜜种植情况

年份	种植面积（亩）	收获面积（亩）	亩产（公斤）	产量（吨）	收入（万元）
1999	250	—	—	—	—
2000	355	—	—	—	—
2001	355	—	—	—	—
2002	1412	200	150	30	9
2003	1412	300	150	45	3
2004	1412	600	200	120	29
2005	1200	1000	450	450	90
2006	1386	1136	426	485	97
2007	1886	725	350	253	76
2008	1700	600	1147	688	137
2009	2323	1079	1058	1142	224
2010	2828	1200	1000	1200	264
2011	3008	1200	1833	2200	528
2012	3058	3008	1855	5579	626
2013	3558	3150	1855	5843	877
2014	3788	3358	1855	6229	1059
2015	3838	3452	1855	6403	1921
2016	3938	3362	1855	6236	2494
2017	4038	3432	1900	6521	2608
2018	5000	5000	2000	11000	4400
2019	5500	5000	2250	11250	4500
2020	6000	4170	2819	11756	4938

2. **荔枝种植**　20世纪50年代，西联农场已在宅旁路边零星栽培荔枝树，但荔枝生产发展缓慢。到了20世纪90年代，受市场价格的牵动，农场才开始大面积栽培荔枝。

西联农场栽培的荔枝品种有：妃子笑，适应性较广，栽培面积占70%左右，该品种果大、肉厚、核小，肉质爽脆多汁清甜带香，可连年丰产，但货架时间短；白糖罂，产量稍低，比较早熟；三月红，产量较低，但因早熟而有较好的售价；海垦1号，又叫大丁香，果大，平均单果重32克，果皮鲜红，肉厚软滑，汁多而不外渗，焦核率95%以上，保鲜时间较长，缺点是不易成花，但只要有花就可获得高产。

西联农场的荔枝产业，主要为职工自营。2000年，栽种100亩，总产10吨；2010年，栽种1146亩，总产46吨；到2019年，栽种960亩，总产392吨，年收入294万元（表2-3-5）。

表2-3-5 西联农场历年荔枝种植情况

年份	种植面积（亩）	产量（吨）	年份	种植面积（亩）	产量（吨）
1997	40	—	2009	3146	125
1998	40	—	2010	1146	46
1999	40	10	2011	1146	180
2000	100	10	2012	960	395
2001	1700	60	2013	960	390
2002	2438	55	2014	960	397
2003	2498	55	2015	960	395
2004	2498	60	2016	960	396
2005	2000	80	2017	960	389
2006	1525	185	2018	960	394
2007	916	92	2019	960	392
2008	364	60	2020	1075	396

3. 龙眼种植　20世纪80年代末，西联农场开始少量试种龙眼。当时多是本地品种，品质欠佳。至20世纪90年代，才从省外引入良种储良、石硖，取代本地品种，龙眼生产才走上新的台阶。

2000年，农场的龙眼种植面积达到150亩，年产量12吨；到2019年，种植面积达到997亩，年产量196吨。年收入345万元（表2-3-6）。

表2-3-6 西联农场历年龙眼种植情况

年份	种植面积（亩）	产量（吨）	年份	种植面积（亩）	产量（吨）
1995	142	—	1997	150	—
1996	142	—	1998	150	—

（续）

年份	种植面积（亩）	产量（吨）	年份	种植面积（亩）	产量（吨）
1999	150	—	2010	997	50
2000	150	12	2011	997	186
2001	150	15	2012	997	187
2002	228	21	2013	997	190
2003	228	25	2014	997	192
2004	228	10	2015	997	187
2005	228	10	2016	997	185
2006	229	10	2017	997	197
2007	127	14	2018	997	185
2008	127	31	2019	997	196
2009	997	94	2020	1116	201

4. 香蕉种植 西联农场早期栽培香蕉很简单，职工在房前屋后或闲置土地零星栽种，自产自吃，绝少作为商品出售。20 世纪 80 年代后期，因市场需求和价格的牵动，促进了香蕉业的迅速发展。2000 年后，西联农场的香蕉生产走上新台阶，每亩年产果 2000 公斤左右。2010 年，西联农场的香蕉种植达到 6560 亩，年产量 5720 吨，收入 1487 万元。到了 2019 年，香蕉种植 6958 亩。年产量 13675 吨，收入 4923 万元。农场的香蕉业，以职工自营为主。有的租地大面积耕地，有的利用小块地零星种植，也有利用橡胶林段间种。

20 世纪 90 年代后，香蕉栽培技术有诸多革新。一是推广良种。过去栽培的品种混杂果质欠佳。继 20 世纪 80 年代引入广东 1 号（631）、天宝蕉后，又引入威廉斯 8818、泰国 B9、巴西蕉、广东 2 号、皇帝蕉、北蕉、宝岛蕉等品种，并大面积栽培，取代原来的品种。二是优化种苗。过去的种植材料，是老蕉的吸芽，现已由用良种的组织细胞培养出的种苗所取代。三是合理密植。过去每亩种植 100 株至 140 株，今增至 150 株至 185 株。四是提早定植。虽然全年可种植香蕉，但传统植期多在 8 月上旬，即立秋前后。现提早至 5 月下旬至 7 月上旬，来年 2 月至 6 月收获上市，称之春夏蕉。中国的 3 月至 5 月是水果淡季，春夏蕉正好填补这个时段的空缺。五是套袋护果。用绿色聚氯乙烯薄膜或无纺布袋套果，促进果实正常生长，防止果皮褐变影响外观。六是免耕更新。过去香蕉一次种植，收获多年。母株结果后，由吸芽继续生长发育，成下一代结果株。今改为一年一造，收获后即行更新。传统的更新方法是挖除老蕉，机耕重种。今改为免耕更新，就是用农药灭芽灵处理老蕉茎干，在老园行间栽种新蕉。其优点是不翻动土壤，减少雨水侵蚀，节省人力资金，为农时季节赢得时间。处理后的老蕉有一个月残留期，枯萎初期作为覆盖物，腐烂后则变成养分，供应新苗生长（表 2-3-7）。

表 2-3-7　西联农场历年香蕉种植情况

年份	种植面积（亩）	产量（吨）	年份	种植面积（亩）	产量（吨）
1986	285	76	2004	100	50
1987	256	77	2005	100	325
1988	133	57	2006	563	1829
1989	111	50	2007	200	669
1990	116	65	2008	200	600
1991	118	70	2009	6040	5268
1992	210	124	2010	6560	5720
1993	400	118	2011	6560	8600
1994	500	276	2012	3116	8448
1995	218	152	2013	3260	8754
1996	255	229	2014	3387	8064
1997	255	204	2015	3366	3366
1998	255	214	2016	3316	5803
1999	255	193	2017	3466	6958
2000	673	150	2018	6958	13120
2001	673	1400	2019	6958	13675
2002	79	44	2020	7305	21101
2003	100	36	—	—	—

5. 水稻种植　1954 年国家开始实行粮食统购统销政策，对农垦职工口粮按户籍人口数定量供应。1959 年 8 月，中共广东省委根据因自然灾害而造成粮食供应紧缺的状况，要求"农场必须自己生产粮食，争取两三年内，以地区为单位逐步做到基本自给或全部自给"。自此，农场开始把粮食生产摆到重要的位置上来。但是，由于当时农场耕地面积少，农田水利设施条件差，造成粮食生产"广种薄收"。

从 1961 年开始，国家对海南垦区的商品粮供应改为包干制办法后，农垦采取建立谷物农场、并进农村生产队和开荒造田，以及整治农田和推广良种等措施，逐步扩大粮食生产基地，改善生产条件，促进粮食生产的稳步发展。1990 年，西联农场水稻播种面积6727 亩，产量 2285 吨。2000 年，农场水稻播种面积 6300 亩，产量 2062 吨。到 2010 年，农场水稻播种面积 20134 亩，亩产 475 公斤，产量 9517 吨。2019 年，水稻播种面积23474 亩，亩产 346 公斤，产量 8122 吨。

自 1988 年以后，水稻产量增产幅度较大。主要原因有：一是改善灌溉条件。农场经过多年兴修水利，为播种早造水稻创造了有利条件。几乎所有的稻田都在有效灌溉面覆盖之下。二是将原来的博优 34、Ⅱ优 501 等当家品种全面改种杂交水稻。三是在栽培上改插秧为抛秧，改盲目施肥为合理施肥。化肥施用量也逐年增加。

　　自 2007 年开始，农场享受了国家对农作物良种的补贴，种粮综合直补、粮食直补等资金补贴优惠政策，充分调动了职工种粮的积极性，科学地选用了优质高产抗逆的新品种（博优 168、杂优、特优 128 等）和推广钵盘育苗及抛摆秧综合高产配套技术，有效地促进了增产增收。

　　进入 21 世纪，开始引进超级稻。栽培超级稻的主要技术措施：一是选择土层深厚、肥力较高和有良好的排灌条件的田块栽种。二是采用三浸三露浸种催芽法，即用多菌灵浸 24 小时＋清水洗净晾 24 小时，接着再重复两次清水洗净后浸 12 小时再晾 12 小时的程序，最后洗净才催芽。三是使用 516 孔软盘育秧，整平秧畦后，用不含杂草的泥土填于软盘孔穴里，每亩播种 0.75 公斤，每孔落播 1 粒至 2 粒种子。四是当秧龄 5 天至 10 天时，就开始栽种。按 8 厘米的规格，每亩栽种 9375 穴。栽种时舍弃传统的深插法，只将秧苗轻轻放于泥浆中即可，以利于秧苗提早稳蔸活蔸，早生快发，强化低位分蘖，提高成穗率。五是结合整地，每亩施 1000 公斤牛粪和 50 公斤磷肥作底肥。整地好后，于快落干水时，每亩再施 20 公斤复合肥和 10 公斤尿素作面肥；如属强酸性土壤加施 25 公斤石灰。栽秧后，第 7 天作头次追肥，每亩施尿素 5 公斤；接着第 21 天施尿素、复合肥各 10 公斤，如属强酸性土壤再施 25 公斤石灰；第 3 次追肥在栽种后 1 个月，每亩施复合肥 10 公斤、钾肥 10 公斤至 15 公斤；第四次追肥在幼穗分化期，每亩施复合肥 10 公斤、氯化钾 10 公斤至 25 公斤，以促大穗。当穗苞破口时，是谷粒生长发育期，根据其长势决定施 1 次颗粒肥。于齐穗后，再施 2 次叶面肥，防止功能叶早衰。以干湿交替的方法，合理进行灌溉，并及时防止病、虫、草害（表 2-3-8）。

表 2-3-8　西联农场水稻种植情况

年份	种植面积（亩）	亩产（公斤）	产量（吨）	年份	种植面积（亩）	亩产（公斤）	产量（吨）
1979	8743	222	1923	1991	6401	353	2257
1980	8396	215	1771	1992	6270	367	2310
1981	6070	205	1244	1993	5807	353	2054
1982	5860	197	1152	1994	6394	350	2244
1983	7981	201	1377	1995	6086	341	2078
1984	6264	205	1281	1996	6061	548	2212
1985	5814	200	1162	1997	6471	350	2263
1986	5927	289	1711	1998	6451	327	2235
1987	6301	303	1908	1999	6500	357	2320
1988	6369	290	1850	2000	6300	327	2062
1989	6533	302	1973	2001	5000	359	1750
1990	6727	340	2285	2002	6000	350	2100

（续）

年份	种植面积（亩）	亩产（公斤）	产量（吨）	年份	种植面积（亩）	亩产（公斤）	产量（吨）
2003	6000	300	1800	2012	22117	362	8018
2004	4000	350	1400	2013	22117	360	7962
2005	3500	338	1717	2014	22585	357	8062
2006	5000	339	1695	2015	22854	344	7862
2007	5103	381	1946	2016	22854	326	7458
2008	5500	361	1985	2017	22854	346	7913
2009	19398	389	7433	2018	22854	346	7913
2010	20134	475	9517	2019	23474	346	8122
2011	21663	334	7245	2020	25439	365	9278

6. 甘蔗种植 甘蔗分两大类：果蔗、糖蔗。果蔗作为果品，糖蔗用于榨糖。西联农场以栽培糖蔗为主。大多数是职工家庭自营，生产规模小。在1981年以前，西联农场甘蔗生产发展缓慢，生产规模较小。20世纪80年代初期，农场在生产结构调整中，借鉴农垦八一农场20多年甘蔗生产经验，特别是胶蔗间作、以短养长，促进农场经济发展的经验，加以当时国家有以糖换粮和以糖换油的政策，糖蔗生产自此被列为海南垦区开展多种经营的重要项目而迅速发展。1984年后贯彻执行包括鼓励职工家庭种植、对发展甘蔗给予无息贷款、供应牌价化肥、提高甘蔗收购价格等优惠政策，调动了农场和职工家庭种蔗的积极性，西联农场甘蔗种植面积不断扩大，总产量不断增长。2009年，西联农场为推进自营经济发展，推进1000亩果蔗生产基地建设，甘蔗生产朝着专业化、基地化、产业化发展。

1983年，甘蔗种植面积408亩，亩产2571公斤，总产1048.97吨。1994年，甘蔗种植面积2011亩，亩产3500公斤，总产7038吨。2009年，甘蔗种植面积2165亩，亩产3857公斤，总产8352吨。2019年，甘蔗种植面积1339亩，亩产5850公斤，总产7833吨（表2-3-9）。

表2-3-9 1979—1999年西联农场甘蔗种植情况

年份	种植面积（亩）	亩产（公斤）	产量（吨）	年份	种植面积（亩）	亩产（公斤）	产量（吨）
1979	310	1400	434	1985	636	3000	1908
1980	124	1707	212	1986	1243	3000	3729
1981	593	2500	1483	1987	864	2500	2160
1982	460	2555	1481	1988	465	2600	1209
1983	408	2571	1049	1989	571	2415	1379
1984	409	2668	1091	1990	767	3000	2301

（续）

年份	种植面积（亩）	亩产（公斤）	产量（吨）	年份	种植面积（亩）	亩产（公斤）	产量（吨）
1991	1177	4500	5297	2006	147	3932	578
1992	1635	3367	5723	2007	239	4000	956
1993	1910	3500	6685	2008	430	4386	1886
1994	2011	3500	7038	2009	2165	3857	8352
1995	1093	3500	3825	2010	1085	4000	4340
1996	1130	3500	3955	2011	1085	3000	3255
1997	1027	3500	3594	2012	1200	4000	9600
1998	1027	3505	3600	2013	1250	4000	5000
1999	820	3500	2870	2014	1320	4500	5940
2000	533	3447	1837	2015	1370	8000	10960
2001	522	3600	1879	2016	1005	8000	8040
2002	422	3600	1519	2017	1106	5500	5533
2003	422	2789	1477	2018	1109	5820	6454
2004	422	3317	1400	2019	1339	5850	7833
2005	400	3300	1320	2020	1407	5848	8228

　　西联农场糖蔗栽培的主要措施，首先是推广良种。在 20 世纪 50 年代，甘蔗栽培品种以爪哇 2878 为主，同时开始引进耐旱、耐瘠、抗风、抗病力强的品种台糖 134 和印度 331。到 20 世纪 60 至 70 年代，以栽培台糖 134 为主，兼植少量印度 331、印度 997 和海蔗 4。到 20 世纪 80 年代，发展早、中、晚熟的多品种种植结构，主要品种除台糖 134 外，还有早熟、高糖、高产、适应性好、抗逆性强的桂糖 11、新台糖 1 号和印度 997，中熟的有高产、高糖的粤糖 63/237，晚熟的有海蔗 4。其次是推广综合栽培技术。①深松耕作（30～40 厘米），使用深松犁，疏松底层硬土，改善土壤理化性状，以达蓄水保肥效果。②科学施肥。采用"一基一追"或"基二追"的施肥方法。过去的全生育期多次施肥，常因干旱无法实施而影响正常生长。后要求每亩施有机肥 500 公斤以上，并增施磷钾肥。将总施肥量的 85％作为基肥余下 15％作为分蘖和生长肥，分 1 次至 2 次施用。③施用呋喃丹防治地下害虫。④适时下种，合理密植，行距为 80 厘米至 100 厘米，每亩种 3 万段至 3.5 万段双芽苗，确保每亩收获有效茎 0.5 万条以上。⑤实行化学药剂除草。过去蔗园靠人工除草，费工费时，又不彻底。如今改为新园下种施肥覆土、宿根蔗犁垄施肥覆土后，施用阿特拉津或甘蔗专用除草 1 号对土壤进行杀草处理，使蔗苗免遭杂草为害。

　　7. 瓜菜种植 西联农场成立之初，就开始种植瓜菜。农场从场部到生产队，都有专人种植，成立瓜菜班，并按地域划分服务范围，将收获的产品供应职工食堂。当时种植瓜菜，属自给性生产。种植面积随人口增长逐年扩大。1959 年，为实现粮、油、肉、菜、果"五大自给"，农场采取全民、集体、个人同时经营的方式。20 世纪 70 年代，农场人口增长迅速，蔬菜生产过一步扩大。20 世纪 80 年代，职工食堂解体，自给性的瓜菜生产也随之转化为商品性经营。农场一年四季均能生产瓜菜，而北方则冬季休耕，瓜菜奇缺。进入 20 世纪 90 年代，因物流渠道畅通，瓜菜运销全国各地（包括港澳市场），因而刺激职工的积极性，促进瓜菜生产发展。

1999 年，西联农场瓜菜种植面积 5000 亩，亩产 920 公斤，产量 4600 吨。2010 年，瓜菜种植面积 7000 亩，亩产 1245 公斤，产量 7448 吨。2019 年，瓜菜种植面积 11594 亩，亩产 1270 公斤，产量 14724 吨。

2012 年，农场被列为农垦 10 个热带农产品标准化产业基地之一。根据省农业厅、财政厅印发的《关于 2011 年现代农业生产发展资金支持瓜菜设施大棚建设项目实施方案的通知》。农场首先选择了东风作业区东升队为瓜菜大棚建设项目，项目占地面积 150 亩，其中瓜菜设施大棚面积 73.5 亩，年产瓜菜 712 吨，总投资 481 万元。其次是新盈分场 4800 亩水田已列入海南省农业综合开发办公室 2013 年农综项目中低产田改造，项目建议书已完成，将投资 1000 万元，该项目完成后，农场一个大型农业产业化经营项目即可在新盈分场实施。此外，农场成立了儋州西联绿原瓜菜种植专业合作社。2014 年，合作社种植瓜菜面积 500 亩，其中 80 亩大棚常年种植瓜菜，420 亩种植冬季瓜菜。2014 年社员人均纯收入为 5.2 万元。

种植蔬菜有几十个品种，其中较大量的是菠菜、芹菜、青菜、白菜、芥菜、空心菜、黄瓜、南瓜、青瓜、萝卜、豆角、四季豆、茄子、番茄等（表 2-3-10）。

表 2-3-10　西联农场瓜菜种植情况

年份	种植面积（亩）	亩产（公斤）	产量（吨）	年份	种植面积（亩）	亩产（公斤）	产量（吨）
1980	1500	680	1020	1994	1600	850	1360
1981	1580	685	1082	1995	2601	1477	3842
1982	2019	689	1390	1996	4500	1500	6750
1983	1722	425	731	1997	4600	813	2100
1984	1710	671	1147	1998	5000	900	4500
1985	1710	799	1367	1999	5000	920	4600
1986	1330	888	1181	2000	5040	943	4750
1987	1450	950	1377	2001	5100	892	4550
1988	1217	951	1157	2002	5500	850	4675
1989	1287	1026	1321	2003	2500	736	1841
1990	2000	1050	2100	2004	2000	785	1570
1991	1753	900	1578	2005	2100	726	1525
1992	1800	864	1556	2006	2500	800	2000
1993	1300	873	1136	2007	2000	1580	3160

（续）

年份	种植面积（亩）	亩产（公斤）	产量（吨）	年份	种植面积（亩）	亩产（公斤）	产量（吨）
2008	1800	1722	3100	2015	11587	1051	12178
2009	5891	1245	7448	2016	10470	1085	11355
2010	7000	1400	9800	2017	10532	1177	12393
2011	7600	1138	8645	2018	10594	1276	13520
2012	8750	1264	11064	2019	11594	1270	14724
2013	9000	1255	11295	2020	12919	1519	19623
2014	9250	1200	11100	—	—	—	—

（1）**栽培方式**。作为生产无公害蔬菜地块，应是远离工厂、医院等三公里以外的无公害污染源区。种植地块排灌方便，灌溉水质符合国家规定要求。种植地块的土壤土层深厚肥沃，结构性好，有机质含量达2％～5％。基地面积具有一定规模，土地连片便于轮作，运输方便。

其次是改善田间生态条件，创造利于蔬菜作物生长环境。改善蔬菜生产条件包括三个方面：一是完善田间水利设施，健全排灌系统。二是改善土壤理化性状，使土壤具有团粒结构。三是健全田间道路网络，便于机械化作业。

建立农田轮作制度。不同菜地、不同蔬菜品种采取不同的轮作制度。利用农业设施来改善生态条件。清洁田园，改善生态条件。提倡不同科蔬菜间作套种。

健全栽培管理措施，提倡"健身"栽培，提高植株抗逆性和抗病虫能力。一是选用良种。二是进行种子消毒。三是适期播种。四是培育壮苗。

（2）**种植方法**。基本原则：一是沙土壤经常灌，黏壤土要深沟排水。低洼地"小水勤浇"，"排水防涝"。二是看天看苗灌溉。晴天、热天多灌，阴天、冷天少灌或不灌，叶片中午不萎蔫的不灌，轻度萎蔫的少灌，反之要多灌。暑夏浇水必须在早晨9点前或傍晚5点之后进行，避免中午浇水。三是根据不同蔬菜及生长期需水量不同进行灌溉。

灌溉方法：一是沟灌：沟灌水在土壤吸水至畦高1/2～2/3后，立即排干。夏天宜傍晚后进行。二是浇灌：每次要浇透。

施肥：一是施肥原则：选用腐熟的厩肥、堆肥等有机肥为主，辅以矿质化学肥料。禁止使用城市垃圾肥料。莴苣、芫荽等生食蔬菜禁用人畜粪肥作追肥。严格控制氮肥施用量，否则可能引起菜体硝酸盐积累。二是施用方法：基肥、追肥。氮素肥70％作基肥，30％作追肥，其中氮素化肥60％作追肥。有机肥、矿质磷肥、草木灰全数作基肥，其他肥料可部分作基肥。有机肥和化肥混合后作基肥。追肥按"保头攻中控尾"进行。苗期多次施用以氮肥为主的薄肥；蔬菜生长初期以追肥为主，注意氮磷钾按比例配合；采收期前少施肥或不施肥。各类蔬菜施肥重点：根菜类、葱蒜类、薯蓣类在鳞茎或块根开始膨大期为施肥重点；白菜类、甘蓝类、芥菜类等在结球初期或花球出现初期为施肥重点；瓜类、茄果类、豆类在第一朵花结果牢固后为施肥重点。三是土壤中有害物质的改良：短期叶菜类，每亩每茬施石灰 20 公斤或厩肥 1000 公斤或硫黄 1.5 公斤（土壤 pH 6.5 左右）随基肥施入。长期蔬菜类，石灰用量为 25 公斤，硫黄用量为 2 公斤。

病虫害防治：蔬菜病虫害综合防治技术是无公害蔬菜生产最关键的一个环节。防治原则：一是培育和选用抗（耐）病虫品种，调节蔬菜生育期等一系列措施，提高蔬菜对病虫的抵抗能力；二是防止新的病虫侵入，对已有的病虫采取压低越冬技术、切断传播途径等手段，防止病害侵染，或令虫害消灭于严重为害之前；三是栽培管理，改善菜田生态系统，创造一个有利于蔬菜生长发育而不利于病虫发生发育的环境条件。

（3）农业防治。通过选用抗（耐）病虫品种、采取健身栽培、合理轮作等一套农业措施，提高蔬菜抗逆性，减轻病虫危害。

一是物理防治。黑光灯诱杀、潜所诱杀：有些害虫有选择特定条件潜伏的习性，利用这一习性，人们可以进行有针对性的诱杀。食饵诱杀：用害虫特别喜欢食用的材料做成诱饵，引其集中取食而消灭之。如利用糖浆、醋诱蛾，臭猪肉和臭鱼诱集蝇类等。色板诱杀：在棚室内放置一些涂上黏液或蜜液的黄板诱蚜，使蚜虫、粉虱类害虫粘到黄板上，或用蓝板诱杀瓜蓟马等，起到防治的作用。

二是生物防治。如瓢虫、食蚜蝇捕食蚜虫。

三是化学防治。无公害蔬菜并非不使用化学农药，化学农药是防治蔬菜病虫害的有效手段，特别是病害流行、虫害爆发时更是有效的防治措施，关键是如何科学合理地加以使用，既要防治病虫为害，又要减少污染，使上市蔬菜中的农药残留量控制在允许范围内。植物感病前使用药剂保护，药剂有波尔多液、硫黄粉、代森锰锌、福美双。发病后使用治疗剂，如多菌灵、托布津等。

8. 油料种植　西联农场种植的油料作物主要是花生。

1954 年，海南农垦贯彻"综合经营"方针，1955 年开始执行粮、油自给。此后，西联农场把油料种植作为一项生产任务。

自 20 世纪 80 年代开始，随着经济体制改革的深化，1988 年后，西联农场油料生产全部由职工家庭自营。这个时期，由于经营体制的改革以及推广良种和先进技术，虽然种植面积有所减少，但单产水平较高。2000 年，西联农场花生种植面积 960 亩，亩产 180 公斤，总产 173 吨。2010 年，种植 1800 亩，亩产 182 公斤，总产 327 吨。2019 年，种植 2019 亩，亩产 290 公斤，总产 586 吨。

西联农场引进推广的花生品种有：粤油 551、湛油 1 号、狮头企、陵育 l 号、山东选、白沙 1016、红旗 723、红旗 724 等（表 2-3-11）。

表 2-3-11 西联农场花生种植情况

年份	种植面积（亩）	亩产（公斤）	产量（吨）	年份	种植面积（亩）	亩产（公斤）	产量（吨）
1980	839	50	45	2001	850	200	175
1981	1000	56	56	2002	1157	166	192
1982	1449	63	91	2003	900	150	135
1983	1663	73	121	2004	1000	160	160
1984	1373	86	118	2005	1500	140	210
1985	1478	126	186	2006	873	184	161
1986	1230	149	183	2007	746	180	134
1987	1230	136	167	2008	670	143	96
1988	997	161	160	2009	1925	207	400
1989	757	103	78	2010	1800	182	327
1990	700	110	77	2011	2200	187	412
1991	550	124	68	2012	1738	185	321
1992	390	226	88	2013	2000	250	500
1993	653	220	143	2014	2000	266	532
1994	725	234	170	2015	2319	299	694
1995	870	249	217	2016	2019	299	603
1996	703	270	190	2017	2019	299	603
1997	753	198	149	2018	2019	299	603
1998	782	205	160	2019	2019	290	586
1999	800	210	168	2020	2205	294	649
2000	960	180	173				

花生高产的主要措施有六点。

一是选用优良的品种为当家种，推广的主要品种为粤油 551、狮头企、湛油 1 号、陵育 1 号、白沙 1016 等。

二是适时播种和合理密植。春花生在 1 月下旬至 3 月中旬为种植期。秋种于 7 至 8 月（大暑前后）。种植密度为 20 厘米×30 厘米的双粒植或 10 厘米×20 厘米的单粒植，起畦开沟点播。

三是选用平坦、肥沃的沙壤土，并能引水灌溉的水浇地。

四是施足基肥，增施磷钾肥，适当追肥。下种前亩施农家肥、火烧土 1000 公斤，过磷酸钙 25 公斤。出苗有五叶时，亩施尿素 4～5 公斤。在盛花期，亩施生石灰 50 公斤，并结合下针时高培土一次。

五是推广应用药剂除草和钼酸铵拌种等先进技术。

六是搞好病虫害防治。

花生病害有褐斑病、黑斑病、锈病、根腐病、茎腐病。褐斑病、黑斑病可用500克/升苯甲·丙环唑乳油、40％丁香·戊唑醇悬浮剂、17％唑醚·氟环唑悬乳剂进行防治。在花生生育期内，自始花起根据病情每10～15天喷1次药，连续喷2～4次，每次每亩喷药液2～3桶，能达到预防和控制病害发展的效果；花生锈病可用40％三唑酮·硫黄悬浮剂、65％代森锌可湿性粉剂、50％克菌丹可湿性粉剂、85％戊唑醇水分散粒剂、40％丙环唑微乳剂进行防治；根、茎腐病当田间发病时，可用50％氯溴异氰尿酸可溶粉剂15克加36％恶霉·福美双可湿性粉剂10克，兑水15公斤灌根处理。

花生虫害主要有地老虎、金针虫、蚜虫、金龟子、斜纹夜蛾、花生小菜蛾等。地老虎、金针虫、金龟子可用毒死蜱、敌百虫、吡虫啉防治；蚜虫是花生病毒病的重要传播媒介，除自身为害外，往往带来暴发性的病毒病害。可用吡虫啉、吡蚜酮、溴氰·噻虫嗪、啶虫脒防治；小菜蛾和斜纹夜蛾可用高效氯氟氰菊酯防治。

五、林业

（一）林业发展情况

西联农场的林业生产，是从营造胶园防护林开始的。即在垦荒植胶的同时，有计划地营造防护林或保留原生林带。到20世纪60年代初，随着橡胶幼树大量开割投产，以及人口迅速增加，农场出现烟胶用薪炭材和生活、建设用材供应紧张的状况。1962年，广东农垦四级干部会议决定："按比例营造足够的防护林的同时，大力营造薪炭林和用材林。"随后，海南农垦局提出以橡胶生产为主的农场，防护林、薪炭林和用材林要分别占全场土地总面积的15％～20％、9％～18％和1％～2％。从此，林业生产开始打破单一营造防护林的局面。在有自然林的山区，划定薪炭林、用材林地，进行封山培育；在草原地区，开始成片营造竹子、台湾相思、小叶桉和苦楝等，建立薪炭林和用材林生产基地。

在20世纪的70年代到80年代初，农场的林业生产曾受到两次较大的破坏。一是在生产建设兵团时期，农场片面强调发展橡胶，而把防护林砍伐换种橡胶树；二是在20世纪的70年代末到80年代初，社会上出现偷砍农场林木的歪风。

1979年国家颁布《中华人民共和国森林法（试行）》，1980年国务院又发出《关于坚决制止乱砍滥伐森林的紧急通知》，广东省农垦总局相应作出指示："凡不宜种植橡胶和热带作物的荒山荒地，都要造林，要大力营造速生高产的薪炭林，同时注意造用材林。"西联农场根据国家有关规定和上级指示精神，在总结过去林业生产经验的基础上，从思想认识、经营方式、资金来源和组织领导上实行了"四个转移"：一是在思想认识上，把造林从保护橡胶的单一观点转移到林业是重要的商品生产项目来认识，以防护林、经济林、用材林、宅旁绿化和封山育林综合发展林业生产；二是在经营方式上，从过去单纯由国家经营改为国家、集体、家庭职工和社会联营等多种形式；三是在资金来源上，从单纯依靠国家投资改为多渠道集资；四是在组织领导上，把造林认为是生产部门的事提到党委的议事日程，成立林业生产队和专业护林队，推广家庭农场承包，从"种、管、护"方面都建立了生产岗位责任制。同时，在生产技术上，推广容器育苗，整地，春季定植，在2～3龄幼树期补施化肥，利用药剂进行管理等。此外，还引进火力楠、云南石梓、非洲楝、加勒比松、刚果12号桉、竹柏等树种；挖掘使用木荷、青线树（柳槁）、樟树、枫香、母生、波罗蜜等乡土树种。

1999年，海南农垦总局制定垦区创建以来有关林业工作的第一个法规性文件《海南农垦林业工作规则（试行）》；2008年又出台《海南省农垦总局森林防火应急议案》；同时成立森林防火指挥部，农场相应建立防火组织，并通过各种宣传活动，提高职工的防火意识。此外，农垦总局还制定了全民义务植树以及林木限额采伐等一系列规定，提出营林以"减缓风害、蓄水保土、调节气候、改善环境、保护生态、提供产品"的管理理念。即营林不单只指防护林，还包含橡胶树和其他热带作物以及果树等组成的生态经济林。林业工作的方针是"全民参与，常抓不懈，植树造林，绿化大地"。而营林原则是"科学规划，科学营林，科学管理，合理砍伐，精心组织，落实责任，降低成本，提高效益"。2009年海南农垦总局进一步提出"生态建设立位，林业产业强位"的发展思路。

西联农场在林木管理中，严格执行《中华人民共和国森林法》《海南省森林保护管理条例》以及《海南省农垦总局关于人工采伐、木材运输管理办法》。凡直径大于或等于5厘米的林木，均列入采伐限额管理。农场需要更新自营林木的，必须呈报农垦总局批准。采伐人工林或其他林木，必须申领采伐许可证，按规定的数量、地点采伐，并严禁异地、超限额采伐。采伐之后必须按照许可证规定的面积、树种、株数和期限完成更新造林任务，弥补因采伐造成的空缺。农垦系统的经济用材林在省内运输，必须持有农垦总局发放的木材运输放行证和税务部门发放的农林特产税完（免）税证。在具体实施时遵守如下原则：一是商品林消耗量要小于生长量；二是生态林（指橡胶园防护林）要有利于促进森林生态功能的发挥，做小面积更新；三是橡胶林和其他用材林，单独编制计划，实施限额采伐；四是禁止采伐自然林；五是促进烧柴习惯和方式的改革，核定烧柴限额；六是坚持合理安排主伐、抚育间伐和更新采伐以促进林木生长（表 2-3-12）。

表 2-3-12　西联农场历年林业发展情况

年份	林业总面积（亩）	防护林面积（亩）	经济林面积（亩）	其他林面积（亩）
1955	08	808	—	—
1956	1488	1488	—	—
1957	1654	1654	—	—
1958	1727	1727	—	—
1959	1727	1727	—	—
1960	2230	2230	—	—
1961	2230	2230	—	—
1962	2599	2599	—	—
1963	3301	3301	—	—
1964	5516	5516	—	—
1965	9582	9582	—	—
1966	11454	11454	—	—
1967	12065	12065	—	—
1968	6843	6843	—	—
1969	7427	7427	—	—
1970	7927	7927	—	—
1971	7578	7578	—	—
1972	8941	8941	—	—
1973	7921	7921	—	—
1974	8578	8578	—	—
1975	8654	8654	—	—
1976	8074	8074	—	—
1977	5300	5300	—	—
1978	6408	6408	—	—
1979	5399	5399	—	—
1980	6940	6940	—	—
1981	9145	9145	—	—
1982	10425	10425	—	—
1983	20915	10253	172	10490
1984	18221	11988	172	6061
1985	18221	13258	172	4791
1986	2531	14258	172	10884
1987	2325	19868	172	3213
1988	25490	21868	172	3450
1989	2549C	23868	172	1450
1990	26197	24868	172	1157
1991	26513	25468	172	873

（续）

年份	林业总面积（亩）	防护林面积（亩）	经济林面积（亩）	其他林面积（亩）
1992	26550	25515	172	870
1993	25680	25515	165	—
1994	26309	26144	165	—
1995	26906	26741	165	—
1996	27306	27141	165	—
1997	23061	22941	120	—
1998	23061	22941	120	—
1999	23404	23284	120	—
2000	30681	16218	327	14136
2001	30044	15888	120	14036
2002	30251	15888	327	14036
2003	30025	15888	327	13810
2004	29445	15308	327	13810
2005	28970	14833	327	13810
2006	27939	13802	327	13810
2007	17037	13802	235	3235
2008	14233	10998	235	3235
2009	40731	32600	4676	3455
2010	39943	31888	4600	3455
2011	12000	12000	—	—
2012	12000	11900	50	50
2013	12000	11900	50	50
2014	12000	11900	50	50
2015	12000	11900	50	50
2016	12000	11900	50	50
2017	12000	11900	50	50
2018	12000	11900	50	50
2019	12000	11900	50	50
2020	12000	11900	50	50

（二）营林结构

1. **防护林**　长期以来，海南农垦把营造防护林作为与自然灾害作斗争的重大措施，一般在垦荒植胶前按照胶园的规划设计，在草原地区营造防护林，在有林地区保留原生林作防护林。

1955—1956 年，西联农场开始对有林地区开荒种胶留下来的厉生林带进行改造，以增强防护林的防护效果。其办法是：对杂木林型林带，一般采取先清除杂藤、恶草，后适度疏伐或补种，使之成为上密下疏的林型结构；对灌木林型林带，一般先在背风面将其一半林带砍除，垦地造林，待其开始成林时，再改造余下的一半；对高草、中草与乔灌木混合林带，只保留乔木树，其余全部重新垦地营林。

1983 年，西联农场首次提出把防护林作为"林业生产项目来经营"，实行"一代胶两代林"的生产模式，改单纯的生产保护型为生产经营型，开始有计划地更新老（熟）、残的防护林带。

2. **用材林**　西联农场在 20 世纪 50 年代已有零星种植用材林。20 世纪 60 年代中期，一度有所发展，主要种植小叶桉、竹子、苦楝和樟树。随后，发展缓慢，已营造的也受到破坏。20 世纪 80 年代后，用材林发展加快，主要树种有小叶桉，还有杉木和竹子等。

3. **经济林**　20 世纪 50 年代初，西联农场把经济林（除橡胶树外）作为防护林带来营造，主要树种有海棠和油茶。农场主要种植油茶。但在农场种植的也因选种不严，管理不善，产量低，效益差。

4. **自然林**　自然林分未利用和已利用两部分。未利用的自然林，分布于坡度大于 35度的山地，以及沿着山脊走向的顶端地带。已利用的自然林，大都林相整齐，而被留作橡胶园的防护林。西联农场对于自然林，采取保护措施，不准擅自采伐。

（三）营林技术

20 世纪 50 年代初期，在草原地实行机耕造林。20 世纪 60 至 70 年代，一些单位贪图省工，造林土地只清除地面植被后就挖穴种植，造成林木成活率低，生长缓慢。从 20 世纪 80 年代起，全面推行整地，提前 15 天挖穴，适时定植，速生树种一般 3 年成林。

20 世纪 70 年代前，由于造林一般为早春少种，秋雨大种。为了争取苗木当年的生长量，从 20 世纪 80 年代开始普遍推行早春抗旱定植。据西联农场调查，同时间育的苗木 5 月份种植的林带年底高 1.9 米，最高 2.4 米；8 月份种植的年底平均高 1.16 米，最高 1.42 米。

农场在 1975 年引进草甘膦消灭胶园茅草技术后，逐步在林地管理中推广应用。林地药剂灭草，一般从定植后第 2 年开始到成林年用药 1～2 次，能有效地控制杂草滋生。

（四）林业产品

1995 年，橡胶原木生产 11825 立方米；1997 年，橡胶原木 15534 立方米，木材 13000 立方米；2009 年，橡胶原木生产 29499 立方米。2018 年，橡胶原木 8594 立方米，木材 8699 立方米。橡胶原木、木材做成木板（人造板、胶合板等）、木制品（实木制门、木制窗框、木制窗框架、实木木地板、木制梁、木制楼梯、木制栏杆）、木容器（木桶、木盘、木盆、木箱）、木制餐具（木筷木碗、木铲、木勺、木案板）；2012 年，生产竹子 8 万条；2019 年，竹子 9 万条。竹子用于制作竹制品（竹椅、竹梯、竹筷、竹蒸笼、竹睡席、箩筐）。还有林木种苗、果实。

六、畜牧业

（一）猪饲养

西联农场创建初期，大量人员进驻荒山僻壤地区垦荒植胶，肉食品全部靠到集市上购买。1953 年开始，西联农场贯彻华南垦殖局作出的关于农场要"拨给一定的副业生产资金，种菜养猪养牲口，进行副业生产"的决定，当年养猪 100 头，走出养猪的第一步。

20 世纪 50 年代初期，养猪经验不足，生猪饲养发展缓慢。1957 年，贯彻华南农垦总局在场长会议上提出的"建立基本猪群，达到自繁自养"和"固定养猪工人，加强责任管理，搞好疫病防治"的精神，加强了对养猪生产的领导和管理，1959—1960 年，公养猪饲料不足，疫病多，死亡量大；同时，由于受"左"倾错误影响，禁止职工私养，生猪饲养量下降。

1961 年，根据中共中央"调整、巩固、充实、提高"的方针，海南农垦局在畜牧业生产上采取了整顿和改良种畜群，建立饲料基地，以及"以公养为主，私养为副，公私并举"的措施，并在 1965 年、1966 年两次组织畜牧兽医人员到上海国营农场参观学习，引进良种，使养猪业出现新的局面。

20 世纪 70 年代初，西联农场执行禁止职工私人养猪的政策，而且公养猪和集体养猪因猪苗不足而又不得不从外地大量购入猪苗，带进疫病；加以饲料缺乏，管理不善，死亡较多，生猪饲养又一次遭挫折。从 1975 年开始，农场加强对养猪业的领导，采取场、区、队三级公养，把养猪统一纳入国家计划，统一管理，统一核算，产肉按国家牌价供应职工；以每头猪建立 1 分地的饲料基地；培训饲养员，实行"六定"（定人、定栏、定料、定头数、定产、定肥）岗位责任制管理；提出"一人一猪""一亩（橡胶）一猪"的指标；每个农场建立 1～3 个 500 头以上的养猪场。

西联农场建立种猪繁殖基地，大力引进和繁育良种；利用杂交技术，逐步发展"公猪良种化，母猪本地化，肥猪杂交一代化"等一系列措施，促进养猪业的发展。1979 年开始西联农场又实行"公私并举，两条腿走路"的方针。鉴于公养猪成本高、亏损大的状况，20 世纪 80 年代开始逐步转为"私养为主"，在饲养技术上，由单一饲料喂养改为多种饲料混合喂养，由熟喂改为生喂。在经营管理上，将原畜牧工作机构的职能逐步转变为向职工家庭养猪业提供从种苗与饲料供应、防病治病、饲养技术和产品销售等方面的"一条龙"服务，推动养猪业的进一步发展。职工养猪，虽然存在分散经营、规模较小、粗放饲养、效益低且抵抗市场风险能力差等问题，但它仍是养猪业一支不可忽视的力量。引导私养户向养殖小区和规模户发展，提高养殖业整体质量和效益。职工在自己承包的橡胶园和果园，建设栏舍和沼气池，每户饲养 100 头至 300 头实行"猪-沼-胶（果）"养殖模式。

2000 年，西联农场养猪 9367 头，产肉 783 吨。2012 年，农场成立了儋州西联禾牧养猪专业合作社；2014 年 儋州西联禾牧养猪合作社已有年产 1.5 万头肉猪的规模，社员年人均纯收入为 7.5 万元（表 2-3-13）。

表 2-3-13 西联农场历年养猪情况

年份	年饲养数（头）	年末存栏数（头）	年出栏数（头）	产肉量（吨）	繁殖仔猪数（头）	繁殖母猪数（头）
1978	13741	8075	5666	366	3575	480
1979	14057	8157	5100	323	5040	679
1980	9767	5000	4767	293	4800	529
1981	8908	5357	3551	279	5300	680
1982	21476	15814	5662	452	6745	922
1983	17786	11505	6281	545	6713	695
1984	14741	9474	5267	476	3554	337
1985	15294	8272	7022	632	3108	259
1986	15059	8347	6712	671	4343	362
1987	13988	7109	6879	688	2685	151
1988	14150	6475	7675	768	1131	67
1989	13092	5392	7700	770	969	121
1991	11606	4290	7316	915	717	69
1992	13113	4743	8370	1046	953	78
1993	12627	4741	7886	985	900	70
1994	13506	4931	8575	1029	1200	80
1995	9230	4630	4600	560	1300	123
1996	7580	2350	5230	416	1200	120
1997	8200	2400	5800	461	1350	108
1998	8900	2900	6000	480	1300	170
1999	9000	2500	6500	601	1200	150
2000	9367	2784	6583	783	878	98
2001	10000	3400	6600	784	800	90
2002	13779	4979	8800	863	1845	214
2003	13100	5100	8000	790	1500	200
2004	13500	5000	8500	840	800	180
2005	23500	9000	14500	1435	300	150
2006	20482	6355	14127	1373	1059	97

（续）

年份	年饲养数（头）	年末存栏数（头）	年出栏数（头）	产肉量（吨）	繁殖仔猪数（头）	繁殖母猪数（头）
2007	38191	12750	25441	2417	8411	1140
2008	44459	11080	33379	3338	10000	1080
2009	103386	43342	60044	5614	48742	4983
2010	106189	41342	64847	6128	76800	4800
2011	122196	50864	71332	6562	4195	4836
2012	124206	51206	73000	6715	82752	5172
2013	128897	53686	75211	6918	25471	4930
2014	137987	56355	81632	7510	23766	5131
2015	148560	64232	84328	7757	26194	5412
2016	184686	89773	94913	8447	24875	6854
2017	199461	96955	102506	9225	26865	7402
2018	225104	104177	120927	10883	29550	8143
2019	13506	6250	7256	580	5761	489
2020	135062	62506	72556	6529	17731	4887

（二）牛饲养

20世纪70年代初以前，西联农场的牛饲养以在胶园群养放牧为主，农场对养牛业饲养管理不善，造成牛群在每年11月至翌年3月的枯草期因草料不足而死亡较多，养牛业发展缓慢。

1975年开始，西联农场贯彻广东农垦总局"关于大力发展畜牧业的决定"，逐步采取建立专业养牛队集中饲养和在生产队建立"小牛群"分散饲养相结合的形式，恢复和实行生产岗位责任制，促进养牛业的发展。

20世纪80年代后，西联农场实施"以草换肉"工程，促进养牛业稳健发展。出现养牛业的四个转变：一是由公养向私养为主的转变。公养时由农场派工，发放管理费用。后来农场为减轻负担，将牛群折价给职工饲养。职工将牛粪售给农场，抵牛群的投入成本。养牛从此由积肥为主，过渡到役用和食用。二是从分散向规模饲养转变。过去养牛分散在各个生产队，饲养数量较少。又由于农林类作物的发展，草地减少，所以饲养效益也比较低。后来，不少农场职工集资合股经营，组织股份制养牛联合体，牛群从小变大，一群牛达50头至60头，甚至100头。选派专人饲养，年终结算分红，使养牛业登上一个新台阶。三是从本地牛品种向杂交良种牛转变。为改良牛群品种，提高牛的生产性能，增加经济效益。改变旧的饲养模式。通过引种选择，推广种植具有较高营养价值的桂花草、王草和象草。这些牧草每亩年产鲜料1万公斤至2.5万公斤。除牧草外，还喂养稻谷、玉米、米糠、鱼粉等饲料，及食盐、贝壳粉、骨粉、沉淀磷酸钙、饲用蛋氨酸等多种矿物质及添加剂。其次是建舍圈养，按一头牛占3平方米的标准建舍，每幢牛舍饲养100头至200头。牛舍采用双列或单列式水泥结构，设置食槽、饮水、排尿等设备。舍外开辟运动场，并种植树木改善环境。一人可饲养圈养牛50头，每头牛年收集粪量为3吨左右。因土地宽广，水草资源丰富，除植草圈养外，还利用优越的自然资源，采取野外放牧与圈养相结合，种草养牛与利用自然水草资源养牛结合的方法，以降低生产成本。

品种改良。早期饲养的黄牛为本地种，生长慢，体型小，产肉量少。20世纪的50年代末至60年代初，西联农场开始引入荷兰奶牛和辛地红、沙希沃奶肉两用牛改良本地黄牛，收到一定效果。1974年开始，又先后引进夏洛克、西门塔尔、海福特、安洛斯、利木赞、古巴、沙希沃等肉奶兼用牛，进行牛品种的改良工作。

1996年，西联农场饲养牛1624头，产肉量2.3吨；到了2010年，饲养牛6148头。年末存栏6028头，产肉29吨（表2-3-14）。

表 2-3-14 西联农场历年养牛情况

年份	年饲养数（头）	年末存栏数（头）	年末出栏数（头）	产肉量（吨）	年份	年饲养数（头）	年末存栏数（头）	年末出栏数（头）	产肉量（吨）
1978	3124	2871	253	14.0	2000	1160	1140	20	1.9
1979	3332	3132	200	11.0	2001	1140	712	428	62.0
1980	3319	3229	90	5.1	2002	1003	890	113	20.0
1981	3683	3608	75	4.2	2003	1115	1100	15	2.0
1982	3031	2867	164	5.8	2004	1140	1130	10	2.0
1983	2579	2628	209	11.2	2005	1310	1285	25	2.5
1984	2932	2584	197	7.9	2006	1317	1014	303	85.0
1985	2475	2435	100	4.0	2007	1683	1313	370	95.0
1986	2450	2359	67	2.8	2008	1246	1125	121	20.0
1987	2504	2191	71	3.6	2009	5557	4994	563	197.0
1988	2240	2112	30	1.6	2010	6145	6028	117	29.0
1989	2152	2141	11	0.6	2011	5623	5173	450	46.0
1990	2105	2075	30	2.7	2012	6257	5180	1077	96.0
1991	1982	1959	23	2.3	2013	6291	5173	1118	109.0
1992	2099	2060	39	3.9	2014	6577	5357	1220	109.0
1993	2066	2036	30	3.0	2015	6841	5213	1628	101.0
1994	1765	1755	10	1.1	2016	7161	5483	1678	104.0
1995	1714	1704	10	0.9	2017	7139	5757	1382	113.0
1996	1624	1600	24	2.3	2018	7281	5788	1493	130.0
1997	1673	1650	23	2.3	2019	8737	6990	1747	204.0
1998	1370	1345	25	2.5	2020	9173	7339	1834	193.0
1999	1255	1250	5	0.8	—	—	—	—	—

（三） 羊饲养

西联农场饲养山羊始于1955年。由于在此后的较长时间内执行以公养为主和禁止职工私养的政策，养羊业发展缓慢，到1980年存栏只有550头，当年产肉1吨。20世纪80年代开始，政策放宽，允许职工私养，加上市场羊肉价格上升，调动了职工养羊的积极性，促进养羊业逐步发展。到90年代中期，实施养牛与养羊业的"以草换肉"工程。至2000年，西联农场饲养山羊年存栏量1214头，比1980年增加1倍。当年出售宰杀890头，产肉27吨。西联农场养羊，以职工自营为主。2010年，农场养羊10002只，产肉70吨。2019年，饲养数17832只，产肉85吨（表2-3-15）。

表2-3-15 西联农场历年养羊情况

年份	年饲养数（头）	存栏数（头）	出栏数（头）	肉重（吨）	年份	年饲养数（头）	存栏数（头）	出栏数（头）	肉重（吨）
1978	250	230	20	0.5	2000	2104	1214	890	27
1979	350	300	50	1.0	2001	2035	1135	900	17
1980	600	550	50	1.0	2002	4157	2224	1936	48
1981	476	263	213	4.3	2003	4324	2224	2100	46
1982	188	142	46	0.7	2004	4300	2200	2100	47
1983	121	103	18	0.3	2005	4200	2000	2200	39
1984	175	145	30	0.45	2006	4205	1806	2399	32
1985	92	62	30	0.5	2007	4395	1442	2953	41
1986	94	59	35	0.6	2008	4430	1744	2686	35
1987	104	81	23	0.4	2009	10641	5712	4929	68
1988	95	85	10	0.2	2010	10002	4200	5802	70
1989	203	121	82	1.6	2011	8500	2408	6092	73
1990	133	72	61	1.2	2012	6728	2310	4418	52
1991	79	55	24	0.5	2013	7036	3266	3770	51
1992	58	41	17	0.3	2014	7287	3186	4101	51
1993	65	45	20	0.5	2015	7399	3685	3714	46
1994	98	71	27	0.6	2016	8707	4716	3991	77
1995	1000	800	200	7.0	2017	9403	5093	4310	82
1996	1400	1000	400	14.0	2018	10099	5470	4629	87
1997	1965	1365	600	24.0	2019	17832	12624	5208	85
1998	1950	1200	750	22.0	2020	18723	13255	5468	98
1999	2150	1300	850	25.0	—	—	—	—	—

（四） 家禽饲养

1. 鸡 鸡为养禽业之首。建场之初，就开始养鸡。当时，由食堂或职工饲养。它与鸭、鹅通称"三鸟"。鸡苗来自当地市场，或由自养的母鸡抱窝孵化。20世纪90年代前，饲养品种混杂，生长发育快慢不一，因而增加了饲养管理的难度。从20世纪90年代起，逐步改杂种为纯种饲养。

从1996年开始，推广橡胶林下养鸡技术，将固定鸡舍改为活动鸡舍。以木、竹做支架，塑料布或沥青纸盖顶，活动板块为挡墙。每幢鸡舍20平方米至25平方米。舍架易拆易搬，方便定期迁移轮养。每幢鸡舍约养1000只，一般是出栏一批，迁移一次。在饲养管理方面，鸡苗进舍前，注射马立克氏防疫苗，进舍后按各发育阶段口服和肌注各种防疫药品。科学调配饲料，定时定量喂养。

林下养鸡，还为园林作物提供优质有机肥。林中自然资源丰富，鸡可采食到更多的杂草和昆虫。又因林中夏凉秋暖，空气新鲜，离居民点较远，人畜来往较少，也有利于预防病害。林下放养的鸡，肉质比笼养的嫩、滑甜、香，因而很受欢迎。

从20世纪90年代起，逐步改杂种饲养为纯种饲养。品种以外引的粤黄882、石歧杂和本地的文昌鸡、麻花鸡为主。农业部1996年发布公告，文昌鸡为国家家禽品种志品种，并被确定为国家级23个禽类遗传资源保护品种之一。

2009年，农场还依托养殖龙头企业——海南温氏集团地处西联农场的资源优势，以温氏集团提供种苗和技术、农场提供政策引导和资金扶持及基础设施建设等的"公司＋农户"发展模式做大做强做精养殖业，使农场涌现出了一批像魏红娇、简岩秀、文少洪等养鸡年出栏3次、每次近万只、纯利润近2万元以上的专业户。

2. **鸭**　养鸭，与养鸡一样，于农场创建之初就零星饲养。自然资源的多样化，为养鸭提供了优越条件。河沟、池塘、田野都是养鸭的好场所。饲养品种有肉用型的樱头谷鸭、嘉积鸭、北京鸭。

嘉积鸭俗称"番鸭"。系100多年前嘉积华侨从南洋引进，逐步选育而成。嘉积鸭冠红蹼黄，羽毛黑白相间，色泽鲜亮体型扁平，习性温顺。肉厚，皮脆、骨软、低脂肪、高蛋白、富含氨基酸和多种营养成分，为海南的良种鸭。饲养体制是：由农场孵化雏鸭，然后分给职工饲养。饲养方式是：雏鸭采用室内地面饲养或网上平养，育肥鸭采用舍内笼养。饲养方法是：雏鸭以专用碎粒全价饲料饲养；3周至4周龄，用中鸭颗粒饲料湿喂；5周至10周龄，以玉米、米糠、麦皮、大米饭等自配饲料饲养；11周至14周龄，进行人工填料饲喂。肉鸭饲养90天至100天出栏。农场现在从农户手中收购跑海鸭蛋，进行包装销售。

疫病防控。2003年，全球发生高致病性禽流感。农场积极配合当地政府，落实各项措施，做好防控工作。家禽主要疫病有：鸡新城疫、禽霍乱、鸡马立克氏病、鸡白痢、禽慢性呼吸道传染病、禽痘、鸭瘟、小鹅瘟等。其中，以鸡新城疫和禽霍乱危害最大。疫病防控要求做到：一是饲养场地设立消毒措施，对生产、交通工具彻底进行消毒处理；二是饲养人员进入场区要更衣、鞋、帽并先行沐浴；三是杜绝其他禽场人员参观；四是定期对禽舍及周围环境消毒；五是定期消灭禽场内的昆虫和鼠类；六是对死亡禽类做焚烧或深埋处理；七是禽场进行自繁自养和全进全出的饲养方式；八是引进禽种和购进饲料及其他产品，必须来自无疫区的禽场和工厂；九是加强禽类饲养管理、常规免疫预防注射，并做好冬春时节禽场的防寒保暖和通风透气工作；十是广泛开展宣传教育，提高广大职工对防治禽流感的科学知识。还强调，一旦发生疫情，要立即报告，经确认属高致病性禽流感，即彻底扑杀疫点禽只，并对疫区周围 5 公里范围内所有禽只进行强制免疫，确保疫情不扩散。

常年的防疫工作，重点抓好动物免疫，做到"四抓"：一抓季节，每年的春秋两季，是疫病的易发期，也是一年间防控重要季节。二抓重点，即重点抓牲畜口蹄疫、猪瘟、鸡新城疫等疫病。三抓耳标，贯彻落实农业部 13 号令，实行动物免疫标识制度。四抓监测，认真开展重大动物疫情监测工作，做到"三落实"即人力、物力、财力落实（表 2-3-16）。

表 2-3-16　西联农场历年家禽饲养情况

年份	饲养数 （万只）	出栏数 （万只）	存栏数 （万只）	肉重 （吨）	鲜蛋产量 （吨）
1982	4.4	1.2	3.2	14.4	0.8
1983	4.7	1.5	3.2	17.0	1.3
1984	6.4	1.9	4.5	20.5	1.4
1985	5.0	2.2	2.8	33.0	1.6
1986	6.1	2.9	3.2	46.0	3.0
1987	8.8	2.5	6.3	44.0	3.5
1988	6.0	4.0	2.0	70.0	3.8
1989	6.0	2.0	4.0	35.0	4.0
1990	8.2	3.0	5.2	46.0	3.6
1991	8.6	2.4	6.2	30.0	4.0
1992	10.2	2.8	7.4	35.0	4.2
1993	13.1	5.5	7.6	68.0	5.0
1994	13.7	5.9	7.8	81.0	4.0
1995	13.5	6.5	7.0	91.0	5.0
1996	51.0	36.0	15.0	487.0	
1997	64.0	52.0	12.0	700.0	4.8
1998	52.0	40.0	12.0	500.0	5.0
1999	51.0	41.0	10.0	512.0	5.6
2000	50.0	40.0	10.0	500.0	6.0
2001	48.0	38.0	10.0	475.0	10.0
2002	36.0	30.0	6.0	420.0	10.0
2003	30.0	25.0	5.0	375.0	20.0
2004	23.0	18.0	5.0	270.0	15.0
2005	26.0	18.0	8.0	274.0	15.0

（续）

年份	饲养数 （万只）	出栏数 （万只）	存栏数 （万只）	肉重 （吨）	鲜蛋产量 （吨）
2006	23.0	18.0	5.0	275.0	5.0
2007	46.0	35.0	11.0	602.0	3.0
2008	59.0	44.0	15.0	770.0	4.0
2009	116.0	79.0	37.0	1336.0	43.0
2010	118.0	80.0	38.0	1360.C	52.0
2011	115.0	80.0	35.0	1362.0	100.0
2012	116.0	79.0	37.0	1345.0	100.0
2013	116.0	85.0	31.0	1387.0	95.0
2014	119.0	89.0	30.0	1420.0	102.0
2015	106.0	66.0	40.0	1242.0	102.0
2016	131.0	78.0	53.0	1248.0	104.0
2017	142.0	84.0	58.0	1349.0	112.0
2018	164.0	96.0	68.0	1555.0	120.0
2019	197.0	118.0	79.0	3220.0	138.0
2020	207.0	124.0	83.0	3384.0	144.0

七、渔业

淡水养殖

饲养情况。自1953年开始，农场在住地附近低洼地建塘养鱼。1960年，海南农垦第三次工作会议提出：为解决职工吃鱼，每个食堂单位要有3～5亩鱼塘。由于农场养鱼长期以来在指导思想上是以自给为主，多数采取职工食堂集体公养的形式，管理粗放，产量低，发展缓慢。1983年海南垦区在东和农场召开了淡水养鱼会议，通过总结经验，调整了政策，实行鱼塘由职工个人承包，扶助养鱼重点户和专业户。西联农场利用农场自筹资金和动员职工贷款投资开发鱼塘，养殖面积不断扩大，生产水平逐步提高。

20世纪70年代以前，饲养的淡水鱼类品种主要有鲢鱼、鳙鱼、草鱼、鲤鱼、鲮鱼、罗非鱼等。20世纪80年代后，陆续引进福寿鱼、鳗鱼、草胡子鲶、蟾胡子鲶和淡水鲳等，品种逐渐丰富。

鱼塘多为"山坑塘"，饲养粗放，年亩产量一般只有100多公斤。1982年起，西联农场将小鱼塘扩大为大鱼塘，改浅水为深水、改死水为活水、改瘦塘为肥塘等措施，亩产提高。在进行传统的鱼塘养鱼的同时，在鱼塘中进行"鱼鸭混养"。总产量11.6吨。2010

年，农场有鱼塘 1225 亩，年产量 334 吨。到 2019 年，鱼塘 1456 亩，年产量 1112 吨（表 2-3-17）。

表 2-3-17　西联农场历年淡水养殖情况

年份	面积（亩）	产量（吨）	年份	面积（亩）	产量（吨）
1978	132	13.23	2000	859	386
1979	132	9	2001	859	400
1980	132	7	2002	859	408
1981	132	12	2003	859	400
1982	201	12	2004	859	250
1983	385	21	2005	859	180
1984	385	48	2006	430	129
1985	385	75	2007	387	108
1986	444	89	2008	387	116
1987	414	87	2009	1115	453
1988	431	108	2010	1225	334
1989	431	97	2011	1225	796
1990	431	120	2012	1225	800
1991	400	82	2013	1225	820
1992	27	85	2014	1225	905
1993	400	90	2015	1225	967
1994	400	95	2016	1225	947
1995	430	110	2017	1225	980
1996	430	100	2018	1348	1029
1997	500	150	2019	1456	1112
1998	500	160	2020	1528	1167
1999	500	230	—	—	—

第二节　第二产业

第二产业是包括采矿业、制造业，电力、燃气及水的生产和供应业、建筑业。

一、工业综合

西联农场的场办工业，始于 20 世纪 50 年代。

从 1954 年起，西联农场为适应生产发展和职工生活的需要，逐步建立了一批小型的榨油、碾米、砖瓦、石灰、机械修配和发电等工厂。1954 年，西联农场洛南石灰厂建成投产，是海南农垦用石灰石生产石灰最早的厂。1958 年后，随着新种橡胶树大量投产割胶，开始建立制胶厂和胶杯厂。20 世纪 60 年代建有橡胶加工厂、机械修造厂。

建场初期创建的全国最早的天然浓缩胶乳加工厂，经组织技术人员反复研究，积极开发新产品，抢占市场，相继开发了高氨浓乳、低氨浓乳和耐寒浓乳等产品，特别是高氨浓乳是全国知名度最高、质量最好的名牌产品，每吨市场价格比国内同类产品高出几百元。

20 世纪 70 年代，西联农场建起食品加工厂和小型水电站。

1980 年以前，西联二业以对内服务为主，行业结构单纯，投资少，发展慢。1955 年至 1980 年，西联农场工业累计投资 303 万元，占同期固定资产投资总额 3362 万元的 9.1%。1980 年，西联农场有工业企业 6 个，工业总产值 84.34 万元（不变价），占工农业总产值的 7.25%。1981 年后，调整产业结构，积极开拓国内外市场，外引内联发展横向经济联合，场办工业得到较快发展；工业门类增多，工业企业的装备、技术得到明显的改善；新技术、新工艺得到应用和推广，新产品、名优产品不断出现。

1981—1996 年，西联农场工业投资 7895 万元，先后建起了一批以加工橡胶木为主的木材加工厂，还有乳胶手套厂、水力发电站、饮料厂以及皮鞋厂、服装厂等；外引内联引进的有胶球厂、家具厂、建材厂等。

20 世纪 80 年代后期，农场每年更新几千亩胶园，有大量的原木资源，但大量的橡胶树原木以低廉的价格出售，甚至当柴火处理。于是，西联农场在农垦总局的支持下，利用世界银行贷款，引进国内外先进设备，建起西联木材厂。20 世纪 90 年代初，随着世界环保组织要求限制森林砍伐的呼声日益高涨，而国内外对木制品家具市场的需求越来越大。西联农场抓住这一商机，开发各种规格的板方、细木工板和实木家具等系列产品，快速抢占市场。

1996 年，西联有工业企业 10 个，从业总人数 1101 人，其中包括技术人员 91 人；形成了以木材加工、家具、食品饮料、建材、机械修造、电力等的 6 个行业的工业格局。工业总产值 5785 万元，其中：食品工业 66 万元，占 1.15%；橡胶制品业 709 万元，占 12.26%；建材工业 980 万元，占 16.94%；木材加工业 2500 万元，占 43.22%；家具 1165 万元，占 20.14%；其他工业 365 万元，占 6.3%。工业总产值占工农业总产值为 49.67%，比 1980 年上升了 42.42%。

2010 年后，在市场疲软、原材料不足、成本上涨等情况下，西联农场立足市场，苦练内功，狠抓管理和质量，在木材综合利用和深加工上大做文章。农场眼睛向内，瞄准市场，开发生产每方售价高达 6700 元的指榫接大拼板，产品投放市场一直供不应求。随后，又投资 300 多万元，增加刨花板设备，年产胶合板 4000 立方米。为了使工厂废弃的锯木、刨花及边角废料得到综合利用，农场又自筹资金 150 万元，上马模压生产线，生产各式各样餐桌、餐凳、茶几，产品投放市场后就迅速占据海南大半市场。接着农场又着手改造刨花板生产线，新增 1 台 6 层压机和 1 台机械铺装机，使刨花板年产量增至 5000 立方米。同时，走产品深加工和提高附加值的路子，新上 1 条家具生产线。由于原材料得到综合利用，生产成本随之降低，生产规模不断扩大，产品品种不断增加，企业效益倍增，产品有板方材、细木工板、指接板、胶合板、刨花板、模压板和家具等 7 个系列产品。其中，指接板荣获全国中小企业成果博览会优质奖。

西联农场在发展农场工业中，既坚持独立自主，又积极开展外引内联。1997 年，西联农场凭借着自己的经济实力，在海南农垦总局的支持下，成功地兼并了总资产为 4000 多万元的海南当时最大的家具厂——华利家具厂，开创了农业企业兼并工业企业的先例。兼并后，在没有注入一分钱资金的情况下，就能够使工厂正常运作起来，焕发出生机和活力。农场生产的胶球和家具开始打入国际市场；加工的天然浓缩乳胶以质量取胜多次获得国家农业博览会金奖，1999 年还被授予"全国首批农业名牌产品"称号。如来木业公司是台湾客商在西联农场的大力支持帮助下，利用橡胶木材等生产各式高档家具出口外销，年出口创汇 450 万美元以上。安联橡胶公司，是西联农场与全球第二大的橡胶企业安能公司合作投资 2000 万元兴建的年生产专用橡胶 1.2 万吨的企业。

1998 年至 2000 年，西联农场生产的防腐板荣获新科技成果专业技术、专利产品博览会金奖。全厂工业总值连年突破 4000 万元，3 年实现利税共 229 万元。西联木材厂被海南省工业厅评为"百强企业"。到 2000 年，场办工业通过自办改造、引进、联营、合资、合作等方式，形成了木材加工、碎石、家具、胶球、电力等 30 多个系列的非胶工业企业。这些企业个个盈利，逐年发展，每年上缴农场"三费一利一息"7000 多万元。加工业的发展已经成为支撑西联农场经济的"半壁江山"。

二、部分工业生产情况

（一）胶球生产

1985 年，西联农场与广州市橡胶三厂合资筹建西联农场胶球厂，引进广州市橡胶三厂"健身牌"胶球的生产技术。1986 年 3 月工厂投产，主要产品有各种练习用篮球、排球、足球，产品 80% 供外贸出口。至 1990 年，胶球厂累计投资 175.6 万元，生产能力 80 万个。主要设备有：2 吨锅炉 1 台，2 模球胆机 3 台，其他球胆机 10 台，绕线机 1 台，单机程控硫化机 20 台（其中 4 模 4 台）。1996 年，胶球厂生产体育用球 132 万个，工业产值 710 万元（不变价），盈利 66 万元，上缴税金 57 万元。全员劳动生产率 3.05 万元/人。2001 年由于市场经济环境变化，西联农场胶球厂停产（表 2-3-18）。

表 2-3-18　西联农场部分年份橡胶球生产情况

单位：万个

年　度	1986	1987	1988	1989	1990	1991
胶球产量	21	30	47	55	68	87
出口数量	—	19	40	46	68	87
年　度	1992	1993	1994	1995	1996	1997
胶球产量	102	127	120	140	132	139
出口数量	100	117	110	130	122	130
年　度	1998	1999	2000	2001		
胶球产量	127	113	138	107	—	—
出口数量	120	110	110	100	—	—

（二）木材生产

1988 年 4 月，西联农场利用银行贷款，建设西联木材厂，总投资 2412 万元万元，建成生产能力板方材 12000 立方米/年。1994 年 1 月，投资 647 万元，扩建胶合板 4000 立方米/年、刨花板 1000 立方米/年。至 1996 年，累计投资 3618 万元，主要生产产品有板方材、胶合板、刨花板、模压制品等。1996 年，生产板方材 15498 立方米个，工业产值 4000 万元（1990 年不变价），盈利 101 万元，上缴税金 47 万元。全员劳动生产率 10.3 万元/人。2008 年，由于海南农垦体制改革，将西联木材厂全部移交给海胶集团，更名为海南农垦宝联林产有限公司。

（三）电力生产

1976 年 1 月，西联农场最早建设洛南站投产，1978 年 10 红卫站建成投产。至 1998 年 4 月，西联农场分别建成曙光站、黎明站、东升站、红星站投产。6 座小水电分站的装机总容量为 2680 千瓦，累计投入 547.5 万元；至 1998 年，年均发电量为 500 万度左右，年产值约 200 万元（1990 年不变价），全员劳动生产率 3.22 万元/人。1999 年，场办电力统一移交给南方电网管理，发电量全部并入南方电网。

三、建筑业

1956 年，西联农场开始组建基建队，最初建筑业职工 220 人。到 1996 年，建筑业职工达 581 人，工程技术人员有 30 多人；经营方式从单纯内部事业性服务发展到企业性经营。场基建队承建工程从盖砖木结构的平房发展到承建混合结构的住宅楼、宾馆、厂房、仓库以及水电站、桥梁等工程；承建的单项工程规模也从 300 至 500 平方米的房屋发展到 1 万平方米左右的厂房仓库、文教卫生大楼和商业综合大厦。施工机械装备也有较大的充实。

1996 年，西联农场建筑业共有 2 个建筑公司，拥有各种机械设备 30 多台（套），专用汽车 2 辆，固定资产净值达 80 万元。当年房屋施工面积 27680 万平方米，总产值 2293 万元。

第三节　第三产业

第三产业即服务业，是指除第一产业、第二产业以外的其他行业。西联农场的第三产业，主要是商业（含饮食业和服务业）等。

一、场办商业的兴起和发展

20 世纪 50 年代前期，西联农场开办供销合作社（又称消费合作社），销售日常生活用品，为职工生活提供服务。后来地方商业部门或供销合作社也在农场设置商业网点。

20 世纪 60 年代中期起，由于国家商业管理体制方面的原因，农场设立的商业机构，逐渐由地方商业部门或供销合作社接管。1980 年后，西联农场陆续兴办商业，形成了辖区内农垦商业与地方商业并存的局面。1980 年，根据国务院批转的《关于尽快把国营农场办成农工商联合企业的座谈纪要》的精神，西联农场成立了商业贸易公司。商业贸易公司以经营为主，同时负责本农场商业的行政管理；生产物资供应和产品销售工作仍由物资供销部门负责。在 20 世纪 80 年代以前，西联农场的商业，有职工集体办的供销合作社、消费合作社和农场办的商店，由农场办公室或供销部门管理；生产、生活物资供应和产品销售由地方物资供销部门负责。

1985 年 1 月，广东省人民政府批准省商业厅的报告，从当年 1 月起，地方商业部门设置在垦区的商业网点，其经营业务和所有资产全部移交农垦系统统一经营和管理。此后，农场商业、服务业实行"全民、集体、个人一起上"的方针，个体商业蓬勃兴起，农场商业迅速发展。

二、商业网点

20 世纪 50 年代初期，西联农场由集体食堂开办职工消费合作社，销售副食品和小日用品，为职工生活提供服务。也有农场驻地附近的一些群众在场内开办杂货小店，地方商业部门也相继在农场设立商店或代销点。场办供销社和地方办商店，一般设在场部和作业区区部，少数职工多的生产队也设代销点。

1964 年，国务院财贸办公室、农林办公室印发《关于解决国营农场中有关财贸问题的会议纪要》的通知规定："农场原则上不自办商业。农场内的商业机构，由国营商业或供销合作社根据农场的需要，统一安排设置。农场现在自办的商业，可以由地方和垦区协商，由国营商业或供销合作社接收；个别农场暂时不愿交出的，经过地方和垦区研究同意后，由农场继续自办。"从此，西联农场自办的一些商业逐渐由地方商业部门或供销社接管。至20世纪70年代末，西联农场没有自办的商业机构。

1980年后，农场试办农工商联合企业，农场自办商业网点逐步恢复和发展。至1982年，西联农场共设立商业网点2个；1984年发展到45个，2年间增长22.5倍。以后逐年上升，到2000年发展到286个商业网点，每个生产队平均有2个以上商业网点。以人口计算，约每53人有1个商品供销点。

西联农场商业网点的分布，以场部为中心，向每个居民点辐射。大部分农场场部建成商业区和农贸市场，成为繁荣兴旺的小城镇。许多农场的农贸市场天天成集，在集市交易的有本场职工和当地群众，还有外来商贩，集市景象一片繁荣。农场的集市贸易对搞活商品流通，促进农场商品生产和商业发展，方便职工生活起着重大作用。

2000年底，西联商业（含饮食业和服务业）网点共有286个，当年营业额2780万元（其中社会商品零售额2150万元）；商业网点、从业人员和营业额分别比1982年增长143倍、18倍和12.43倍。同年，西联农场商业固定资产原值为820万元，其中全民所有制商业190万元，占23.17%；个体商业630万元，占76.83%。营业用房面积为23900平方米，其中全民所有制商业5900平方米，占24.69%；个体商业18000平方米，占75.32%。年末从业人数共1041人，其中全民所有制商业32人，占3.08%；个体商业1009人，占95.92%（表2-3-19）。

表 2-3-19　1982—2000 年西联农场商业网点情况

年　度	1982	1983	1984	1985	1986	1987	1988	1989	1990	1991
营业单位（个）	2	7	5	111	129	63	62	171	169	165
从业人数（人）	58	71	102	242	246	295	244	261	260	276
营业用房（万平方米）	1432	1054	833	3733	2541	2400	3613	4663	6574	7267
营业额（万元）	223.57	240.67	243.00	288.53	310.00	347.00	412.73	583.00	526.60	579.80

年　度	1992	1993	1994	1995	1996	1997	1998	1999	2000	
营业单位（个）	163	131	172	172	186	213	272	286	286	
从业人数（人）	241	278	278	286	310	400	768	752	1041	
营业用房（万平方米）	5739	5059	9650	9598	10748	11000	22400	26660	23900	
营业额（万元）	646.00	814.00	881.00	1250.00	1670.00	1708.00	2518.00	2760.00	2780.00	

第三编

管　理

中国农垦农场志丛

第一章　管理机构设置

第一节　机构设置沿革

一、建场初期（1951—1954 年）

1951 年 10 月，人民政府接收洛南地区官僚资本家的胶园，成立洛南站。

1952 年 12 月，洛南站与联昌胶园合并为农场称为"南联场"。由于农场处于创业初期，整体转业的解放军林业工程第一师官兵、行政派遣来的大中学校学生成为农场的主要力量。

二、"萌芽时期"（1955—1957 年）

1955 年"南联场"改名为"西联农场"。从 1955—1957 年，西联农场开始有胶、粮、油等产品产出。

三、三年困难时期（1958—1960 年）

1958 年 9 月，西联农场合并到儋县那大公社，改名为西联大队。

1959 年 6 月，西联农场同西泉农场合并，称为西联农场。

四、基本成型时期（1961—1968 年）

这一时期，党中央关于对国民经济实行"调整、巩固、充实、提高"的八字方针，西联农场推行"三级核算"的经营管理办法。

1965 年，海南农垦在西联农场推广经济核算制，西联农场企业管理水平提高到了一个较高的水平。

五、兵团时期（1969—1974 年）

1969 年 4 月，西联农场改名为"广州军区生产建设兵团第五师第四团"，各项内部管理制度和运行机制都实行了军事化。

六、企业管理完善时期（1974 年至今）

1974 年 9 月，广州军区撤销广州军区生产建设兵团。

1974 年 10 月，广州军区生产建设兵团第五师第四团恢复西联农场名称。

第二节　机构调整与改革

一、分场的合并调整

2009 年 3 月，西联农场与西流农场、新盈农场改革重组成新的西联农场，同时西流农场、新盈农场、西联农场分别设置成西联农场下属的西流社区、新盈社区、西联社区。2011 年 6 月，西流社区、新盈社区、西联社区名称变更为西流分场、新盈分场及西联社区办事处。2017 年 5 月，西联农场转企改制后，西流分场、新盈分场及西联社区办事处名称变更为西流片区、新盈片区及西联片区。

（一）西流片区

西流农场所在地原是海南革命老区之一。农场创建于 1951 年 1 月，其前身为木排苗圃，是海南岛解放后种植橡胶最早的国营单位之一。后木排苗圃改名为木排场，同时又创建了大域场，1954 年春两场合并为木排垦殖场；1955 年春，又将和庆垦殖场并入，仍名木排垦殖场，同年 8 月改名西流垦殖场，1957 年初改称西流农场。1959 年又划进并发展了和祥地区的土地，1966 年原和庆公社四行大队（含四行上村、四行下村、大域村、华侨村、马岭村），以场带队性质归场管理，1977 年 7 月正式并入西流农场，1981 年 7 月和庆镇的美胡村也并入西流农场。

西流农场的建场历史分为四个时期。

1. **建场初期**　1951 年 1 月 16 日，海南行政区党委根据党中央的指示精神，在木排山区这块革命老根据地上开辟出世界上最大的橡胶苗圃场，并开始垦荒种胶，这是海南岛解放后种植橡胶最早的国营单位之一；当时取名木排苗圃，后改为木排场，这便是西流农场的前身，由归侨张运用担任场长。当时育苗、种胶的工人主要是在国外当过橡胶工人的归国难侨，开始有 50 多名；主要劳力则是当地民工，他们除了完成开荒育苗挖苗的任务外，还进行开荒定植橡胶。当时的木排地区是个山区，到处是原始森林，林木灌木丛生，荆棘遍地；除当年游击队出入的羊肠小道外，别无道路可走，老百姓形容为"山猪也难钻进去"。苗圃场的干部、工人和民工，饮山溪水，睡大树下；斩荆棘，挖硬土。经过半年的苦战，在荒山野岭中开垦出 3100 多亩橡胶苗圃基地；从那大地区收购来橡胶种子，当年育出 1500 多万株橡胶苗。1952 年 3 月，海南、湛江、广西等地区创建的新农场都来到这个苗圃挖苗移植，几乎每天都有几十辆卡车来木排苗圃运苗。苗圃场的工人、民工一边育苗一边自己也开荒定植橡胶，至 1952 年底，完成橡胶开荒定植 22519 亩近 60 万株。为了扩大开荒面积，完成橡胶定植任务，1952 年 5 月又创建大域场。1952 年 7 月，为了加快橡胶事业的发展，中央又决定将海南军区的第 26 团、27 团、28 团与到达海南的广西宾阳军分区 152 师机关和直属分队合并，组成 8000 人的中国人民解放军林业工程部队第一师，参与海南农垦建设。林一师下辖三个团，分赴各地成立垦殖场，三团在加来建立临高垦殖所，并派出官兵在现第三作业区范围建立一〇五七场（场址在现场部）和一〇五八场（场址在红英队）。这时还从大陆动员来一批工人，并在本地吸收一批工人。1954 年 4 月，木排场和大域场合并为木排垦殖场，一〇五七场和一〇五八场合并为和庆垦殖场，接着木排、和庆两场于 1955 年初合并，名为木排垦殖场，同年 8 月改名西流垦殖场，场长是符气元，党委书记是林志高。从 1953 年起，开始"大转弯"时期。因为 1953 年前基本上在平地种胶，又没有先种防风林，种下的橡胶受风害影响长不起来。通过总结经验教训，决定向荒山进军，"依山靠林"发展橡胶。这一符合海南地理条件的植胶经验的推广，加快了橡胶事业的发展。与此同时，对已种下的橡胶加强管理巩固，防寒抗旱挖茅草。1955 年 1 月 12 日，西流垦殖场遇到百年不遇的低温，气温降至零下 2 度，胶苗受到严重的寒害。西流垦殖场全场总动员投入保胶苗工作，开始用人工给胶苗涂泥，每株涂泥 1 米高，目的是保持苗身水分不蒸发；但由于冻伤严重也没保住，后来只得从头锯掉让其重新抽芽；不巧又碰上天旱，大家又挑水浇苗。由于苗地面积大，山高坡陡路又远，挑水浇苗的工作非常艰苦，而且时间又长，长达四五个月。当时还有一项工作也非常艰苦，就是挖茅草。由于当时开荒定植是采取刀耕火种，砍山烧光后就挖穴种植橡胶，造成茅草大面积生长，甚至包围了橡胶苗，影响了胶苗的生长。为了把胶苗从茅草的包围中解救出来，全场上下又投入到挖茅草的战斗中去，进行大锄大翻，深锄细捡，将 3 万多亩的茅草挖光。

1955 年，西流垦殖场由原事业单位管理转为企业管理，经营管理进一步加强，初步建立了计划、成本、物资、劳动等管理制度，使垦殖场走上稳步发展的道路。至 1956 年，西流垦殖场已有橡胶面积 32200 亩。

2. 曲折前进的发展历程　1957 年 2 月，西流垦殖场改名西流农场，场长是冼书敬。当时农场的主要工作是大搞梯田化。全场职工干在林段，吃在林段，睡在林段，白天干，夜晚也干，职工们"月亮当太阳，下雨当冲凉"，表现出很高的工作热情。但后来，由于"大跃进"，造成胶林管理放松，林段大片荒芜，有些林段灌木长到四五米高。1958 年 10 月，为了跟上全国实现人民公社化的形势，西流农场与和庆公社合并为全民所有制的上游人民公社，6 个月后又各自恢复其体制。1959 年农场划进和祥地区的土地，农场抽调了大量劳力集中到和祥开荒定植橡胶，劳力较缺，加上 1959 年、1960 年连续遇上自然灾害，地方粮食大减产，无粮供应农场，大家饿着肚子干苦工，工效很低，林段灭荒工作一时难以完成。1960 年农场来了一大批退伍军人，加强了职工队伍的力量，才将林段灭荒任务完成。从 1960 年开始，为度过粮食缺少难关，全场各单位开始大开水田种水稻，大开荒坡种番薯，大挖林段间作木薯，以补充粮食不足，因此，1961 年以后日子逐步好转，职工每餐有二两米粥加一市斤煮熟的木薯或番薯。至 1961 年后期全国粮食开始丰收，农场职工粮食困难状况才逐步解决。

从 1959 年开始，西流农场开始有少部分胶树开割，这些胶树都是 1951 年至 1952 年定植，1955 年寒害未冻死的，株数很少又很分散，加上当时林段很荒芜，只能砍出一条小路进行割胶，胶工饿着壮子钻山路割胶，割完胶后全身湿得像雨淋一样，非常艰苦。就是在这样困难的情况下，至 1962 年，西流农场给国家提供了干胶 562 吨，上缴利润和税金共 224.7 万元。

从 1963 年开始，西流农场的经营管理进入新的时期。先是 1961 年全面贯彻中共中央关于对国民经济实行"调整、巩固、充实、提高"的八字方针，缩短基本建设战线，自力更生克服困难，1962 年初见成效，经济生活紧张状况缓解。1963 年，西流农场开始推行胶园"四化"（良种化、梯田化、覆盖化、林网化）建设，从此橡胶生产逐步提高到了一个新的水平。之后，海南农垦局根据国务院制定的经营管理五条和农垦部制定的经营管理十六条的精神制定"三定一奖"（定人员、定费用、定任务、超产奖）。西流农场贯彻执行"三定一奖"后，大大地调动了职工生产的积极性，加强了对橡胶林段的控萌管理，不让橡胶林段再次荒芜。为了提高干胶产量，农场加强了对开割胶树的施肥，发动全场职工义务献肥，此外还在林段挖水肥缸给胶树施水肥，从而使干胶产量逐年提高，到 1969 年农场年干胶产量已达到 1027 吨，第一次超千吨。在管好胶割好胶的基础上，还加快了橡胶的发展速度，1963 年至 1935 年，西流农场共开荒定植橡胶 3070 亩 70100 株，农场的芽接树都是从这时开始种的。

3. 1967—1976 年时期　从 1967 年 1 月开始，农场的正常生产秩序被打乱，对农场各项工作造成不利影响。1969 年 4 月，海南农垦并入广州军区生产建设兵团，西流农场编为第五师第五团。这一时期，职工的政治思想教育和组织纪律得到进一步加强。1968 年下半年来场的一批广州、汕头知青和化州政治学徒，有许多人成为农场的骨干，加强了职工队伍的力量，职工的思想素质和文化素质都有了较大的提高。1972 年 7 月，农场中学有了首届高中毕业生，标志农场普通教育进入新的时期。但在橡胶生产上，由于犯急于求成的错误，造成不必要的损失浪费：一是在种胶上只讲速度不讲质量，造成许多胶树补植换植；二是割胶方面，由于 1969—1971 年违背橡胶生产的自然规律，违反技术规程实行加刀强割，使 1972—1974 年产量下降，造成不必要损失，付出一定的代价。1974 年 8 月恢复农垦体制后，从 1975—1977 年对橡胶生产进行调整，花一定力气解决前几年橡胶发展遗留下来的问题，核实面积，加强管理，取得初步成效。但由于"学大寨"造梯田等政治运动，因而这 3 年橡胶发展步伐比较缓慢。

这一时期，兵团五师五团（即原西流农场）曾于 1974 年 4 月接管五师七团（加来农场）美积、沧浪一带的土地（即西流农场原 21 连、23 连的土地），而将和祥地区的土地移交给了五师十三团（和岭农场）。1975 年 12 月西流将美积、沧浪的土地归还加来农场，1977 年 4 月，和岭农场也将和祥的土地归还了西流农场。

4. 改革开放的发展变化　1978 年党的十一届三中全会制定了我国实行改革开放的政策。西流农场在海南农垦局的直接领导下，积极进行管理体制的改革，努力探索搞活企业经营的路子，加强了两个文明建设，积极调整产业结构，农场生产不断发展；企业的自主权扩大，企业的内在活力和经济实力明显增强。1978 年开始改革开放以来，西流农场出现了如下可喜变化：

一是主业橡胶生产得到进一步发展。1978 年至 1985 年，在实生树多、死皮多，干胶产量低的情况下，干胶生产年年超额完成生产计划；1982 年西流农场干胶产量达到 2002 吨，第一次实现"双千吨"目标。1978—1985 年，7 年生产干胶 10312.6 吨，上缴利润、折旧、税金共 2664.5 万元。据 1982 年统计，国家对西流农场累计投资 2007 万元，累计积累 7858 万元，两相抵销后净积累 5851 万元，投资回收率达 392%；在海南农垦局所属各场中，投资回收率仅次于西庆场而居第二位。从 1985 年起，西流农场开始对低产实生老胶树进行大面积更新，平均每年以 2000 亩至 3000 亩的速度倒树，在胶树不断减少，干胶产量逐年下降的情况下，照样年年超额完成干胶生产计划。与此同时，抓好橡胶定植，建设好第二代胶园，至 1994 年止，全场已种第二代橡胶 13269 亩共 48 万株。

二是产业结构改革取得初步成就，农场从过去的单一种植橡胶开始转为发展多种经营。从1986年起在更新的林段实行立体农业种植，在橡胶行间种胡椒、咖啡、甘蔗等中短期作物，至1987年底已种咖啡、胡椒1276亩。1992年开始种植澳洲坚果、荔枝、龙眼、杧果等水果，至1994年底水果种植面积已发展937亩，同时还种有甜笋、甘蔗等一批热带经济作物。场办工业的发展也十分迅速，20世纪80年代以来，农场在原有标准胶厂、修配厂、粮油加工厂、胶杯厂的基础上，先后办起了塑料编织袋厂、彩色玻璃马赛克厂、木材厂、红砖厂等二厂，1992年全场工业产值达2365万元，首次实现工农业产值平分秋色的目标。商贸、运输等第三产业也取得可喜成绩。

三是职工收入逐年提高，生活得到极大改善。从1978年开始，农场家庭可以发展养猪，种自留地，从此揭开了职工工余时间劳动致富的新篇章，职工除工资外有了副业收入，极大地改善了职工的生活。1978年全场职工工资总额为350.5万元，职工年人均工资558.50元，1994年职工工资总额为1360万元，职工年人均工资1970元；若按1995年6月开始实发的套改工资计算，则职工年人均工资已达2410元，分别比1978年提高了253％和332％；若加上奖金和职工自营经济收入等则更高。职工人均存款2150元，职工人均住房面积增加了3.5倍。全场33个生产队全部通电照明，部分生产队安装了自来水。

四是文化教育卫生事业蓬勃发展。现有1所中学，1所中心小学，6所完全小学。场中学先后建起了3幢教学大楼、1幢实验楼、3幢教师宿舍楼、2幢学生宿舍楼；1993年，场中学办成海南省农垦高级职业中学，设财会、市场营销、机电等专业，师资力量较雄厚，教学设备也较完善。同年，建成1座拥有400米环形跑道的标准田径运动场，并于1994年4月成功举办海南农垦第三届中学生田径运动会。1995年2月，场职业中学被海南农垦总局定为职业技术教育示范校。场职工医院1980年建成石条结构的抗震大楼一座，分门诊和病房两部分，设有病床80张，医疗设备和医疗水平都在不断提高，绝大多数患者可在场医院治愈。多年来，场医院比较重视抓好卫生防疫工作，使"预防为主"的方针得到进一步落实，有效地控制了各种病情的发生。

五是社会治安综合治理工作取得显著成绩。农场地处儋州、临高、澄迈三县（市）交界处，毗邻6个乡（镇），19个管区109个自然村，八十年代之初，附近农村一些不法分子到农场滋事骚扰，偷胶毁林现象较严重，治安形势较严峻，为了严厉打击各种违法犯罪活动，农场狠抓社会治安综合治理，落实"谁主管，谁负责"的原则，坚持打、防、管、建相结合，开展专项斗争。搞好场乡联防，建立各种治安防范网络，搞好护林保胶，确保干胶生产正常秩序，有效地止住了偷胶毁林歪风，案件发案率逐年下降，为职工安居乐业创造了良好的社会环境。由于工作成绩显著，农场综治委、派出所多次被海南农垦总局和儋州市政府评为社会治安先进单位，保胶护林先进单位，1992 年和 1993 年连续两年被海南省授予省"社会治安综合治理"先进单位，1993 年场派出所的干警经省公安厅批准荣立集体三等功。

在建设好生产队居民点、精神文明点的同时，场部居民点的环境也大为改观。场机关建起 2 幢办公大楼，建成 1 幢三层的招待所，铺设 1 公里长的水泥路，安装了有线电视，建成 1 项饮水工程，场部正在向现代化小城镇的方向发展。

2005 年 4 月，成立海胶西流分公司，与西流农场同步运营，一套班子、两班人马。

2008 年 10 月，海胶西流分公司正式从西流农场剥离。

2009 年 3 月，西流农场与西联农场、新盈农场改革重组成新的西联农场，西流农场成为西联农场下属的西流社区。

2012 年 2 月，西流社区改为西流分场。

2017 年 5 月至 2020 年，农场公司化改革以后，西流分场改为西流片区。

（二）新盈片区

海南国营新盈农场始建于 1957 年 5 月 1 日。1952—1956 年 4 月 30 日期间为加来垦殖第六场，后改为西泉农场第五作业区，位于儋州抱舍地区。因驻地临近临高县新盈港，故称新盈农场。1969 年改称广州军区生产建设兵团第五师第六团。1974 年 10 月恢复农垦建制农垦，复称新盈农场。2008 年 10 月，由于农垦推行体制改革，原新盈农场分离形成新盈农场和海胶新盈分公司两个单位。2009 年 3 月海南农垦推行农垦管理体制改革，新盈农场、西流农场、西联农场重组为西联农场，改称"海南农垦西联农场新盈分场"，2017年底改称"海南农垦西联农场有限公司新盈片区"。"海胶新盈分公司"与"海胶西联分公司"合并，改称"海胶西联公司新盈片区"。

2009—2017 年 3 月期间，原国营新盈农场分离出三个职能单位，即：海南农垦西联农场有限公司新盈片区、海胶西联分公司新盈办事处、光村镇新盈居（新盈居于 2017 年 3 月 23 日设立，农场的社会管理和公共服务职能正式剥离，移交新盈居管理和承接）。

新盈农场现辖区土地总面积 124563.30 亩，土地利用面积 98223 亩。已确权土面积121053.30 亩，未确权土地面积 3510 亩。农场的土地最早于 1965 年广东省人民政府审查划拨；1972 年经海南行政区划拨加入乾彩、东光、抱舍等地区部分土地；1977 年、1978年与 1987 年先后三批扩编苏村大队、美文大队、抱舍大队 16 个农村转制队、并场队，土地利用面积增加 1.9 万亩，至此，新盈农场土地面积基本定型。

至 2017 年，新盈农场有 6 个作业区共 42 个生产队（其中包括 15 个农村转制队和一个并场队），有制胶厂、修配厂、粮油加工厂、砖厂、机运队、机耕队、工程队、打石队、农科队、医院各一所（个），中小学 10 所。户籍人口 16415 人，常住人口 15019 人，总户数 5174 户。

1952—1956 年的职工 494 人，到 1957 年建场时有职工 1264 人，1958 年第一批 172 名转业军人安置到农场；1960 年第二批 346 名转业军人又编入农场序列；1968 年以后，有 1342 名知识青年下乡到新盈农场；1977—1987 年扩编 16 个农村队，劳力增加 2000 人；1978 年又安置越南难民和归桥 226 人，随后又先后招收多批省内外社会青年加入农场职工队伍；农场二代三代职工子女又先后加入职工队伍，农场在职职工人数最多时达到 5819 人。

二、成立儋州西联投资有限公司

2010 年 1 月，根据国务院《关于同意推进海南农垦管理体制改革意见的批复》（国函〔2008〕59 号）和中共海南省委、海南省人民政府《关于海南农垦管理体制改革的实施意见》（琼发〔2008〕14 号）的总体要求，为发挥自身资源优势，推动企业实现产业化经营，海南农垦按照现代企业制度的要求，将下属国营农场通过改制组建成投资公司，并于 2009 年底在西联农场等 8 家农场进行试点。2010 年 1 月 25 日，儋州西联投资有限公司成立。西联投资公司为投资控股公司，其股权比例为：农垦总公司占 51％，农场占 49％。成立农场投资公司的目的是为充分发挥农场的土地资源优势，通过项目带土地的方式控制资源，筹集发展资金，实现农场有序发展。2010 年 9 月，根据省委办公厅和省政府办公厅联合印发的《关于深化海南农垦管理体制改革的实施方案》（琼办发〔2010〕36 号）文件精神，在全垦区 50 个农场投资公司中，地处岛内东南部地区的 24 家划归农垦总公司管理；儋州西联投资有限公司等 26 家投资公司不再进行社企分离，继续归农垦总局管理，后属于海南农垦西联农场有限公司全资子公司。

三、成立儋州西联万美物业管理有限公司

2018 年 3 月 16 日　原海南省西联农场物业站公司注册成立为儋州西联万美物业管理有限公司。公司经营范围：物业管理；自来水供应；有线电视传输服务；互联网信息服务；建筑安装、装饰业；市政公共设施管理；城市绿化管理。公司注册资本：人民币 100 万元；属于海南农垦西联农场有限公司全资子公司。

四、成立儋州新珠置业有限公司

儋州新珠置业有限公司 2019 年 10 月注册成立，公司为有限责任公司。实行独立核算、自主经营、自负盈亏。公司以其全部财产对公司的债务承担责任。股东以其认缴的出资额为限对公司承担责任。经营范围为：建筑开发经营；物业服务、场地租赁；环保项目投资；旅游项目投资；基础设施项目投资；工程施工；办公耗材及设备、建筑材料、建筑机械设备、五金交电的购销。本公司注册资本 100 万元；属于海南农垦西联农场有限公司全资子公司。

五、成立儋州联珠置业有限公司

儋州联珠置业有限公司 2020 年 12 月注册成立，公司为有限责任公司。实行独立核算、自主经营、自负盈亏。公司以其全部财产对公司的债务承担责任。股东以其认缴的出资额为限对公司承担责任。经营范围为：房地产开发经营（依法须经批准的项目，经相关部门批准后方可开展经营活动）；一般项目：承接总公司工程建设业务；对外承包工程；金属门窗工程施工；家用电器安装服务；家具安装和维修服务；物业管理；土地使用权租赁；房地产评估；住房租赁；柜台、摊位出租。本公司注册资本 100 万元；属于海南农垦西联农场有限公司全资子公司。

第三节　场办社会职能改革

1988 年海南建省后，由于海南农垦自身改革发展滞后等原因，社企矛盾在海南农垦日益突出。职工住房、饮水安全、道路建设等民生欠账较多；中小学教职员工人均月工资与离退休教师、退休职工对比地方同类人员低很多。剥离社会职能、实行社企分离，减轻农场的社会负担，让企业轻装上阵，是中央对海南农垦体制改革的目标要求之一。

一、实施"三项改革"

2003 年 10 月，海南农垦实施"三项改革"：《海南省农垦国有开割胶园长期承包经营办法（试行）》《关于推进农场内部政企分开的决定》《关于深化农场二级企业改革的决定》。

在实施《关于全面推进农场内部政企分开的决定》的改革中，要求各国营农场建立社区管理委员会（简称社区管委会），把学校、医院、幼儿园、派出所、社会保障分局、计划生育等社会服务机构从企业中分离出来，交给社区管理，企业与社区实行机构、人员、职能、资产、费用、核算"六分开"，社区管委会模拟政府运作。基本框架是"一个党委两个实体"，即：在农场党委的领导下，把农场的行政和社会管理职能及机构剥离出来，成立社区管委会，把生产经营管理职能留给农场。该文件还就社区管委会名称、机构设置、人员编制、主要职责，都做出明确规定，先后在西联农场等8个国营农场进行先行试点。由于橡胶产权制度量化到职工家庭的问题未解决，加上政企分开内外条件不够成熟，旧的矛盾和问题未能解决又产生许多新的矛盾和问题。试点运行到2004年3月即停止运转，重新恢复国营农场原先的管理体制。

二、明确改革目标和总体要求

2008年6月18日，国务院常务会议审议并原则通过《关于推进海南农垦管理体制改革的意见》，明确海南农垦管理体制改革的目标是，按照"政企分开、社企分离、建立现代企业制度"的总体要求，通过体制改革、机制创新，实现海南农垦"体制融入地方、管理融入社会、经济融入市场"，促进农垦和海南经济社会又好又快发展。

这是中央的一项重大决策，也是海南农垦在改革开放30周年、建省办经济特区20周年新的历史起点上肩负的一项新的重大使命。西联农场社会职能平稳有序移交，先后在职工失业、工伤、生育、养老、医疗保险完全实现省级统筹，中小学校、民政职能、气象站实现整体移交地方管理。农场内部政企分开，海胶西联分公司与农场实现主辅分离。

三、推进社会职能管理工作取得进展

2015年，根据省委、省政府《关于推进新一轮海南农垦改革发展的实施意见》（琼发〔2015〕12号）和《海南省人民政府办公厅关于海南垦区农场社会管理属地化改革的指导意见》精神及省深化农垦管理体制改革领导小组工作部署，西联农场公司积极主动与儋州市对接联系，推进社会职能管理工作取得进展。

四、建立社区管理新模式

2016年，根据省农垦投资控股集团《关于农场办社会职能实行内部分开的指导意见》

（琼垦企发〔2016〕196 号）文件精神，按照协调、精简、高效、便民的管理原则，优化设置机构及配置人员，建立以农场社区管理组织机构为管理主体、社区内各个组织和居民互动的管理新模式。

按照社企事务分设管理的原则，实行农场的社会管理职能与生产经营职能内部分开。按照预算管理的原则，将社区管理机构人员及工作经费纳入预算，设立专账管理。

（一）机构设置

在机构设置方面：

一是建立农场社会管理服务体系。西联农场按照海垦控股集团《关于进一步完善农场社区管理的实施意见的通知》文件要求，以农场、分场现有管理部门为基础，规划设计社会管理部门为农场社会管理服务中心及其办事处。以生产队、分场部、场部行政区域居民区为基础，规划设置居民服务小组。农场社区管理组织架构实行"社区管理服务中心——居民服务小组"两级管理。

二是按照职能相近、专业性相统一、一人多岗、一岗多能的原则，将农场原有的社区管理职能机构进行整合。西联农场设立 5 个服务中心职能办事机构（1 个办公室和 4 个管理服务组）。按照琼垦局字〔2008〕56 号文，一类农场核定服务中心专职人员 43 人。

三是西流和新盈分场管辖区域较大、距离场部较远，为方便居民和有效管理，将分场原有的社区管理职能机构进行整合，设立服务中心办事处（以下简称办事处），作为服务中心的派出机构。办事处主任、副主任由分场领导兼任，每个办事处配备专职人员 20 人。办事处的主要职责是受服务中心委托履行社会管理职责，负责受理居民诉求和代办有关事项，处理应急事务。

四是服务小组原则上根据生产队、分场部、场部行政区域以及人口分布情况，以现状生产队和分场部、场部居民区为基础，适度集中，分别设立 101 个服务小组（其中西联41 个、西流 26 个、新盈 34 个）。服务小组设组长 1 人。对符合条件组建党支部的服务小组，设立党支部，提倡党支部书记与服务小组长"一肩挑"。对暂不符合条件组建党支部的服务小组，其小组党员就近纳入邻近社区党支部管理。

五是服务中心设立党总支部，隶属农场党委领导，主要管辖服务中心机关、场部老干部和西联片区服务小组等党支部。办事处和辖区内老干部和服务小组等党支部，隶属分场党总支部领导。离退休职工党员和非职工党员纳入社区管理机构党支部管理。

（二）人员安排

在人员安排及待遇方面：

一是农场社区管理服务中心及其办事处所需专职人员，原则上从本场场部和分场部从事社会管理和公共服务的管理人员中调剂安排。服务小组组长由现基层或机关管理人员兼任。确有需要的也可以从现工勤人员中选用，从工勤岗位选用的人员身份不变，不得以改革之名新招聘人员。

二是服务中心及其办事处专兼职工作人员的待遇，按农场管理人员现行待遇标准执行。服务小组组长的待遇，按原身份待遇执行。

五、设立西联居、西流居、新盈居

2017年，按照《儋州市国有农场社会管理职能属地化改革实施方案》要求，农场设立3个居，即那大镇西联居、和庆镇西流居、光村镇新盈居。

3月23日上午，西联居、西流居、新盈居同时挂牌成立。每个居的组织架构由党组织、自治组织和居民服务中心三部分组成。一是设立居党组织。居党组织为党总支部委员会，按《中国共产党章程》及其他有关规定建立，隶属于所在镇党委，并向其负责。居党总支委员会设成员5名，其中书记1名，副书记1名，委员3名。二是设立居自治组织。居民委员会设成员5名，其中主任1名，副主任1名，委员3名。三是设立居民服务中心。西联农场设3个居民服务中心，聘用工作人员63名，其中：西联居聘用工作人员22名；新盈居聘用工作人员22名；西流居聘用工作人员19名。居民服务中心内设办公室组、社会管理事务组、社会服务组、农技服务组和市政管理组等5个组。根据农场、分场的居民点情况，西联设立133个居民小组。其中：西联居设立55个居民小组，西流居设立36个居民小组，新盈居设立42个居民小组。

六、制定海南农垦西联农场有限公司组建方案和公司章程

2017年，根据省委、省政府《关于推进新一轮海南农垦改革发展的实施意见》（琼发〔2015〕12号）按照《中华人民共和国公司法》和有关法律法规，结合实际情况，分别制定了《海南农垦西联农场有限公司组建方案》《海南农垦西联农场有限公司章程》。

3月19日，西联农场召开了职工代表大会，通过了《海南农垦西联农场有限公司组建方案》《海南农垦西联农场有限公司章程》。3月23日，经海垦控股集团董事会讨论审议同意并批复了《海南农垦西联农场有限公司组建方案》《海南农垦西联农场有限公司章程》。3月29日，海垦控股集团组织部到农场召开了西联农场公司领导任职宣布会议，会上宣读了党委书记兼董事长、董事、监事及党委委员任职人选。4月1日，西联农场公司

召开董事会，选举何传经为公司董事长（法定代表人）兼总经理。5月8日，西联农场公司挂牌成立。

第四节 各分场和下设单位设置

1978年，西联农场设分场7个，割胶生产队54个，机耕队5个，养猪场6个，中小学10所（其中2所办高中），汽车队、修配厂、工程队、胶杯厂、橡胶加工厂、粮油加工厂、服务行业各1，医院1所。

1979年，有分场7个，割胶生产队54个，机耕队5个，养猪场5个，中小学10所（其中2个办高中），汽车队、修配厂、工程队、胶杯厂、橡胶加工厂、粮油加工厂、医院、服务行业各1。

1980年，有分场7个，生产队60个，其中橡胶生产队43个（内割胶生产队40个），机耕队5个，农业队5个，畜牧队5个，果木队1个，中小学10所（其中2所办高中），汽车队、修配厂、工程队、胶杯厂、橡胶加工厂、粮油加工厂、医院、服务行业各1。

1981年，有分场7个，生产队60个，其中橡胶生产队43个（内割胶生产队40个），机耕队5个，农牧队5个，果木队1个，中小学10所（其中2所办高中），汽车队、修配厂、胶杯厂、基建队、橡胶加工厂、粮油加工厂、医院、服务行业各1。

1982年，设分场7个，生产队63个，其中橡胶生产队43个，机耕队5个，养猪场5个（全已承包给个人），中小学10所（其中1所办高中），还有场直属、汽车队、修配厂、基建队、橡胶加工厂、粮油加工厂、医院、服务社、食品厂、皮革厂各1。

1983年，设分场7个，生产队63个，其中割胶队42个、水稻队6个、畜牧队6个、水果队1个、机耕队5个、基建队2个、汽车队1个、场办工业6个、医院1个、中学2所、小学10所。

1984年，有7个分场；生产队58个，其中橡胶队44个，水稻队6个，畜牧队3个，机耕队5个；场直单位22个，其中场办工厂7个，基建队1个，汽车队1个，中学2所，小学10所，医院1所。

1985年，有分场7个，生产队52个（其中橡胶队44个，畜牧队2个，水稻队6个），场办工厂9个，中学2所，小学10所，医院1所，基建队1个，汽车队1个。

1986年，有分场7个，生产队54个，工厂9个，中学2所，小学10所，医院1所，汽车队1个，基建队1个。

1987年，设分场7个，基层单位84个（橡胶队45个，水稻队6个，基建队2个，汽车队 1 个，机耕队 5 个，场办工厂 9 个，医院 1 所，中学 1 所，小学 10 所，橡胶加工厂 1 个，其他 3 个）。

1988 年，设分场 7 个；割胶队 45 个，水稻队 6 个，其他队 1 个，基建队 2 个，汽车队 1 个，机耕队 3 个，商贸公司 1 个，场办工业 9 个，橡胶加工厂 1 个，医院 1 所，中学 2 所，小学 10 所。

1989 年，设分场 7 个；生产队 51 个，其中割胶队 46 个，水稻队 5 个；基建队 2 个，汽车队 1 个，机耕队 3 个，橡胶加工厂 1 个，医院 1 所，中学 2 所，小学 10 所，工业企业 10 个。

1990 年，设分场 7 个，生产队 53 个，基建队 2 个，汽车队 1 个，机耕队 3 个，专业公司 2 个，工厂 11 个，医院 1 所，中学 2 所，小学 10 所。

1991 年，有 7 个分场；生产队 52 个（橡胶队 47 个、水稻队 4 个、其他队 1 个），基建队 2 个，机耕队 3 个，汽车队 1 个，公司 2 个（其中 1 个商贸公司），场办工厂 10 个（皮球厂、木材厂、服装厂、皮革厂、食品厂、综合厂、电站、砖厂、塑料厂、修配厂），医院 1 所（床位 110 张），中学 1 所，小学 10 所，橡胶加工厂 1 个。

1992—1994 年，有 7 个分场，53 个生产队，2 个基建队，3 个机耕队，1 个商贸公司，1 个农业开发公司，9 家场办工厂（即橡胶加工厂、木材厂、胶球厂、电站、皮革服装厂、修配厂、粮油厂、食品厂、预制厂），1 个防疫站，1 所医院（有床位 110 张），1 所中学，10 所小学。

1995 年，有 7 个分场，52 个生产队，2 个基建队，7 个场办工厂（即橡胶加工厂、木材厂、胶球厂、皮革服装厂、修配厂、粮油厂、饮料厂），4 家外资联营厂（南珠木业公司、安联橡胶公司、建铭公司、扎钢厂），1 座电站，1 个防疫站，1 所医院，1 所中学，10 所小学。

1996 年，有 7 个分场，52 个生产队，2 个基建队，7 个场办工厂（即橡胶加工厂、木材厂、胶球厂、皮革服装厂、修配厂、粮油厂、饮料厂），5 家二级公司，1 家医院，1 所中学，10 所小学。

1997 年，设有 7 个分场，52 个生产队，7 个场办工厂，4 家二级公司，1 家医院，1 所中学，10 所小学。

1998 年，设有 7 个分场，52 个生产队，7 个场办工厂，4 家二级公司，1 家医院，1 所中学，10 所小学。

1999 年，全场设有 7 个分场，52 个生产队，7 家工厂，3 家二级公司，1 家医院，1 所中学，8 所小学。

2000 年，设有 7 个分场，52 个生产队，7 家工厂，3 家二级公司，1 家医院，1 所中学，8 所小学。

2003 年，设有 7 个分场，49 个生产队，5 家工厂，4 家二级公司，1 家医院，1 所中学，7 所小学。

2004 年，设有 7 个分场，49 个生产队，2 家工厂，2 家公司，1 家医院，1 所中学，7 所小学。

2005 年，有 7 个作业区，49 个生产队，2 家工厂，2 家公司，1 家医院，1 所中学，7 所小学。

2006 年，有 7 个作业区，49 个生产队，2 家工厂，2 家外企公司，1 所医院，7 所小学和 1 所初级中学。

2007 年，有 8 个作业区，48 个生产队，2 家工厂，2 家外企公司，1 所医院，7 所小学和 1 所初级中学。

2009 年，有 9 个直属单位，2 个社区（西流、新盈社区）。

2010 年，设有电站、医院、幼儿园、招待所、物业管理中心、海晶昊苗公司等直属单位，2 个社区（西流、新盈社区）。

2011 年，设有电站、医院、防疫站、幼儿园、招待所、物业管理中心、海晶果苗公司等直属单位，2 个分场（西流、新盈分场）。

2012 年，设有电站、医院、防疫站、幼儿园、招待所、物业管理中心、海晶果苗公司等直属单位，2 个分场（西流、新盈分场），1 个社区办事处。

2013 年，设有电站、医院、防疫站、幼儿园、招待所、物业管理中心、海晶果苗公司等直属单位，2 个分场（西流、新盈分场），1 个社区办事处。

2014 年，设有电站、医院、防疫站、幼儿园、招待所、物业管理站等直属单位，2 个分场（西流、新盈分场），1 个社区办事处。

2015 年，设有电站、医院、防疫站、幼儿园、招待所、物业管理站等直属单位，2 个分场（西流、新盈分场），1 个社区办事处。

2016 年，设有电站、招待所、物业管理站等直属单位，2 个分场（西流、新盈分场），1 个社区办事处。

2017 年，按照《公司法》和有关法律法规制订公司章程，规范公司治理。设有党委会、董事会、经理层、监事，下属 2 家二级企业（物业管理站及儋州西联投资有限公司），3 个片区（西联、西流、新盈 3 个片区），7 个职能部门。

2018 年，按照《公司法》和有关法律法规制订公司章程，规范公司治理。设有党委会、董事会、经理层、监事，下属 2 家二级企业（儋州西联万美物业服务公司及儋州西联投资有限公司），3 个片区（西联、西流、新盈 3 个片区），7 个职能部门。

2019 年至 2020 年，西联农场按照《公司法》，规范公司治理。设有党委会、董事会、经理层、监事，下属 4 家二级企业（儋州西联万美物业服务公司、儋州西联投资有限公司、儋州新珠置业有限公司、儋州联珠置业有限公司），3 个片区（西联、西流、新盈 3 个片区），7 个职能部门。

第五节　机关科室设置

1978 年，设立场党委办公室、组织科、宣传科。行政科室：办公室、生产科、农牧科、劳工科、财务科、工建科、机运科、供销科、经营管理办公室、保卫科、法庭、团委、工会、武装部、教育科。

1979 年，设立场党委办公室、组织科、宣传科。行政科室：办公室、生产科、农牧科、劳工科、财务科、工建科、机运科、供销科、经营管理办公室、保卫科、法庭、团委、工会、武装部、教育科。

1980 年，设立场党委办公室、组织科、纪委办、宣传科、法庭。行政科室：办公室、生产科、经营管理办公室、财务科、劳工科、保卫科、教育科、武装部、供销科、机运科、工建科。

1981 年，设场长办公室、书记办公室，组织科、纪律检查委员会办公室、宣传科、团委、法庭；行政和经营单位：办公室、生产科、经营管理办公室、工会、供销公司、机运公司、基建公司、服务公司。

1982 年，设立纪律检查委员会、组织科、宣传科、团委、派出所、法庭、武装部、工会。行政单位：行政办公室、经营管理办公室、生产办、财务科、供销科、场社办公室、劳工科、教育科、计划生育办公室、基建办公室、服务办公室、机运科。

1983 年，设立党委办公室、纪律检查委员会、组织科、宣传科、团委、工会、武装部、派出所、法庭。行政和经营单位：行政办公室、经营管理办公室、生产科、财务科、劳工科、教育科、职工教育办公室、场社办公室、计划生育办公室、供销公司、机运公司、建筑公司、服务公司。

1984 年，设立党委办公室、纪律检查委员会、组织科、宣传科、办公室、侨务办公室、武装部、派出所、法庭。行政和经营单位：经营管理办公室、生产科、财务科、劳工科、教育科、计划生育办公室、工会、供销公司、机运公司、建筑公司、服务公司、联营公司。

1985年，设立党委办公室、场长办公室、纪律检查委员会、组织科、团委、宣传科、工会、武装部、派出所、法庭。行政单位：行政办公室、生产技术科、经营管理办公室、劳动工资科、财务科、教育科、侨务办公室、计划生育办公室、场社办公室。

1986年，设立党委办公室、纪律检查委员会、组织科、宣传科、团委、侨务办公室、工会、武装部、派出所、法庭。行政单位：行政办公室、生产科、财务科、经营管理科、劳工科、教育科、计划生育卫生科、工业机运科、供销科、基建科、服务科。

1987年，设立党委办公室、纪律检查委员会、工会、组织科、宣传科、团委、公安派出所、武装部、法庭。行政和经营单位：行政办公室、经营管理办公室、生产技术科、劳动工资科、财务科、教育科、计划生育办公室、场乡办公室、侨务办公室、机运科、工建科、供销科、服务科、商贸公司。

1988年，设立党委办公室、纪律检查委员会、工会、组织科、宣传科、团委、场长办公室、管理科、生产技术科、劳动工资科、审计科、财务科、国土科、教育科、计划生育办公室、服务科、供销科、机运科、基建科、武装部、派出所。

1989年，设立党委办公室、行政办公室、场长办公室、纪律检查委员会、组织科、宣传科、工会、团委。行政和经营单位：生产技术科、劳动工资科、财务科、审计监察科、国土科、教育科、计划生育办公室、联营办公室、武装部、派出所、服务公司、供销公司、机运公司、基建公司、商贸公司。

1990年，设立党委办公室、行政办公室、场长办公室、纪律检查委员会、组织科、宣传科、团委、工会。行政和经营单位：生产技术科、劳动工资科、财务科、审计监察科、国土科、计划生育办公室、教育科、联营办公室、武装部、派出所、服务科、供销科、基建科、商贸公司。

1991年，设立纪律检查委员会、组织科、宣传科、团委。行政和经营单位：办公室、热林科、农牧科、财务科、劳工科、代销科、服务科、审计监察科、工业机运科、基建科、国土科、计划生育科、教育科、武装部、派出所、法庭。

1992年，设立纪律检查委员会、组织科、宣传科、团委。行政和经营单位：办公室、热林科、农牧科、财务科、劳工科、代销科、服务科、审计监察科、工业机运科、基建科、国土科、计划生育科、教育科、武装部、派出所、法庭。

1993年，行政和经营单位：党委办公室、行政办公室、财务科、计划生育办公室、劳工科、经管科、生产科、教育科、纪检审计办公室、土方公司、基建公司、商贸公司、供销公司、医院、中学。

1994 年，行政和经营单位：党委办公室、行政办公室、财务科、计划生育办公室、劳工科、经管科、生产科、教育科、纪检审计办公室、土方公司、基建公司、商贸公司、供销公司、医院、中学。

1995 年，行政和经营单位：党委办公室、行政办公室、财务科、计划生育办公室、劳工科、经管科、生产科、教育科、纪检审计办公室、法庭、派出所、土方公司、基建公司、商贸公司、供销公司、医院、中学。

1996 年，行政和经营单位：党委办公室、行政办办公室、财务科、计划生育办公室、劳工科、经管科、生产科、工业科、教育科、纪检审计办公室、法庭、派出所、土方公司、基建公司、商贸公司、供销公司、医院、中学。

1997 年，行政和经营单位：党委办公室、行政办公室、财务科、计划生育办公室、劳工科、经管科、生产科、工业科、教育科、纪检审计办办公室、法庭、派出所、土方公司、基建公司、供销公司、医院、中学。

1998 年，行政和经营单位：党委办公室、行政办公室、财务科、计划生育办公室、劳工科、经管科、生产科、教育科、纪检审计办公室、法庭、派出所、土方公司、基建公司、供销公司、医院、中学。

1999 年，行政和经营单位：党委办公室、纪检审计办公室、行政办公室、财务科、生产科、经营管理办公室、劳工科、教育科、工会、计划生育办公室、房改办公室、国土科、派出所、武装部和工建公司、供销公司、农业开发公司。

2000 年，行政和经营单位：党委办公室、纪检审计办公室、行政办公室、财务科、生产科、经营管理办公室、劳工科、教育科、工会、计划生育办公室、房改办公室、国土科、派出所、武装部和工建公司、供销公司、农业开发公司。

2001 年，设立海南农垦西联农场有限责任公司董事会，下设董事会办公室、财经审议委员会。海南农垦西联农场有限责任公司监事会，下设监事会办公室、审计部。

公司执行机构：设立总经理、副总经理、经理办公室、财务科（下设会计决算中心）、人事劳动部、企业管理部、技术开发部、橡胶产业部，经营监管区 7 个；生产基地 52 个。职工持股会理事会（与工会合署办公）。属下企业：木业公司、电力公司、服务类公司（物业管理公司、基建公司、农业开发公司和保安公司等）。国营西联农场财务科，中国共产党国营西联农场委员会党委办公室，基层党总支部、党支部，中国共产党国营西联农场纪律检查委员会，国营西联农场工会委员会（下设女工委），中国共产主义青年团国营西联农场委员会（下设少工委）。西联社区管理委员会设立社区办公室、卫生计划生育办公室、教育办公室、社会保障分局、公安派出所、基层居民委员会。

2002年，设立海南农垦西联农场有限责任公司董事会，下设董事会办公室、财经审议委员会。海南农垦西联农场有限责任公司监事会，下设监事会办公室、审计部。执行机构设立总经理、副总经理、经理办公室、财务科（下设会计决算中心）、人事劳动部、企业管理部、技术开发部、橡胶产业部，经营监管区7个；生产基地52个。职工持股会理事会（为工会合署办公）。属下企业：木业公司、电力公司、服务类公司（物业管理公司、基建公司、农业开发公司和保安公司等）。国营西联农场财务科，中国共产党国营西联农场委员会党委办公室，基层党总支部、党支部，中国共产党国营西联农场纪律检查委员会，国营西联农场工会委员会（下设女工委员会），中国共产主义青年团国营西联农场委员会（下设少工委）。西联社区管理委员会设立社区办公室、卫生计划生育办公室、教育办公室、社会保障分局、公安派出所、基层居民委员会。

2003年，设立党委办公室、纪检会、审计科。行政和经营单位：行政办公室、财务科、会计决算中心、经管科、生产科、劳工科、教育科、计划生育办公室、国土科、武装部、社区办公室、社保分局、基建公司、供销公司、物业办公室、中学、医院。

2004年，设立办公室、党委办公室、纪检会、审计科。行政和经营单位：经管科、财务科、生产科、供销科、劳工科、社保分局、国土科、工业基建公司、教育科、计划生育办公室、武装部、工会、女工委、团委、派出所、物业办公室、中学、医院。

2005年，设立党政办公室、纪检会、审计科。行政和经营单位：经管科、财务科、生产科、供销科、劳工科、社保分局、国土科、工业基建公司、教育科、计划生育办公室、武装部、工会、女工委、团委、派出所、物业办、中学、医院。

2006年，设党政办公室、纪检审计监察办公室、工会、女工、团委、农业开发公司党支部、医院党支部。行政和经营单位：国土科、发改科、财务科、劳动社会保科、教育科、计划生育与卫生办公室、场部社区办公室、物资供应站、物业管理服务中心、自营服务中心、西联中学、橡胶加工厂、西联医院、西联电站。

分公司机关各机构：分公司办公室、人力资源部、生产部、经营管理部、财务部、五星作业区、红旗作业区、东方红作业区、东风作业区、胜利作业区、洛南作业区、加朗作业区、联宝公司。

2007年，党政办公室、纪检审计监察办公室、工会、女工、团委；行政和经营单位：国土科、发改科、财务科、劳动社保科、教育科、计卫科、场部社区、海晶果苗公司、物资供应站、物业管理服务中心、自营服务中心、西联电站。

分公司机关各机构：分公司办公室、人力资源管理部、生产管理部、经营管理部、财务部、五星作业区、红旗作业区、东方红作业区、东风作业区、胜利作业区、洛南作业区、加朗作业区、联宝作业区。

2008年，有党政办公室、纪检审计监察办公室、女职工委员会、团委。行政和经营单位：国土科、发改科、财务科、劳动社保科、教育科、计划生育与卫生科、场部社区办、海晶果苗、物资供应站、物业管理服务中心、自营服务中心、西联中学、橡胶加工厂、西联医院、西联电站。

分公司机关各机构：分公司办公室、人力资源部、生产管理部、经营管理部、财务部、五星作业区、红旗作业区、东方红作业区、东风作业区、胜利作业区、洛南作业区、加朗作业区、联宝作业区。

2009年，有党委办公室、审计办公室、行政办公室、工会、团委。行政和经营单位：国土科、发改科、财务科、劳动社保科、教育科、计划生育与卫生科、场部社区办公室、海晶果苗公司、物资供应站、物业管理服务中心、自营服务中心、西联中学、橡胶加工厂、医院、电站。

分公司机关各机构：分公司办公室、人力资源部、生产管理部、经营管理、财务部、五星作业区、红旗作业区、东方红作业区、东风作业区、胜利作业区、洛南作业区、加朗作业区、联宝作业区。

2010年，设党委办公室、行政办公室、工会、女职工委员会、团委。行政和经营单位：国土科、发改科、财务科、劳动社保科、教育科、计划生育与卫生科、场部社区办公室、西流社区办公室、新盈社区办公室、海晶果苗公司、物业管理服务中心、自营服务中心、西联中学、橡胶加工厂、医院、电站。

2011年，设党委办公室、行政办公室、工会、女职工委员会、团委、国土科、发改科、财务科、劳动社保科、计卫科、场部社区办公室、西流分场、新盈分场、海晶果苗公司、物业管理服务中心、自营服务中心、医院、电站。

2012年，设党委办公室、行政办公室、场长办公室、工会、女职工委员会、团委。行政和经营单位：国土科、发改科、财务科、劳动社保科、计划生育办公室、信访办公室、社区管理科、西流分场、新盈分场、海晶果苗公司、物业管理服务中心、医院、防疫站、电站。

2013年，设党委办公室、行政办公室、场长办公室、工会、女职工委员会、团委。行政和经营单位：国土科、发改科、财务科、劳动社保科、计划生育办公室、信访办公室、社区办事处、西流分场、新盈分场、海晶果苗公司、物业管理服务中心、医院、防疫站、电站。

2014年，西联农场设立党委办公室、行政办公室、场长办公室、文明办公室、工会、女职工委员会、团委。行政和经营单位：国土科、发改科、财务科、劳动社保科、计划生育办公室、卫生科、信访办公室、社区办事处、西流分场、新盈分场、海罍果苗公司、物业管理服务中心、医院、防疫站、电站。

2015 年，设党委办公室、行政办公室、场长办公室、文明办公室、工会、女职工委员会、纪监审办。行政和经营单位：国土科、发改科、财务科、劳动社保科、计划生育办公室、卫生科、信访办、项目办公室、派出所、社区办事处、西流分场、新盈分场、自营办公室、物业管理站、医院、防疫站、电站。

2016 年，设党委办公室、行政办公室、场长办公室、文明办公室、工会、女职工委员会、纪监审办公室。行政和经营单位：国土科、发改科、财务科、劳动社保科、计划生育办公室、卫生科、信访办公室、项目办公室、派出所、社区办事处、西沆分场、新盈分场、自营办公室、物业管理站、医院、防疫站、电站。

2017 年（1—4 月），西联农场设立社区管理服务中心办公室、社会管理事务组、社会服务组、农技服务组、党群工作部、工会、女职工委员会、幼教管理办公室、纪检监察、团委；行政和经营单位：综合管理部、财务结算部、规划发展部、生产经营部、资产运营部、湿地公园管理办公室。

2017 年（5—12 月），设综合部、党群工作部、人力资源部部长、工会、女职工委员会、财务部、事务协调部、规划发展部、经营管理部、湿地管理办公室。

2018 年，设综合部、党群工作部、人力资源部、工会、女职工委员会、财务部、事务协调部、规划经营部、土地运营部、湿地管理办公室、投资公司工程建设办、投资公司生产管理办公室。

2019 年，设综合部、党群工作部、人力资源部、工会、女职工委员会、财务部、事务协调部、规划经营部、土地运营部、湿地管理办公室、投资公司工程建设办、投资公司生产管理办公室。

2020 年，设综合部、党群工作部、人力资源部、工会、女职工委员会、财务部、事务协调部、规划经营部、土地运营部、湿地管理办公室、投资公司综合管理办公室、项目办公室、工程建设办公室、生产管理办公室、经营销售办公室。

第二章　经营机制改革

第一节　农场企业化改革

1997 年 9 月 22 日，根据农业部《关于海南省西联农场建立现代企业制度试点实施方案的批复》（农垦发〔1997〕13 号）要求，同意西联农场改制为国有独资公司，确定名称为海南农垦西联农场有限责任公司。

2000 年 7 月 24 日，海南省委、省政府召开会议并出台《关于加快农垦改革和发展的意见》，要求海南农垦进行政企分开的体制改革，建立和完善现代企业制度。

2000 年 9 月 16 日，根据《海南省农垦总局关于印发海南农垦建立现代企业制度试点的工作方案的通知》（琼垦局体改字〔2000〕3 号）要求，明确海南农垦选取西联农场作为推进政企分开、建立和完善现代企业制度的试点单位，省农垦总局组成工作组蹲点西联农场具体指导。

2002 年 2 月 5 日，按照《海南省农垦总公司关于设立海南农垦西联农场有限责任公司的批复》（琼垦企编〔2002〕1 号），成立海南农垦西联农场有限责任公司，设立董事会、经理层、监事会，董事长、场长、党委书记由一人担任，原农场场长主管的生产经营工作，由新任命的总经理负责；成立社区办公室，社会职能工作全部交给该室管理，西联农场名称继续保留，方便协调上下、左右关系。在组织构架方面，改革方案设计中分为农场、公司、社区 3 套机构。

2003 年 10 月，海南农垦开始实施三项改革，即：《海南省农垦国有开割胶园长期承包经营办法（试行）》《关于推进农场内部政企分开的决定》《关于深化农场二级企业改革的决定》。在实施《关于全面推进农场内部政企分开的决定》的改革中，要求各国营农场建立社区管理委员会（简称社区管委会），把学校、医院、幼儿园、派出所、社会保障分局、计划生育等社会服务机构从企业中分离出来，交给社区管理，企业与社区实行机构、人员、职能、资产、费用、核算"六分开"，社区管委会模拟政府运作。基本框架是"一个党委两个实体"。即在农场党委的领导下，把农场的行政和社会管理职能及机构剥离出来，成立社区管委会，把生产经营管理职能留给农场。该文件还就社区管委会名称、机构设置、人员编制、主要职责，都做出明确规定，先后在西联农场等 8 个国营农场进行先行试点。

由于橡胶产权制度量化到职工家庭的问题未解决，加上政企分开内外条件不够成熟，旧的矛盾和问题未能解决又产生许多新的矛盾和问题。试点运行到 2004 年 3 月即停止运转，重新恢复国营农场原先的管理体制。

2005 年，橡胶主业从西联农场剥离出来，成立海胶集团西联分公司。

2008 年 6 月 18 日，国务院常务会议审议并原则通过《关于推进海南农垦管理体制改革的意见》，明确海南农垦管理体制改革的目标是，按照"政企分开、社企分离、建立现代企业制度"的总体要求，通过体制改革、机制创新，实现海南农垦"体制融入地方、管理融入社会、经济融入市场"，促进农垦和海南经济社会又好又快发展。这是中央的一项重大决策，也是海南站在改革开放 30 周年、建省办经济特区 20 周年新的历史起点上肩负的一项新的重大使命。农场社会职能平稳有序移交，先后在职工失业、工伤、生育、养老、医疗保险完全实现省级统筹，中小学校、民政职能、气象站实现整体移交地方管理。农场内部政企分开，海胶西联基地分公司与农场实现主辅分离。

2009 年 3 月，西联农场和西流农场、新盈农场合并重组为新的西联农场；西联农场分为存续农场和海胶集团西联分公司。

2010 年 1 月，根据国务院《关于同意推进海南农垦管理体制改革意见的批复》（国函〔2008〕59 号）和中共海南省委、海南省人民政府《关于海南农垦管理体制改革的实施意见》（琼发〔2008〕14 号）的总体要求，为发挥自身资源优势，推动企业实现产业化经营，海南农垦按照现代企业制度的要求，将下属国营农场通过改制组建成投资公司，并于 2009 年底在西联农场等 8 家农场进行试点。2010 年 1 月 25 日，儋州西联投资有限公司成立。西联投资公司为投资控股公司，其股权比例为：农垦总公司占 51%，农场占 49%。成立农场投资公司的目的是为充分发挥农场的土地资源优势，通过项目带土地的方式控制资源，筹集发展资金，实现农场有序发展。

2010 年 9 月，根据省委办公厅和省政府办公厅联合印发的《关于深化海南农垦管理体制改革的实施方案》（琼办发〔2010〕36 号）文件精神，在全垦区 50 个农场投资公司中，地处岛内东南部地区的 24 家农场划归农垦总公司管理，儋州西联投资有限公司等 26 家投资公司不再进行社企分离，继续归农垦总局管理。

2017 年，根据省委、省政府《关于推进新一轮海南农垦改革发展的实施意见》（琼发〔2015〕12 号）按照《公司法》和有关法律法规，结合实际情况，分别制定了《海南农垦西联农场有限公司组建方案》《海南农垦西联农场有限公司章程》，3 月 19 日，农场召开了职工代表大会，通过了《海南农垦西联农场有限公司组建方案》《海南农垦西联农场有限公司章程》。3 月 23 日，经海垦控股集团董事会讨论审议同意并批复了《海南农垦西联农场有限公司组建方案》《海南农垦西联农场有限公司章程》。3 月 29 日，海垦控股集团组织部到农场召开了西联农场公司领导任职宣布会议，会上宣读了党委书记兼董事长、董事、监事及党委委员任职人选。4 月 1 日，农场公司召开董事会，选举何传经为公司董事长（法定代表人）兼总经理。5 月 8 日，农场公司挂牌成立。

2017 年 3 月设立的西联农场公司，按照《公司法》和有关法律法规制订公司章程，规范公司治理。西联农场公司设有党委会、董事会、经理层、监事，下属派驻机构 3 个片区，6 个职能部门。3 个片区是：西联片区、西流片区、新盈片区；6 个职能部门是：综合部、人力资源部（党群工作部）、财务部、规划发展部、经营管理部、事务协调部。

根据《海垦控股集团关于设立海南新盈红树林国家湿地公园管理委员会的通知》（琼垦企发〔2016〕314 号），西联农场公司管委会下设湿地公园管理办公室，湿地公园管理办公室下设监测管理站（工作地点在新盈片区）。

第二节　农业经营管理体制的创新

2005 年，西联农场的橡胶产业从农场剥离，由海胶西联分公司负责。橡胶产业剥离农场后，农场为发展农业产业管理，采取有力措施，推进农业经营管理体制创新，加快农业经营方式转变，促进现代农业发展和新农村建设。

一、积极探索集体经济有效实现形式，增强集体组织服务功能

西联农场鼓励和引导职工发展自营经济，组织利用资金、资产和资源，以入股、合作、租赁、专业承包等形式，发展与承包大户、技术能人、企业等联合与合作经营，增加职工财产性收入，壮大自营经济实力；鼓励和引导职工与专业合作社、农业产业化龙头企业以及其他社会化服务组织实现多元化、多层次、多形式联合，解决一家一户办不好、办不了的事情，更好地为家庭经营服务。继续深化职工自营经济问题研究，推动出台支持职工自营经济发展的政策措施。

二、加快发展农民专业合作社，大力培育新型现代农业经营组织

（一） 扶持农民专业合作社发展

西联农场要把研究和落实扶持政策作为促进专业合作社加快发展的重要任务。积极会同有关部门认真落实财政、税收、金融等扶持政策，努力扩大财政支持规模，完善税收优惠政策，强化金融服务，不断健全政策支持体系。抓紧研究和推动制定金融支持合作社和合作社承担国家涉农项目、开展信用合作试点的具体办法。扶持和帮助农民专业合作社畅通产销渠道，发展农产品现代流通方式，大力推进"农超对接"。

2012 年，西联农场分别成立儋州西联海晶波罗蜜种植专业合作社、儋州西联禾牧养猪专业合作社、儋州西联绿原瓜菜种植专业合作社。采取"公司＋农户"的模式，大力发展种植业、养殖业。农场引进种植的马来西亚无胶波罗蜜远销岛内外，香蕉、瓜菜等产品市场份额不断扩大。农场通过 3 个专业合作社，凝聚分散的自营经济户，将千家万户的小生产与千变万化的大市场衔接起来，有力地促进了西联农场现代农业产业的发展。

2014 年，儋州西联禾牧养猪合作社已有年产 1.5 万头肉猪和 20 万只肉鸡的规模，社员年人均纯收入为 7.5 万元。儋州西联海晶波罗蜜种植专业合作社种有 2800 亩波罗蜜，2014 年社员人均纯收入为 12 万元。儋州西联绿原瓜菜种植专业合作社种植瓜菜面积 500 亩，其中 80 亩大棚常年种植瓜菜，420 亩种植冬季瓜菜。2014 年社员人均纯收入为 5.2 万元。

（二） 引导农民专业合作社规范发展

西联农场指导专业合作社规范生产经营行为，推进标准化生产，建立统一的生产操作规程，规范使用农业投入品，逐步建立农业投入品使用登记制度和农产品生产可追溯制度，提高农产品质量安全水平；推进品牌化经营，树立品牌意识，加强品牌宣传和保护，提高合作社产品信誉度，增强市场竞争能力。组织开展农民专业合作社示范社建设行动，培育一批经营规模大、服务能力强、产品质量优、民主管理好的专业合作社，发挥其典型引路、示范带动作用。

加强对专业合作社的服务。要深入宣传专业合作社法律政策，普及专业合作社知识，扩大社会影响，营造加快发展专业合作社的良好氛围。加强合作社人才培训，将专业合作社经营管理人员、财务会计人员和专业技术人员纳入培训项目，提高专业合作社经营管理水平。通过开展法律咨询、市场营销、技术信息等服务，帮助合作社解决发展中遇到的实际问题。

三、培育壮大龙头企业，推进农业产业化经营

（一）扶持壮大龙头企业

西联农场引导龙头企业以资本运营和优势品牌为纽带，开展跨区域、跨所有制的联合与合作，推进企业兼并重组，培育壮大一批带动农业产业发展的龙头企业。

2009 年，西联农场注重抓好职工自营经济产前、产中、产后的跟踪服务，加大了职工自营经济的指导与管理力度。农场从实际出发，以海晶公司为龙头，无偿提供优质果苗，引导、带动了全场 154 户职工种植波罗蜜，同时做好产前、产中、产后的技术跟踪指导，保障产品生产畅销岛内外市场。农场还依托养殖龙头企业——海南温氏集团地处农场的资源优势，以温氏集团提供种苗和技术、农场提供政策引导和资金扶持及基础设施建设等的"公司＋农户"发展模式做大做强做精养殖业，农场涌现出了一批像魏红娇、简岩秀、文少洪等养鸡专业户，每户年出栏 3 次，每次近万只，纯利润近 2 万元以上。

（二）完善创新利益联结机制

西联农场引导龙头企业与农户建立多种形式的联结机制，让农户分享生产、加工、销售各环节的利益，充分发挥农业产业化带农增收的作用。可以通过订单农业、保护价收购等方式，引导龙头企业与农户形成稳定的购销关系；也可以通过开展定向投入、定向服务、定向收购等方式，鼓励龙头企业为农户提供技术、信息、农资和购销等多种服务。大力推广"龙头企业＋专业合作社＋农户"等组织模式，引导农民以资金、技术等要素入股，实行多种形式的联合与合作，与龙头企业形成互利共赢的利益共同体，让职工真正从产业化经营中得到实惠。

（三）加强农业产业链建设

西联农场支持龙头企业和农民专业合作社与一村一品专业村对接，把一村一品专业村建设成为龙头企业和农民专业合作社的标准化生产基地。大力发展农产品精深加工，延长产业链条，提高产品附加值，发展循环经济，推进节能减排。鼓励龙头企业加强农产品物流体系建设，积极培育商品流通网络，发展连锁经营、物流配送、电子商务等新型现代流通方式。

四、大力发展农业生产性服务业，建立新型农业社会化服务体系

（一）加快培育农业生产性服务组织

西联农场鼓励和支持农民专业合作社、专业服务公司、专业技术协会、龙头企业为农

户提供多种形式的生产经营服务。

（二） 推进农业服务机制创新

西联农场促进超市、企业、基地和农户有效对接。推广农业生产资料统一定购、厂家直供等方式，规范种子、化肥、农兽药、饲料、农机等农资市场营销。

五、坚持和完善以职工家庭经营为基础、大农场统筹小农场的农业双层经营体制，积极推进多种形式的农业适度规模经营

创新农业经营管理体制 西联农场构建权利义务关系清晰的国有土地经营制度，改革完善职工承包租赁经营管理制度，建立经营面积、收费标准、承包租赁期限等与职工身份相适应的衔接机制。职工承包租赁期限不得超过其退休年限，防止简单固化承包租赁关系。职工退休时，在同等条件下其承包租赁土地可由其在农场务农的子女优先租赁经营。对租赁经营国有农场土地的，要严格依照合同法规范管理。加强承包和租赁收费管理，全面推行收支公开，强化审计监督。

第三章　计划财务管理

第一节　计划管理

一、管理体制

计划管理机构是西联农场最早建立的职能部门之一。

1952年，农场配备计划统计员。

1954年，农场加强计划部门工作，设计划组。

1955年垦殖所撤销后，西联农场设计划科（股）。生产建设兵团期间，5师在生产部下设生产计划科，4团（西联农场）的计划工作由生产股负责。

1974年恢复农垦体制后，西联农场设经营管理科。场以下的作业区、生产队无专职计划员，由统计员兼负编制作业计划的任务。国家对海南农垦实行"统一计划，分级管理"的计划管理体制，"统一计划"是由国家农垦主管部门统管主要生产、基本建设计划指标；"分级管理"是在计划编制、审批和执行方面，各级管理机关和企业层层落实，逐级负责。农场两级计划部门的基本职责是：通过计划加强综合平衡和宏观调控，以保证完成或超额完成国家计划任务，提高经济效益。

1988年5月，海南省农垦总局成立后，设立计划处。2002年10月，农垦总局机构改革时，更名为发展计划处，同时挂统计局牌子。农场设专职计划员，归属于经营管理科。原有的生产项目计划工作扩大为生产经营计划工作，不仅下达生产项目任务，同时下达生产经营项目任务。

二、计划编制

1953年，西联农场试行计划管理，首先制定了有关财务计划编制、审批程序的初步规定。1954年第二季度开始，生产、基本建设、财务等全面实行计划管理。当时的计划，一般以简单表格形式反映。华南农垦总局于1957年颁发了《计划管理暂行办法》，开始完善计划工作制度。1964年，农垦部制定颁发《国营农场计划管理试行办法（草案）》，对计划编制的原则、计划内容、计划的综合平衡、年度计划的编制程序和方法、计划的执行和检查、计划管理机构设置和计划人员编制等一系列问题，做了统一的规定，计划工作逐步走上轨道。广东省农垦总局于1977年制定的《关于加强计划管理的暂行规定》，侧重于产品和基本建设投资的计划管理问题；1984年又颁发了《改革计划管理的若干暂行规定》，主要内容之一是改革计划编制工作中计划指标的管理办法。海南省农垦总局于1989年颁发《计划管理若干规定》，规定制订指令性和指导性两大类计划下达给各企事业单位，强调建立和完善企业的自主经营、自负盈亏、自我约束机制，使企业在市场经济的环境中，做好农场计划编制和计划执行。

农场的计划体系，包括长期计划、中期计划和年度计划。西联农场于1956年、1963年、1974年、1980年、1988年分别编制了为期10年或10年以上的长期计划，以制定农场经济发展战略的目标、步骤和重点，确定经营方针、产业结构比例、生产发展水平、经济发展速度、重大的经济政策和技术措施。中期计划主要是五年计划，是长期计划的具体化。西联农场于1955年编制第一个五年计划，此后根据国家各个五年计划的要求，编制农场自身的五年计划。20世纪80年代在实行经济包干责任制情况下，做到中期计划与经济包干计划衔接，作为场（厂）长任期目标的主要依据。农场的中期计划报总局审批或备案，总局综合平衡后报省、国家主管部门批准或备案。西联农场的年度计划重点是组织年度内人财物和产供销的平衡。总局对各企业的年度计划进行综合平衡后形成海南农垦的年度计划并下达计划指标。

1957年以前，农场的年度计划主要根据上级下达的任务指标编制。1957年以后实行从国家农垦部直至企业"两上两下"的编制办法，即：企业根据中期计划（20世纪80年代以来结合场长、厂长任期目标的分年指标和市场需要情况），逐级上报年度计划建议指标，农垦部最后综合平衡，再逐级下达计划控制指标；农场根据下达的指标编制计划草案，逐级汇总上报，报农垦部审批后，逐级下达正式计划（包括年度计划、中期计划和长期计划）。正式计划即国家计划下达后，自下而上层层负责，农场积极组织实施，保证计划的完成和超额完成。农场、工厂作为编制和执行计划的基层单位。为保证年度计划的贯彻执行，农场及所属作业区、生产队，编制月份计划和作业计划，包括各项作业完成量、产品收获、劳动力组织、物资采购、财力运用等具体计划，指导生产建设的进行，调控生产建设进度。西联农场按季度和年度编制各项计划完成情况报表上报，向上级如实反映计划执行情况，作为上级检查计划执行情况的依据。

计划执行过程中，在发生人力不可抗拒的自然灾害、国家决策的改变或市场供需情况有重大变化等情况下，可以对计划做必要的调整修改，调整计划的审批权限和范围。1956年，华南农垦总局规定，由农场提出调整报告，说明理由，在国家批准的海南农垦总投资指标范围内，由海南农垦局批准；超过国家投资指标的，报请总局和农垦部批准。1961年海南农垦总局规定，橡胶开荒定植、鲜胶乳产量和浓缩胶乳产量 3 项指标的调整，由农场提出意见，报海南局批准；牵涉到全局指标调整时，报请广东省农垦厅和农垦部批准。海南省农垦总局于 1989 年规定，属于指令性指标计划的调整，由下达指标的一级机关批准；属于企业自管指标的计划由企业自定，报总局备案。2009 年，海南农垦总局制定颁发《海南农垦总局企业投资管理暂行办法》，规定下属农场应制定本单位中长期产业发展滚动规划和年度投资计划，农场的年度投资计划应包括年度投资计划表和项目投资计划报告，报集团公司企管部初审及总办会议审核修订，在 1 月 31 日前报投资管理部备案；将"两上两下"的计划编制方法改为"两上一下"。

第二节　统计管理

西联农场从 1952 年开始，场、分场两级配备专职统计人员负责统计工作。农场统计工作由生产部门管理；作业区、生产队设专职或兼职统计员，生产班设不脱产记录员。60多年来，西联农场形成了稳定统一的统计工作机制。

1955 年以前，统计工作的任务和要求比较简单，统计内容主要是橡胶生产和劳动工资。1956 年实行企业化管理后，农场执行上级有关统计工作的规定，统计工作越做越细，统计报表的种类和内容不断增加。1963 年，农垦部颁发《国营农场统计工作实施细则（草案）》，推动了统计工作的发展。1981 年，农垦部又制定颁发了《统计工作暂行规定》，对统计业务的工作原则、基本任务、统计机构和人员、统计报表制度、统计数字处理以及统计分析、统计调查等问题，作了具体规定。

西联农场各类统计报表报送海南农垦局，局经综合汇总逐级上报。1958 年以来，西联农场的年终综合统计资料在上报农垦主管部门的同时，报送海南行政公署（1988 年后为海南省政府）统计部门。

农场统计工作的基本形式有统计报表、统计调查和统计分析。

统计报表制度。农场执行上级规定的统计报表制度，有综合统计和专业统计两类。

综合统计报表反映农场各方面的基本情况，由计划统计部门负责编制。1953 年有土地面积、土地开垦、橡胶和防护林与覆盖植物种植、橡胶育苗、老胶园生产、劳动工资等13 个统计年报表，人事、基建方面的统计报表由有关部门负责，至 1988 年，农场所有方面的定期统计报表，由农场经管科负责编制，内容包括：综合、农业、工业、建筑、运输、固定资产投资和生产能力、商业、外资出口、物资消耗、劳动工资、科研、卫生、国内生产总值、职工家庭经济等方面 9 个大类别的统计年报表 48 个，季报表 12 个，月报表 8 个。

专业统计报表是综合统计报表的补充，为各职能部门业务管理工作服务，由各对口专业部门负责统计填报。从 1955 年开始，人事、基建方面的统计报表由有关部门负责；至 1990 年，有工业、基建、机务、物资、产品、经贸、人事、劳动工资、教育、卫生、计划生育等方面的定期统计报表，由专业部门负责编制。

除定期统计报表外，西联农场在 1953 年曾实行专项快速报告办法，橡胶采种、土地开垦、橡胶种植完成情况，农场每天一次报垦殖所（农场的前身），垦殖所每 3 天一次报海南垦殖分局，海南局每 7 天一次报华南垦殖局。1959 年至 1988 年期间，海南农垦坚持快速统计报告制度，农场每 5 天（1974 年后改为每 10 天）将主要项目的生产进度用电话报告管理局，管理局将干胶、橡胶定植等生产进度编印成《旬度生产完成情况通报》，发送领导及有关部门掌握情况。

统计调查制度。西联农场长期坚持统计调查工作，并建立了必要的制度。生产队、生产班建立原始记录和统计台账，记载统计每天各项生产作业完成、物资消耗、劳动力使用等情况。这些全面的系统的统计调查资料，经过综合归纳，为编制定期统计报表和改进经营管理工作，提供了依据。

统计分析制度。农场在 1956 年实行企业化管理后，以作业定额查定为契机，开始重视统计资料整理工作。1959 年，汇集整理 1952—1958 年的有关统计记录资料，编写了《劳动工资工作历史资料简编》，对农场的机构设置、劳动组织、生产定额管理、工资工作、劳保福利等情况，分年或分阶段作了记述。从 1960 年开始，西联农场每年将生产建设、经济发展的主要统计资料，整理汇编成册，印发有关人员和单位。2009 年 7 月 1 日，《海南省人民代表大会常务委员会关于推进海南农垦管理体制改革的决定》施行后，属于社会职能之一的统计工作和单位进行移交改革试点，2016 年，西联农场统计工作正式移交地方政府统一管理。

第三节 财务管理

一、财务管理体制

海南农垦创建后，根据财务管理工作经常性和连续性的特点，设置财务职能部门。局机关 1952—1968 年设财务科（其间 1954—1955 年下半年曾改为财务供应处），兵团时期各师后勤部设会计组或财务供应科，1974 年 10 月以后至 1990 年，均设财务处。农场1952—1954 年设会计组或财务供应组，1955 年以后设财务科。垦殖所存在期间设财务股。结合机构设置，1955 年以前实行垦殖分局—垦殖所—农场三级财务管理体制，1955 年撤销垦殖所后至 1990 年，实行局—场两级管理体制。

1952—1955 年，国家对海南农垦实行事业费管理，按预算拨款。海南垦殖分局是垦区财务管理的主体，负责组织编制预算，每月对垦殖所、农场进行预拨款，并自下而上逐级按月或按季作出会计决算，上报结账，实报实销。预拨款的程序是：林业部—华南垦殖局—海南垦殖分局—垦殖所—农场。农垦开发初期，由于经营管理工作跟不上，财务指导思想上存在宽打窄用的偏向，造成资金积压或浪费现象。同时，审批转拨层次多、手续多，往往资金不能及时下达到农场。

1956 年，农垦实行企业化管理，国家按生产、建设计划目标对企业投资，企业保证完成各项计划任务，并自负盈亏。从事业管理到企业管理，这是农垦财务体制的一个大转变，管理机关及农场，对各项费用的支出做到精打细算，加强了成本观念，初步克服了不问成本的供给制思想。

1958 年，在"人民公社化"潮流中，农场与农村合办公社，打乱了企业管理制度。1959 年场社分开，中共中央和广东省委明确规定，橡胶企业为"中央企业，双重领导"的体制，农垦财务计划由农垦部直接审批，又恢复了企业化管理的一套财务管理制度。

从 1964 年开始海南农垦上交利润。国家对农垦企业的财务预算管理，推行"定收定支，以收抵支，收差上缴，支差补贴，超收留用，超支不补，一年一定"的收支两条线管理办法。定收的项目是企业应上缴的利润、固定资产折旧基金和多余的流动资金；定支的项目是国家给企业的投资金额、应弥补的亏损、应拨的流动资金和四项费用（技术组织措施费，新产品试种试制费，劳动保护费，零星固定资产购置费）。一年核定一次收支计划，超计划的收入归企业使用，超计划的支出或计划收入减少，国家均不予弥补。海南农垦具体规定：垦区超计划收入达 50％以上的超收部分上缴国家；基本折旧基金计划收入的 70％上缴国家，企业留用 30％；基本折旧基金超计划的收入和亏损企业减少的亏损额，全部留企业使用；超额利润以 20％至 40％上交海南局，其余留企业。超收资金贯彻"先存后用，先缴后留，先审后用"的原则，按规定用途使用。对企业实行上述财务管理办法，有利于在国家统一计划、统一财务预算管理下，既保证生产建设投资的需要，又使企业有一定的机动财力，发挥企业发展生产的积极性和主动性。

生产建设兵团时期，实行以兵团一级为主的集中统一的财务管理体制，同时采用部分军队财务管理的办法，交款与拨款均作预算管理，主要产品收入逐级上缴，各项开支经费由兵团按各师、团（农场）的实力和定额下拨。1975—1979 年，又恢复实行以"定收定支，以收抵支"为基本内容的管理体制。

1979 年 2 月，国务院批发财政部和国家农垦总局制定的《关于农垦企业实行财务包干的暂行规定》，海南农垦相应制定了财务包干的实施办法，于 1980 年试行。财务包干的具体做法是：利润按包干计划上缴国家财政，一年一定，结余留用，短收不补。基本建设投资列入国家预算，由中央直供。农垦内部实行超计划利润逐级分成，超亏或减盈由企业自行弥补或挂账。各级行政事业单位的事业费，包括企业单位的事业费部分，也由"核定预算，实报实销"改为预算包干。财务包干制度的实行，进一步改变了过去统收统支的办法，开始打破企业吃国家"大锅饭"的状况，扩大了企业经营自主权，增强了企业活力，推动了生产发展。企业以超额利润作为自筹资金进行基本建设的积极性有了很大的提高，往年自筹固定资产投资数额为总投资的 20％以下，1980 年达到 32.5％，1981 年更提高到 48.8％，此后一般年份都在 40％以上。

1982 年，实行"利润递增包干，一定 4 年"的包干经济责任制。海南农垦根据国家下达的 1982—1985 年 4 年包干经济指标，经海南局与企业双方协商，将包干指标分解落实到企业，签订协议，一定 4 年不变。在企业内部，又将包干指标层层分包，场（厂）包到生产队（车间），生产队（车间）包到个人或班组。实行一定 4 年不变的包干办法，解除了企业怕"水涨船高"、利润指标年年加码的顾虑。

1986—1990 年，国家结合第七个五年计划任务，对海南农垦继续实行"核定指标，包干上缴，一定 5 年"的财务包干办法。对不同企业实事求是、区别对待，依据多种因素，确定利润包干指标，逐级承包。企业在包干期内的贷款，由企业自己偿还。

二、财务制度

1952 年，在机构不全、财会人员不足，又缺少生产、基建、物资供应等计划的情况下，海南垦殖分局统一编制垦区财务预算计划，作为财务开支管理的依据。分局规定，农场向垦殖所报送《资金库存旬报表》，月份会计报告和账表；垦殖所向分局报送《资金库存旬报表》，月份会计报告和账表，季度会计报告，并进行半年会计结算，年终会计决算；分局向华南垦殖局报送月份会计报告和账表，进行半年会计结算，年终会计决算。

1953 年 3 月，海南垦殖分局在召开第一次生产财务计划会议，贯彻执行华南垦殖局颁发的《关于 1953 年度财务收支计划编审暂行办法》，规定垦殖所、农场从 1953 年开始都编制财务计划，实行计划管理。同时，分局制定颁发了《暂行统一会计制度实施细则（草案）》，以加强对财务计划执行的监督。

1954 年，垦殖事业转入整顿巩固时期。海南垦殖分局在年初召开财务会议，决定从1954 年开始，认真实行预决算制度，加强财务计划管理。农场在清理资产、清理账目、一律建账的基础上，按已颁发的各种制度和各项开支标准编制财务计划，逐级审核汇总上报，经林业部批准后，逐级核准下达。各单位主要负责人对预算、计算、决算负责，各级财务部门加强审计。从此，开始实行财务计划管理的责任制。

1959 年，海南农垦局经修订重新颁发《国营农场暂行会计制度（草案）》，进一步统一了会计业务工作。

生产建设兵团期间，执行兵团于 1970 年颁发的《后勤财务管理制度》，师、团（农场）均编制全部收入、支出项目财务预算计划，年终按企业管理办法编制财务决算。

1969 年，团部制定《关于建立健全连队财务物资产品和生活管理制度的规定》，财务管理方面，加强计划管理，厉行节约，反对浪费；物资产品管理方面，搞好计划管理，计划供应，加强政治思想教育工作；生活管理方面，各连队必须把集体饭堂办好。

1970 年，团部向八连学习搞好财务管理，支部抓根本，发动群众管好家，坚持制度抓落实。

1971 年和 1972 年，兵团后勤部《加强财务管理的要求》，优先保证部队革命化建设和发展生产的开支，合理使用生产资金，促进生产建设多快好省发展。

1974 年恢复农垦体制后，也恢复了企业财务管理制度。海南农垦在 1974 年 10 月规定，农场生产、基建、物资、现金等项均纳入财务计划管理。

1979 年后，在改革开放的新形势下，海南农垦贯彻执行财政部和国家农垦总局于1979 年颁发试行、1986 年 12 月正式颁发的《国营农场财务管理办法》。《管理办法》规定，农垦财务计划要认真贯彻国家有关方针、政策，努力完成上级下达的生产财务指标，搞好综合平衡，挖掘内部潜力，提高农场经济效益，正确处理国家、农场和职工个人三者之间的关系；必须在编制生产、销售、物资供应、劳动工资等计划的基础上编制财务计划；财务计划内容包括收支计划、利润计划、成本计划、流动资金计划、专用拨款计划、专用借款计划和专用基金计划等；农场年度财务计划上报主管部门审批，一经批准，即严格执行。

1983 年，西联农场认真执行经济责任制，加强计划管理、定额管理和工时利用，并重申《财务开支标准的通知》，规定差旅费、会议补助费、夜餐补助费的报销标准。

1984 年，西联农场加强财务会计基础工作，建立场内财务计划，预算和借款的审批程序、权限的责任制，认真贯彻执行广东农垦关于现金管理的《十条规定》，认真把好现金管理关，定期清查固定资产，建立财务部门和管理使用部门"固定资产双卡"管理办法，健全物品管理制度，做好账账、账物相符，健全分场、生产队财务管理与会计核算制度，实行单项工程预结算制度。

1990年，西联农场大力加强财务管理，健全财务制度，严格财经纪律，广泛开展增收节支，增产节约活动，开展税收财务物价大检查工作；会计工作达标升级活动，清查落实财产工作，加强财务队伍建设。

1993年，西联农场完成财务新旧制度的转换和农业部在农场的清产核资试点工作。在资金使用及经费开支始终坚持一保工资、二保生产物资，三保发展生产，四解决职工福利。根据资金的使用原则，严格把关，按计划办事，严控非计划外开支、非生产性开支，保证资金合理使用，工资正常发放。

1995年，是"八五计划"最后一年，也是西联农场加速各项制度改革关键的一年。农场结合实际，继续抓好财务新旧制度的转换工作的落实，财务会计工作适应经济体制改革的要求，服务于市场经济关于要明晰企业产权关系，提高经济效益，与国际会计惯例接轨。严守纪律，保证资金合理使用。

1996年，农垦总局财务处在西联农场召开会计基础规范化活动会议，在全垦区范围内进行一次全面的检查。西联农场组织力量，完成会计基础规范化达标工作任务，经总局会计达标小组复查评分90.5分。继续抓好财务新旧制度的转换落实工作，选送6名业务骨干到海口、广州学习，保证会计工作稳步发展。

1997年，西联农场把财务管理工作步入法制化、制度化、规范化的轨道，保障资金不受非法侵害；制定财务管理责任书，对保险柜管理及存放现金、押运工资、发放工资等提出要求。

1998年，西联农场执行海南农垦总局扭亏增盈会议精神，想方设法增收节支，实现保生产、保工资、保生活的"三保"扭亏增盈目标，把有限的资金投入到橡胶生产第一线；坚决压缩非生产性开支，加强中小苗及开荒定植的资金管理和投入使用，确保工资正常发放。加大盘活资金力度，加强"收、管、支"的环节，取消生产队级会计核算，建立新的以分场为中心核算制度。加强财务科监督与管理职能，抓好队伍建设，精干财务队伍。

1999年，西联农场按照总局财务工作要求，坚持改革，加大组织盘活资金力度；调整工作放在增收节支，扭亏增盈，强化内部管理，调整和增强分场一级的核算建制。

2000年，西联农场坚持改革，继续完善建立以分场为中心的会计核算制度，为以农场为中心会计核算制度提供经验奠定基础。坚决压缩一切非生产性开支，早计划早行动，及时分析和提供财务信息并争取党政支持，开展讲求实效的增收节支扭亏增盈活动，加强内部资金管理，通过严格预算、强化催收、控制支出等手段提高资金使用效益。抓好财务人员队伍建设，与农垦中专学校合作举办《会计法》学习班，全场350人参加培训。

2001年，西联农场改建公司，西联农场财务科核算农场尚未分离的资产与权益，清算财政专项资金，收缴投资收益和资源使用费；根据农场社区发展状况，按规定核定、拨付农场社区经费，编制对外财务会计报告，督促、监督农场举办的企业事业单位财务会计制度的制订与执行。公司设立财务部、会计中心，编制公司的资产与权益，根据情况筹措资金；考核公司预算执行情况，领导会计中心工作，核算公司生产经营业务，向董事会和农场报送财务会计报告。

2003年，西联农场制定《关于各监管区各项财务费用收支管理规定》，明确公杂、旅差等费用留存、发放比例及罚款资金、竞赛奖金的使用方向、比例等。

2009年，原西联农场、西流农场、新盈农场重组为西联农场，西联农场制定《西联农场（社区）财务管理制度》，明确会计人员工作职责，细化财务工作管理规定。对三个社区进行清产核资，摸清家底，开源节流，积极整合重组资源；坚决控制非生产性开支，清收清缴各项债权债务。

2010年，海南农垦总局对于农场财务科和国土资源管理科科长实行双重管理，加强农场的财务、国有资产和国有土地资源管理和监控，提高农场财务、资产和土地资源管理水平。

2013年，西联农场规范各项财务基础工作，贯彻执行谋增长、促民生、抓稳定的工作思路和农垦企业改革的"二次创业"，确保农场保工资、保社保刚性资金落实到位。制定行之有效的财务收支预算方案，以收定支，量入为出。对下属单位费用控制，采取预算包干、预算审批方式，对超预算的费用，须层层审批，没有审批发生的费用，一律不予报销。建立健全各项财务制度，对一切开支严格按财务制度办理。严格执行专款专用原则，把好资金支出审核关。

2014年，西联农场制定《资金资产使用及财务核算管理制度》，对财务机构设置和人员配备提出要求，制定财务各岗位人员工作职责，明确财务人员任免条件和考核内容，内部核算采取对分场、直属单位实行二级管理、二级核算，进一步加强对资金及资产的管理。

2015年，农垦总局下达《关于加强农场财务资金管理的通知》，要求严格控制非生产性费用支出，保障农场刚性支出资金需求，规范精简业务接待行为，勤俭节约，提高资金使用效益，严格执行中央"八项规定"和农场全面预算管理。

2016年，海南农垦投资控股集团印发《关于农场办社会职能实行内部财务管理分开实施办法的通知》，理顺农场内部办社会职能分开后的财务管理关系，确保社会管理属地化改革推进及各项工作正常运转，要求农场社区管理机构专项经费实行预算管理，专款专用。海南农垦投资控股集团实行资金统一归集、集中管理、稳健运营，筑牢财务风险防火墙。西联农场由农场财务分账套、分账户、分资产进行核算，实行报账式管理。

2017年，西联农场转企改制，成立海南农垦西联农场有限公司。财务部科学合理进行预算编制和执行管理，加强下属财务业务规范管理，统一核算准则，严格加强费用支出审核程序，根据海垦控股集团《债权债务清理处置工作方案》清理农场历年债权债务，按照海垦控股集团下发关于西联农场清产核资专项审计结果的批复文件进行有关账务调整，对于符合核销条件的资产进行了核销的账务处理，建立账销案存管理制度。

2018年，西联农场公司财务部加强财务制度建设，完善10项制度建设，主要包括财务报销管理办法、固定资产管理办法、全面预算管理办法、税务管理办法、应收款管理办法、财务管理办法、货币资金管理办法、会计核算管理办法、账销案存资产管理办法、财务总监联签暂行规定。根据海垦控股集团印发的《关于农场公司接收会计档案工作的指导意见》（琼垦企发〔2018〕40号）精神，完成农场和农场公司的档案移交工作。根据省深化海南农垦管理体制改革领导小组办公室关于印发《海南农垦农场公司制改革社会性资产移交指导意见》（琼垦改办发〔2018〕7号）精神，牵头组织成立社会性资产移交工作小组，并组织农场各部门及片区开展了社会性资产移交工作，并按资产划转方案中的社会性资产列出清单，组织人员对属于社会性资产范围内账上资产和账外资产进行全面性摸底排查盘点工作。12月，财务部与农场事务协调部对接，对照移交资产清单将账上资产进行分类，进行账务处理。

2019年，西联农场公司财务部加强对会计工作的规范化管理，严格执行财务管理制度，以预算管理为主线加强成本控制，降本增效。发现问题及时予以纠正，确保各项制度的贯彻落实。

第四章 社会保障管理

第一节 养老保险

1990 年 7 月，西联农场开始实施《海南省农垦总局全民所有制企业、事业单位固定职工退休基金统筹实行办法》和《海南省农垦总局全民所有制企业、事业单位合同制工人退休养老保险实行办法》，建立"统筹金收支相抵、差额缴拨"的本系统内部统筹养老保险制度。西联农场机关及直属事业单位中的固定职工当时不实行统筹。

1994 年 1 月，西联农场施行《海南农垦系统从业人员养老保险条例暂行办法》，将养老保险覆盖面扩大到包括西联农场机关和直属事业单位、社会团体、办事机构及其开设的经济实体单位、集体所有制单位以及私营服务股份制企业、个体经济组织等西联农场区内所有从业人员。根据省人大常委会《关于社会保险制度改革若干事项的决定》、海南省人民政府办公厅《关于国家公务员养老保险问题的通知》和省人事劳动保障厅、财政厅《关于暂停养老保险的国家公务员范围确定问题的通知》精神，参照黑龙江、云南、江西等垦区机关事业单位均不参加企业养老保险的做法，从 2002 年 10 月起，西联农场参照国家公务员制度管理的西联农场机关各科室、西联农场工会、公安局、社会保障科、职业介绍中心、房改办、自营经济办、橡胶销售中心的工作人员和离退休人员（含退职人员），暂停执行《海南经济特区城镇从业人员养老保险条例》，不参加企业养老保险。上述人员的离退休金在核拨的从业事业单位经费中列支，原已缴纳的基本养老保险费本息归还本人。

2003 年 6 月 5 日，国家劳动和社会保障部、财政部、农业部和侨务办公室联合下发《关于农垦企业参加企业职工基本养老保险问题的通知》（劳社部〔2003〕15 号）规定：从 2003 年 7 月 1 日起，各地要按规定将农垦企业及其职工纳入当地基本养老范围。

2004 年 7 月 1 日起，参照公务员制度管理单位的工作人员和离退休人员（含退职人员）恢复参加基本养老保险。其 2002 年 10 月至 2004 年 6 月暂停参加养老保险期间个人停缴的养老保险费悉数补缴。

2005 年 3 月，海南省将海南农垦企业基本养老保险纳入省级统筹。同时，从 2005 年开始连续 3 年安排企业退休人员养老金调整，逐步提高退休人员养老金水平。

尽管经过多次调整，西联农场退休人员养老金水平逐渐提高；但与地方相比，存在着很大的差距。原因在于在职职工统筹缴费工资基数偏低，与档案工资相比更低。

西联农场基本养老保险纳入省级统筹以前，由于实行的是本系统"统筹金收支相抵，差额缴拨"的统筹养老保险制度，随着在职职工人员逐年减少，离退休人员逐年增加，抚养比例逐年降低，到1998年，养老保险统筹金收不抵支，收支缺口逐年加大，而省和国家财政缺口补贴资金不到位。

1998年养老金统筹出现缺口后，1999年国家劳动和社会保障部根据温家宝副总理的批示，派出调查组对海南垦区作专题调研，确定了"低标准纳入，逐步调整，5年过渡"的原则。

2001年5月，国家体制改革委员会、劳动和社会保障部、财政部、农业部又先后派出调查组到海南垦区进行调研。同年7月，海南省政府副省长吴昌元率省劳动保障厅和农垦总局领导赴农业部汇报海南农垦养老保险问题。同年12月，在京召开的全国劳动和社会保障工作会议上，部长张左己就海南农垦养老保险问题做了专题讲话，其中讲道：朱总理对海南农垦养老保险非常关心，指出要不惜一切代价解决海南农垦养老保险问题和困难。

2000年，在国务院、海南省有关部门关怀下，海南省从中央财政缺口补助资金中按转移支付方式拨付给海南农垦总局5771万元；2001年中央财政共补助海南垦区养老保险金1.36亿元；2002年中央财政拨款缺口补助资金2.73亿元；2003年中央财政拨付缺口补助资金2.73亿元；2004年中央财政拨付缺口补助资金5.47亿元。2004年，海南农垦首次实现了离退休人员养老金发放当期不拖欠，也使得西联农场首次实现养老金基本发放无拖欠。

2005年，海南省农垦企业基本养老保险纳入省级统筹后，实行企业基本养老保险费全额缴拨，离退休人员养老金实行社会化发放，长期困扰西联农场和农垦企业养老保险问题得到了彻底解决。

第二节 医疗保险

根据《海南经济特区城镇从业人员医疗保险条例》规定，为了建立和推进西联农场医疗保险，西联农场于1997年按照省人事劳动保障厅、省农垦总局、省地方税务局联合给各市县人事劳动保障局、社会保障局、地税局社会保险费征稽局以及农垦各单位下发的《关于农垦单位实施医疗保险问题的通知》（琼人劳保〔2001〕214号）的文件规定，西联农村机关及直属事业单位和公司，实行所在地统一医疗保险政策，从 2002 年 1 月 1 日起启动"自收、自支、自管"的医疗保险。

第三节　工伤保险和生育保险

2000 年前，西联农场一直沿用 20 世纪 50 年代初国务院颁布的《中华人民共和国劳动保险条例》。工伤保险待遇作为一项社会政策由企业负责落实，一旦发生工伤事故，工伤人员医疗费、工伤残废、完全永久性丧失劳动能力、生活费及工亡职工供养直系亲属生活补助费都由企业承担，有些甚至几十年不能了结，成为企业长期沉重负担。

1993 年底，海南省施行《海南经济特区城镇从业人员工伤保险条例》。农垦总局从 1997 年开始在国家劳动部、海南省社会保障局的指导与支持下，经过 4 年左右的筹划，于 2000 年 6 月制定了《海南省农垦系统从业人员工伤保险暂行办法》和《海南省农垦系统从业人员工伤保险管理规定》并从 8 月 1 日起实施。西联农场从此开始建立工伤保险制度，实行西联农场工伤保险系统统筹。2007 年起西联农场建立职工生育保险制度，生育保险实行总局统筹。

第五章　安全生产管理

第一节　安全教育

西联农场建场后，根据现代安全生产管理理论、方法、模式、标准规范等加强安全生产管理。

1985 年起，为适应体制改革形势的需要，解决因生产技术发展和产业结构改变而带来的新形势、新课题，西联农场加大了安全教育的力度。举办安全管理人员培训班，进行安全生产方面的宣传教育；建立安全教育登记卡，对特殊工种进行技术培训；增强了宣传教育的针对性和灵活性，使农场的安全管理人员、领导干部、特种作业人员的安全素质得到了很大提高。除了坚持正常的安全教育外，为提高安全人员的业务素质，农场还经常同时选送部分特种作业人员参加上级部门培训。由于狠抓安全教育，增强了广大职工群众的自我约束能力和自身保护能力，促进了农场安全生产工作的健康发展。

第二节　安全管理

西联农场建场后对安全生产管理工作很重视，由保卫科和生产部门兼管安全生产管理工作。

海南农垦创建时期第一次劳动工资会议上，明确安全生产管理是劳动工资部门的工作任务。1988 年农垦总局成立安全生产委员会，1990 年成立安全生产管理处等机构。西联农场相应建立安全生产委员会（安全管理委员会），场（厂）配专职安全干部，车间、生产队成立安全生产小组，配兼职安全员。1992 年，总局撤销安全生产管理处后，西联农场结合农场实际，安全生产管理工作划交相关工业处管理。2008 年场工业处更名为农场社区管理处，社区管理处同时挂安全生产管理委员会办公室牌。

2002 年，西联农场安全生产管理职能转移到工业基建机务处，在抓生产、抓技术的同时，抓安全生产。根据《中华人民共和国国家安全生产法》和新形势下安全生产工作的需要，安全生产管理委员会办公室对原有的安全生产检查制度和安全生产培训教育制度进行了修订，并根据海南农垦总局安全生产相关管理办法和相关通知，制定了国营西联农场《安全生产检查及事故隐患整改办法》《安全培训管理办法》《安全生产工作考核办法》等，从制度上加强监管，从机制上强化制约。在此基础上，安全生产管理委员会办公室将安全生产责任进一步分解、细化，在给下属单位下达生产经营指标时，同时下达生产事故、交通事故、火灾事故、职业危害以及经济损失控制指标，明确各自的安全生产工作目标和管理责任。同时定期和不定期进行安全生产检查，检查时对发现的安全隐患及时整改。

第三节　安全监察

根据《宪法》的相关规定及中央人民政府指示精神和海南农垦总局的要求，西联农场进一步明确了劳动保护工作的本质和任务，并作为一项重要任务，综合管理劳动保护工作，组织推动各产业系统贯彻执行中央和农垦总局有关劳动保护政策、法令和规定，依法进行监督检查。

1954 年，西联农场建立了安全监察机构，为保证安全发挥了积极作用。

1958 年开始的"大跃进"，冲击了已初步建立的劳动保护管理体制，给劳动保护工作带来了严重的损失，西联农场各级安全监察机构被精简合并，劳动保护工作在发展中受到了挫折。

1963 年，根据国务院印发的《关于加强生产中安全工作的几项规定》，西联农场重新确立了劳动保护工作的管理体制，恢复了各级安全监察机构。

1966 年至 1976 年期间，安全监察工作又一次受到冲击，劳动保护机构基本上被撤、并，工作基本处于停顿状态。

1979 年下半年，国务院先后发布安全监察工作相关若干文件，西联农场遵照国务院相关文件精神，开展安全监察工作，培训安全监察干部，成立了专门从事技术检验的检验机构，使监察、检验工作有了新的起色。

1988 年开始，西联农场的安全监察、治理工作和劳动保护的整顿工作有了新的发展。根据国家和农垦总局的相关文件精神及要求，农场开展了"查思想、查纪律、查制度、查领导"的安全大检查，安全监察工作上持续稳定向好。

第六章　土地管理

第一节　土地利用与管理

一、土地变迁

（一）土地划入及划出

西联农场始建于1952年。场有土地于1956年经海南行政公署审批划拨。1971年海南区革命委员会又批准划入3951亩土地。由上级决定，1977年长坡公社大老大队并入西联农场，并入土地2.18万亩。2000年为了摸清农场土地面积，根据《海南省农垦总局关于开展土地资源利用现状调查的通知》，经由农垦设计院对西联农场土地调查核对工作，总共调查西联农场7个作业区、49个生产队，调查成果显示西联农场土地总面积15.8万亩。

2005年农场确权发证面积14.9万亩，未确权面积0.43万亩，争议面积0.1万亩。

2009年因农垦体制改革，西联农场将7.67万亩土地划转给海南农垦集团有限公司。

1. **西流农场**　西流农场建于1951年1月，其前身为海南军政委员会于1951年建立的木排垦殖场，1952年划归农垦领导并扩建。1956年，西流农场场有土地经海南行政公署批准划拨。1959年和1970年又划入少量国有荒地。由上级决定，1977年、1981年，西流农场先后并入原和庆公社的6个农村生产队，土地2968亩。西流农场实行三级管理、二级核算体制，下设4个作业区，33个生产队。2000年，为了摸清农场土地面积，经由农垦设计院对西流农场土地调查核对工作，总共调查西流农场4个作业区、33个生产队，调查成果显示土地总面积8.72万亩。2005年农场确权发证面积3.75万亩，未确权3.47万亩，争议面积1.61万亩。2009年因农垦体制改革，将3.85万亩土地划转给海南农垦集团有限公司。

2. **新盈农场**　新盈农场以原建于1952年的西泉农场（后属西联农场）抱舍地区土地于1957年5月扩建而成。场有土地于1965年3月经广东省人民委员会审查批准划拨。1970年、1971年、1972年，经海南行政区革命委员会批准划入乾彩、东光、抱舍等地区的部分土地。1977 年、1978 年分 3 批并进原光村公社苏村大队土地 1.3 万亩。2003 年年报场有土地面积 9.0540 万亩，已开垦利用 8.7105 万亩。2005 年已确权发证 10.24 万亩，确权未发证 0.29 万亩，争议面积 0.54 万亩。2009 年因农垦体制改革，将 5.47 万亩土地划转给海南农垦集团有限公司。

2009 年 3 月 20 日，中共海南省农垦总局委员会、海南省农垦总局《关于部分农场（社区）重组的决定》的文件要求，将原有的西联、新盈和西流农场（社区）重组为新的西联农场（社区），场部设在原西联农场，重组合并的土地总面积 36.2 万亩，其中已确权发证面积 28.88 万亩（划转给海胶集团的土地面积 16.52 万亩，农场土地面积 12.36 万亩），确权未发证 3.76 万亩，未确权面积 1.13 万亩，争议面积 2.25 万亩。

至 2020 年，西联农场公司有划拨土地 21.05 万亩，其中，已确权发证 18.89 万亩（与海胶重叠面积 2.22 万亩），核减重叠面积后，实际西联农场公司剩余面积 16.67 万亩，有争议未确权土地 2.16 万亩。

（二）土地分布

1. **西联农场** 西联农场是海南农垦总局下属的以橡胶生产为主的国有农业企业，位于海南省儋州市域内。地理坐标在东经 109°26′14″～109°36′46″，北纬 19°33′10″～19°44′20″。农场土地东邻国营西流农场，南接那大镇辖区，西邻国营西庆农场，北抵东成乡，中部为洛基镇所隔。

2. **西流农场** 西流农场是海南省农垦总局下属的以橡胶生产为主的国有中型一类企业。场区位于海南省儋州市域内。地理坐标为东经 109°33′58″～109°44′56″，北纬 19°30′14″～19°38′42″。农场跨儋州市和临高县，土地四界东邻澄迈县域内的和岭农场，南邻和庆镇，西接国营西联农场，北抵临高县境内的国营加来农场。场部设于场区南侧，距那大镇 17 公里，距海口市 130 公里。

3. **新盈农场** 新盈农场位于海南省儋州市东北部。地理坐标为东经 19°28′00″～19°38′00″，北纬 19°43′08″～19°51′48″。场区东接临高县界（有 4 个生产队在临高县域内），南邻东城乡，西连光村镇，北抵泊潮港。场部设在西线高速公路 87 公里碑南侧约 2 公里处，至儋州市那大镇 40 公里，至洋浦开发区 42 公里，至海口市 89 公里。

二、土地条件

（一）西联农场

场区地势南高北低，海拔高度一般为 40～140 米，最高的大吉岭海拔 183 米 。地形以低丘台地为主，坡度多在 5°左右，东部和西部丘陵起伏，坡度在 15°左右。

西联农场年平均气温 23.3℃，月平均气温最高的 6、7 月为 27.7℃，最低的 1 月为 16.9℃，极端高温和低温曾分别出现 40.3℃和－1.1℃（1955 年 1 月 11 日）。年平均降水量 1584 毫米，5 至 10 月为雨季。降水量占全年的 85%。琼海市一带登陆的台风常穿越场区出海，风力约 8～9 级，最大 11 级。

东南部土壤以片岩砖红壤为主，土层较厚，多为砾质黏壤土，保水性尚好；西南部以花岗岩砖红壤为主，土层较厚，砾质黏壤，保水性好；北部为沉积物砖红壤，土层深厚，沙壤土，肥力较低。

（二）西流农场

西流农场土地海拔高度为 80 米至 140 米，最高的牛岭海拔 313 米。地形以低丘台地为主，坡度在 8°左右，局部地区坡度多在 15°左右。

西流农场土地年平均气温 23.8℃，月平均最高气温 7 月为 28.3℃，最低的 1 月为 17.1℃，极端高温曾达 40.1℃，极端低温 1955 年 1 月 12 日为－2℃。年平均降水量 1722 毫米，5 月至 10 月雨季降水量占全年 84%。琼海市一带登陆的台风常经过场区出北部湾，风力一般 8、9 级左右，最大 11 级。

垦前植被主要是次生杂木林和稀树灌木林，东南部有草类或灌木草类群落。土壤东南部为花岗岩砖红壤，土层较厚，砾质黏壤，有机质含量中等，保水性好，西北部为岩砖红壤，土层中等，砾质黏壤或轻黏壤土，保水性好。

场内有海岸河、木排河、和庆河、大域河等溪流，均自南向北汇入文澜江。松涛东干渠及那大分干渠穿过场区，有灌溉农田之利。

（三）新盈农场

新盈农场场区地势为中部高四周低的平缓台地，大王岭为全场最高点，海拔 188 米，其余地区海拔一般为 20 米至 160 米，坡度多在 5°以下。年平均气温 22.9℃，月平均气温最高的 6、7 月为 28℃，最低的 1 月为 16.9℃。年平均降水量 1600 毫米左右，雨季降水量占全年的 89%，多雨的 8、9 月，月降水达 300 毫米。从琼海市以北登陆的台风多经过场附近地区出海，最大风力约 11 级至 12 级。

垦前植被大部分地区是草地或灌木草地，西南地区有少量次生杂木和稀疏灌木群落。土壤以玄武岩风化发育形成的砖红壤为主，土层深厚质地黏重，渗透性差，易涝易旱，有机质含量较丰富，但一般缺钾，有效磷低。

新盈农场场区内有狗仔沟、钢鼓沟、南蛇沟等数条小溪沟，水流量小，均向北流经泊潮港入海。但地下水源丰富，生活用水靠机井取水供应。西部地区有小水库即黑墩沟水库，可灌溉农场少量农田。

三、土地利用

西联农场已开发利用的土地有：①场部建城区用地面积：4503.78亩。②农业、林业用地面积：116793.08亩。其中：林地面积19000亩；耕地面积83763.61亩（含职工自营经济面积28023亩，已签合同面积27958.70亩，未签订合同面积64.30亩，老生产队水旱田面积5353.78亩，转制队耕地面积50386.83亩）。海胶使用农场预留土地14029.47亩。③居民点、道路用地面积11392.6（居民点用地面积8409.44亩，道路用地面积2983.16亩）。④水域面积5563亩。⑤工矿面积1907.84亩。⑥未利用荒地面积5368.68亩。⑦争议土地面积21594.67亩。⑧被占土地面积21146亩。⑨海胶重叠面积22256.28亩。

四、土地权属管理

西联农场公司土地权属是依据政府划拨土地，经县级以上人民政府批准的农村并场、转制，以及依法征用、交换取得的国有土地。农场公司土地的所有权属于国家，土地使用权属于农场。权属管理是依据《中华人民共和国土地管理法》《海南经济特区土地使用权有偿出让规定》《海南省农垦国有农场农业用地经营管理暂行办法》及农场公司相关规定实施管理。土地运营部门负责本场（公司）土地的管理和监督工作的职能能部门。属农场范围内的土地，需用地单位或个人向职能部门提出书面申请，经农场公司批准可使用。

第二节　土地管理方式创新

一、农业用地规范化管理

（一）创新土地管理方式

2015年11月27日，《中共中央国务院关于进一步推进农垦改革发展的意见》正式公布，提出创新土地管理方式。

土地是农垦最重要的生产资料，是农垦存在与发展的基础。要从强化农业基础地位、切实保护国有土地资源、实现可持续发展的高度，深化农垦土地管理制度改革。严禁擅自收回农垦国有土地使用权，确需收回的要经原批准用地的政府批准，并按照有关规定予以补偿，妥善解决职工生产生活困难，依法安排社会保障费用。加强土地利用总体规划及年度计划管理，严格执行土地用途管制制度，对农垦土地严格实行分类管理，禁止擅自将农用地转为建设用地。切实落实耕地占补平衡制度，加快划定永久基本农田。强化农垦土地权益保护，严肃查处擅自改变农垦土地用途和非法侵占农垦土地行为。用 3 年左右时间，基本完成农垦国有土地使用权确权登记发证任务，工作经费由中央财政、地方财政和国有农场共同负担。推进农垦土地资源资产化和资本化，创新农垦土地资产配置方式。对农垦企业改革改制中涉及的国有划拨建设用地和农用地，可按需要采取国有土地使用权出让、租赁、作价出资（入股）和保留划拨用地等方式处置。省级以上政府批准实行国有资产授权经营的国有独资企业、国有独资公司等农垦企业，其使用的原生产经营性国有划拨建设用地和农用地，经批准可以采取作价出资（入股）、授权经营方式处置。有序开展农垦国有农用地使用权抵押、担保试点。保障农垦产业发展和城镇化建设合理用地需求。农垦现有划拨建设用地，经批准办理有偿使用手续后，可以转让、出租、抵押或改变用途，需办理出让手续的，可以采取协议方式。农垦土地被依法收回后再出让的，其出让收入实行收支两条线管理，市县分成的相应土地出让收入要按规定积极用于农垦农业土地开发、农田水利建设以及公益性基础设施建设。

（二）　清理调整不合理土地承包关系

2015 年 12 月 16 日《中共海南省委　海南省人民政府关于推进新一轮海南农垦改革发展的实施意见》（琼发〔2015〕12 号）正式出台，提出清理调整不合理土地承包关系。

1. **构建权利义务关系清晰的国有土地经营制度**　根据实际选择作物承包、土地承包或土地股权承包的方式完善职工家庭承包经营，建立经营面积、收费标准、承包租赁期限等与职工身份相适应的衔接机制。职工承包租赁期限不得超过其退休年限，防止简单固化承包租赁关系。职工退休时，在同等条件下其承包租赁土地可由其在农场务农的子女优先租赁经营。

2. **清理调整不合理土地承包关系**　组织开展农场农用地使用清理规范专项工作，重点解决土地承包租期过长、租金过低等问题，加强承包和租赁收费管理，全面推行收支公开，强化审计监督。对超法定期限承包土地等违法情形，要依法撤销合同并收回土地；对拖欠租金、擅自改变土地用途、破坏土地资源、长期闲置、私下流转等违约情形，要依法解除合同并收回土地；对一些租金过低的合同，要依法变更或终止合同。采取按承包面积阶梯提高租金、地上长期作物分期补偿等办法收回不合理承包土地。农场干部要带头将不合理承包土地退回农场。坚决收回农场被私垦私占的土地。清理调整不合理土地承包要充分发动群众，及时公示清理结果，接受群众监督和举报。

3. **完善"基本田"和"经营田"制度**　在调查摸底的基础上，清理规范农场"基本田"和"经营田"分配管理制度。按照"均衡分配、公开公平"的原则，农场筹集土地首先要作为"基本田"优先分配给无地或承包土地面积在平均水平以下的职工家庭，特别是零就业家庭，确保农场每个职工家庭拥有自己的"基本田"。对"经营田"要实行阶梯地租。积极探索"分利不分地"办法，由农场从阶梯地租或流转其土地承包经营权所得收益中，给予无地、少地和劳动能力不足的职工相应于"基本田"的收益补偿。

4. **加快土地信息系统建设**　制定公布农场基本地租定期发布制度。建立省农垦控股集团与二级企业（农场）联网的土地开发建设和土地承包租赁数据库，载明土地开发建设项目审批、项目建设进程、项目收益以及土地承包合同、地块属性、土地流转、租金缴交等动态数据信息，固化土地管理，加强全程管控和动态监管，实现"信息管地"。

（三）　落实海南省关于推动土地管理制度改革的实施意见

2016 年 4 月，西联农场贯彻落实中共海南省委、海南省人民政府《关于推进新一轮海南农垦改革发展的实施意见》（琼发〔2015〕12 号）和中共海南省委办公厅、海南省人民政府办公厅《关于加强农垦土地利用管理的意见》（琼办发〔2014〕29 号），推进农垦土地管理制度改革，促进农垦土地资源合理利用和有效保护，有力促进和保障农垦改革发展，落实海南省关于推进新一轮农垦土地管理制度改革的实施意见。

（四）　明确工作基本原则，　目标及操作规程

2016 年，西联农场根据《关于转发李军副书记对启动第二批农场农用地规范管理工作的批示的函》（琼委农办函〔2016〕43 号）、《省深化海南农垦管理体制改革领导小组办公室关于印发海南省农垦国有农场农业用地规范管理工作方案的通知》（琼垦改办发〔2016〕18 号）等省委省政府及海垦控股集团关于开展农业用地规范化管理的工作部署，结合农场公司的实际，2017 年 1 月 10 日研究制定了《海南省国营西联农场、海胶集团西联分公司农业用地规范管理工作方案》。明确了工作的基本原则、目标任务及操作规程。

2017 年 1 月 11 日儋州市召开垦区农业用地规范管理动员大会后，根据农场公司领导的指示，同年 1 月 13 日，西联农场分别在西流片区、新盈片区组织召开了全体机关干部、生产队队长参加的动员大会。

（五）　扎实开展第一阶段的基础调查工作

调查摸底，准确把握职工群众家庭人口，用地等信息资料，是开展农业用地规范管理基础性的工作。根据工作流程,第一阶段(2017 年 1 月至 2017 年 10 月),面对各种错综复杂的情况,认真细致地对 120 个生产队,14309 户职工家庭进行了全面的调查。共计完成职工自营经济用地调查 11051 宗,面积 75870 亩(其中:已指界确认 8538 宗,面积 39919 亩;强行指界 2066 宗,面积 10953.8 亩;水田 447 宗,面积 24997.2 亩);海胶生产用地 496 宗,面积 137840 亩;对外租赁地 15 宗,2641.1 亩。

二、合同换补签工作

根据海南省农垦投资控股集团有限公司《关于做好农场农业用地规范化管理的合同换(补)签工作的紧急通知》(琼垦企发〔2016〕504 号)、海南省农垦投资控股集团有限公司《关于在农场土地承包合同换(补)签工作中必须严格执行有关规定的通知》(〔2017〕241 号)等相关文件要求,西联农场制定实施办法适用于农场公司农业用地清理后,换(补)签的承包合同。同时,也作为本单位今后农用地规范管理流转土地价格的指导依据。

1. **农业用地合同换(补)签实施办法的适用范围**

(1)内部职工居民承包管理适用范围。农场公司内部职工居民(户籍在本农场公司辖区的职工居民),承包农场公司的农业用地与农场公司换(补)签的土地承包合同;农场公司内部职工居民私垦私占农场公司的农业用地(包括国有胶园、防风林带、农场公司管护的公益林)及纳入农场公司发展规划的土地。

(2)对外租赁适用范围。农场公司之外的单位、户籍不在农场公司辖区的个人(不包括侵占农场公司土地的周边村民)租赁农场公司农业用地与农场公司换签的土地租赁合同。

(3)外单位人员侵占土地适用范围。周边村民侵占农场公司农业用地,本应依法收回,但因种植了长期作物等原因,一时无法收回,本着尊重历史,面对现实的原则,且为了扶持当地农村经济发展,农场公司与村民补签的土地租赁合同。

2. **农场公司内部人员承包农业用地基本承包费的确定**　具体见表 3-6-1、表 3-6-2。

表 3-6-1　西联农场内部人员承包农业用地基本承包费[元/(亩·年)]

土地类型	水田	旱田	园地	养殖水面	其他用地	人工林地	每 5 年增幅
一类	300	250	200	250	80	80	
二类	280	200	150	180	65	65	6%
三类	250	180	120	120	55	55	

表 3-6-2　西联农场公司对外租赁农业用地价格表 ［元/（亩·年）］

土地类型	水田	旱田	园地	养殖水面	其他用地	人工林地	每 5 年增幅
第一类	550	450	350	400	180	150	
第二类	450	350	280	350	160	130	6%
第三类	350	250	200	250	120	110	

三、被占地调出收回工作

至 2020 年，根据海垦控股集团《海南农垦被占地调处收回工作三年行动计划》《海南农垦 2020 年被占地调处收回工作方案》的部署，西联农场公司为维护国有划拨土地的合法权益，促进垦地融合发展，扎实有效地开展被占地土地的调处收回工作。

①全面完成 654 宗、21157 亩宗地图斑制作，并逐一对宗地的土地现状、侵权占地的时间、所在村镇种植作物等详细情况进行了登记。

②对被占地进行分类处置。目前已分类处置收回的共有 286 宗 6024.9 亩。主要分为以下 8 种类型：一是已发证含海胶的 40 宗 1213 亩；二是已收回签订合同的 41 宗 612 亩；三是权属在农场公司，但现在为海胶基地分公司在使用的 47 宗 1750.6 亩；四是权属外的 12 宗 608 亩；五是已被政府征用的 20 宗 1195 亩；六是现为并场队使用，土地证记载在农场，但并场时允许其保有使用权的 4 宗 189 亩；七是无人使用的弃荒地 39 宗 384 亩；八是与其他单位发证重叠 2 宗 73.3 亩。

四、"两违"整治工作

根据《海南省人民政府办公厅关于印发海南省深化生态环境六大专项整治行动计划（2018—2020 年）的通知》《海南省农垦投资控股集团有限公司关于整治违法用地和违法建筑工作实施方案》及儋州市政府下发的关于"两违"整治的有关文件精神，2019 年 2 月以来西联农场公司党委高度重视"两违"工作，以担当作为、敢于攻坚克难的责任意识，全面有效地开展"两违"整治工作，做到有组织、有方案、有布置、有落实。2020 年，共计完成疑似"两违"图斑调查 1916 宗，面积 991 亩，建筑面积 702010 平方米，其中西联片区 801 宗，建筑面积 492640 平方米；西流 438 宗，建筑面积 65120 平方米；新盈片区 677 宗，建筑面积 144250 平方米。已拆除自查违建 13 宗，13868.14 平方米。系统消违处置 1481 宗，其中西联 671 宗，西流 272 宗，新盈 538 宗，占计划消违任务指标的 77.3%。

第七章　政务管理

第一节　办公综合管理

一、机构设置

1978 年至 2005 年，西联农场设立行政办公室。

2006 年至 2008 年，西联农场设立党政办公室。

2009 年至 2016 年，西联农场设立行政办公室。

2017 年至今，设立综合部。综合部设立文秘组、会务组、信息组、保密组、接待组（车辆组）、资产组及法律事务组。

二、工作职责

（一）行政办公室工作职责

①负责行政管理和日常事务，当好参谋助手，协助搞好各部门之间的综合协调，加强对各项工作的督促和检查，建立完善各项规章制度，促进各项工作规范化管理。

②依据上级的文件规定制定相关的管理办法（方案），制定工作计划，检查、督促工作计划落实情况，处理来往文件，做好文书档案管理工作，对会议、文件决定的事项进行催办、查办和落实。

③负责协调落实领导小组各项工作决策部署和议定事项；督促、检查各项工作落实情况；努力提高工作质量和办事效率；努力完成工作计划，完成领导小组交办的其他任务。

（二）综合部工作职责

①负责公司党委会、董事会、经营班子会等会议的筹备、服务、保障工作，重要、大型、综合活动的筹备、协调工作，以及重点工作督查、督办；

②负责公司党委会、董事会和经营班子的工作计划、总结报告等综合材料的起草工作；

③负责公司党委会、董事会和经营班子成员的联系与服务工作；

④负责公司各项工作情况信息的收集、整理、传递工作；

⑤负责公司信息化、办公自动化建设，提高公司管理效率；

⑥负责公司公文处理及文件资料的归档、保密工作；

⑦负责公司印章、执照、证照的管理工作；

⑧负责公司办公设备、用品和总部固定资产的管理工作；

⑨负责公司总部安全保卫、后勤接待、办公场所保洁等工作；

⑩负责公司党委会、董事会和经营班子交办的其他工作。

三、管理制度

2017年，综合部制定了公文处理规定、会议管理规定、保密管理规定、印章管理规定、业务接待管理办法、办公用品管理制度、办公区域环境整洁管理规定、关于员工差旅费的管理规定、关于进一步加强机关车辆管理的规定、工作用餐规定。

第二节　应急管理

西联农场建场后，一直对应急管理工作高度重视。为提高农场保障生产经营安全和处置生产安全事故的能力，最大限度地预防和减少生产安全事故及其造成的损害，保障职工的生命安全健康，维护农场稳定，促进和谐农场建设。农场根据海南省农垦总局生产安全事故应急预案相关要求，结合农场实际，制定《生产安全事故应急预案》《三防工作应急预案》及《安全生产信息报告与事故应急处理管理办法》等应急管理相关工作预案和管理办法。

为加强对农场生产安全事故应急处理工作的统一领导、统一指挥，农场设立了生产安全事故应急处理指挥部、"三防"工作指挥部，总指挥由农场主要负责人兼任，亲自抓。并下设指挥部办公室，办公室主任由常务副总指挥兼任，具体负责农场安全生产的日常管理工作和生产经营过程中发生的事故及灾情的组织指挥、协调处置等工作。并建立下属各单位联系点，联系点负责人由各副总指挥兼任，负责指挥联系点单位的安全生产工作，随时掌握和分析生产安全情况，指导、监督、督促、和检查下属各单位的日常安全生产工作及开展抢险救灾等相关工作。并从农场机关各部门管理人员及下属各单位管理人员和保安队伍中抽取人员组成综合协调组（医疗救护）、抢险组、安全保卫组（救灾安置保障组）、事故调查组、后勤保障组、善后处理组等多个应急组。根据农场应急预案规定和要求，明确各级职责分工，明确信息报告和处理事项、分级响应标准、预案启动条件、响应程序等工作。同时建立保障措施，在抢险救灾、应急物资装备、医疗卫生、应急队伍管理、宣传培训与演练、督查与奖惩、通信与信息等工作上预算和投入足额专项经费，保证农场安全生产保障体系的正常运转，确保各项工作有效开展和高效实施。

第三节　场务、政务公开

1993年3月以后，西联农场认真贯彻落实中纪委、国家经贸委、全国总工会《关于推行厂务公开制度的通知》精神，按照海南农垦总局的要求，在全场推行场务公开制度。2000年7月全国厂务公开工作电视电话会议以后，组织学习贯彻。场务公开工作向生产经营管理领域拓展，规范化管理得到了加强。通过推行场务公开，进一步加强了基层民主政治建设，提高职工群众的主人翁积极性、创造性，促进农场的改革发展和稳定。

1999年3月，西联农场党委对场务公开工作高度重视，贯彻落实中纪委、国家经贸委、全国总工会《关于推行厂务公开制度的通知》精神，农场党委成立了场务公开协调小组。协调小组设立办公室，办公室设在工会，从农场纪委、工会、办公室抽调得力的人员参加，负责场务公开的日常工作。西联农场先后下发了《关于推行场务公开制度的通知》《西联农场场务公开实施意见》《关于进一步做好场务公开规范化管理的实施意见》，并经常深入基层，调查研究，抓好试点，总结经验。其中：西联农场在1999年6月召开的海南省场务公开工作会议上做典型经验介绍，受到省委常委、省纪委书记刘学斌的肯定。

1999年3月，在推行场务公开之初，海南农垦总局以西联农场作为试点，在省纪委、省总工会的具体指导下，分八步开展试点工作：一是制定试点方案；二是编印宣传提纲，组织学习宣传；三是深入调查研究，召开座谈会，征求职工群众的意见；四是成立场务公开组织机构；五是制定实施方案和10项公开制度，在调查研究、广泛征求职工群众的意见的基础上，制定《西联农场场务公开实施方案》，实行生产经营重大决策公开、工程项目招标公开、业务招待费公开等10项公开制度；六是建立场务公开栏；七是召开职工代表大会；八是总结提高。海南农垦总局在西联农场推行试点有四点收获：一是提高了思想认识；二是明确了公开内容；三是明确了公开形式；四是明确了操作程序。

2000年7月全国厂务公开工作电视电话会议以后，为了推动场务公开向深层次发展，海南农垦总局又把西联农场列为规范化管理的示范点，努力在六个方面深化场务公开工作。一是规范运行机制。建立了党委领导、行政负责、纪委、工会监督的机制，制定了目标责任制，并根据行政的工作职能，成立了十项公开制度的专门工作小组。二是规范公开内容。推动场务公开向生产经营管理领域延伸，并在内容真实可信上下功夫。在原来十项公开制度的基础上，对场务公开的内容进行了充实完善。三是规范公开形式。明确职工代表大会是场务公开的基本形式，公开栏是场务公开的主要形式，其他形式是场务公开的辅助形式，并侧重办好场务公开栏，把它列为合格验收的硬条件。四是规范公开时间。法定时间，即按《企业法》的规定，每年召开两次职工代表大会，每季度召开一次代表团组长联席会议，凡属职代会职权范围内的事项，必须公开；常规性时间，即常规性工作，按月以公开栏的形式公开；阶段性时间，即阶段性工作，在事前和完成任务后，及时公开。五是规范操作程序。六是规范监督机制。通过场务公开规范化管理的示范点，西联农场摸索到了深化场务公开，提高公开质量的途径，使西联农场的场务公开工作迈上新的台阶。

2017 年，西联农场公司成立，为了推进企务公开工作，西联农场公司在总结场务公开的基础上，制定企务、区务、队务公开标准。一是有机构。企务、区务、队务三级公开领导机构健全，形成党委统一领导，党政共同负责，有关方面齐抓共管，纪委协调监督，工会积极主动，员工全员参与的领导机制和工作机制。二是有方案。制定企务、区务、队务三级公开方案和公开制度。三是有阵地。在显眼的地方设有美观、大方、固定、防风防雨的企务、区务、队务三级公开栏。四是有内容。围绕重点项目、重点工作及重点问题，确定公开内容。五是有效果。通过企务、区务、队务三级公开，促进了企业各项工作开展。

第四节　档案管理

西联农场设有档案室。农场重视档案管理，每年都把当年的档案材料整理存档。具体文件归档情况如下：

收集 1979 年材料，组成 18 卷（其中永久 8 卷，长期 9 卷，定期 1 卷）。

收集 1980 年材料，组成 18 卷（其中永久 12 卷，长期 5 卷，定期 1 卷）。

收集 1981 年材料，组成 21 卷（其中永久 13 卷，长期 6 卷，定期 2 卷）。

收集 1982 年材料，组成 22 卷（其中永久 14 卷，长期 5 卷，短期 3 卷）。

收集 1983 年材料，组成 27 卷（其中永久 13 卷，长期 4 卷，短期 10 卷）。

收集 1984 年材料，组成 22 卷（其中永久 15 卷，长期 4 卷，短期 3 卷）。

收集 1985 材料，组成 25 卷（其中永久 16 卷，长期 3 卷，短期 6 卷）。

收集 1986 年材料，组成 33 卷（其中永久 22 卷，长期 7 卷，短期 4 卷）。

收集 1987 年材料，组成 36 卷（其中永久 22 卷，长期 3 卷，短期 6 卷）。

收集 1988 年材料，组成 37 卷（其中永久 21 卷，长期 11 卷，短期 5 卷）。

收集 1989 年材料，组成 31 卷（其中永久 17 卷，长期 10 卷，短期 4 卷）。

收集 1990 年材料，组成 26 卷（其中永久 14 卷，长期 6 卷，短期 6 卷）。

收集 1991 年材料，组成 23 卷（其中永久 14 卷，长期 3 卷，短期 6 卷）。

收集 1992 年材料，组成 21 卷（其中永久 8 卷，长期 5 卷，短期 8 卷）。

收集 1993 年材料，共立卷 17 卷，其中：永久 7 卷，长期 5 卷，短期 5 卷。

收集 1994 年材料，共立卷 13 卷，其中：永久 6 卷，长期 5 卷，短期 2 卷。

收集 1995 年材料，组成 14 卷（其中永久 7 卷，长期 4 卷，短期 3 卷）共 265 件。

收集 1996 年材料，组成 14 卷（其中永久 6 卷，长期 3 卷，短期 5 卷）共 270 件。

收集 1997 年材料，组成 14 卷（其中永久 5 卷，长期 3 卷，短期 6 卷）。

收集 1998 年材料，组成 16 卷（其中永久 6 卷，长期 4 卷，短期 6 卷）。

收集 1999 年材料，组成 20 卷（其中永久 6 卷，长期 6 卷，短期 8 卷）。

收集 2000 年材料，组成 15 卷（其中永久 7 卷，长期 5 卷，短期 3 卷）。

收集 2001 年材料，组成 16 卷（其中永久 10 卷，长期 3 卷，短期 3 卷）。

收集 2002 年材料，组成 19 卷（其中永久 11 卷，长期 3 卷，短期 5 卷）。

2003 年归档文件共 247 件（份），11 盒。其中永久 51 件（份），4 盒，长期 38 件（份）2 盒，短期 158 件（份），5 盒。

2004 年归档文件共 347 件（份），16 盒。其中永久 70 件（份），5 盒，长期 61 件（份）3 盒，短期 216 件（份），8 盒。

2005 年归档文件共 354 件，16 盒。其中永久 58 件，长期 47 件，短期 249 件。

2006 年归档文件共 481 件，18 盒。其中永久 75 件，长期 64 件，短期 282 件。

2007 年归档文件共 399 件，19 盒。其中永久 75 件 5 盒，长期 74 件 3 盒，短期 254 件 11 盒。

2008 年归档文件共 381 件，18 盒。其中永久 75 件，长期 125 件，短期 181 件。

2009 年归档文件共 522 件，28 盒。其中永久 145 件，30 年 108 件，10 年 269 件。

2010 年归档文件共 560 件，24 盒。其中永久 164 件，30 年 143 件，10 年 253 件。

2011 年归档文件共 544 件，24 盒。其中永久 161 件，30 年 137 件，10 年 246 件。

2012 年归档文件共 342 件，27 盒。其中永久 170 件，30 年 230 件，10 年 342 件。

2013 年归档文件共 880 件，37 盒。其中永久 161 件，30 年 178 件，10 年 541 件。

2014 年归档文件共 1126 件，39 盒。其中永久 158 件，30 年 187 件，10 年 781 件。

2015 年归档文件共 1243 件，35 盒，其中永久 129 件，30 年 226 件，10 年 888 件。

2016 年归档文件共 1430 件，42 盒，其中永久 196 件，30 年 381 件，10 年 853 件。

2017 年归档文件共 1497 件，39 盒，其中永久 160 件，30 年 526 件，10 年 811 件。

2018 年文件共 1773 件，59 盒，其中永久 243 件，30 年 362 件，10 年 1168 件。

2019 年文件共 1419 件，66 盒，其中永久 115 件，30 年 167 件，10 年 1137 件。

第五节　信访管理

1996 年 1 月 1 日起实施《信访条例》后，西联农场成立了信访工作领导小组。随着信访工作的逐步法制化、规范化以及人事变动，总局和直属单位的信访工作领导小组也随之作相应的调整、充实。2004 年 8 月，根据农垦总局党委和总局联合印发了《关于进一步加强垦区信访工作的通知》，明确"单位的主要领导是信访工作第一责任人，要认真履行职责，按照'分级负责、归口管理'和'谁主管、谁负责'的原则，第一责任人对信访工作负总责，分管信访工作领导负直接责任"。

2009 年，海南农垦深化改革，推行扁平化管理，农场重组，就近并入大农场，西流农场、新盈农场并入西联农场。2010 年，根据工作需要，信访工作从行政办公室的职能中分离出来，成为一个独立的信访部门，设信访办公室主任 1 名、副主任 1 名、工作人员 1 名。

信访办公室的工作职责是受理群众来信来访，向领导报告重要信访情况，定期统计分析来访反映的问题，为领导决策提供依据；承办上级信访机关、党政领导和农场领导交办的信访案件，承办农场领导决定的由信访人员初查的案件。办理上级信访机关、党政机关交办的信访案件。调查研究信访工作出现的新情况新问题，结合实际制定、修改、完善信访工作规章制度。疏导做好上访人员的思想工作，维护正常工作秩序，完成领导交办的其他工作。

2017 年，海南农垦进一步深化改革，进行公司化改造，海南农垦西联农场有限公司成立，信访办公室并入事务协调部，在农场公司党委的领导下开展工作，建立健全信访工作制度，完善组织机构，以习近平新时代中国特色社会主义思想为指导，深入学习贯彻中共十九届二中、三中、四中全会和省委七届八次全会精神，坚决落实中央、省委、海垦集团党委的决策部署，增强忧患意识，树立底线思维，从严从细从实做好各类风险隐患防范化解和管控工作，开展矛盾纠纷排查，建立健全工作台账，受理职工群众来信来访，实行领导接访包案化解矛盾纠纷机制，回应职工群众合理诉求，化解矛盾纠纷。

第八章　人力资源和劳动保障管理

第一节　农场人事管理

一、机构编制管理

西联农场从建场至今都是根据各个时期生产的需要，并按当时国家劳动就业政策和上级有关规定编制计划，报上级批准后，按额度安置本场职工子女、部队转复退伍军人、上山下乡知识青年、归国华侨、社会闲散人员中的青壮年就业，以补充农场生产发展和因部分职工衰老离退休等造成的劳动力不足。

二、农场人事管理

人事的管理，在1953年前无职能机构，具体业务设专人管理。1954年、1955年各垦殖所先后撤销后，农场设经营管理科（股），人事管理工作得到加强。兵团时期劳工业务由团司令部负担，撤销兵团后又恢复劳动工资科。1979年以后，农场体制逐渐改变，加强经济责任制，劳工工作由组织科、劳工科管辖。

1978—1981年，由组织科负责干部管理相关工作、由劳工科负责工人管理相关工作。

1982—1992年，由组织科负责干部管理相关工作，由劳工科负责工人管理相关工作，由计划生育办负责管理计划生育相关工作。

1986年，为了巩固、完善、提高职工家庭农场，做好家庭农场的产、供、销服务工作，根据海南农垦局第三次家庭农场会议精神，把原设立的联营供销、生活、机运、建筑5个独立核算、自负盈亏的公司改为行政管理服务机构。撤销联营公司；撤销供销公司，设立供销科；撤销生活服务公司，设立生活服务科；撤销机运公司，设立工业集运科；撤销工程建筑公司，设立基建科。

1993—1999年，由党委办负责干部管理相关工作，劳工科负责工人管理相关工作，由计划生育办负责管理计划生育相关工作。

三、岗位职责管理

人事行政管理机构的主要任务是：在中共广东省委、海南区党委和垦殖所的领导下，围绕中国共产党各时期的中心任务，开展行政系统的干部人事工作，具体任务随着形势的发展而增加。

（一）海南建省前人事工作

1952 年，人事管理的主要的职责是：逐级建立人事机构，吸收、录用、培训、调配和提拔干部，搞好干部福利（主要是供给制），清理干部队伍。各级任免与提拔的工作人员都要经过人事部门的审查，并开展干部的思想教育改造工作。

1953 年后，人事工作任务逐渐增加，主要承担干部评级评薪、干部奖惩、干部退职退休、离职遣返处理、干部统计、群众来信来访、军队转业干部接待与安置、大中专院校毕业生分配等工作。

1984 年 3 月，人事管理的主要任务是：按照中共党的路线、方针、政策及党的决定，做好干部（科以下干部）调配、干部工资福利、技术干部管理、出国援外、吸收干部、行政监察、大专院校毕业生的分配和军队转业干部的安置、机构编制等工作。

1986 年，人事管理的主要职能是负责科以下的干部调配、调整、培训、考核等工作，吸收录用干部，军队转业干部的接收安置，高等院校和中等专科学校毕业生的调配等工作；承办任免干部的有关工作，工作人员奖惩方面的具体工作，行政机构、管理部门机构的编制工作；办理工作人员的工资福利工作，干部的退休退职工作，干部的调查统计工作，人事工作方面的群众来信来访等，以及承办党委和上级交办的其他人事工作事项。

（二）海南建省后人事工作

1988 年海南建省前夕，人事管理工作主要任务如下。

①按照干部管理权限和范围，负责干部的调配、调整、培训、考核和晋升工作。

②开展培养选拔中青年干部工作。

③吸收录用干部工作。

④军队转业干部的接收、安置工作。

⑤负责研究生、大中专毕业生分配、调剂工作。

⑥承办任免干部的有关工作。

⑦承办工作人员的奖惩和建立岗位责任制的工作。

⑧负责工作人员的工资福利工作。

⑨干部的退休、退职工作。

⑩干部的调查统计工作。

⑪机构改革和人员编制的管理工作。

⑫人才交流咨询服务工作。

⑬引进国外人才和智力以及自费出国留学工作。

⑭对下级相关人事部门的业务指导工作。

⑮办理人事工作方面的群众来信、来访。

⑯承办党委和上级交办的其他人事工作事项。

1988年海南建省后，人事管理主要职能与任务如下。

1. 主要职能　综合管理人事和编制；综合管理的专业技术人员，建立有利于人才成长、人才选拔、合理使用的管理制度；协调企业单位的人事制度改革；配合政治、机构改革的实施、职能调整，编制管理与综合管理全社会劳动力（主要是城镇劳动力和农村向城镇转移的劳动力）、职工工资、保险福利、就业前培训和在职工人培训、劳动保险监察等工作；拟定有关人事劳动工作的政策、法规和改革方案，指导和推动人事、劳动、工资制度和保险福利的改革，并搞好综合平衡、监督检查和协调服务等工作。

2. 主要任务

①按照干部管理权限和范围，负责干部的调配、调整工作。

②推行干部选聘和开展专业技术人员招聘借用工作。

③根据上级下达的增干指标，承办吸收录用干部工作。

④负责大中专毕业生的调配、派遣工作。

⑤检查下属单位有关人事劳动工作方针、政策的贯彻执行情况，进行业务指导。

⑥承办军队转业干部及其家属的接收安置工作。

⑦建立人才资源库，开展人才、信息交流和引进国外智力工作，负责专业技术人员的管理。

⑧承办任免干部的具体工作。

⑨承办工作人员的奖励工作。

⑩指导和承办工作人员的工资、福利工作和依照国家规定，承办干部的退休退职及其管理服务工作。

⑪配合有关部门抓好干部的培训、提高工作和协助党委组织部门做好选拔推荐优秀中青年干部工作。

⑫研究拟定劳动力管理、劳动就业、职工工资、社会保险、职工福利、就业前培训与

在职工人技术培训、劳动保护监察等项工作的政策、法规，并负责组织实施和监督检查。

⑬根据社会发展规划，汇总编制劳动工资计划，拟定劳动工资计划体制改革方案，后组织实施。

⑭管理有关劳动方面的对外技术合作和业务交流。

⑮组织推行有关人事、劳动、工资、保险福利、干部和职工技术培训、劳动保护等方面的科学研究、宣传教育工作。上级加强人事劳动系统干部队伍建设。

⑯承办上级交办的其他人事劳动工作。

1990 年，人事管理根据"三定"方案明确的职责为：

①贯彻执行党和上级的有关方针、政策和法规，研究拟定人事劳动和机构编制工作的具体政策和法规，经批准后监督实施。

②结合实际，研究拟定人事、劳动、工资、机构编制、专业技术职称、社会福利保险等方面的改革方案，并在批准后组织实施。

③主管工作人员（编制内）的考试、录用、流动、统计、考核、奖惩、培训、职务系列等工作，并按管理权限做好有关领导人员的任免工作。

④探索人事、劳动制度和机构编制的新模式；负责组织有关人事、劳动和机构编制等方面的政策研究，以及劳动、人事政策的归口宣传工作。

⑤负责知识分子政策方面的综合协调工作，综合管理专业技术人员，以及专业技术职务的聘任工作。

⑥负责人事制度改革的协调、指导工作；拟定人事管理的政策和法规。

⑦统筹管理待业人员的就业培训，规划、指导在职工人的技术培训。

⑧负责研究生、大中专毕业生的分配工作以及用工和吸收、调配工作。

⑨协同编制并组织实施工作人员计划和劳动工资计划，负责工资管理，定员定额管理和劳动合同化管理。

⑩负责工资和保险福利工作；指导、监督做好工资和保险福利工作。

⑪承办机构编制、军队转业军官安置以及人才与劳动争议仲裁等工作。

⑫检查下属部门或企业的人事、劳动和机构编制工作。

⑬承办上级交办的其他事项。

（三）劳动工资、薪酬绩效、福利管理

农场职工工资在建场初期按行政干部级别、转复退伍原军衔、女工等 6 个档次发工资。1958 年工人改按生产班为单位，以男、女工人的月工资总额统筹，每天分别评工计分，月底汇总全班男、女工人的各自总工分，除以统筹工资总额，得出工分值，再乘各人的工分总和而领取月工资，工资总额和工人平均工资仍是建场初期的水平。"文革"前和"文革"初期，农场对基层生产单位实行"三包一奖""五定五保"等制度，基层生产单位对工人则改按计时、计件、或计时加计件的混合型等工资制。"兵团"时期按月发放等级工资，经批准的病、事假均不扣减月工资。全场从事农业生产的职工工资制度和计酬浮动，特别是改革开放以后，农场鼓励职工在完成指令性承包计划任务的前提下，大力发展自营经济，使其收入大幅度增加。

1. **工资形式** 劳动报酬主要以固定工资来体现。在贯彻按劳分配原则的前提下，工资形式曾有过多次改变，大致上初期是纯等级计时基本工资，后改为等级计时工资加奖金，再后来是计件工资为主。20世纪80年代一段时间内曾实行过包干制工资。由于工作性质不同，人员不同，在一个时期内数种工资形式同时存在是普遍现象。

1952—1954年，各工种工人实行简单的计时工资制，都是拿等级制的基本工资，但工资等级的划分和计时办法有所不同。1952年虽有六等级工资标准的区分，实际上每人月工资都是一级的106工资分；1953年改为七级按月计资；1954年又改为七级按日计资。1954年开始实行地区生活补贴，成为工资的一部分。

1955年开始，在计时工资的基础上试行计时工资加奖励的制度，工资的构成，包括计时工资和奖金两部分。奖励的形式，在一个长时期内主要是超产奖和质量奖，橡胶工人按标准工资总额比例提取奖励基金，种植短期农经作物的工人增产部分按一定比例作为奖金。1979年以后，逐渐发展形成三个方面的奖励：经常性生产（工作）奖，物资节约奖，超计划利润提成奖。

1956年实行企业化管理后，将某些工种工人的计时工资改为计件工资。至1957年，能够进行计件的工种，如割胶、产品加工等大多采取计件工资。搞计件制的不再实行奖励制。计件工资在区域管理责任制的基础上进行，主要按作业量计件，以作业的等级计件单价标准计算分配报酬。实行计件制后，工效提高，平均工资也得到了提高，但也有少部分工人，主要是技术低、体力弱的工人，工资略有降低。在实行计件制期间，农场有权根据生产管理的特点，选择适宜的工资制度，因此在以计件制为主的同时，还存在等级计时加奖励、死级活评、评工记分等工资形式。在1982年的计酬形式中，实行计件工资、等级工资加联产奖、产量工资加作业工资加超额奖励等其他形式工资。

1982年以后，农场实行企业经济包干责任制，层层承包，责权利统一，这充分调动了职工的生产积极性，经济效益有显著提高，一些职工自己包工资、包生产费用、包上缴利润，劳动报酬又出现了包干制工资的新的工资形式。1984年、1985年随着职工家庭农场的迅速发展，包干制的分配报酬形式也得到发展。

1984 年 4 月颁布实行的《海南农垦兴办职工家庭农场的实施细则（试行草案）》规定：家庭农场的总收入扣除应上缴国家（国营农场）的税利、费用及物耗外，余额为纯收入，由家庭农场自行支配，农场不再直接计发工资。农场其他管理服务人员、后勤工人等，仍实行岗位工资加奖罚或多种浮动工资制。

1988 年开始对家庭农场进行调整巩固工作，发展以承包为主的经营制度，工资也相应改变为以计件为主的工资形式。

在实行计件工资制或包干制工资期间，工人原工资等级标准仍保留，并同样参与进行工资调整或升级，但只作档案保存，不实际执行，作为工作调动和退休后领发退休养老金的依据。

2. **工资调整**　1953 年、1954 年分别贯彻按月和按日计资的工资制度，以改变过去一律每人每月 106 工资分的做法。1954 年并根据华南垦殖局颁发的《工资制度暂行办法与各种工人技术标准》进行工资调整，调整的主要对象是第一线生产工人，分 7 个等级评定工人的工资等级，按等级计发工资。经过这次调整，对熟练劳动与非熟练劳动有所区别，初步克服了分配上的平均主义现象。

1956 年，国家开始实行货币工资，结合全国工资改革和调整，在劳动生产率提高的情况下，进行了较大范围的调资工作，调整方法是套改新的工资标准或升级。管理人员和技术人员是几年来第一次调整工资，调整的比例较大。这次调整后，对工资增长与劳动生产率增长不相适应的矛盾有所缓和。

1959 年，增加了大批复员退伍军人，还有一批集体所有制农民转为全民所有制农垦工人，工资基础不一样，造成工资不统一，因而进行了适当的调整工资。工资标准实行"新人新标准，老人老标准"的原则，并将 1956 年确定的工资标准做下延处理。

国家经历 3 年困难时期后，在国民经济形势开始全面好转的 1963 年，拿出很大一笔钱对全国范围职工工资进行调整。这次调资规定，原已达到行政 10 级以上工资的干部不调升，17～11 级干部作少数调整。

国家在 1971 年决定作全国性工资调整，农场在 1974 年贯彻执行。调资重点是低工资人员，具体范围是：1957 年前参加工作现工资三级的工人，1960 年前参加工作的二级工人，1966 年前参加工作的一级工人。干部的调资也做了相应的规定，凡符合条件的，一般调升半级或一级，少数人升两级。调整结果，实际上是取消了原两个下延工资等级。

1977 年对部分职工调资，调整范围是 1971 年前参加工作的一级工和 1966 年前参加工作的二级工；1971 年前参加工作的其他等级的职工可以有 40％的人调资，重点是工作多年、工资偏低的人员。

1979 年，根据国家劳动总局和广东省劳动局的通知，给工作成绩特别突出的干部和工人升级。

1980 年的职工升级调资，升级指标分为基本指标、奖励指标和调剂指标，依据劳动态度、技术高低和贡献大小等条件进行考核，择优升级。

国家规定的第一次企业职工单独进行的工资调整，农场在 1983 年完成。调资与企业的经济效益挂钩，与职工个人的劳动成果挂钩，经考核符合条件的升级，暂不符合条件的作缓调处理。对中年知识分子，经考核符合规定的可调升两级工资。

农场在 1986 年贯彻国家关于第一线技术干部享受浮动工资待遇的规定，对现从事农林科技工作的人员及有相当技术员职称的其他专业人员，上浮工资一级。1988 年取消此项制度。

1986 年，再次进行企业职工工资改革调整，执行全国统一的《企业工人工资标准》，实行八级十五等工资制，农林牧工人月标准工资幅度由一级一等的 40 元至八级十五等的 120 元，农机等技术工人月标准工资幅度由一级一等的 41 元至八级十五等的 123 元。由此，工人过去执行的多种工资标准，现简化为 2 种；同时提高了工资水平。1986 年，根据粤府（1985）166 号文以及有关调资政策规定，企业进行内部工资改革（调资），1986 年 1 月 1 日起，工人工资级别按国家统一规定的企业工人工资标准执行；二类产业工人按 9 号工资标准执行；三类产业工人按 8 号工资标准执行。职工的工资在本企业内有效，调动工作后，由调入单位根据其担任工作情况重新评定；企业内部工人交换工作（产业），工资级别不变，单序号标准和工资额随之改动。对于工资改革前已办理停薪留职的人员，待复职后按新任职务（岗位）评定工资。职工浮动升级工资需进行考核发放，考核合格的发浮动工资，考核不合格的不发。工人编制的各类职工均实行档案工资管理。

用于套改新工资标准和浮动升级按每个职工 17.50 元由场掌握使用。浮动升级，一般只浮升半级，对贡献大，成绩显著者，也可考虑浮升一级，重点优先考虑割胶工人，套改标准增资额较少，工资又偏低人员。对犯错误期未满，违反计划生育或者劳动态度极差，思想表现不好，群众意见又较大的，不浮动升级。

1988 年，根据国家统一规定，农垦中、小学教师调资，提高工资 10％。同年因场推行场长负责制，因机构调整被聘任到新领导岗位的干部，一律享受统计干部待遇，在任职期间，工资低于本职职务最低一档工资的，调升到本职务最低一档工资。

1990 年，企业事业单位职工调资，同时提高了离退休人员的工资待遇。

1992 年，以农垦"深化改革，扩大开放，调整结构，实现农垦第二次创业"的战略目标，为海南农垦 1992 年经营管理工作的出发点和落脚点，加强农场经营管理工作，改善经营机制，完善内部承包，向管理要效益，制订经营管理实施办法。

（四）专业技术人员管理

1955年初，根据华南垦殖局召开的橡胶育种座谈会精神，海南垦殖分局在建立了4个直属专业育种站的基础上，决定在垦殖场也相应地建立育种组，当年建立育种组的有南联、南辰、南太、水东、长田、禄马、文昌、琼山、福山等9个垦殖场。这是海南垦区最早建立起来的基层科研机构。

1986年工人产业的划分，二类产业工人：机械工人（包括拖拉机、手扶机、机械动力手、机械修理工、电器修理工）、基建工人（包括建筑、安装、建材、火锯以及分场以下的基建技术工人）、橡胶加工的离心、皱片、胶清、包装、干燥、洗桶、仪器测胶员、专业化验工、电工、电话员、电影放映员、照相、修理钟表、汽车司机、铁木工、制革工人、专职搬运工人。三类产业工人：除二类产业工人外的工人。

1988年，首次成立聘任专业技术人员和套改职务工资（升级）领导小组，负责提高中小学教师工资标准10％的填报工作，负责中级专业技术人员升级的填报工作。

在20世纪50年代，科技工作由生产技术部门统一管理。1952—1953年，生产技术部门除负责橡胶等作物的栽培与抚育等常规生产技术管理外，还负责新技术的研究以及橡胶优良品种的选育等工作。1954年，具体负责组织橡胶选育种以及其他生产技术的研究。

1980年，下设橡胶热作、农业畜牧、基建水电、农业机械、工业、卫生、财会、统计等8个专业组。

1988年科技工作主要负责科研工作的计划、经费、政策、标准、成果、专利、人才、出版、信息、档案等各项行政管理，以及橡胶选育种、栽培、管理、采胶、制胶、植保和热带作物、农牧、工业等专业科研管理。

农场的科研工作，历年来由各单位的生产技术部门统一管理；医院的科研工作由医院医务处（科）管理。

1953年下半年贯彻"大转弯"方针后，开始精简机构，干部编制按照职工总人数来确定。

1959年中共中央作出关于加快开发海南的决定后，干部队伍迅速扩大。这一时期增加的干部除国家按计划分配来的大中专毕业生外，大量的是从复员退伍军人和老工人中提拔的。

1969年4月至1974年9月生产建设兵团接管与领导期间，这一时期，随着生产建设规模的扩大和职工人数的增加，先后从工人中提拔干部，其中部分人员从上山下乡知识青年中提拔。

（五）干部管理

农场始终遵循"正确的政治路线确定之后，干部就是决定的因素"的指导思想，历来十分重视培养、选拔各级领导干部和业务干部。建场初期，场的主管领导和基数干部主要是上级农垦部门委派。行政业务干部主要来自部队的专业干部和现役军官。后来，本场的干部主要是靠自己在"火线"上造就和选拔。特别是自党中央提出"干部四化"条件后，场党委在原注重思想品德和指挥能力等方面进行培养和选拔干部的基础上，又加强了在文化素质、专业知识、年龄结构上培养和选拔干部的工作。现在在职干部的文化程度、专业知识和年龄结构都较适宜农场生产经营的实际要求。

随着时间的推移，建场初期进场的干部都已退休。现在全场已经妥善安置离退休干部。场党委为他们专门成立了"关工委"并按政策规定兑现他们的养老、医疗保险金、投资建起了"老干俱乐部""老干健身室""老干门球场"等文体活动场所和购置文体器材、图书和彩电等，使这些"老农垦""老西联"的"老有所乐"落到实处，有利于他们健康长寿。

农场大批安置转业、复员、退伍军人就业是1957年、1959年和1960年。1957年，首批接受中国人民解放军海南军队集体转业，复员军人及其配偶是农场开垦建设的拓荒者，经历了最艰苦的创业年代和发展壮大的时期，为农场打基础做出了巨大贡献。他们到80年代末和90年代初，大多都年逾花甲，逐渐到了离退休的年纪，他们大多在农场安度晚年，农场按国家有关政策规定，发放离退休工资。1959年和1960年农场接上级指示，分别接受了汕头等野战部队计提退出现役的队伍军人；这些人员进场之际，正遇国家经济生活特困时期，尽管当时政府和部队对他们有某些特殊照顾（如大米供应量多于原农场职工），但他们不另立炉灶，与全场新老职工同甘共苦，吃一样的饭菜，过一样的"苦日子"，干一样的开荒种植活，对农场的发展建设起了骨干作用。进入90年代后，他们陆续离别工作岗位，同"老军工"们一起在农场安度晚年生活。

农场除上述安置集体转复退伍军人就业外，每年还根据上级指示精神，安置一些零星来场的专业军官、复员退伍军人就业。

凡是本场青年职工和中学毕业生应征入伍的现役军人，在其服现役期间，农场都按国家有关规定按月，发给现役军人在应征前每月应领的工资（中学毕业生应征无工资级别，则按规定标准逐月发给定额补助；现役军人在部队提干或复员、退伍、转业后停发）额；每年过春节，农场各级党政干部代表和人武干部等，组成慰问小组，对现役军人家属逐户登门慰问，赠送礼品、慰问金。

农场对在军旅生涯中负伤致残的荣誉军人，则按政府规定，按伤残等级逐年领发残疾荣誉金，并在春节前开展慰问活动，赠送礼品、慰问金。

当每年在农场应征入伍的专业、复员、退伍军人回场后，农场领导都协调组织人事、劳动工资、人民武装部门和基层单位协商，根据他们在部队所学技术，尽量进行对口安排工作。回到西联农场的转复退伍军人，都得到了妥善安排，绝大多数被安排在机械运输、工业技术、公安保卫和机关等岗位工作，有的成为科技部门和单位的骨干。

第二节　人力资源专项制度改革

1963 年，全国贯彻执行"调整巩固充实提高"的方针，实行以农业为基础、以工业为主导的发展国民经济的总体方针，加强了农业战线，我国国民经济形势开始全面好转，农场根据海南区农垦工资工作会议精神，进行了职工工资调整。

调整工资后，管理人员平均标准工资比之前平均工资调高 5.8%；农林牧工人工资提高 3.36%，平均月增加工资 1.11 元；割胶工人工资提高 8.4%，平均每人增加工资 2.97元；保育、炊事、理发、缝衣工人工资提高 7.1%，平均月增加工资 2.27 元；拖拉机手、助手、拖拉机修理工、机电修理工、建筑工人、电话员等技术工人工资调高 3.3%，平均月增加工资 3.51 元。

1964 年，广东省劳动局召开亦工亦农劳动制度工作会议，贯彻中共中央和国家主席刘少奇提出的"两种劳动制度"的指示，1965 年，积极稳妥地推行"两种劳动制度"，并作出全面规划，统一安排。

根据上级部署，农场从 1992 年 7 月至 1993 年 3 月作为海南省综合改革试点单位和海南农垦人事机构改革试点单位之一，在总局调研组的指导和协助下进行人事机构改革试点工作。

1979 年是全党工作重点转移到社会主义现代化建设的重要一年，也是实行劳动制度改革的第一年。这一年，招工要实行德、智、体全面考核的指示精神，结合实际情况，采取了"五个统一"（即统一领导、统一政策、统一计划、统一招收、统一分配）的做法，改变以往在招工作法上的单一形式和单纯的做法，这是招工制度上的一项重大改革。

"统一领导"，即由党政统一领导，组织有关部门组成负责具体工作。需党委以身作则，模范执行党的招工政策，做到不批条子，不抢指标，不开后门，不走后门。

"统一政策"，即在招工中保证"三优先"（1972 年前上山下乡的知青优先招收；一对夫妇只生两个孩子同时都上山下乡尚未回来的优先招收 1 人；一对夫妇只生一个孩子的优先招收）的前提下，兼顾其他。在招工过程中，实行德、智、体全面考核，择优录取的方法，收到了很好的效果。

"统一计划"，从社会上招工，一律纳入招工计划，平衡后下达。无计划不得自行招收。

"统一招收"，即原则上统一招收，由组织机构按计划将指标分配，对于推荐符合条件的人员，填表建档。

"统一分配"，即招工对象经过审查，由各主管部门先分配到各基层单位，再由各基层确定工作岗位，然后通知时，注明分配单位和工种，不服从分配或逾期不报到者，一律不准录用。

劳动制度改革，初期着重改革"统分统配"的用工制度，采取"广开门路，发展城镇集体经济和个体经济，推动劳动就业工作"的办法，改变"统得过死，包得过多，能进不能出，一次分配定终身"的状况。

1983 年，改革以固定工为主体的用工制度，克服"铁饭碗""大锅饭"的弊端，推行劳动合同制，贯彻"按劳取酬，多劳多得"的原则，充分调动职工的积极性，改善企业的经营管理，提高经济效益。

第三节　劳动保障管理

一、培训就业管理

（一）干部培训

农场从创建开始就重视对干部的培训工作。从 60 年代初起，干部培训工作进一步得到了加强。农场普遍办起业余大学、业余中专和党校，组织干部学习政治理论和专业知识。同时，还争取派员参加上级机关以及外单位组织的学习。从 1961—1964 年，农场先后组织委派干部到中央党校、广东省党校、海南区党校、长沙政治干部学校、广东省农垦干部学校和海南公安局等单位学习培训。

生产建设兵团时期，兵团、师、团分别以举办学习班的形式对干部进行培训，学习内容以政治理论为主。

1975—1986 年，干部培训工作按照干部管理权限，分别由广东省农垦总局，海南、通什农垦局，以及各农场、工厂、公司、医院、学校逐级负责。其中，农场以及相当于农场一级单位的科级干部，由海南农垦局或通什农垦局负责培训；一般干部由所在单位负责培训。从 1985—1990 年，农场还在干部中开展马列主义理论正规化教育活动，组织学习哲学、政治经济学和科学社会主义等课程的学习。

为适应新时期企业管理工作需要，提高企业的生产经营水平，农场根据垦区安排于1987年开始分期到北京农垦管理干部学院、广东农垦管理干部学院和江苏农学院等单位进行岗位培训。

1980年，通过听取汇报、召开群众座谈会，个别谈话等方法对干部进行考察。从工人中选拔干部85名。为提高干部的理论水平和业务能力，除场举办学习班进行培训外，还选送26名干部到上级干校学习。

（二）技能培训

农场工人原多为农民和城市居民，不熟悉橡胶生产，为保证生产作业质量，农场开发初期十分重视对工人进行劳动技术培训。1953年前后，农垦以垦殖所为单位，组织部分工人短期脱产学习技术作为骨干力量。而农场则在一项作业开始初期，以现场技术示范的形式传授技术，使工人普遍掌握不同作业的技术操作要领和质量标准要求。

1956年开始试行的《国营垦殖场内部劳动规则（试行草案）》，规定农场对职工开展经常性的技术教育，以提高工人的素质。分别聘请归侨技工和老胶工为老师，脱产培训所需要的芽接工人和割胶工人。通过培训满足了当时生产的需要。

随着橡胶开割面积逐年增加，每年在开割前都对新胶工进行培训，组织老胶工学习提高，已形成制度，至今坚持不懈。1964年以后，在正常培训的基础上，不定期开展割胶"神刀手"和割胶技术比赛等活动，调动了胶工学习技术的积极性，促进了割胶技术的发展提高。经多年测定，割胶技术提高一个档次，可增产胶水5％～10％。

1960年，劳动培训工作有新的发展，举办了拖拉机手、汽车司机、锅炉工、畜牧工等多工种的技术培训。与此同时，还开办业余技术学校，配有专人或兼职人员负责组织，根据本单位生产需要，分别举办热作栽培、兽医、农机、产品加工等专业技术学习班。1974年以后，农场都办有2～3个专业学习班，做到有计划有组织地进行业余技术培训，劳动培训已成为劳动管理的一项重要内容。

除割胶工人坚持先培训后上岗外，1986年以后，电工、锅炉工等各种技术工种工人，同样做到经培训合格后上岗，保证安全生产。

（三）就业管理

1987年，为了解决场劳动力不足的问题，农场会雇用外来临时工。对雇用的临时工严格把关计划生育情况，严格按照场的计划生育政策执行。

1. 农场职工子女就业 农场鼓励职工子女在农场就业，他们是农场的下一代，是农场再次创业的生力军。他们继承父辈的光荣传统，经过锻炼，大多已成熟起来，不少人走上了农场工农商等的技术岗位，有的还担负着农场基层、中层及总场领导职务，即将成为农场再创辉煌的一支中坚力量。

2. **知识青年就业**　农场先后安置广州、汕头、揭阳、南海、顺德等市县的上山下乡知识青年"接受再教育"。他们陆续进场后，被安排在基层单位，在生产班跟着老工人一起学习热作种植和机械操作等技术；过着艰苦的生活，为农场发展建设作出贡献。在20世纪70年代末起，绝大部分"知青"先后以退职、病退、顶职、上学等原因回城，现在仍留在本场工作的为数甚少，凡是留在农场的都已成家立业，有的人被提拔到农场领导岗位工作，有的当教师和医务工作者。

3. **社会青年进场就业**　1971年和1972年，正是"兵团"大种天然橡胶繁忙时期，农场号召职工动员家乡的青年到农场落户当工人，因而这两年有多名青年进场得到了安置。从1988年起，由于农场青年割胶工人紧缺，每年都从内地社会青年（大多是本场职工非直系亲属）中招收人员补充胶工队伍。他们进场后，先当临时工，一两年后，经本人申请，农场考察考核合格后，准予迁入农场落户，转为合同制工人。

4. **农民转制并入农场就业**　1981年9月，农场贯彻国务院〔1980〕202号文件精神，经上级政府批准，招收农民转制并入农场就业。

5. **越南难侨安置就业**　1979年，越南难侨来到农场安置，其中有劳动能力的就业成为全民所有制工人。农场划出土地，单独建立难民安置点，投入资金建设，为他们兴建宿舍、公共食堂、托儿所等砖木结构的房屋。农场拨出经费补助难民子女入学，拨出经费补助难民医疗保障，给予难民其他生活固定和临时补助，既扶持他们发展生产，又照顾了他们的生活。他们主要从事天然橡胶和糖蔗的种植以及家庭养殖业等副业，经济收入不断增加，物质文化生活逐步得到改善。

第四节　社会保障管理

一、养老保险管理

1990年7月，国营西联农场开始实施《海南省农垦总局全民所有制企业、事业单位固定职工退休基金统筹实行办法》和《海南省农垦总局全民所有制企业、事业单位合同制工人退休养老保险实行办法》建立"统筹金收支相抵、差额缴拨"的本系统内部统筹养老保险制度。西联农场机关及直属事业单位中的固定职工当时不实行统筹。1994年1月，西联农场施行《海南农垦系统从业人员养老保险条例暂行办法》，将养老保险覆盖面扩大到包括西联农场机关和直属事业单位、社会团体、办事机构及其开设的经济实体单位、集体所有制单位以及私营服务股份制企业、个体经济组织等西联农场区内所有从业人员。根据省人大常委会《关于社会保险制度改革若干事项的决定》、海南省人民政府办公厅《关于国家公务员养老保险问题的通知》和省人事劳动保障厅、财政厅《关于暂停养老保险的国家公务员范围确定问题的通知》精神，参照黑龙江、云南、江西等垦区机关事业单位均不参加企业养老保险的做法，从2002年10月起，西联农场参照国家公务员制度管理的西联农场机关各科室工作人员和离退休人员（含退职人员），暂停执行《海南经济特区城镇从业人员养老保险条例》，不参加企业养老保险。上述人员的离退休金在核拨的从业事业单位经费中列支，原已缴纳的基本养老保险费本息归还本人。2004年7月1日起，上述参照公务员制度管理单位的工作人员和离退休人员（含退职人员）恢复参加基本养老保险。其2002年10月至2004年6月暂停参加养老保险期间个人停缴的养老保险费悉数补缴。

2003年6月5日，国家劳动和社会保障部、财政部、农业部和侨务办公室联合下发《关于农垦企业参加企业职工基本养老保险问题的通知》（劳社部〔2003〕15号）规定：从2003年7月1日起，各地要按规定将农垦企业及其职工纳入当地基本养老范围。由于种种原因，直到2005年3月，海南省才将海南农垦企业基本养老保险纳入省级统筹。同时，从2005年开始连续3年安排企业退休人员养老金调整，逐步提高退休人员养老金水平。

二、生育保险管理

西联农场响应《全国农业发展纲要（草案）》提出的关于"提倡有计划地生育子女"的号召，在1956年开始开展计划生育的宣传，并以医疗卫生部门为主指导采取节育措施。

根据中共中央、国务院于1962年底联合发出的《关于认真提倡计划生育的指示》，西联农场于1963年成立计划生育办公室，具体负责计划生育工作。1965年，农垦局抽调医疗卫生人员组成计划生育工作队，到农场巡回宣传，并在职工自愿基础上进行节育手术。

生产建设兵团期间，利用多种形式宣传计划生育。师一级单位组织专业手术队，到农场（团）就地落实节育手术措施，并制定实行节育手术休假制度和经济补贴办法。

1974年12月，计划生育政策为贯彻"晚结婚、稀生育、少生育"的原则，一对夫妇只生两个孩子，生育时间间隔4年以上。

1978年，国家将实行计划生育的方针写进了宪法，定为国策。根据国家和广东省的规定，实行的计划生育政策改为每对夫妇最好只生一个孩子，最多生两个，生育间隔3年以上。

1980年9月，中共中央发表了《关于控制我国人口增长问题致全体共产党员、共青团员的公开信》，西联农场贯彻一对夫妇只生一个孩子，青年男女实行晚婚晚育，给只生一个孩子的父母办理"独生子女优待证"。

1982年机构调整，西联农场设立计划生育卫生办公室。1982年，农垦贯彻国家"控制人口数量，提高人口素质"的要求，继续执行一对夫妇只生一个孩子和晚婚晚育的政策。

1989年，海南省颁布《海南省计划生育条例》，西联农场根据省的政策制定了具体实施办法，计划生育工作基本上已转入正常化、制度化的轨道。

1989年，根据农垦总局在《一九八九年计划生育工作意见》中的要求，农场成立计划生育工作办公室。

1989年10月起，根据下达的《海南省计划生育条例》，为了体现党和国家对独生子女的关怀和照顾，有力地推动计划生育工作的开展，根据条例规定，给予"独生子女"保健费优待。保健费每季度发放1次。领取"独生子女优待证"者夫妻双方都在农场工作的每月发放保健费10元，夫妻只有一方在农场工作的，每月发放保健费5元。

根据《海南经济特区城镇从业人员医疗保险条例》规定，为了建立和推进西联农场医疗保险，西联农场于1997年11月，按照省人事劳动保障厅、省农垦总局、省地方税务局联合给各市县人事劳动保障局、社会保障局、地税局社会保险费征稽局以及农垦各单位下发《关于农垦单位实施医疗保险问题的通知》（琼人劳保〔2001〕214号）的文件规定，西联机关及直属事业单位和公司，实行所在地统一医疗保险政策。农场单位从2002年1月1日起启动"自收、自支、自管"的医疗保险。

2001年7月，农垦总局制定了《海南省农垦人口与计划生育目标责任考核奖惩暂行办法》。在广泛征求各单位意见的基础上，2002年7月重新制定了《海南省农垦农场（所）人口与计划生育目标管理责任制暂行规定》；2004年3月，根据《海南省人口与计划生育工作目标管理责任制分类考核奖惩办法》的有关规定，又重新制定了《海南省农垦农场（所）人口与计划生育工作目标管理责任制暂行规定》，同年10月，作出《关于进一步加强人口与计划生育工作的决定》。此后，农垦总局又先后下发了《关于进一步加强人口和计划生育工作意见》《关于农垦系统人口和计划生育工作若干问题的通知》等。

2007年西联农场建立职工生育保险制度。

三、工伤保险管理

2000 年前，西联农场一直沿用 20 世纪 50 年代初国务院颁布的《中华人民共和国劳动保险条例》。工伤保险待遇作为一项社会政策由企业负责落实，一旦发生工伤事故，工伤人员医疗费、工伤致残费、完全永久性丧失劳动能力费、生活费及工亡职工供养直系亲属生活补助费都由企业承担。

1993 年底，海南省施行《海南经济特区城镇从业人员工伤保险条例》。从 1997 年开始在国家劳动部、海南省社会保障局的指导与支持下，2000 年根据制定的《海南省农垦系统从业人员工伤保险暂行办法》和《海南省农垦系统从业人员工伤保险管理规定》，西联农场从此开始建立工伤保险制度，实行西联农场工伤保险系统统筹。

第四编

党群组织

中国农垦农场志丛

第一章　农场党团组织

第一节　农场党代会

1952年8月，海南垦殖分局以及下属的13个垦殖所分别成立党委，西联农场（海南垦殖场洛基垦殖场）成立党支部。

1955年成立南联场（西联农场前身）党委，党员人数25名。

从1967年开始，农场党组织因受冲击而停止活动。

部分年份，西联农场党的代表大会：

1971年7月25日，召开中国共产党广州军区生产建设兵团第五师第四团第一届委员会，出席会议的党员代表119人，选举产生第一届委员会常务委员18名。常委会由冯道元、李树泰、李汇业、黄世胄、杨东惠5人组成。由冯道元任书记，李树泰任副书记。

1971年12月8日，增补于长海为团党委委员、常务委员。

1981年5月27日至29日，召开西联农场第七次党代会。全场有903名党员；出席会议的正式代表181人，列席党员代表9人。西联农场第七届党代会产生由25名委员组成的新一届党的委员会，常务委员会由7名委员组成。常委成员有梁华忠（书记）、韩云（副书记）、杨秀光、王文明、范锡光、黄先进、刘林桂。

1984年8月8日至9日召开西联农场第八次党代会。全场832名党员，12个党总支，58个党支部。出席大会的党员代表150人，选举产生11名常务委员。书记：梁华忠，副书记：韩云、黄先进、黄文章。

1991年6月11日，召开西联农场第九次党代会。本次党代会党员代表207人出席。代表中，总支书记、支部书记78人，占37.9%；行政领导及业务干部75名，占35.9%；工人党员28名，占3.6%；女党员20名，占9.7%；大中专文化党员65名，占31.6%；高中文化党员37名，占18%；初中文化党员56名，占7名；小学文化党员47名，占22.8%。选举产生新一届委员会委员11名。党委书记林伟松，党委副书记兼纪委书记黄月才，农场场长范锡光。

1996年3月28日，召开西联农场第十次党代会。选举产生9名委员。党委书记林伟松，副书记简纯林（场长）、黄月才。常务委员林伟松、简纯林、黄月才、黄文章、张鉴源、温小玉、简陈洪、吴荣华。

2005年8月25日，召开中共西联农场第十一次党代会。全场党员人数1200人。大会选举产生新一届党委领导班子。党委委员王明灵、朱坚、刘晓联、吴荣华、欧阳文溪、黎玉清。党委书记黎玉清，副书记欧阳文溪、吴荣华。

2009年8月3日上午召开中共国营西联农场第十二次党代会。重组后西联农场党员1087名。其中，农场党员代表122人，占党员总数的10.45％，分公司代表17名，实际到会党员代表120名，特邀代表3名。中共国营西联农场第十二次党代表大会选举产生中共国营西联农场第十二届委员会。新一届委员会由冼国辉、黎玉清、王国防、曾万玉、朱坚、林发挥、庞干永7位委员组成。冼国辉任党委书记，黎玉清、王国防任党委副书记。

第二节　农场党组织

一、党委机构

西联农场建场至兵团时期党委机构，下设有党委办公室，负责处理党委日常工作。1971年召开第一届党代会以后，农场党委设有组织科、宣传科、纪检会（办）；兵团党委下设政治部，历年设党总支、党支部（表4-1-1）。

表 4-1-1　历年西联农场党组织和党员情况

年　　度	党总支数	党支部数	党组织数	党员人数
1978	7	45	52	940
1979	8	77	86	934
1980	8	77	86	903
1981	8	77	86	903
1982	10	83	94	848
1983	10	83	94	848
1984	10	84	95	840
1985	9	84	94	840
1986	9	84	94	864
1987	7	66	84	952
1988	8	84	91	957
1989	8	88	97	928
1990	9	87	97	928
1991	9	87	97	928

（续）

年　度	党总支数	党支部数	党组织数	党员人数
1992	9	87	97	937
1993	8	87	96	838
1994	8	87	96	1354
1995	8	87	96	939
1996	8	87	96	1058
1997	—	—	—	—
1998	—	—	—	—
1999	—	—	—	—
2000	—	—	—	—
2001	—	—	—	—
2002	—	—	—	—
2003	11	85	97	1185
2004	9	83	93	1199
2005	9	84	94	1200
2006	9	84	94	1235
2007	9	84	94	1258
2008	9	85	95	1274
2009	29	104	134	3225
2010	29	104	134	2089
2011	6	56	63	1990
2012	4	52	57	1959
2013	4	49	54	1965
2014	4	46	51	1943
2015	4	35	40	1743
2016	4	35	40	1687
2017	4	33	38	1482
2018	4	33	38	1378
2019	4	31	36	1071
2020	4	26	31	600

二、基层组织工作

1952 年 8 月，海南垦殖分局以及下属的 13 个垦殖所分别成立党委，西联农场（海南垦殖场洛基垦殖场）成立党支部。1954 年 4 月，随着农场规模的扩大，党的组织也进行相应的调整：西联农场（海南垦殖场洛基垦殖场）党支部改为党委，同时在作业区（分场）建立党支部。1953 年底至 1955 年 3 月，随着垦殖所的撤销，公社化后的 1959 年，西联、西泉两场合并，定名为西联农场。

1959 年 1 月，洛基垦殖场党委改称海南农垦国营西联农场党委。开始在作业区（分场）成立党总支部，生产队成立党支部，到 1962 年为止全场已有党员 333 名。至 1966 年底，海南农垦国营西联农场党委共设党委 1 个，党总支部 6 个，党支部 25 个。在农场中，已成立党支部的生产队占生产队总数的 98％。

从 1967 年开始，农场各级基层党组织因受冲击而相继停止活动。

1969 年 4 月，海南农垦划归生产建设兵团建制与领导后，生产建设兵团的师、团（农场）两级先是成立临时党委；1971 年 7 月 25 日召开中国共产党广州军区生产建设兵团第五师第四团第一届委员会，成立党委，连队（生产队）成立党支部，撤销原作业区（分场）党总支部。至 1978 年底，生产建设兵团在西联地区的党委设有：团级党委 1 个，党总支部 7 个，党支部 45 个。

1984 年，海南农垦所属企业全面推行场长负责制后，将原来党委领导下的场长负责制改为场长负责制。改革后，场长对企业的生产经营负全部责任；企业党委的主要任务是保证、监督党和国家的方针、政策的贯彻执行，对企业的思想政治工作和党的组织工作实行领导，在企业中发挥政治核心作用。

2005 年 3 月，成立海胶集团西联分公司，橡胶产业从农场剥离。

2008 年 9 月，农场正式分为西联农场（社区）和海胶西联分公司。

2009 年 3 月，原西联农场、原西流农场和原新盈农场重组合并为新的西联农场，场部设于原西联场部。西联农场党委设 12 个，党总支 54 个党支部，设党小组 168 个，全场有 2350 名党员。

2011 年 12 月，移交 758 名党员到海胶西联分公司党委管理。

2017 年 3 月 23 日，经海南省农垦投资控股集团有限公司批复，正式成立海南农垦西联农场有限公司。5 月 8 日，海垦西联农场公司正式挂牌。设党委 1 个，党总支部 4 个，党支部 30 个，党员有 1482 名。

2020 年，根据《中共儋州市委办公室 儋州市人民政府办公室关于印发儋州市推进国有企业退休人员社会化管理工作实施方案的通知》和《中共儋州市委组织部　关于进一步做好我市国有企业退休党员组织关系转接的通知》（儋组通〔2020〕61 号）要求，2020年，共移交党员给那大镇、光村镇、和庆镇 882 名党员，设党委 1 个，党总支部 4 个，党支部 29 个，党员有 600 名。

三、干部任免工作

1954 年 4 月以前规定：垦殖所正所长，由中共中央华南分局管理；垦殖场正副场长，由华南垦殖局管理；在具体执行中，有时因急需配备或调整干部而对管理权限作适当变通，如部分垦殖场正副场长先由海南垦殖分局或海南区党委任免，后再报华南垦殖局备案。

1954 年 5 月后，干部管理权限调整为：垦殖所正副所长，由华南垦殖局代中共中央华南分局管理；垦殖场正副场长、作业区正副主任、试验站正副站长、医疗所正副所长、垦殖所正副股长、一般专业技术干部，以及相当于上述职务的干部，由海南垦殖分局管理；一般干部由所在单位管理；垦区各级中共组织、群众团体的领导干部，由中共各级地方委员会管理。垦区各级人事部门在本单位党委领导下，具体办理干部的任免、考核、提拔、调配和培训教育等工作。

1958 年 8 月海南农垦局划归海南行政公署建制后，海南行署农垦局农场正副场长、党委正副书记和工会主席，改由中共海南岛区委员会管理。

1959 年 8 月，中共广东省委规定：国营农场场长、党委书记，由省委或省农垦厅管理；农场副场长、党委副书记、作业区正副主任、科室正副科长以及相当于上述级别的干部和所有工程技术人员，由中共海南岛区委员会和海南行署农垦局管理；生产队队长和一般干部由所在县县委和农场管理。

1962 年 7 月，中共广东省委和省人委又决定：国营农场正副党委书记和正副场长的提拔调动，由省农垦厅协助省委组织部管理；分场场长或作业区主任，以及相当于这一级干部的提拔、调动和处分，由省农垦厅管理；其他干部由农场管理。

1969 年 4 月至 1974 年 9 月生产建设兵团建制期间，农场正团级以及相当于团级别的干部由广州军区任免；团（含独立营）或相当于团级单位副职干部，由生产建设兵团任免；正副营级，机关参谋、干事、助理员，连队连长、指导员，由师任免；连队副连长、副指导员、司务长、排长，由团任免。

从 1975 年起，农场的领导干部分别由海南区党委组织部、农场工作部办理任免手续，报中共广东省委备案；农场以及相当于农场一级单位的正副科级干部由所在县县委任免，一般干部由所在单位任免。

1984 年 12 月，中共广东省委决定：农场领导，由广东省农垦总公司党委任免或授权海南农垦局（公司）党委分别任免；科级以下干部由所在单位任免。

1988 年 6 月以后，农场副处级以上领导干部，由农垦总公司党委任免；设党委的企业科级及科级以下干部，由所在单位任免。

2017 年 5 月，根据省委、省政府《关于推进新一轮海南农垦改革发展的实施意见》（琼发〔2015〕12 号）按照《公司法》和有关法律法规，5 月 8 日，海南农垦西联农场有限公司挂牌成立。农场公司副职以上管理人员，由海南省农垦投资控股集团有限公司委员会任免，中层管理人员以下，由农场公司党委任免。

四、党的宣传思想工作

（一）机构与队伍

农场创建以来，农场和分场都设有宣传思想工作机构或配备专职宣传思想工作干事，分别负责各自单位的宣传思想工作。20 世纪 50 年代前期，农场党委设立政工办公室，农场配政治副场长，分场配政治干事。1954 年 10 月，垦区中共组织工作移交中共海南岛区委员会垦殖部（后曾改称农场工作部、热带作物部、农场政治部）管理后，垦殖部下设宣传科，农场配 1 名宣传干事；至 20 世纪 60 年代，农场设立宣传科。生产建设兵团时期，西联农场改名为广州军区生产建设兵团第五师第四团，团部机关在政治处下配宣传干事 3 至 4 名、广播员 2 名。1974 年 10 月恢复农垦体制后，农场党委恢复设立宣传科，宣传科 4 人，另有专职广播员 1 名。1988 年 6 月海南省农垦总公司党委成立后，西联农场党委设宣传科，宣传科编制 5 人，另有专职广播员 2 名。1990—1995 年，宣传科有 6 人，其中 1 人为摄像员，负责拍摄农场新闻，2 名专职广播员。1996—1998 年宣传科有 4 人，一名专职广播员。1999—2016 年宣传科合并到党委办，设有专职新闻宣传干部一人，广播员 1 人。2017 年，党委办更名党群工作部，宣传干部一名。

1989 年 5 月，根据海南省农垦总局文件，西联农场成立了思想政治工作研究会，有组织、有计划地开展对新时期垦区思想政治工作的内容、方式与方法进行研究，促进农场思想政治工作朝经常化、制度化和科学化的方向发展。

农场历年还重视宣传报道工作，从建场初期至 80 年代末就配备一名宣传干部，专门对外发表农场新闻稿。1990 年，农场根据宣传工作需要，大力培养宣传队伍，建立了农场、分场、生产队的三级通讯报道员队伍，除了不定期召开全场宣传报道员会议外，还派出专职宣传干部下到各基层单位传授新闻稿件写作方法，并请报社记者来场授课。1991—1999 年，农场三级宣传报道骨干就有 63 多人，其中有宣传科 5 人、专职新闻报道干部 1 人、理论宣传员 2 人。2000 年宣传科合并到党委办，设有专职新闻干部 1 名。2001—

2016年，农场改制后，宣传报道工作由党委办专人负责。

20世纪80年代中后期至1993年，农场宣传工作主要是围绕党建、团建、经济建设、橡胶生产、厂办工业、好人好事及农场各个不同时期工作进行宣传。当时农场每年在各类新闻媒体发表农场新闻30多篇。1994—2020年，农场党委重视宣传工作，配备了专职宣传干部，新闻报道的数量和质量有了很大提高。这个时期是农场对外宣传的高峰，平均每年在中央及省内外各级新闻刊物、电台、网站发表新闻150篇以上。从1994—2005年，西联农场连续几年被海南农垦宣传部、海南农垦报评为先进单位，场宣传科梁步宁也多次被海南农垦宣传部和海南农垦报社评为先进个人，他撰写的《今天是星期天》获得1994年海南省好新闻三等奖；《从警官到猪倌》《西联：向传统住房制度告别》获纪念海南农垦创建45周年征文二等奖；《绿色从这里延伸》获纪念海南农垦创建45周年征文鼓励奖；《候鸟归巢》《坍塌的屋檐下，有她无法割舍的亲人》获中华全国农民报2012年好新闻三等奖；2019年获海南农垦报创建65周年"十佳通讯员"称号。

（二）基础设施

20世纪50年代初，农场宣传工作主要以各单位办宣传栏和黑板报等形式的宣传教育活动。20世纪50年代末至70年代初，农场各单位相继办起政治夜校或毛泽东思想学习班，以组织政治学习为主。从20世纪70年代末起，农场普遍把宣传思想工作与文化技术教育和体育娱乐活动结合起来，兴建综合性的宣传文化阵地，其中：各单位建起灯光球场、农场场部建有工会大楼，内有影剧院（场）、娱乐室、图书室和宣传栏等；生产队建有文化室或职工之家，有电视室、篮球场、宣传栏等。至1990年，农场有文化活动中心1个，生产队文化室（职工之家）67间。

农场根据基层生产单位住地分散的特点，普遍重视发挥有线广播的作用。20世纪50年代初，农场开始建起输出功率25瓦的移动式有线广播站，20世纪50年代后期又相继建起输出功率150瓦的固定式有线广播站。至1963年，全场共建起有线广播站1个，场部基本实现广播覆盖。从1970年至兵团时期，农场场部建起有线广播站，配备专职广播员，采取有线广播线路与电话线路相结合的形式，将喇叭安装到各分场和生产队，形成场部—分场—生产队的有线广播网。至1990年，建有线广播站1个。广播站除星期天等节假日外，每天分别在上、下午的上班前和下班后播出，播放内容有转播中央和省广播电台的新闻节目，本单位的生产与工作情况、先进经验、好人好事，以及歌曲、戏剧、经济信息、天气预报等，还利用广播对职工进行国内外形势、生产技术和计划生育方面的宣传教育。1992年，农场党委拨款23万多元，采购一批功放机和广播设备安装到7个分场部和48个生产队。2005年，农场再次拨款70多万元更新了全场广播设备，采购了信号强、功率大的调频设备。2015 年，农垦总局根据中央"村村通"工程的文件精神，为农场辖属单位和海胶西联分公司 125 个生产队安装了无线接收广播。

电影机、电视机是垦区开展宣传思想工作以及文化娱乐活动的重要设备。20 世纪 50 年代后期，农场就购置有 1 部电影机，除了在场部电影场放映外，还不时到基层单位巡回放映，职工平均每月可看到电影 1～2 场。随着经济的发展，从 20 世纪 60 年代后期起农场陆续购买电影放映设备，成立电影队。至 20 世纪 70 年代，农场拥有电影放映机 5 部，而且大、中、小 3 种机型配套齐全，职工平均每月可看到电影 3～5 场。1977 年，电影机增加到 7 部，全场 7 个分场基本上都有一名放映员，观看电影成为当时职工群众最受欢迎的娱乐活动之一。从 20 世纪 80 年代开始，电视机进入垦区职工家庭。农场职工早期的电视机大多数是黑白的，由于当时条件和技术原因，只能利用室外天线收看有限的几个台。1993 年，农场场部开始安装室内有线电视，由宣传科主管。随后全场 7 个作业区都办起室内有线电视，农场、作业区、生产队有线电视覆盖率达 90％以上。同年农场还购买了电视摄像机、编辑机、播放机等设备，及时地将农场的重大活动、生产建设面貌、先进技术和好人好事等，摄制成新闻片、资料片和专题宣传教育片，对职工群众进行宣传教育。进入 2000 年后，随着电子科技技术进步，农场大部分职工家庭已购买了电脑，电视信号随网络接入家庭，职工收到更多更高清的电视节目，极大地丰富了职工的文化生活。

（三）思想教育

农场创建初期，职工来自四面八方，在偏僻的山区开荒建场，交通不便，工作艰苦，生活条件差。农场各级党组织发扬中国人民解放军重视思想政治工作的优良传统，对职工进行国家在过渡时期总路线教育、形势教育和革命传统教育，组织开展为建设新中国橡胶生产基地作贡献活动和采种立功活动。在采集橡胶种子工作中，提出"一粒种子，一两黄金"的口号，受到华南垦殖局局长叶剑英的肯定。由于思想教育工作同生产建设活动紧密结合，提高了职工的思想政治觉悟，增进了职工队伍内部的团结，增强了职工克服困难的信心和决心，保证了开荒植胶和橡胶采种等任务的完成。

1953 年下半年至 1954 年，在贯彻"大转弯"方针，资遣工人，压缩干部，以及处理林一师官兵复员转业工作中，针对职工队伍产生的埋怨情绪和消极思想，进行国内外形势与农垦形势、国家在过渡时期的总路线与总任务、中国人民解放军优良传统等教育，引导职工从国家大局出发，认识"大转弯"和复员转业工作的必要性以及有关的政策。在具体工作中，对编余干部，组织他们学习文化知识，或帮助他们联系调到其他单位工作。对受资遣回乡的工人发给路费和安家生产资金。对林一师的官兵，在思想教育基础上由本人申请，凡自愿留在农垦工作并服从组织分配、遵守劳动纪律的欢迎参加农垦建设；自愿复员回乡者，按规定标准发给生产资助金和路费，有伤病者发给医疗补助费；凡无家可归或因公伤残者以及归国华侨不动员复员。由于思想教育切合实际，针对性强，政策合理，解决了编余干部、受资遣工人和转业复员军人的实际困难，使消极因素化为积极因素，促进"大转弯"和林一师官兵复员转业工作的顺利进行。

1955—1956年，垦区对经营管理制度进行改革，改原来的事业管理为企业管理。在这项改革工作中，农场响应华南垦殖局提出的"大力开展关于农业企业管理的学习运动"的号召，通过召开干部会、职工代表会和民主会，印发教育学习资料，举办展览，组织职工到农村访贫问苦等形式的思想教育活动，引导职工认识社会主义企业实行经济核算制度的必要性和以"供给制"形式办企业的弊端，增强他们的主人翁责任感，安心农场工作，并积极为发展农垦事业出谋献策。通过这些教育，促使职工思想由"供给制"向"按劳分配制"转变，为企业从事业经营向企业经营转变奠定了基础，农场的企业管理工作也由此前进了一步。

1958—1960年，垦区组织学习中共八届二中全会提出的"鼓足干劲，力争上游，多快好省地建设社会主义"的总路线，结合贯彻中共中央关于加快开发海南的决定，调动职工的积极性和创造精神，掀起以大开荒和大种胶为中心的生产高潮，使垦区的生产建设规模迅速扩大。但因片面追求扩大种植面积而忽视管理与巩固，造成胶园失管而大量荒芜。1961—1963年，由于贯彻中共中央关于对国民经济进行"调整、巩固、充实、提高"方针后，局面才逐步扭转。

1964—1966年，农场开展以学习毛泽东著作为中心的思想教育活动，参加学习的职工有6200多人，占职工总人数的98％，家属和中小学生参加学习的也占50％以上。学习中，要求把《为人民服务》《纪念白求恩》和《愚公移山》3篇文章作为座右铭，结合学雷锋、学解放军、学大庆、学大寨活动，号召职工以张思德、白求恩、雷锋、王进喜、焦裕禄等模范人物为榜样，改造世界观，树立全心全意为人民服务的思想。在思想教育的同时，开展以创"五好"（政治思想好、完成任务好、安全生产好、团结互助好、生产管理好）为内容的比、学、赶、帮活动，以"五好"职工、"五好"集体的先进思想和模范事迹，激励和鼓舞广大职工为社会主义革命和社会主义建设多做贡献，促进海南农垦事业的健康发展。这一时期，职工中学雷锋做好事、团结互助和助人为乐蔚然成风，经济建设顺利进行。从1966—1968年初，职工思想受到当时各种思潮的影响。

1969—1974年，农场成立生产建设兵团，针对职工队伍闹派性、被分裂状况，开展了"大团结""大联合"和"抓革命，促生产"等教育，同时撤销各级革命委员会和各种"造反派"组织，对消除派性、稳定垦区局势起到积极作用。这一时期，还对上山下乡知识青年职工进行艰苦奋斗教育和革命传统教育，引导知识青年走与工农相结合道路，使他们在艰苦的生活、紧张的劳动和复杂的斗争中得到锻炼。

1979 年以后，农场围绕中共十一届三中全会制定的路线、方针和政策，把思想教育工作作为建设社会主义物质文明和精神文明的一项重要内容，有组织、有计划地在职工中开展一系列思想教育活动，主要有：解放思想、实事求是教育；全党工作重点转移到社会主义现代化建设上来的教育；爱国主义、社会主义、集体主义教育；坚持四项基本原则（坚持社会主义道路，坚持人民民主专政，坚持中国共产党的领导，坚持马克思列宁主义毛泽东思想）和反对资产阶级自由化教育；党的"一个中心、两个基本点"（即以经济建设为中心，坚持四项基本原则、坚持改革开放）基本路线教育；党的纪律与作风教育；普及法律常识教育；"五讲四美"（即讲文明、讲礼貌、讲卫生、讲秩序、讲道德和心灵美、语言美、行为美、环境美）教育；以艰苦奋斗为主要内容的企业精神教育；邓小平关于建设具有中国特色的社会主义理论的教育等。通过这些教育，促使广大职工解放思想，更新观念，把意志和力量集中到建设社会主义现代化强国的目标上来，促进海南农垦事业的进一步发展。通过开展系列教育活动，涌现出一批先进人物，在 1979 年广东省劳模评选中，刘元拾、陈坤荣、洪昌武、陈美莲、潘兴赐、符仍魁、罗坤明、黎惠容、欧学泗被广东省人民政府授予劳动模范称号。

1990 年以来，农场党委按照中央和省委的部署，把思想教育作为"两个文明"（物质文明与精神文明）建设的一项重要内容，以"以科学的理论武装人，以正确的舆论引导人，以高尚的精神塑造人，以优秀的作品鼓舞人"为任务，有组织、有计划、有针对性地在职工中开展一系列思想教育活动。思想教育的主要内容有：马列主义、毛泽东思想、邓小平理论、"三个代表"重要思想和科学发展观教育；坚持"四项基本原则"和党的基本路线教育；以艰苦奋斗为主要内容的企业精神教育；法制教育；国际国内形势教育；党的纪律和作风教育；"两个根本性转变"（经济体制从传统的计划经济向社会主义市场经济转变、经济增长方式由粗放型向集约型的转变）教育；职业道德、社会公德、家庭美德教育；"八荣八耻"教育等。各单位在开展思想教育工作中，除重视发挥报纸、刊物、简报、墙报和广播电视等媒体的作用外，还采取召开职工大会、座谈会、经验交流会，上辅导课，组织劳动模范等先进人物和老干部报告团进行巡回报告，举办培训班、场史展览、文艺汇演、征文比赛和演讲比赛，编印和发放宣传教育资料等形式。由于组织得力，宣传发动广泛深入，使全场 8200 多职工接受教育，受教育人数占职工总人数的 95%。

在实施"九五"计划期间，面对建立现代企业制度和发展社会主义市场经济的新形势，农场党委围绕《关于贯彻落实〈中央宣传部、国家经贸委关于加强和改进企业思想政治工作的若干意见〉的实施意见》，认真落实邓小平关于建设中国特色社会主义理论教育职工的战略任务，促进职工思想观念实现"两个根本性转变"。在这一时期，农场开展爱国主义、集体主义、社会主义和社会公德、职业道德、家庭美德教育，引导职工认清形势，转变观念，造就了一支适应新形势要求的职工队伍，涌现出一批既反映时代精神又体现农垦特色的先进个人。1995—2000年，胶工刘学现获全国劳动模范、海南省劳动模范及全国"五一劳动奖章"。

21世纪的前10年，各级党组织坚持不懈地加强对职工进行爱国主义、集体主义、社会主义教育和理想信念教育，使广大职工进一步坚定对建设中国特色社会主义的信心和对改革开放、现代化建设的信心。2003—2010年，农场进行科学发展观教育，用科学发展观武装职工头脑。2011—2020年，农场根据国情先后开展了"党的群众路线教育""两学一做""不忘初心，牢记使命"等主题教育及海南建设自贸港学习活动，进一步拓展了职工队伍视野，调动了员工努力工作和大力发展经济的积极性。

五、干部培训

西联农场从创建开始就重视对干部的培训工作。农场派人参加海南农垦1953年创办的第一所干部学校和1955年在琼山县三门坡设立的干部培训班。在此期间，农场还派遣干部参加上级业务主管机关办的培训班和有关大专院校办的进修班学习。

从20世纪60年代初起，干部培训工作进一步加强。除海南行署农垦局继续举办各类短期培训班外，农场也普遍办起业余大学、业余中专和党校，组织干部学习政治理论和专业知识。同时，还争取派员参加上级机关以及外单位组织的学习。从1961年至1964年，西联农场先后派人到中央党校、广东省党校、海南区党校、长沙政治干部学校、广东省农垦干部学校和海南公安局等单位学习培训。

生产建设兵团时期，兵团、师、团分别以举办学习班的形式对干部进行培训，学习内容以政治理论为主。1969年4月至1974年9月，生产建设兵团5师4团，参加师级单位举办的学习班；4团举办的学习班，连、排级干部都要参加。

1975—1986年，干部培训工作按照干部管理权限，分别由广东省农垦总局，海南、通什农垦局，以及各农场、工厂、公司、医院、学校逐级负责。其中，农场以及相当于农场一级单位的领导，由广东省农垦总局负责培训；农场以及相当于农场一级单位的科级干部，由海南农垦局或通什农垦局负责培训；一般干部由所在单位负责培训。

1985—1990年，西联农场在干部中开展马列主义理论正规化教育活动，组织学习哲学、政治经济学和科学社会主义等课程，并通过了由海南省（含海南行政区）党校组织的统一考试，考试及格率达 96％以上。

1987 年开始，为适应新时期企业管理工作需要，提高企业的生产经营水平，西联农场分期分批组织企业领导到中国农垦管理干部学院、广东农垦管理干部学院和江苏农学院等单位进行岗位培训。

六、离休退休干部工作

70 年代末，农场开始有少数干部办理退休手续。1982 年，国务院颁发老干部离退休制度规定后，农场离休退休干部工作逐步加强。1984 年 8 月，海南农垦公司党委成立老干部管理处，负责海南农垦副处级以上离休退休干部管理工作；科级及科级以下干部离休退休工作由农场党委组织科负责。1982 年以后，海南农垦离休退休干部工作按照国家有关的政策规定和 1989 年 3 月《海南农垦老干部管理实施细则》，按具体规定提高离休退休干部的政治待遇和生活待遇，使农场老干部工作逐步走上制度化、规范化轨道。至 2020年底，海南垦区办理离休退休手续的干部职工共 2388 人；其中离休干部 28 人，享受地（厅）级待遇的 5 人，享受县（处）级待遇的 23 人。为了加强对老干部工作的管理，1984年以后，海南垦区先后在海口、三亚、湛江 3 个城市设立 5 个老干部休养所，配管理人员44 人。1990 年，西联农场安置退休干部 1 人（正处级）在海口市海秀干部休养所休养。

2013 年 6 月，西联农场组团参加《第五届农垦总局老年人体育运动会》的羽毛球、太极拳（剑）、门球、钓鱼、象棋 5 个项目的比赛，取得了优异的成绩；其中羽毛球、象棋项目获得金奖，钓鱼项目获得银奖，太极剑项目获得铜奖、优秀组织奖。

2018 年 4 月，西联农场组团参加第六届农垦总局老年人体育运动会的健身秧歌、乒乓球、健身气功、中国象棋、海南麻将、钓鱼、广场舞、健步走、书法 8 个项目的比赛，获得中国象棋、钓鱼项目 2 个金奖，广场舞项目银奖，书法项目个人银奖的好成绩。

七、党的统战工作

（一）统战机构

1978 年以前，西联农场统战工作归政工部门管理，没有设置统战专门机构。1954 年西联农场曾成立归国华侨联谊会，这是垦区最早成立、20 世纪 70 年代以前全垦区仅有的归侨群众组织。1978 年，根据接待安置越南难侨工作需要，西联农场成立侨务办公室，负责开展统战工作与侨务工作。

（二）落实统战政策

对归国华侨同胞，农场根据国家集中安置要求，贯彻执行"热情接待、妥善安置、一视同仁、适当照顾"的方针给予了热烈欢迎、热情接待。这些归国华侨主要是分配在西联农场东风分场东风队、东光队、东进队，洛南分场十二队、加朗分场加朗队、胜利分场兰马队等。按照国家政策给予了最大的照顾，给他们购买了粮食、衣服、棉被、水桶和一切生活物品，在当时并不富裕的情况下，将各种粮油票、布票、肉票、自行车票等分发给他们，并为他们新建起了砖瓦房。

由于归侨在国外的生活方式、工作环境及风俗等各方面的差异，回国后需要不断调整，逐步适应农场环境并开始新的生活。农场还根据归侨的文化程度、技术类别，因人而异安排适当工作，例如：教师、拖拉机手、机械修理工、橡胶技术员、胶工、林管、后勤工等，农场还专门为他们成立了归国华侨联谊会。

归侨，农场安置好后，组织他们大力发展生产，开荒种胶，并号召他们大力发展自营经济。经过多年的发展，难侨的家庭从原来回国时的两手空空到现在的生活安定、家庭幸福。

2020年，西联农场公司投入434万元建设基础设施时，将难侨原来的平顶房推倒重建，建设83套新房，每户120平方米，至2020年底已建成44套，共投入资金792万元，当年底难侨全部搬迁入新房。

（三）侨胞对农垦和农场事业的贡献

长期以来，华侨为发展祖国垦殖事业作出了贡献。海南历史上最早种植的橡胶，便是1906年由华侨何麟书从马来亚引进种植的。此后，又有华侨区慕颐、曾金成等相继把橡胶树引进海南。他们引种橡胶树的成功，为海南农垦后来橡胶事业的逐渐发展提供了经验。1955年11月，马来亚归侨雷贤钟，在帝国主义对我国实行禁运的情况下，冒着生命危险用16个木箱装载10多个橡胶优良品种的种子、芽条和芽接桩运回海南。1956年周恩来总理在北京接见他时说："你把优良橡胶品种带回来，比带回金子更贵重！"国务院还授给他"开荒垦殖，热爱祖国"的锦旗和一笔奖金。这些橡胶良种在海南岛生根、发芽。

一批归侨知识分子和技工把毕生精力献给海南农垦，为发展新中国橡胶事业做出了积极贡献。西联农场归侨难民中的技术干部廖一萍、刘带胜、骆士开、叶林和归侨优秀芽接技工温贵、李元发、房株等，发挥自己的技术专长，分别在各个育种站开办芽接技术训练班，至1957年共培训垦区第一代芽接工1448人。廖一萍还根据自己的经验，在垦区首先总结出橡胶无性系的形态鉴定技术，培养出第一批形态鉴定技术人员。归侨胶工李东、叶娣、郑红芬、郑运长、黄风娇、温友招等，献出他们精湛的割胶技术，融合成以李东为代表的割胶操作技术，在海南垦区普及推广，对垦区橡胶管、养、割技术水平的提高起到创新和示范作用。

海南农垦的归侨、侨眷在各自工作岗位上充分发挥了自己的才干，涌现出一批先进模范人物。从1979—1990年，归侨、侨眷中被评为全国劳动模范的1人、全国三八红旗手3人、全国农垦先进生产者10人、林业部授予劳动模范1人，还有省劳动模范8人、省先进生产（工作）者15人。

新中国成立初期，农场技术人员奇缺，归侨胶工、技术及科研人员的到来，充当了生产发展的生力军，更重要的是充实组成了强大的技术力量，填补了诸多空白环节，不少人来到农场后，就负责橡胶育种、芽接、品种形态鉴定以及栽培芽接苗技术的指导。20世纪50年代初期，担任从开荒、砍岜、育苗、栽培、种植、管理到制胶整套技术全面指导工作的张有和、曾苏云都是马来西亚归侨。归侨中有一大批在马来西亚、印尼就会割胶的工人，承担起了对全场胶工的培训工作，在他们的精心培养下，带出了一批优秀胶工。担任西联农场胶工培训工作的就有被誉为"割胶大师"的郑红芬、李东和磨刀大师郑运长。其中李东的"手、脚、眼、身、稳、准、轻、快"割胶法，被海南农垦技术专家总结并在全农垦推广。其中郑红芬还被广东、云南、福建请去担任割胶技术总辅导专家，并带出一大批割胶神刀手和技术能手。在割胶工作岗位上，归侨更是当时农场先进生产技术的代名词。当年洛南分场红卫队响当当的"西联八姐妹"全是由归侨女工组成的割胶班。她们是叶娣、周香、李东、李清、李玉、张桂娇、张金玉、岑娇。她们身上有很多共同点，先后回国，都到西联，都是南洋归侨，小小年纪都在南洋割过胶。其中李东和叶娣、周香等人都与周恩来总理合过影。特别是叶娣，割600多株胶树的大树位，3年来从未缺勤。1958年作为海南农垦唯一代表出席全国妇女代表大会，受到党和国家领导人接见。1960年2月9日，敬爱的周恩来总理视察西联农场百年胶园时，一眼就认出当时在胶园施肥劳动的叶娣，正是3年前在北京接见全国妇女代表大会代表时曾经握手交谈过的女胶工，高兴地走过去握手叫道："叶娣，你好！"叶娣激动得热泪盈眶。另一个响当当的归侨代表是荣获全国三八红旗手及广东省劳模的黄裕秀。1960年她从印度尼西亚回国后，热爱割胶岗位，摸索出一套根据天气变化采取深割、浅割、时停时割的适度割胶法，获得垦区专家的一致好评。1972年农场当时分配给她的树位单株产量只有2.47公斤，经过她几年的努力管理，单株产量提高到4.73公斤，达到当时农垦实生树单株最高水平。在2002年，归侨郑红芬、李东、黄裕秀均获评西联农场创建50周年十大功勋称号。

第三节 农场纪律检查工作

1954年，根据《华南垦殖局颁发关于在各分局、场、站建立人民监察通讯组织决定》（华监字1954年第0007号）颁发关于在华垦殖局系统各分局、场、站建立人民监察通讯组织决定，1954年9月2日，海南垦殖分局机关设立9个通讯组。1955年7月7日，经海南垦殖分局批复同意西联农场设定一名监察通讯员。

1978年，根据中共海南行政区委员会文件《关于迅速筹备设立各级党的纪律检查委员会认真开展党的纪律检查工作的通知》（琼字〔1978〕33号）文件要求，农场设立纪检会筹备小组，由一名副书记负责分管；1980年2月成立西联农场纪委办公室。

1981年5月27日，在西联农场第七届党员代表大会上，首次选举产生了农场党的纪律检查委员会，纪律检查委员会成员5名，纪委书记1名（时任国营西联农场党委副书记杨秀先兼任），纪委副书记1名（时任国营西联农场机关支部副书记黄月才兼任），委员3名，设立纪律检查委员会办公室；专职纪检干部3人。

1984年8月9日，在西联农场第八次党员代表大会上，换届选举纪律检查委员会成员，选举产生纪律检查委员会成员5名，纪委书记1名（时任国营西联农场党委副书记黄先进兼任），纪委副书记1名（时任国营西联农场党委常委、纪委副书记黄月才兼任），委员3名。

1991年6月11日，在西联农场召开的第九届党员代表大会上，换届选举纪律检查委员会。选举产生纪律检查委员会成员5名，纪委书记1名（时任西联农场党委副书记黄月才兼任），纪委副书记1名（时任西联农场审计科科长吴荣华兼任），委员3名。

1996年3月28日，西联农场召开的第十届党员代表大会换届选举纪律检查委员会成员（无记名投票进行差额选举）。选举产生纪律检查委员会成员7名，纪委书记1名（时任国营西联农场党委副书记黄月才兼任，于1999年2月6日批准退休），纪委副书记1名（时任国营西联农场纪审办公室主任王明灵兼任），委员5名。

2005年8月25日，西联农场第十一次党委委员会和纪律检查委员会换届选举，选举出纪律检查委员会成员5名，纪委书记1名（时任党委副书记、公司监事会主席吴荣华兼任），纪委副书记1名（时任海南省国营西联农场党政、纪审监办公室主任王明灵兼任），委员3名。

2009年3月20日，西联、新盈和西流农场（社区）重组为新的西联农场（社区），场部设在原西联农场；王建奇任纪委副书记兼监察科科长。

2009 年 5 月 20 日，海南农垦总局第七纪检审计派驻组在西联农场场部挂牌成立。

2018 年 12 月 13 日，中共海南省农垦投资控股集团有限公司委员会文件（琼垦发〔2018〕58 号），由享海滨同志任海南农垦西联农场有限公司党委委员、副书记、纪委书记职务，兼任西联农场工会主席人选。

2019 年 6 月 13 日，根据中共海南省农垦投资控股集团有限公司委员会《关于下属二级企业纪检组织架构设置及纪检工作人员配备有关事项的通知》（琼垦发〔2017〕40 号）文件精神，决定增设海南农垦西联农场有限公司纪检审计部（与党群工作部合署办公），编制人数 3 人，设部长 1 名。符鹏安同志任纪检审计部部长，设纪检员 2 名（专职 1 名，兼职 1 名）。

2020 年 11 月 2 日，中共海南农垦西联农场有限公司委员会会议（党委会）研究决定，纪检审计部单独设立，编制人数 3 人，设部长 1 名。符丽春同志任纪检审计部部长，设专职纪检员 2 名。

第四节　农场团组织

一、组织建设

西联农场创建以来，各级共产党组织普遍关心青年工作，共青团的组织较为健全。

1952 年建场初期　只有少数林一师官兵和部分归侨、民工，青年团员很少。1954 年 11 月，青年团华南工作委员会和华南垦殖局联合通知，垦殖分局和垦殖所两级团工委撤销，垦殖系统的团组织归属所在地的团工委领导。与此同时，海南区和有关县的青年团组织相应成立垦殖工作部，分别负责垦区各级青年团工作的领导。1957 年 5 月，垦区新民主主义青年团改称共产主义青年团。1958 年至 1960 年，大批退伍军人和家属参加农垦工作，团员人数有了较大增加，西联农场成立团委专门负责共青团工作。

1964 年 10 月，海南区、县团委对垦区共青团和青年工作实行双重领导。从 1969 年 4 月开始，海南垦区共青团组织由生产建设兵团政治部领导，师部设直属机关团委，团（农场）级单位成立共青团工作委员会。20 世纪的 60 年代末至 70 年代初，大批知识青年参加农垦建设，垦区共青团组织和团员队伍迅速扩大。到 1974 年，西联农场有团工委 1 个，团支部 58 个。

1974 年 10 月恢复农垦管理体制后，海南区党委农场工作部设立青年工作处，区团委对农场（工厂、学校、医院）团工委实行双重领导。1980 年，团员人数相应减少，主要原因是部分知识青年调回城镇工作，部分考进大专院校读书。

1983年12月和1985年5月，先后成立共青团海南农垦农工商联合企业公司委员会（1984年5月改为共青团海南农垦委员会），国营农场和相当于农场一级团委，直接受海南农垦团委领导，各县团委协助农垦团委做好所在县各农场团的工作。1983年海南建省后，共青团工作有了进一步加强，团员、青年成为农场建设的生力军。1990年后随着改革开放大潮，农场大部分青年职工到广东沿海一带打工，团员数量大量减少。1995—2010年团委工作主要是贯彻农垦总局党委、团委文件精神，抓好组织建设，围绕农场经济发展服务。

二、青年工作

农场创业初期，垦区团组织在各级党委领导下，首先是健全组织，建立和健全各种制度，通过"三会一课"（支部大会、小组生活会、支委会和团课）加强思想政治工作，教育团员扎根农垦，团结青年，使团组织与团员在青年中发挥核心、模范作用；其次是组织团员和青年学文化、学技术，提高生产本领；三是配合工会，组织团员和青年参加劳动竞赛，开展文娱体育活动，活跃职工文化生活。

20世纪60年代初，西联农场团组织在团员和青年中，开展阶级教育、形势教育、党的传统教育，协助党组织做好稳定退伍军人思想工作，使团员和青年政治思想觉悟有显著的提高。各级团组织普遍成立学习毛主席著作小组、青年突击队、科学实验小组，开展做好人好事和创"五好"活动，发挥青年在各项活动中的突击手作用。60年代末，随着大批知识青年参加农垦建设，垦区各级共青团工作的重点主要是协助党组织做好团结、教育上山下乡知识青年工作，教育广大青年在艰苦的生活中锻炼成长。从20世纪的60年初到70年代中期，农场多次组织职工开展大垦荒种胶、大会战造田，青年成为当时的生力军，并涌现出一批先进团支部、班组、个人。

20世纪80年代，垦区各级团组织围绕改革开放和全党工作重点转移的新形势，结合青年的特点和农垦实际，在团员和青年中开展一系列具有农垦特色的思想教育活动，其中主要有：

①针对新时期部分青年怕艰苦、不安心农场的情况，开展"四有""互热爱"和以艰苦奋斗为主要内容的企业精神教育，通过"访前辈，寻踪迹""看现在，话未来""新老对话"等活动，逐步增强广大青年热爱农垦、建设农场的主人翁意识。

②通过选拔具有"一强二轻三高"（工作能力强，年纪轻、家务轻，文化高、工作热

情高、在青年中威信高）的团员任团干部，成立流动团校培训团干部和少先队辅导员，以及开展"做一名合格共青团员"、颁发团员证和开展团员评议等活动，加强团组织建设，提高团员素质。

③开展"争当先进青年家庭农场小场长""优秀青年小企业家"和"场长、经理好帮手"的竞赛活动，激励广大青年在经济建设中发挥作用，一批青年在因此走上致富道路。

④加强青年活动阵地建设和自筹经费建设基地，不断丰富活动内容。20世纪80年代以来，各级团组织在行政和工会支持下，多渠道筹集资金，改善青年活动基地的基本建设和设施。20世纪90年代开始，农场团委号召各团支部通过业余劳动和承包生产队胶园培养高产树、挖穴压青施肥、种防风林等各项劳动筹集团活动经费，并组织先进团支部到岛外参观旅游，扩大了青年的视野，收到良好的效果。西联农场团委被团省委授予"新长征突击队"。

第二章　农场群众团体

第一节　农场工会

一、组织建设

1953 年，西联农场工会成立。下属垦殖所也分别成立工会。

1953 年底至 1954 年初，西联农场先后撤销 9 个垦殖所工会办事处，1955 年 3 月全部撤销垦殖所工会，调整与合并部分垦殖场工会。20 世纪 50 年代后期，基层工会绝大多数因场社合并而停止活动。

1960 年 6 月 5 日，西联农场召开第七届职工代表大会，正式代表 279 人，列席代表 178 人，共 457 人。

1962 年 11 月 9 日召开第十届第一次职工代表大会，共有代表 264 人，列席 9 人。在此次职代会上农场工会向海南农垦全体职工发出开展劳动竞赛的倡议书，当时的劳动竞赛以开展争当"六好单位"和"五好职工"为主要内容，制定出季度、月度、突出周劳动竞赛方案，将任务落实到班级、个人。西联农场工会的倡议得到海南农垦全体职工的积极响应。

1961 年开始，农场工会组织又逐步恢复，并普遍进行民主选举，建立健全各项制度，加强会员教育和工会小组活动，农场各生产队还配备 1 名下放干部专管工会工作。

1963 年 8 月西联农场工会召开第十届第二次职工代表大会。到 1963 年末，西联农场有工会会员 2300 人。

1969 年组建生产建设兵团，农场工会随之停止活动。

1978 年底至 1979 年初，根据广东省总工会和广东省农垦总局通知精神，农场（厂）的基层工会和生产队（车间）的工会分会相继恢复，同时开展老会员登记与发展新会员工作。

到 1990 年末，西联农场有 7 个工会分会，有 55 个（直属单位）生产队工会小组。农场工会配备专职干部 7 人，工会会员占职工总人数的 84％。

2007年，西联农场工会根据农垦总局工会指示，成立西联农场工会困难职工帮扶中心，配备专职干部两人，主要是为困难职工帮扶解困。一是建立困难职工档案，二是为患病职工进行大病救助。在基层工会建设中，农场工会认真抓好职工队伍思想、素质建设，开办职工大讲堂，组织职工开展户外拓展活动和职工思想理论学习；请农业专家来场授课，传授农业技能专业学习；组织职工到农垦总局工会开办的技能学习班进行家政培训学习。

2010年，西联农场工会被全国总工会授予"模范职工之家"。

二、民主管理

1953年，西联农场开始建立"工人民主管理委员会"，主要任务是对职工生活和文化福利实行民主管理。

1954年，垦区企业实行"一长制"管理后，要求"实行一长制，必须与民主管理相结合"。从企业生产民主大检查入手，建立起职工代表大会制度，对生产实行民主管理、民主监督和民主决策。但是在执行过程中，部分单位往往把职工代表大会变成发布计划、指示或动员职工完成任务的机构，而真正听取职工群众呼声、接受群众批评监督、发挥群众的民主权利不够。

1961年4月，根据海南垦区进一步强调企业要健全党委领导下的职工代表大会制度，实行"两参一改三结合"（即：干部参加劳动、工人参加管理，改革不合理规章制度，领导、技术人员、工人三结合），规定农场职工代表大会每季度召开1次，作业区职工代表大会和生产队职工大会每月召开1次，分别由场、区、队领导做工作报告，发动职工（或代表）审查评议。这一制度的实施，增强了职工参加管理的意识，企业普遍出现良好的民主管理局面。

在1966年至1976年时期，这些制度逐渐被废除。

1981年，西联农场工会按照垦区关于贯彻中共中央、国务院颁布的《国营工业企业职工代表大会暂行条例》《国营工厂厂长工作暂行条例》《中国共产党工业企业基层组织工作暂行条例》，在农垦企业实行党委统一领导下的场（厂）长分工负责制，以职工代表大会制为基本形式的各项民主管理制度逐步得到恢复。农场工会按工人代表占多数的原则，成立职工代表大会常任主席团，下设提案审查组、经济监督组、生活福利组、技术协作组；作业区、生产队也成立了相应的组织。

1986年9月15日，在中共中央、国务院颁发《全民所有制工业企业厂长工作条例》

《中国共产党全民所有制工业企业基层组织工作条例》和《全民所有制工业企业职工代表大会条例》（简称《三个条例》）后，海南垦区党、政、工都重视贯彻实施。1989 年 10 月，省农垦工会召开民主管理研讨会，从提高民主管理的科学性、权威性和时效性入手，突出民主管理的效果，制定了《海南垦区贯彻落实职工代表大会条例的实施细则》和《海南省农垦企业职工代表大会工作规范表》。西联农场民主管理在实践中不断完善。职工代表大会一般下设生产经营、规章制度、生活福利、评议监督等专门工作小组，并选举代表参加农场管理委员会。同时农场创办的二级企业工厂和三级企业生产队（车间）均成立了职工民主管理小组。

1995 年以后，按照上级指示精神，西联农场工会把参与企业重大决策作为全心全意依靠工人阶级的重点抓落实。一是依照企业法和工会法赋予的权利，加大了工会会员立法参与、决策参与和改革方案参与的力度，农场企业的经营方针、发展规划和涉及职工切身利益的分配方案、房改方案、福利制度等，都反复征求职工群众意见，并按法定程序提交职工代表大会审议通过。二是加强制度建设，促进民主管理规范化和制度化进程。至 1996 年，建立起"两公开一监督"（即公开办事制度、公开办事结果，接受群众监督）、民主评议干部、民主定岗定产和民主理财等制度。三是开展民主对话活动，增进沟通和理解。自 1995 年开始，工会针对职工群众关心的热点问题，组织开展党政领导与职工特别是离退休职工的民主对话活动。通过民主对话，一方面是让干部倾听群众的呼声和诉求，了解群众的意愿；一方面让群众了解国情场情，增进理解，促进改革发展和稳定。1998 年，农垦工会牵头起草并以总局名义印发了《海南省农垦民主评议和考核国有企业领导班子实施方案》，农场工会领导参加了农场班子的考评工作，全场职工代表参加了这次民主评议活动。

1999 年以后，海南垦区民主管理和民主监督工作力度进一步加大，其制度也更趋完善和规范。当年，根据中纪委、国家经贸委、全国总工会联合印发的《关于推行厂务公开制度的通知》精神，农垦工会与总局纪委在西联农场进行场务公开试点，并制订了《海南省西联农场场务公开实施方案》，及生产经营重大决策公开、橡胶产品销售情况公开等 8 项实施细则，建立起场务公开的运作机制。接着，又以总局党委和总局名义，转发了西联农场场务公开实施方案，推动垦区场务公开工作的全面开展。

2002 年，根据中共中央办公厅和国务院办公厅《关于在国有企业、集体企业及其控股企业深入实行厂务公开制度的通知》精神，农场工会按照农垦总局修改并印发的《海南省农垦场务公开规范化管理实施意见》，对场务公开的运行机制、内容、形式、时间、操作程序和监督机制等 6 个方面规范操作，使场务公开的运作更趋完善。

三、维护职工合法权益

长期以来，西联农场工会在改革发展稳定大局中，坚持在维护国家和企业整体利益的同时，努力维护职工群众的合法权益，发挥工会组织的桥梁和纽带作用。主要工作有：

①深入调查研究，倾听职工群众意见，反映职工群众呼声。

②贯彻实施《劳动法》，积极推进集体合同制度，从法律上维护职工的合法权益。1995 年 1 月《劳动法》正式实施后，场工会以《劳动法》所规定的一系列劳动标准作为维护职工合法权益的重要内容和法律依据，积极推行平等协商和集体合同制度。至 1997 年起，对所有参加工作的职工进行集体合同的重签工作。在推行集体合同工作中，农场成立了集体合同监督领导小组，由农场党委书记和工会主席分别担任监督领导小组的组长、副组长。每年对集体合同进行一次审议与修订，同时及时检查集体合同的合法性、合理性和可行性，使之不断充实和完善。2005 年以后，随着海胶集团等一批产业集团的组建，农场签订集体合同的主体开始发生变化。西联农场工会按照总局、总公司关于进一步做好垦区集体合同签订工作的要求，以"一托二"（即：在签订集体合同的同时，签订工资集体协议和女职工特殊权益保护专项协议）的形式，抓好农场集体合同的签订工作。至 2020 年止，农场集体合同、工资集体协议和女职工特殊权益保护专项协议签订率已达 100％以上。在推进第四轮集体合同工作中，西联农场工会依照新修订的《集体合同规定》，把建立平等协商机制作为完善集体合同的重要内容，使企业集体协商工作逐步走上制度化、规范化的轨道。农场工会还开展工资集体协商要约行动，推动农场公司工资集体协商工作顺利开展。

③参与企业重大事项的决策，从宏观上维护职工的合法权益。1991 年，根据省政府《关于发挥工会民主参与和社会监督作用的通知》，企业行政与工会建立起联席会议制度，使工会组织和职工代表在企业政治经济、生活等各方面充分行使民主参与和民主监督的权利。联席会议召开前，农场工会和职工代表都注重深入基层进行调查，收集职工群众的意见，努力通过联席会议解决实际问题。这种会议一般每年召开 1～2 次。1992—1994 年，场工会以提高企业经济效益、增强企业活力为重点，积极参与企业经营承包责任制的推行以及企业内部配套制度的改革，帮助企业扭亏增盈，促进企业产业结构的合理调整。1995 年以后，农场工会加大了参与决策的力度，在参与企业经营方案的制订工作中，通过深入调查了解职工群众的要求，努力为职工群众说话，提高了工

会的参与力度和水平。

2000年，西联农场工会按照全国总工会的要求，树立"以职工为本，主动依法科学维权"的中国特色社会主义工会维权观，坚持"组织起来，切实维权"的工作方针，积极参与包括企业产权制度、场办二级企业民营化、国有开割胶园职工家庭长期承包、协助企业党委和行政推进职工住房、水电、道路等民生工程建设，推动职工社会保障政策的落实。

四、劳动竞赛

西联农场在创建初期就有群众自发性地开展劳动竞赛活动，主要是围绕"一粒种子，一两黄金"的橡胶种子采集劳动竞赛，涌现出大批先进班组，如闪电突击队、采种先锋队等先进集体和个人。1954年，农场工会响应华南垦殖工会海南区筹委会总结的安竹垦殖场（现属东红农场）从开展流动红旗赛发展到"制定定额""按定额分解的百分记分法""个人成绩按月累计定期评比奖励"的经验。

1956年，西联农场向华南垦区各农场发起开展场际和同工种间社会主义劳动竞赛的倡议，得到很多单位的响应。1958年初，在华南农垦总局提出的"全面跃进""苦战三年，根本改变农场面貌"的口号鼓动下，农场广泛开展"比先进、赶先进"的竞赛活动，采取"打擂台"的方式，进行场与场、区与区、队与队、个人与个人之间的竞赛，掀起群众性的大竞赛热潮。但由于受"左"倾错误影响，这一时期有些单位的劳动竞赛出现脱离实际的"浮夸风"。1962年开始强调把革命热情与科学态度结合，开展以技术革命为中心，以提高劳动生产率为目的的"比、学、赶、帮"活动。

从1963年开始，西联农场开展扭亏增盈、反浪费为中心的勤俭办场教育和组织学雷锋、学"好八连"教育，开展创"五好单位"和"五好职工"的竞赛。在劳动竞赛活动的推动下，20世纪的60年代到70年代中期，农场涌现出一批由印尼归侨组成的割胶能手，其中被称为"西联八姐妹"的叶娣、周香、李东、李清、李玉、张桂娇、张金玉、岑娇，成为全场学习的榜样。

1979年，垦区各级工会恢复后，把组织开展社会主义劳动竞赛作为工会工作的重点。为了加强对劳动竞赛的组织领导，1983年在农垦局以及各县委农的指导下，农场各直属单位（厂）、分场、队（车间）层层成立竞赛委员会或领导小组，围绕不同时期的生产任务，不间断地组织以提高经济效益为中心的"三高一低"（高产、高质、高效、低耗）和"为四化立功"的劳动竞赛。这个时期劳动竞赛有三个特点：一是坚持以提高职工队伍的技术素质和解决生产中的技术关键问题为重点，把开展职工群众性技术协作和技术交流结合起来，劳动竞赛开始从体力型转变为体力与智力竞赛相结合。西联农场红卫电站号召职工刻苦钻研科学知识，鼓励职工大胆改革创新，勇当技术革新创将，1979 年该站电工罗坤明和工友们一起设计制造了电子自动并车仪、半自动闸门、水轮机半自动调节器、光电自动调速器，极大地提高了电站供电效率，每年为国家节省12000 多元。1983 年农场橡胶加工厂成立了科技攻关凝胶标准胶 QC 小组，1983 年该厂生产的"天然牌"天然浓缩胶乳被国家质量奖审定委员会评为银质奖章；同年 4 月该产品还被国家农牧渔业部评为优质产品；同年 9 月被评为中华人民共和国国家质量奖。农场橡胶加工厂凝胶标准胶 QC 小组被广东省经济委员会命名为 1983 年全省优秀质量管理小组。1987 年、1988 年、1993 年凝胶标准胶继续被国家质量审定委员会授予国家银奖。1992 年、1995 年该产品获得首届、第二届中国农业博览会金质奖。1993 年 9 月农场橡胶加工厂凝胶标准胶 QC 小组被国家农牧渔业部授予优秀质量管理小组并获得优秀成果二等奖。

1990 年，西联农场 7 家场办企业，共有职工技术攻关小组 7 个，主要是承担单位技术攻关。一是推广技术革新，节能降耗发展经济；二是把劳动竞赛同发动职工群众勤劳致富密切结合，重视实际效益；三是竞赛形式有"三多"（多形式、多层次、多类型）和"三全"（全面发动、全员参加、竞赛贯穿生产全过程）的特点。除场（厂）际竞赛外，还有区域性（以县或片为单位）以及作业区、生产队、班（组）和个人之间的竞赛；既有年度竞赛，又有季度、月份、"开门红""红五月"等竞赛；还有"技术对手""双增双节"（增产节约、增收节支）、"双文明"（物质文明、精神文明）、"优秀企业经营者""最佳经济效益单位""同行先进集体""高产达标单位""生产能手"等竞赛。

长期以来，西联农场职工在社会主义劳动竞赛中，努力争先创优，涌现出大批模范先进人物。1979 年，刘元拾、陈坤荣 、洪昌武、陈美莲、潘兴赐、符仍魁、罗坤明、黎惠容、欧学泗等 9 名职工被评为省（部）级劳动模范；胶工刘学现 1999 年获全国五一劳动奖章、2000 年被评为全国劳动模范、海南省劳动模范。至 2020 年，西联农场干部职工中获中央、省评为先进生产（工作）者的有 37 人（次）；被授予"全国三八红旗手"的有2 人。

五、文化体育

职工业余文体工作，长期以来由农场工会以及宣传、教育部门和共青团负责组织领导。其文体设施和经费主要由行政、工会出资，以及职工利用业余劳动创收补贴解决。

1953 年，在海南垦殖工会筹委会议上，农垦领导提出各级工会要关心职工业余文化体育活动，要求建设好文体场所。1954 年由于经费尚缺乏，农场俱乐部设施较为简陋，一般只有胡琴、扬琴、箫、笛和锣鼓等简单乐器，生产队普遍建有简易的篮球场。

1963 年，海南农垦工会在南方农场召开俱乐部工作现场会议，要求对基层俱乐部的建设和管理进行整顿。此后，农场建立"俱乐部管理委员会"，下设宣传鼓动组、文娱组、体育组，具体组织指导职工开展各项文体活动。20 世纪 90 年代后，农场党委注重抓好职工文艺活动，每逢节假日、纪念日都开展各类文体活动，丰富了职工文化生活。

六、职工福利

长期以来，农场职工福利事业除由行政出资办医院、学校和建造职工住房外，工会主要负责组织办好职工集体食堂和职工家庭副业生产，领导托幼工作和扶贫工作。

西联农场地处荒山僻野，交通困难。农场创建初期，农场普遍兴办职工合作社（服务社），除代购代销副食品和日用百货外，还开办邮电代办、理发、缝衣等服务项目。1955 年，允许职工家庭每户种几分自用地，发动职工养猪种菜，开展家庭副业生产。20 世纪 50 年代末 60 年代初，西联农场的场、区、队职工食堂都成立了食堂经济管理委员会，负责领导食堂经济的发展。20 世纪 60 年代开始，西联农场建立畜牧一队、二队开始养猪，每个队都有养牛班，逢年过节杀猪杀牛分给职工。从 20 世纪 60 年代中期起，农场职工服务社（合作社）逐步由地方商业部门接管，一些福利性项目亦纳入商业经营轨道。职工食堂集体副业生产，到 1990 年已基本转为家庭经营或专业户承包。

1953 年农场开始执行华南垦殖局"有职工婴儿 4 名以上的单位配 1 名保育员，不足 3 人的由产妇轮流集中看管"的规定。1955 年前后，西联农场场部、各生产队开始设日托保育站，随后逐步发展到办婴儿全托所和幼儿园。多数托儿所和幼儿园配有部分简单设备，建立了管理制度，对保教人员进行培训。1979 年工会恢复后，加强了对托幼工作的领导，采取措施改善托儿所、幼儿园的基本建设与设施条件。到 1990 年，全场有幼儿园 49 个，其中中心幼儿园一个，分场、生产队幼儿园 48 个，入园率为 100%。

自 20 世纪 50 年代初开始，西联农场执行华南垦殖局关于《华南垦殖局职工个人福利暂行办法》的规定，对生活困难户实行定期或临时补助。20 世纪 60 年代以来，工会还发动职工组织"互助储金会"，对解决职工的临时困难起到良好的作用。

20 世纪 80 年代中期后，西联农场工会根据全国总工会《关于积极开展职工扶贫工作意见》，把扶助减收户、贫困户发展生产治穷致富作为主要任务来抓：一是协助职工家庭农场制订脱贫致富规划，组织他们从事开发性经营项目；二是推广大坡农场"三扶一帮"（扶生产、扶资金、扶技术，帮思想）经验；三是动员职工发扬共产主义风格，互教互帮，富帮贫，强帮弱，党员干部帮一般工人。

七、女工工作

农垦创建初期，西联农场就有妇女会组织，至 1963 年全场共有女职工 1245 人，占职工总人数的 42.8%。在 1963 年召开的第十届第一次职代会上还改选出全场各级女工委员会、生产队女工家属委员会 41 个，每个委员会有 3～5 名委员，全场共有委员 164 人，并制定女工家属工作制度。女工委员会受所在县妇女联合会和本单位工会领导。1955 年，西联农场工会普遍设置女工委员（或专职女工干部），专管女工工作。1979 年垦区恢复工会后，农场基层工会成立女工委员会，妇女工作进一步得到加强。

农垦创建前期，女工工作主要抓女工和家属的思想教育，发动女职工参加社会主义劳动竞赛；协助党、政部门宣传、实施《婚姻法》，维护妇女的合法权益；关心女职工的家庭、婚姻问题，加强女职工的"四期"（经期、产期、孕期、哺乳期）保护，贯彻妇女工作劳动"三调三不调"（经期调干不调湿，怀孕期调轻不调重，哺乳期调近不调远）；协助卫生部门做好妇科病防治和计划生育工作；组织家属发展家庭副业，教育其勤俭持家、团结邻里、教育子女及安排家庭生活；根据女工的生理特点，在各行业中组织女工班、女工队。西联农场有 8 名归侨女工组成的"八姐妹割胶班"，对农场生产建设作出突出贡献，名扬全垦区。1960 年，"八姐妹割胶班"受到周恩来总理的接见。

1979 年，西联农场工会恢复后，主要抓了两方面的工作：一是维护女职工的合法权益，着重解决女职工的劳动保护。1982 年开始，农场根据《女工保护条例》的规定，普遍制定并落实了女工的"四期"保护措施。1990 年，省农垦工会根据国务院 1988 年颁布的《女职工劳动保护规定》精神，结合垦区实际，制定了《海南省农垦女职工劳动保护实施细则》。同年，西联农场工会开展妇科病普查普治，对查出有妇科病的女工及时进行治疗。二是努力提高女工素质，充分发挥妇女在垦区经济建设中的作用。在女职工中广泛进行自尊、自信、自立、自强的"四自"教育，开展"三八红旗集体""三八红旗手""五好家庭""五好女工"等竞赛活动。组织女职工参加各种学习班、报告会，动员符合条件的女职工报考大专院校，参加电大、函大学习。1983—1990 年，农场女职工黄裕秀被广东省人民政府授予劳动模范称号；农场中心小学教师郑玉梅被评为1989 年海南省优秀教师；黄裕秀、彭杏梅获全国三八红旗手称号；1985—1989 年，陈维连、黄裕芳、陈美莲、李桂汝 、魏任招、颜惠琴、杨秋卿、梁和好、吴楚芬、邓月凤、陈素莲、卢文珍、蔡素娥、黄裕秀、颜惠琴、吴楚芬、王学英获农牧渔业部、农业部授予优秀胶工称号。

第二节　农场侨联组织

一、侨务机构

1954 年西联农场成立归国华侨联谊会，这是海南垦区最早成立的归侨组织，也是 20 世纪 70 年代以前全垦区仅有的一个归侨组织。1978 年中共十一届三中全会以后，曾一度停止活动的侨联组织又逐渐建立起来。1984 年 12 月，海南农垦局召开第一届归国华侨、侨眷代表大会，选举产生海南农垦第一届归国华侨联合会。之后，西联农场恢复成立了归国华侨联谊会。1990 年 10 月，海南省农垦召开第一次归侨、侨眷代表大会，产生了海南省农垦归国华侨联合会第一届委员会。西联农场侨联是海南农垦侨联和海南省侨联的团体会员。

二、百年胶园

西联农场的百年胶园，是 1907 年马来西亚的归侨潘宝任、曾金城、何庆开等为代表组织投资种植的中国第一批胶园。第一任经理是崔卜洗，第二任经理是蔡桂初。这片历史悠久的胶园现存 127 亩 1620 株（西联农场百年胶园纪念碑左边现存 8 亩 94 株），是我国唯一仅存数量最多保存最好的胶园。

1950 年 5 月 1 日海南岛解放，人民政权建立后，在军政委员会下设橡胶生产管理机构，着手恢复和发展橡胶生产。1951 年 8 月 31 日，中央人民政府政务院作出《关于扩大培植橡胶树的决定》，1952 年 1 月 1 日，华南垦殖局海南分局成立，当年 12 月 5 日在儋州洛南地区建立国营西联农场。根据当时政策，农场接收了当时华侨在洛南地区种植的 28 个胶园，这些胶园分别是：天任、蔡惠、日通、金罗、生口、岐山、中和、宏口、那打、兄弟、一本、顺昌、韦长、莫涛、原盛、南侨、华侨、昌明、就生、大同、那太、风明、敬民、白南等，共计 64799 株橡胶，折合土地面积为 2591.96 亩，平均每个胶园拥有橡胶树 2314.25 株。至 1957 年按当时政策，先后退回胶园主人 15 个胶园，橡胶树 18820 株，土地 752.8 亩，平均每个胶园橡胶树 1254.6 株，土地 50.18 亩。存余 45979 株橡胶，1839.16 亩土地归国营西联农场所有，其中就有当时规模较大的天任、蔡惠等胶园。

1952 年在中央领导人的倡导下，西联农场以此华侨胶园为基地，采种，育苗种下了农场第一批胶园，也是新中国第一批国有胶园。

1960 年 2 月 9 日，周恩来总理视察西联农场时来到了这片华侨胶园，并为西联橡胶事业的兴起亲笔题词：西联宝岛，南国珍珠。1996 年 4 月 2 日，中共中央政治局常委、中共中央书记处书记、中共中央党校校长胡锦涛到西联农场视察。2010 年 4 月 12 日，中央政治局常委、中央书记处书记、国家副主席习近平视察西联时，也来到这片华侨胶园，兴致勃勃地观看了胶工的割胶表演。

为了纪念那些为祖国橡胶事业呕心沥血、做出巨大贡献的华侨老前辈和艰苦奋斗、奉献于祖国橡胶事业的西联拓荒者，西联农场于 2003 年 3 月 3 日在华侨胶园原址旁，筑立起"百年胶园纪念碑"。此碑主建筑造型为三柱顶起一颗圆珠，犹如众人捧起一颗闪烁的明珠；边上裹着珠子的三片肥厚健壮的叶子，代表了誉名为"三叶"的橡胶，正好回应了周总理的题词：西联宝岛，南国珍珠。

三、侨胞对西联农场的贡献

归侨对西联农场天然橡胶事业作出很大贡献。

西联农场归侨回国参加建设分为三大部分：一是 1950—1952 年回国的马来西亚归侨；二是 1960 年农场受命集中安置的印尼归侨；三是 1978 年越南政府排华时归国的难侨。

1952 年建场初期，一批马来西亚归侨受马来西亚英殖民当局颁布《紧急法令》迫害、陆续回国参加农场建设，共 20 余户 70 多人。他们分别来自马来西亚的昔加末、吉隆坡等地区。印尼归侨则是受 1959 年印尼当局颁布《第 10 号总统法令》而引发排华事件的严重影响回国，共 73 户 373 人。他们分别来自印度尼西亚的苏拉威西岛、万隆市、锡江、楠榜等地方，由吴振员、刘才源、钟木山、丘耀基等带队回国。国家向印尼华侨伸出援手。1960 年 2 月 2 日，国务院颁布《关于接待和安置归国华侨的指示》，决定成立"中华人民共和国接待和安置归国华侨委员会"，负责统筹相关工作。该委员会下设办公室，具体办理接待安置事务，并在广州、汕头、湛江、海口等主要口岸设立接待归侨临时机构。同年同月中国政府派出第一批接侨船到印尼接华侨回国。此后印尼归侨或搭乘祖国派出的轮船，或自行回国。据史料记载，在短短一年里有近 10 万印尼华侨回国，其中 5000 人被集中安置在海南农垦有关农场从事开荒种胶工作。

对于这些归国华侨同胞，农场根据国家集中安置要求，贯彻执行"热情接待、妥善安置、一视同仁、适当照顾"的方针给予了热烈欢迎、热情接待。这两批华侨主要是分配在东风分场东风队、东光队、东进队；洛南分场十二队、加朗分场加朗队、胜利分场兰马队等。另外农场还从广东、广西招侨工，这类人员大约 50 人，来源比较广泛，来自马来西亚、新加坡、泰国、越南、柬埔寨、法国等。

由于归侨在国外的生活方式、工作环境及风俗等各方面的差异，回国后需要不断调整，逐步适应农场环境并开始新的生活。农场还根据归侨的文化程度、技术类别，因人而异安排适当工作，例如教师、拖拉机手、机械修理工、橡胶技术员、胶工、林管、后勤工等。农场还专门为归侨成立了归国华侨联谊会。

有一个响当当的归侨代表是荣获全国三八红旗手及广东省劳模的黄裕秀。1960 年黄裕秀从印度尼西亚回国后，热爱割胶岗位，摸索出一套根据天气变化采取深割、浅割、时停时割的适度割胶法，获得垦区专家的一致好评。1972 年农场当时分配给她的树位单株产量只有 2.47 公斤，经过她几年的努力管理，单株产量提高到 4.73 公斤，达到发当时农垦实生树单株最高水平。

归侨在西联农场安置后，农场组织他们大力发展生产，开荒种胶，并号召他们大力发展自营经济。经过多年的发展，归侨的家庭从原来回国时的两手空空到现在家电齐全、生活安定、家庭美满。2020 年，经农场公司决定投入 434 万建设基础设施，将归侨原来的平顶房推倒重建，建设 83 套新房，每户 120 平方米，至 2020 年底已建成 44 套，共投入资金 792 万元，在当年底全部搬迁入新房。

2002 年，归侨郑红芬、李东、黄裕秀获评西联农场创建 50 周年十大功勋称号。

第三节　农场知识青年

1964 年初，党中央、国务院发布了《关于动员和组织城市知识青年参加农村社会主义建设的决定（草案）》。这是党中央、国务院第一次发布指导知青下乡的纲领性文件。中央为此成立了"知识青年下乡指导小组"和安置办，各地区也成立了安置知青下乡的专门办事机构。

1968—1971年，海南农垦垦区共安置知青8.95万人，这些知青全部分配到垦区各农场参加劳动。西联农场成立知青办，负责知青接收安置工作。从1969年到1978年，西联农场先后接收各地知青10多批2400人。当时知青的来源地主要是广州、汕头、佛山、湛江、海口等地，其中城镇知青1219人。

1971年兵团时期，西联农场（五师四团）接收知青188人，其中男知青151人、女知青37人。

至1975年7月，西联农场已接收知青660人。其中广州市264人，海南行政区16人，汕头地区253人，湛江地区17人，佛山地区108人，韶关地区2人，肇庆地区2人，惠阳地区3人；其中女知青346人、男知青314人。知青中有党员14人，团员273人，机关干部5人，生产队干部6人，生产队统计员2人，教师27人，卫生人员15人，生产队正副班长87人。

知青来到西联农场后和原职工们一起垦荒、挖穴、种胶、种水稻等。当时农场职工主要是从全国各地招来的军工、农民工，文化水平不高。知青到农场后带来了知青文化。他们大多数高中毕业，为了发挥他们的特长，农场在他们当中选出一批人当老师、医护人员、机耕手、会计等，为了活跃职工文化生活，农场还专门成立了文艺宣传队、篮球队，知青成了宣传队和篮球队的主力军。宣传队员平时参加劳动，业余时间排练，不定期到各队演出；还教职工唱歌，学习乐器、认字。

在长期的劳动生活中，很多知青和农场的职工结下了深厚的友谊，在后来的知青返城后，很多知青回到农场看望当时照顾他们的职工，并在每次场庆时回到原来生活劳动的生产队看望职工，述说友情，并力所能及地帮助老职工解决一些生活中的困难。10年的知青生涯，给知青留下难忘的记忆。在知青当中涌现出一大批优秀人才，广州知青霍东龄、汕头知青陈小莉就是其中的代表。

霍东龄1968年下乡在西联农场（五师四团）跃进队当胶工，在完成本职工作同时，自学成材学习作词、作曲、编舞，是宣传队的主力。返城后2006年在广州创建粤海农垦（兵团）知青网，任总负责人。他经常抽空到农场看望慰问老工人，先后两次回西联农场，捐款50万元给农场中学办教育。2009年知青下乡40周年时创作音乐史诗《岁月如歌》，制作了光碟赠农场；2018年牵头并负责作曲创作大型交响叙事合唱《岁月甘泉》在广州多次演出。还为农场捐款40万元；为知青返场、粤海知青艺术团返农垦及赴国外演出，在广州白云山建知青亭等先后捐资数百万元。现任京信通信董事会主席，2006年曾获"亚洲商业领袖奖"。2019被评为感动海南农垦（兵团）知青人物。

陈小莉，汕头知青，下乡后分到五星分场前进队割胶，工作中积极认真，不怕苦、不怕累，虚心向老工人学习，受到职工的好评，被提拔为农场党委副书记。

第三章　农场治安机构

第一节　农场公安保卫机构

一 、领导体制

西联农场公安保卫工作体制是根据海南农垦公安保卫工作实行的体制确定的：1981年以前实行保卫体制，1981年12月起实行公安体制。

1954年农场保卫工作由儋县公安局和海南垦殖局双重领导。1957年农场保卫工作归儋县公安局统一领导。1964年10月，农场保卫工作由海南农垦局政治部和县公安局双重领导，以县公安局为主。1969年成立生产建设兵团，西联农场改为生产建设兵团五师四团，保卫工作由兵团党委直接领导。1974年10月恢复农垦体制后，农场的保卫工作恢复兵团前的领导体制。

1981年12月，海南垦区设立公安体制，儋县农垦公安分局设在西联农场，是农垦公安局的派出机关，由县公安局和海南农垦公安处双重领导，业务以县公安局领导为主。西联农场派出所是农垦公安分局的派出机构，又是农场职能部门，业务受县公安局、县农垦公安分局的直接领导。农场公安机关的党政工作，由农场党委和行政部门负责。

1990年6月，海南省人民政府批准将农垦总局公安处列入省公安厅序列，这时农场公安机构行政上由农场主管部门领导，业务上受农垦公安处和儋县公安局双重领导，以农垦公安处领导为主。

二、机构设置

1952年西联农场设保卫组，编制2人，其中保卫特派员1人，保卫干事1人。1953年3月设立保卫科，只有1名科长、保卫干事2人。1957—1960年，农场不设保卫机构，只配备专职保卫干事1人。1968年农场革命委员会成立，保卫工作由农场新设立的政工部门负责。

1969年4月成立生产建设兵团，保卫工作由团政治处配2名保卫干事负责。

1974 年 10 月，恢复农垦体制后，农场设保卫科。1981 年，广东农垦系统保卫体制转变为公安体制后，西联农垦公安分局在西联农场设立，农场保卫科改为公安派出所。

三、公安保卫工作

西联农场公安保卫工作的主要任务，在不同时期各有侧重。

建场初期，保卫工作的中心任务是：保卫首长，保卫国家财产和保卫生产；配合儋县公安机关开展清除残余匪敌，镇压各种破坏活动。1958—1968 年，农场的保卫工作，是在儋县公安局的领导下，开展打击各类刑事犯罪活动和治安防范工作，维持农场社会治安。1969—1974 年兵团时期，主要是开展侦破政治案件和打击刑事犯罪活动。1981 年，农垦系统建立公安体制后，儋县农垦公安分局设在西联农场，农场派出所随之建立。此后，农场的主要任务是加强治安管理，打击各种犯罪破坏活动，制止哄抢农场橡胶、林木，保护农场职工生命财产安全，维护农场安定团结，保障生产工作顺利进行。

四、农场法庭

1978 年，西联农场设立法庭，由于没有专业法律人才，法庭的人员配备就地从退役军人中择优录用到法庭工作，待遇由农场发放，业务接受儋县人民法院指导。农场法庭设庭长 1 名、副庭长 1 名，庭审员 2 名。农场法庭主要工作职责是调解涉法纠纷，审理、判决离婚起诉案件。

农场法庭工作人员在实践中边干边学，不断掌握法律知识，提高办理案件业务能力，方便职工群众就近解决涉法涉诉纠纷。

1999 年，因体制改革，西联农场法庭撤销，职责归属附近乡镇法庭。

第二节　农场民兵组织

1958 年 3 月，西联农场组建人民武装部。武装部和民兵受农场和儋县武装部领导，农场武装部长由县武装部任命，配专职干事 1 人。

一、民兵组织

1958 年农场开始组建民兵团，属于不脱产的群众组织。

团长由场长兼任，场党委书记兼任政委。营、连、排、班干部由各级基层单位领导兼任和职工中部分退伍军人兼任。

1969 年 4 月，生产建设兵团成立，民兵工作由团司令部直接领导，除原来的民兵建制以外，1970 年成立武装连，成员都配有武器，经常进行正规化的军事训练。

1974 年恢复农垦体制，民兵工作恢复兵团前的领导和管理体制。

二、民兵训练

农场的民兵组织，坚持以毛泽东战略思想为指导，贯彻"亦兵亦农""劳武结合""以劳养武""屯垦戍边"的方针，开展经常性的国防教育和军事训练。

（一）专职武装干部训练

由县武装部负责，每年用一个月时间进行训练，训练内容有：明确职务、职责，懂得单兵、班、排、连、营的队列操练；熟悉所属单位配发武器装备的性能、用途；掌握各种武器的使用和射击要领；学习进攻、防御战斗中组织发挥的程序和方法。

（二）基干民兵营、连、排长的训练

由农场武装部负责组织，以管理区为单位集中训练，每年两次，每次 7～10 天。训练项目有：熟悉各种武器装备的性能和使用方法；掌握各武器的射击要领；学会进攻和防御战斗中的组织指挥；对无线电技术有一定了解和掌握。

（三）基层民兵训练

由武装部集中骨干进行培训，统一示范技术要领，然后分点分批进行，坚持 1 年 1 次训练，每次 10～15 天。训练的项目：熟悉各种武器性能和使用方法，学会射击、投弹、刺杀和障碍跨越等。

（四）民兵的重要作用

西联农场的民兵多数是复员退伍军人，有较强的组织性和纪律性，军事技术素质较高。农场民兵组织建立起来，经常协助公安机关、派出所维护社会治安，保障人民群众生命财立安全。每逢节假日和发生台风等灾害，各单位都把民兵组织起来，站岗巡逻，抗风抢险，保护农场公共设施和物资财产安全的任务。

1962 年，中央号召退伍军人重返部队，西联农场几百名退伍军人踊跃报名应召，表示决心，请求归队。

1979 年，社会上有一股偷胶毁林歪风，农场组织民兵配合公安派出所加强巡逻，打击不法分子的破坏活动，保障生产顺利进行。西联农场武装部成立以来，多次受到海南军

区、儋县武装部表彰奖励。

三、武装部长职责

①认真贯彻执行党的路线、方针、政策，上级军事部的指示、命令和有关规定。

②组织和领导下属抓好民兵工作"三落实"；完成征兵、武器装备管理等项任务。

③组织和带领民兵参加两个文明建设，积极开展"富岛强兵"活动，完成危、难、险、重任务，协助公安机关维护社会治安。

④组织拟定本区域兵员动员和各种预案、方案，熟悉民员分布、兵员动员情况。

⑤组织和带领民兵参军参战，支援前线，抵抗侵略，保卫祖国。

⑥结合形势、任务对民兵进行形势政治教育，稳定队伍，提高素质。

⑦协助民政部门做好军属、烈属的优抚工作。

四、武装部干事职责

①在武装部长的领导下，努力抓好民兵工作"三落实"；完成征兵、武器装备管理等项工作任务。

②认真执行党的路线、方针、政策和上级指示、命令。

③组织并带领民兵完成战备执勤、抢险救灾、维护社会治安等任务，组织和发动民兵参加两个文明建设。

④做好文书工作，拟制本区域的战时动员，做好战时动员的各项准备工作。

⑤战时负责组织实施兵员动员，带领民兵完成参战、支援等任务。

⑥机极参加"双拥"工作，协同民政部门做好军属、烈属的优抚工作。

⑦做好民兵、预备役人员登记和统计工作。

五、征兵工作

2013年，在兵役登记的基础上，对符合条件报名的对象逐人逐户做工作，确保了上站体检50人任务的完成。完成了上级下达的征兵工作任务，为部队输送了9名文化高、政治和身体好的青年。

2014年，在兵役登记的基础上，对符合条件报名的对象逐人逐户做工作，确保了上站体检 40 人任务的完成。完成了上级下达的征兵工作任务，为部队输送了 15 名文化高、政治和身体好的青年。

2015 年，在兵役登记的基础上，对符合条件报名的对象逐人逐户做工作，确保了上站体检 30 人任务的超额完成。完成了上级下达的征兵工作任务，为部队输送了 13 名文化高、政治和身体好的青年。

2016 年，对符合条件报名的对象逐人逐户做工作，确保了上站体检 50 人任务的超额完成。完成了上级下达的征兵工作任务，为部队输送了 10 名文化高、政治和身体好的青年。

2017 年 7 月份，在兵役登记的基础上，对符合条件报名的对象逐人逐户做工作，确保了上站体检 12 人任务的完成。完成了上级部门下达的征兵工作任务，为部队输送了 7 名文化高、政治和身体好的青年。

2018 年 7 月份，在兵役登记的基础上，对符合条件报名的对象逐人逐户做工作，确保了上站体检 11 人任务的完成。西联居完成了上级部门下达的征兵工作任务，为部队输送了 2 名文化高、政治和身体好的青年。

2019 年 7 月份，在兵役登记的基础上，对符合条件报名的对象逐人逐户做工作，确保了上站体检 12 人任务的完成。西联居组织做好应征青年的上站体检、复检、政审和复审等阶段的工作。经过三个月的努力工作，西联居完成了上级部门下达的征兵工作任务，为部队输送了 4 名文化高、政治和身体好的青年。

2020 年，西联居对符合条件报名的对象逐人逐户做工作，确保了上站体检 10 人任务的完成。西联居完成了征兵任务，为部队输送了 6 名合格青年。

第五编

科研教育卫生

中国农垦农场志丛

第一章 科　学

第一节　科研机构和科研队伍

一、科研机构

西联农场早期没有科研机构，只有气象站，对当地天气进行观测，收集水文材料，为工农业生产服务。有关科研和先进技术推广工作由农场机关对口职能部门负责，分场、生产队由生产技术人员负责。

1970 年，西联农场成立科研组，有 7 名职工，科研技术工作由生产技术科负责。分场、生产队也相应成立技术推广组，使农场科研和技术推广工作机构形成了网络。农场农科组和生产技术推广组的基本任务是针对农场生产技术重要问题，通过引进科研成果和先进技术，进行中间性试验，取得成果后再向全场推广；承担上级下达的研究试验任务。随着科研事业和技术推广工作的迅速发展。

1975 年，西联农场成立农科所，配备所长 1 人，副所长 1 人，技术员 2 人，行政干部 2 人，职工 26 人。还在分场成立科研小组，科研小组有技术员、辅导员、植保员和育种员。

1986 年，西联农场撤销农科所，橡胶、农作、畜牧、工业、基建等科研工作由对口职能部门直接管理。

二、科研队伍

西联农场建场初期，科技人才缺乏。只有 18 名科技人员响应党的号召自愿参加农场建设。

20 世纪 50 年代末至 60 年代，国家安排海口农校、加来干校、华南热带作物学院和广东省热带作物学校培养的一部分学生毕业生到农垦工作，增加了农场专业技术人员的来源。

1958—1965 年，由国家分配到西联农场的大中专毕业 65 人。1967—1976 年期间，大中专毕业生来源中断。1980 年恢复分配，国家统一分配到西联农场的大中专毕业生每年都在 2～3 人。

1952 年建场以来，西联农场都是实行以发展橡胶为主的经营方针。橡胶种植业是新中国成立后的新兴产业，需要大量的专业人才，仅仅依靠国家分配的技术人员不能满足事业发展要求。西联农场创建以来，就一直重视培养自己需要的专业人才，先是选送职工到农垦创办的中等专业学校学习，后又通过代培、进修和鼓励职工参加"五大"学习等形式，加快人才培养。

20 世纪 50 年代，西联农场就派一部分技术工人到海南农垦机务学校和干部学校参加短期培训。1958 年起，农场每年都派一批技术人员到农垦创办的热带作物、卫生、工业等类型的中等专业学校学习。20 世纪 80 年代，西联农场就以派遣在职人员到大中专院校或委托大专院校代培学生的方式，培养大专人才。进修和代培费由农场负责，学员毕业后回农场工作。1982 年，为了建设高标准新胶园，根据农场技术人员短缺的情况，西联农场在高中毕业的青年工人中招考录用 45 名学员，举办了一期技工短期培训班，举办三期中央农业广播电视中专班，通过多种形式培养了大批实用技术人员，发展壮大各类技术专业人员队伍。

到 2008 年，各类中专毕业生共 216 人。这些毕业生经过长期实践锻炼，大部分已成为农场各种专业技术干部。

第二节　科研项目与科研成果

一、科研项目

西联农场研究与试验项目来自两个方面：一是农垦上级机关业务主管部门下达的项目；二是根据农场各个时期生产与建设需要而自行确定的项目。在不同时期，研究项目选题的重点有所不同。

1952—1959 年，这一时期的科研工作多为研究开荒垦殖、橡胶栽培、橡胶选育种和栽培管理以及橡胶树病虫害研究等。1960 年至 1974 年，20 世纪 50 年代种植的橡胶逐渐投产，割胶、制胶以及橡胶高产综合技术措施成了科研的重要内容，其主要项目有割胶技术研究、胶乳初加工新工艺研究、推广橡胶优良品种、橡胶树施肥制度研究等。

1975—1989 年，西联农场科研工作以化学刺激割胶和割胶制度改革、制胶新工艺为研究重点，主要项目有：橡胶树速生高产措施研究，针刺采胶技术研究、胶乳加工新产品研究、水稻高产试验研究等。

1990 年以后，科研工作以推广现有科研成果为主，同时根据农垦产业结构调整的要求，开展一些科研项目，主要有：推广中龄橡胶芽接树割胶制度改革，推广高产、高效、优质农业模式，热带水果种植技术研究等。

二、科研成果

西联农场建场以来，西联农场围绕天然橡胶、水稻、波罗蜜进行研究，针对海南特殊的生态条件，从选育种、栽培、土壤、肥料、植保、加工等专业领域开展科学技术研究，取得了一定的科研成果。在波罗蜜种植方面，20 世纪 90 年代初，在垦区率先从马来西亚引进波罗蜜苗种植，从气候、土壤、肥料等方面进行综合试验，培育出矮化、耐旱、适应本地气候和土壤条件的品种获得成功。该品种具有外观佳、果肉厚、口感甜等特点，深受市场青睐，价格多年来保持稳定，吸引垦区多个农场组队来西联农场参观取经，并从西联农场引进种苗种植。

第二章　教　　育

第一节　教育管理体制与机构

一、教育发展情况

1952 年西联农场成立，主要任务是开荒种胶，职工工作非常辛苦，经常在工地风餐露宿，小孩在家没人照顾。为了解决这个问题，农场在场部设立幼儿园，在生产队设立托儿所，聘请有责任心的职工照看孩子，解除职工后顾之忧。

1958 年，一批广西退伍兵和社会青年来到农场，开荒种胶队伍壮大，生产队增加到 14 个，全场托儿所由原来的 9 所增加到 14 所。

农场一直把办好幼儿园当成职工的一项福利事业来办，在管理职能上将幼儿园划归工会管辖。20 世纪 80 年代，随着改革不断深入，国家加大对幼儿教育投入，对从事幼儿教育管理的人员提出更高要求；不但要有责任心，还应具备相应的学历。1983 年，为了办好幼儿园，提高从业人员文化素质，农场选派人员到广东幼师教育学校进修，学制 2 年，前后派了两批，共有 3 人参加幼师学历教育培训。这些人毕业后回到农场服务，为办好幼儿教育起到骨干作用。

20 世纪 90 年代中期，国家深化幼儿教育改革，实行"民进国退"政策，鼓励民营资本进入幼儿教育领域，允许私人兴办幼儿园。西联农场幼儿园从原来只有 1 所增加到 4 所，公办幼儿园改为集体承包，自收自支，减轻农场负担。

2015 年，西联农场幼儿园发展到 7 所，入园儿童 765 人，儿童入园率达到 70.1%。教师中拥有幼师学历的 35 人，占从业幼师的 65.6%。

2016 年，农场公立集体承包幼儿园移交地方办学。

二、管理体制与机构

西联农场 1952 年建场时，职工大多属于文盲或半文盲。农场重视职工教育，由农场党委直接领导，业务部门负责具体工作。1965 年农场成立职工教育委员会，在党委的领导下，负责职工教育规划和业务工作。

1956 年，西联农场开始办普通教育，初期由工会管理。1962 年 10 月执行广东省教育厅和农垦厅联合决定，1965 年，西联农场所办的小学教育行政工作由农场党委办负责，教学业务工作由儋县文教部门负责。

1969—1974 年成立生产建设兵团，中小学教育由团党委直接领导，团政治处设专人负责管理。

1974 年 10 月恢复农垦体制后，西联农场中小学继续由党委全面领导。1975 年农场在设立教育科，统筹管理普通教育和成人教育工作。

1986 年，根据中共中央《关于教育体制改革的决定》的精神，西联农场教育科加强对教育改革工作的领导，对教育事业进行统一规划，贯彻落实上级有关教育工作的方针、政策和任务，适应经济体制改革的形势。

第二节　教师与教学

一、教师队伍

1956 年西联农场创办小学，教师缺乏，当时只有 5 名教师。20 世纪 70 年代，随着教育事业逐渐发展，缺额教师主要依靠农场自身解决，一方面是从干部、职工和印尼归侨中挑选有文化的人担任，另一方面是从本场职工子弟中培训一批高中毕业青年当教师。知识青年来到农场后，择优一部分充实到教师队伍。

二、教育经费

农场教育经费主要依靠国家拨款；农场自筹一部分，弥补教育经费不足。国家拨款主要用于普通中小学教育事业费，农场自筹部分主要用于中小学基建开支项目。职工教育经费，1956 年执行广东省教育厅的规定，由农场工会每月按经费总收入的 37.5% 提取。1981 年执行财政部颁发的《关于职工教育经费和开支范围的暂行规定》，按农场工资总额的 1% 提取经费，1982 年起改为按工资总额的 1.5% 提取，由农场统筹使用。

三、职工文化教育

西联农场在建场初期，贯彻政务院（国务院）"关于扫除文盲"的决定，结合农场职工大多是文盲半文盲的情况，开展扫除文盲工作。农场设扫盲工作领导小组，生产队开办夜校，配备文化教员1至2人。至1956年，大多参加学习的职工都认识几百个字，有的可以写信和阅读报纸。

20世纪60年代，农场再掀扫盲高潮，以注音识字方式进行扫盲，有95％的青壮年职工参加学习。1966—1976年，因受干扰，职工扫盲和文化教育工作处于停顿状态。1981年，贯彻中共中央、国务院颁发的《关于加强职工教育工作的决定》，西联农场成立"职工教育办公室"，配备专职人员3名，负责对1968—1980年期间的初中和高中毕业的职工，不分行业工种，一律进行语文、数学补课，统考合格者颁发合格证书。1987—1990年，开设中央农业广播学校学习班，招收学员学习，合格者发给国家承认的中专毕业证书。

四、职工子女教育

西联农场成立之初，职工家属子女很少，当时由于各方面条件限制，农场没有独立办学条件，农场的学龄儿童只能到附近的农村学校读书。20世纪50年代后期，职工子女逐渐增加，为了解决职工子女读书问题，1956年西联农场设立第一所小学，命名为"国营西联农场职工子弟学校"，校址在东进队附近。职工子弟学校办起后，一些作业区和生产队陆续办起教学点。1966年，西联农场第一所农业中学创办。当时条件差，没有教室，发动师生砍木料、割茅草自己盖，克服了种种困难。在校学生一边学习，一边参加生产劳动。1968年西联"农中"第二届学生毕业后，下半年把农业中学改为普通初级中学，学制二年。

1969—1976年，学校教育受到冲击，过去行之有效的教育方法被否定，学校教育质量下降。1978年以后，农场教育管理机构得到加强，教育事业取得较快发展。农场通过代培、进修和向社会招聘教师等措施，不断提高师资质量。1991年，农场对教学点布局进行调整，撤销部分布局不合理的教学点，并入就近小学。1993年，国家实行大学并轨，吸引学生到市县重点中学就读，生源减少，西联中学停办高中。

西联农场重视学校建设，1990年开展教学目标管理，加强教学常规建设，抓提高教育教学质量，转变教育观念，从应试教育向素质教育转轨，探索素质教育方法，取得较好办学成果，每年都有 2 至 3 名学生考入那大中学、农垦中学。2009 年，西瑞农场中小学校脱离农垦母体，移交地方办学。

第三章　卫　　生

第一节　卫生防疫

一、卫生防疫机构

西联农场建场初期没有专业卫生防疫机构，当时的防疫工作由农场的行政领导抓，医院具体组织实施，广泛开展除"四害"爱国卫生运动，提高职工对预防疾病的认识，预防传染病发生。

20 世纪 80 年代，西联农场设立卫生科，设科长 1 名、副科长 1 名，科员 2 名。分场、连队设置卫生所，每个卫生所配 1 名卫生员，方便职工群众及时就近医疗。

1986 年，西联农场成立卫生防疫站，设站长 1 名、副站长 1 名，配备专职防疫员 2 至 3 名。

二、传染病的防治

1988 年，儋州地区发生登革热流感，西联农场医院、防疫站和生产队卫生所的防疫人员，在县卫生防疫站的指导配合下，对登革热媒介蚊子进行喷药消灭，有效控制登革热流行。

20 世纪 90 年代，西联农场的防疫工作在医院领导下进行，对传染病进行监督监测，把防疫工作和爱国卫生运动结合起来，开展卫生防疫工作宣传教育，使防疫工作取得一定成效，传染病的发病率大大下降，基本上控制住传染病，并消灭了白喉、霍乱、小儿麻痹症和乙肝等传染病。

2009 年 5 月，墨西哥等国家流行甲型 H1N1 流感（原称：人感染猪流感）传染病，世卫组织已将流感传播警告级别提高至第五级。为贯彻落实中央和省的专题防控工作会议精神和省政府办公厅《关于加强人感染猪流感防控工作的紧急通知》和市政府办公室《关于开展甲型流感防控工作的紧急通知》精神，切实做好西联农场 H1N1 流感传染病的防控工作，保障人民群众身体健康，维护社会经济稳定发展。一是控制传染源。开展人间和猪类甲型 H1N1 流感疫情监测。一旦发现猪类或其他动物感染甲型 H1N1 流感病毒，应按照《动物检疫法》有关规定，对疫源地进行彻底消毒，对病人及疑似病人进行隔离。二是切断传播途径，对发现有病猪的养殖场，曾销售病猪肉的摊档，患者所在单位、家庭等进行消毒，对病死猪等废弃物应立即就地销毁深埋；收治病人的门诊和病房按禽流感、SARS 标准做好隔离消毒；标本按照不明原因肺炎病例要求进行运送和处理。三是保护健康人群。养成良好的个人卫生习惯，保证充足睡眠和营养，勤于锻炼，减轻压力；避免接触流感样症状病人，注意个人卫生，经常使用肥皂和清水洗手；避免接触生猪；避免前往人多的场所。

2015 年辖区内新生儿童 206 名，建卡率 100%，乙肝疫苗首针及时接种率 100%，三针全程接种率 100%，辖区内"八苗"全程接种率 98%，合格率 99%，接种本地儿童 7500 针次，外来流动儿童 1500 人次。联合教育部门积极开展学校新生入学入托接种证查验与查漏补种工作，共查验接种证 910 人，应种 315 人，实种 236 人。传染病疫情报告管理进一步规范化，全年共报告传染病 11 种 133 例，其中法定传染病 120 例，法定传染病发病率万分之 70.5，发病率比去年同期水平上升 32.5%。其中：肺结核 21 例，死亡 1 例，腮腺炎 1 例，手足口病 76 例，感染性腹泻 8 例，乙肝 7 例，甲肝 2 例，未分型 1 例，梅毒 1 例，淋病 3 例，生殖衣原体道感染 8 例，水痘 5 例。

2019 年，非洲猪瘟是世界范围内养猪业重点防范的疫病，发病率、死亡率高，对农场养猪业威胁巨大。西联农场公司贯彻"加强领导、密切配合，依靠科学、依法防控，群防群控、果断处置"24 字防控方针，落实"早、快、严、小"的工作要求，以消灭传染源和切断传播途径作为防控非洲猪瘟的主要措施和关键手段，围绕这些措施，切实做到"灭、查、限、禁"。农场公司广泛宣传，正确引导。科学宣传，普及非洲猪瘟防控知识，引导职工群众正确认识非洲猪瘟，提高农场公司养猪户防范非洲猪瘟的意识，科学消费猪肉产品，同时督促养猪户做好相关防控工作。一是加强巡查，实施监控。农场公司各单位成立非洲猪瘟巡查监控小组，认真做好对辖区内养猪户的巡查和监控工作，加强对养猪户的监察力度，严格对疑似非洲猪瘟症状和病理变化的辨认。对巡查人员的职责要提出高标准要求，做到天天巡查，一天三查，确保巡查监控工作全覆盖，切实做到早发现、早报告、早处置，确保非洲猪瘟疫病防控工作有力有序有效地开展。二是密切配合，应急处置。农场公司各单位依照有关法律、法规以及上级有关要求，切实提高突发非洲猪瘟疫情应急处理能力。一旦发生非洲猪瘟疫情，要采取坚决果断措施，迅速作出反应，积极与市政府相关部门及"居"对接沟通，按照儋州市应急处置预案和市相关部门的指导和要求，密切配合，加强协作，在各自的职责范围内做好疫情应急处理的有关工作。当时涉及养殖户946户，养殖数量28509头，死亡数量1099头，扑杀数量1315头。

2020年1月份，湖北省武汉市发生严重的新冠肺炎疫情，并迅速向周边区域和省市扩散。西联农场1月27日发现第一例确诊病例。面对疫情，各级党组织认真贯彻党中央、国务院和省委、省政府及海垦集团党委的部署，把新冠肺炎防控作为当前工作的重中之重来抓，上下一心、齐心协力、全力以赴抗击新冠肺炎疫情。

第二节　医疗及护理

一、医疗机构

建场之初，西联农场设立卫生所，后改称医疗保健站。1958年，农场实行全民所有制人民公社，卫生工作受儋县卫生局领导。1958年底建立西联农场职工医院，设院长1名、副院长1名。1985年西联农场成立卫生科，设科长、副科长兼管计划生育工作，医院组织结构逐渐完善。

到1993年，西联农场职工医院有医务人员和生产队卫生员135人，获得中级职称以上人员5人，获得初级职称130人。2000年，全场卫技人员发展97人，其中，医师28人、护士33人、药剂师4人、副主任医师2人、主治医师5人。

西联农场多年来通过保送到医学院、农垦卫校进修、代培等方式，提高医务人员专业素质。

2009年，西联农场重组后，3家医院、防疫站占地总面积97266.7平方米，其中：西联医院、防疫站35000平方米；西流医院、防疫站48000平方米；新盈医院、防疫站14266.7平方米。西联、西流、新盈3家医院防疫站是以综合医疗设计为主的建筑楼，总建筑面积19207.8平方米，其中：西联防疫站10489平方米、西流防疫站5643平方米、新盈防疫站3075.8平方米。

西联医院，是80年代末至1990年底所建的综合大楼，内设12个职能科室。

西流医院，是80年代初所建，内设16个职能科室。

新盈医院，是90年代初所建的综合门诊楼，内设16个职能科室。

三家医院防疫站在册在岗人员165人。其中：①西联：医院防疫站59人（内含：医院干部33人，卫生员16人；防疫站8人，工人2人）。②西流：医院防疫站59人（内含：医院干部25人，卫生员26人，工人2人；防疫站人员6人）。③新盈：医院防疫站

47 人（内含：医院干部 27 人，卫生员 10 人，工人 2 人；防疫站人员 8 人）。在岗不在册人员 6 人，其中：西联医院防疫站 3 人；西流医院防疫站 1 人；新盈医院防疫站 2 人。在册不在岗人员 85 人。其中：西联医院防疫站 54 人；西流医院防疫站 10 人；新盈医院防疫站 21 人。离退休人员 207 人。其中：西联医院防疫站 81 人，西流医院防疫站 61 人，新盈医院防疫站 65 人。具有专业技术职称结构：其中：中级 4 人，初级 118 人，无职称 34 人，非技术人员 9 人。

2013 年，西联医院住院部全年收住院病人 169 人次、抢救危重病人 8 人，抢救成功 6 例，出院者平均住院日 8.4 天，入出院诊断符合率 91％。门诊部：全年门诊量：8710 人次，其中急诊人数为：411 人次。医技科室：挂号、换药、输液、B 超、心电、透视、拍片、血常规、部分生化等科室工作开展顺利。全年无发生医疗事故。城镇职工医疗保险、城镇居民医疗保险、新农合医疗保险，医院为定点医疗机构，通过电脑网络化管理，工作有序进行，有效保障场内及周边群众身体健康，为进一步推动农场经济建设，维护发展稳定发挥了积极作用。共建立个人健康档案 12563 份，建档率为 76.95％，电子档案累计建档 12563 份，录入率为 100％，老年人管理率 76.29％；高血压患者管理率 33.01％；糖尿病患者管理率 70.52％；孕产妇保健管理率 89.44％。

2014 年，西联医院门诊量 7978 人次，比 2013 年减少 8％，医疗收入：42 万元；住院人数：219 人次，比 2013 年增加 8％，收入 76 万元。2014 年医院业务收入 108 万元，比 2013 年多增收 15 万元；职工劳务收入比去年有所提高。

2015 年，西联医院住院病人：277 人次；门诊病人：7642 人次。住院病人比 2014 年增加 30.7％，门诊病人比 2014 年减少 4.1％。完成基本公共卫生服务项目，建立健康档案 13635 份。

二、医疗服务

西联农场的医院在开展医疗工作中，向农垦医药公司采购药品；除此外，医院还组织人员自制葡萄糖注射液、氯化钠注射液、甘露醇注射液、大青注射液、胎盘注射液和普鲁卡因等，医疗设备、医术水平高于乡镇医院，做到一般疾病治疗不出场，生产队卫生员也能医治普通的疾病和进行外伤简单处理。

20 世纪 50 年代，农场医院不能开展临床工作，只能进行门诊治疗。20 世纪 80 年代已经可以医治常见病和进行外科手术；到 20 世纪 90 年代，在内科、儿科方面，能处理常见病、多发病，治疗效果显著。对于一些奇难杂症和危重病号，如胸类、一般脑血管意外、肺病、脑病和各种原因引起的休克抢救和治疗成功率均较高，部分较大的外科手术则采取横向联系开展，方便病人医治，提高医院服务水平。

第三节 妇幼保健

20世纪80年代，场办医院开展儿童基础免疫工作，儿童从出生到7岁免费享受6种传染病即结核病、小儿麻痹症、百日喉、破伤风、麻疹的疫苗程序接种；90年代5种疫苗（卡介、百白破、三价糖丸、乙型脑炎、麻疹疫苗）接种人数455人，占应接人数99％，覆盖率87％，达到国家和海南农垦总局要求的85％的指标。农场防疫组还对场内公共场所、饮食店、学校每年进行一次全面性的卫生大检查，配合农垦防疫站对饮食店审发"食品卫生许可证"和"健康证"。

在妇女保健方面，医院开展妇科病普查普治，做到早发现、早治疗。20世纪80年代，对全场女职工健康检查中，发现有些女职工患有宫颈炎、附件炎、子宫脱垂等病症，对患者及时进行治疗，提高了女工健康水平。1990—2000年，对妇女健康普查累计8657人次，发现患病1768人次，治疗1768人次。1999年，新生儿接生率100％，住院分娩率100％，孕妇无死亡，哺乳期新生儿也无死亡。

第四节 爱国卫生运动

20世纪70年代，西联农场根据上级要求，成立爱国卫生运动委员会，下设办公室（简称爱卫办）。建立"周清扫，月突击"治理长效机制。以秋、冬季防控传染病为工作目标，承担属地责任，开展除"四害"消杀活动。爱卫办成立督查组，对各分场、生产队、直属单位环境卫生整治情况进行督查，并将督查情况进行通报，推动爱国卫生运动开展。

2000年后，西联农场环境卫生整治覆盖面扩大，将不符合统一规划的违章建筑、杂物堆放、野广告清除、规范饲养家禽、房前屋后卫生死角等方面纳入环境卫生整治范围。为进一步强化爱国卫生长效管理，充分发挥爱卫组织的统筹协调、监督指导职能，形成齐抓共管共同创卫良好格局，促进爱国卫生长效管理机制落实，巩固创卫成果。根据儋州市"一创两建"工作要求，西联农场在环境卫生整治方面加强舆论宣传，定期召开环境卫生整治会议，悬挂宣传标语、发放宣传资料、编发简报等活动进行宣传。场部每天清理出来的垃圾由农场下属二级企业物业管理中心拉到儋州市垃圾处理中心处理；分场、生产队清理出来的垃圾就近填埋或焚烧处理。

2009 年 3 月，西联农场提出：向不卫生的陋习宣战，向不文明的行为宣战，向不整洁的环境宣战！

2010 年 1 月 14 日，海南省委办公厅和海南省政府办公厅联合印发了《海南国际旅游岛建设环境综合整治工作方案》。西联农场掀起城乡环境卫生整治高潮，让群众生活环境得到极大改善。

2011 年 10 月 31 日，按照海南省人民政府召开"文明大行动"动员大会精神，西联农场提出用 3 年左右时间，把西联打造成为公共场合礼让有序、公共环境整洁有序、公共交通安全有序、旅游出行和谐有序、诚信经营文明有序的良好社会环境，实现公民文明素质和文明程度的全面提升。

2015 年 9 月 8 日，为贯彻落实全省践行"三严三实"真抓实干促发展乐东现场会精神，以及住房城乡建设部关于清洁城市环境卫生工作的有关要求，改善城镇面貌，提升城市形象，让本地居民和中外游客切实感受到海南干净整洁优美的人居环境，结合《海南省清洁城镇环境卫生行动方案》，在西联农场开展清洁城镇环境卫生行动。

2017 年，西联居为了开展城乡环境卫生大整治行动，在儋州市政府和镇政府的大力支持下，在辖区内招聘 55 个居民小组组长，75 名保洁员，镇政府投入资金 101 万元购买垃圾桶 700 个、垃圾清运车一辆、保洁员工具一批等，对 49 个居民小组进行环境卫生整治，注重处置卫生死角，注重解决陈年垃圾问题，保证环境卫生不留死角，不断改善职工群众的居住环境。

2018 年，西联农场开展"城乡清洁大扫除""百日清洁活动"暨"迎新春大扫除"活动，参与人数 320 人，动用挖掘机 2 辆，金鹿车 3 辆，清理西联居邮政背面围墙、西联居原工程队办公室旁、西联居原垃圾池水利沟边三大死角垃圾共 125 车；共投入 4.5 万元。清理 22 个反弹脏乱差队居民小组，动用 2 辆挖掘机，金鹿车 4 辆，清理生活垃圾 132 处，建筑物垃圾 28 处，人工 10 人，共计投入 8.244 万元。"全民大扫除"百日活动中清理西联居老机关天任区、大礼堂旁球场、老加工厂、西联中心小学斜对面、西联居原食品厂路段、西联居原商贸房、西联医院、联港小区、红卫小区卫生；清理老加工厂路段、邮政小区居民区周边小广告；整治西联居联港南路路段占道经营现象，疏导零散流动摊贩占道经营；整治南珠市场乱摆乱放的问题，劝导商贩物品全部整齐摆放在指定区域内；西联居工作人员入户走访大力宣传"门前三包"责任制度管理规定，共投入资金 1.5 万元，发放"门前三包"责任制度管理规定宣传图册 1000 份，同时与商铺签订"门前三包"责任书 174 份，与天任居民区、中园居民区、北园居民区、红卫小区、西园小区、东园小区居民户签订"门前三包"506 份责任书，并张贴"门前三包考核表"680 张，且面对面讲解

"门前三包"责任制，提升居民"门前三包"卫生意识。抓实"一创两建"工作取得了显著效果。"一创两建"工作是当前工作的重中之重，按照市委市政府及镇委镇政府的要求部署，市综合行政执法支队、公路局、那大镇爱卫办、那大镇城监大队、美城环卫，共出动工作人员100余人次；动用挖掘机2台，农用车6台，集中整治北部湾大道公路两侧，左道西联公安分局到西联西园小区；右道如来木材厂至公路局洋浦二道班，抱南路口红绿灯处路段（75间），共计拆除铁皮棚144处，（含市场、老修配厂、联港南路、联港北路53间）5950平方米；幼儿园占道围栏4处，320平方米；占道砌墙2处，30平方米；清理乱堆乱放杂物20余处；清运建筑、生活垃圾520车，1300多吨；清理广告牌110个，菜园7处，空闲宅基地1处，共投资36.2万元。取得了显著的效果，给居民创造一个干净、美丽、绿化的居住环境。

2019年，在儋州市开展的"一创两建"活动中，西联居结合当年"第31个爱国卫生月"、全市爱国卫生统一行动日，多次组织集中开展环境大整治，着力解决"脏乱差"等问题，彻底改善居容队貌。在开展创建卫生达标社区工作中，在市委市政府、镇委镇政府大力支持下，全居动员人人参与环境卫生整治，参与活动人数累计8656人次，动用机械562台班，清运垃圾5620车辆次，共投入了380多万元。撒网式展开全居厕所普查，改厕摸底的户数2587户。

2020年，西联居明确责任，采取切实有效措施加以整改，从抓细抓常入手，持续深入加以推进，确保西联居环境卫生整治工作取得实效。在西联居领导班子的领导下，市政管理组成员参与负责督导。包点责任人组织各自包点单位队居民小组长及保洁员，进行环境卫生整治行动，保证所包的队居民小组环境卫生整治无卫生死角，无陈年垃圾，无污水横流，柴火堆放整齐，绿化、美化、亮化得到改观。居民小组的环境卫生整治工作，由各居民小组长担任第一责任人，负责做好"门前三包"的责任落实，组织保洁员打扫本组的卫生区域，做好环境卫生整治工作。

第六编

社会生活

中国农垦农场志丛

第一章　人　　口

1998 年时，西联农场有职工 5659 人，其中离退休职工 3077 人，人均年工资 3700 元。2020 年时有职工 411 人，职工人均年工资 36521 元（表 6-1-1）。

表 6-1-1　1952—2020 年西联农场人口有关情况表

年份	职工（人）	离退休职工（人）	干部（人）	教师（人）	医务人员（人）	科技人员（人）	职工年平均工资（元/年）
1952	103	—	—	—	—	—	356.00
1953	326	—	—	—	—	—	451.00
1954	316	—	—	—	—	—	504.00
1955	484	—	—	—	—	—	510.00
1956	1901	—	—	—	—	—	550.00
1957	2004	—	—	—	—	—	510.00
1958	2270	—	—	—	—	—	476.00
1959	2436	—	—	—	—	—	436.00
1960	3366	—	—	—	—	—	411.00
1961	3260	—	—	—	—	—	414.00
1962	2787	—	—	—	—	—	430.00
1963	3017	—	—	—	—	—	447.00
1964	2871	—	—	—	—	—	456.00
1965	3178	—	—	—	—	—	400.00
1966	3567	—	—	—	—	—	332.00
1967	3618	—	—	—	—	—	353.00
1968	4493	—	—	—	—	—	322.00
1969	4850	—	—	—	—	—	362.00
1970	5546	—	—	—	—	—	413.00
1971	6076	—	—	—	—	—	401.00
1972	6094	—	—	—	—	—	409.00
1973	6275	—	—	—	—	—	452.00
1974	6197	—	—	—	—	—	631.76
1975	6247	—	—	—	—	—	517.21
1976	6513	—	—	—	—	—	523.26
1977	7707	—	—	—	—	—	496.30
1978	7975	—	—	—	—	—	558.12

（续）

年份	职工（人）	离退休职工（人）	干部（人）	教师（人）	医务人员（人）	科技人员（人）	职工年平均工资（元/年）
1979	7919	—	—	—	—	—	582.78
1980	7940	—	—	—	—	—	669.02
1981	7940	—	—	329	168	18	727.71
1982	7950	—	—	330	169	18	775.85
1983	7961	—	—	350	162	21	815.98
1984	7648	—	—	349	170	20	844.01
1985	7694	—	—	368	164	25	837.67
1986	7714	1919	490	370	164	30	870.11
1987	7847	1954	463	357	153	40	949.66
1988	8390	2037	421	344	150	75	899.28
1989	8515	214	388	332	168	142	989.78
1990	8246	—	353	337	149	228	1552.27
1991	8214	2071	299	307	159	1172	1612.86
1992	7662	—	—	294	155	1415	2113.42
1993	7323	—	—	273	145	972	2720.20
1994	6522	44	766	292	166	—	1852.19
1995	6106	2888	838	260	173	—	2585.98
1996	6050	2952	697	239	173	—	3530.58
1997	6002	2991	—	220	167	—	3045.65
1998	5659	3077	—	222	144	—	3700.30
1999	5101	—	—	220	144	—	4116.84
2000	5054	—	—	206	130	—	3124.26
2001	5055	—	—	201	130	—	3513.35
2002	4956	—	—	193	79	—	4476.00
2003	4665	—	—	192	49	—	7098.00
2004	4527	—	—	204	53	—	7805.00
2005	4765	—	—	207	53	—	6308.00
2006	4811	—	—	214	69	—	5927.00
2007	5097	—	552	190	42	—	8819.00
2008	5063	—	341	189	31	—	13365.00
2009	5054	—	482	21	152	—	14038.00
2010	5054	—	—	—	—	—	13940.00
2011	4463	—	—	—	—	—	16740.00
2012	3827	8699	518	—	198	—	19239.00
2013	3827	8760	442	—	—	—	21345.00
2014	2807	9660	442	—	—	—	22000.00

（续）

年份	职工（人）	离退休职工（人）	干部（人）	教师（人）	医务人员（人）	科技人员（人）	职工年平均工资（元/年）
2015	1916	10254	409	—	—	—	23513.00
2016	1650	10199	263	—	—	—	24675.00
2017	694	10254	153	—	—	—	25080.00
2018	552	—	156	—	—	—	27845.00
2019	502	—	157	—	—	—	29901.00
2020	411	—	169	—	—	—	36521.00

第二章 民　　俗

西联农场地处海南省儋州域内，居民主要是汉族，其他的主要民族是壮族、黎族。经过多年的杂居共处，壮族、黎族的生产、生活习惯大部分已与汉族无异，交流均以汉语为主，树立了新的社会风尚。

第一节　调　　声

儋州调声是流传于海南省儋州一地并具有独特地域风格的民间歌曲。儋州在汉武帝时为儋耳郡（公元前 110 年），自古就有"歌海"的美誉。1962 年，田汉到儋县视察时称儋县调声为"南国乐坛的奇葩"。近期，儋州又因包括"调声"在内的丰富的民间艺术形式和文化内涵被文化和旅游部命名为"中国民间艺术之乡"。

调声是"歌海"中最受群众喜爱的品种，是群众生活中不可或缺的精神食粮。调声主要在农闲或逢年过节，男女青年聚会于山野赛歌时传唱，特别是每年的"中秋歌会"尤其热闹，参加者往往成千上万。唱调声时，男女青年相对排成两列或围成圆圈，互相勾住手指，两手及身体随着歌声节奏摆动，载歌载舞。调声有若干常用曲调，以此为基础加以发展变化，可以创造出更多新曲，从而常唱常新。历年搜集到的调声曲调已有 600 多首，有一定代表性的曲目有《天崩地塌情不负》《祖国江山花百样》《一时不见三时闷》《单槌打鼓声不响》等。

调声歌会是群众自娱自乐、自我教育的一种良好形式，儋州市政府已决定将每年的农历八月十五定为"中秋调声节"，用以全面保护调声。

第二节　祭　　祖

当地的祭祖活动主要有家祭和族祭两种。每逢红白之事、逢年过节、清明拜扫、村公诞辰、始祖诞辰之时，都要举行祭祀祖先活动。

旧时的祭器比较多，如今祭祀采取避繁就简的方法，根据自己家庭的情况选择比较经济而简单的祭器和祭品。祭器的制作比较简单，与普通家庭使用的餐具没有什么区别，主要有酒壶、酒杯、饭碗、筷子、菜碟、汤盆、果碟，有些地方还有槟榔盒，其中的酒壶、酒杯和饭碗是专门为祭祀而准备的，平时家人用餐时不能使用，而其他则可以当作日常餐具使用。通常的家祭，以鸡、鸭、鹅为主，配以一些猪肉、鸡蛋、米酒、米饭、水果、蔬菜、糕点、槟榔、香烟。祭祀所用的米酒，以自家酿造的为好。带有白色的面包或糕点要点上红颜色，香蕉也要裁一条红纸裹在上面，以表示对祖先的敬意。清明节扫墓祭祀之后的祭品一般不带回家用，但撤下来后可以在外围食用。

第三节　婚　嫁

婚嫁礼仪是男女婚姻关系的缔结，是夫妻共同组成家庭开始新生活的标志。人类要繁衍，家族要延续，最终都由男女双方的婚姻关系所决定。由于婚嫁最能体现出人们的生活价值观，因此历来受到高度重视。

海南解放前，汉族青年男女主要奉父母之命、媒妁之言确定婚姻关系。海南解放后，《中华人民共和国婚姻法》颁布，青年男女在平常的交往、生产劳动中互相结识、了解，进而发展为恋爱关系。有些是通过亲戚朋友或婚姻介绍所等中介媒体认识，步入婚姻殿堂。传统的结婚仪式大致要经过以下程序。

（一）提亲

"提亲"一般都是由男方家主动向女方家提出的。男方父母委托媒人，第一次带些礼物到女方家里，向女方父母提亲，介绍男方家庭背景以及男子的年龄、身体相貌、性格态度等情况。如果双方父母对彼此的家境都比较了解而早有此意，会一撮就合。若女方父母对男方不熟悉，需要进一步从旁打听的，媒人就得多费些口舌了。当然，也有一提便遭拒绝的。媒人到来时，女方家第一次接待吃饭最忌宰鸡杀鸭，因为鸡鸭都是带羽毛，能走会飞，以此待客，恐婚事出现如羽毛一样多的麻烦，担心婚事会告吹。

（二）定命

女方父母同意提亲后，媒人回告男方父母，男方父母再请媒人包槟榔上女方家，求赐女方的出生年、月、日、时（俗称"送年庚八字"）到男方家。女方家长若有意，就将女儿的"生辰八字"写在红纸上送给男方（琼北一带女方父亲将女儿的生辰八字写在红纸上后，故意不留神失落在地上），俗称"出命"或"出年庚"。男方收到女方年庚后，请算命的人"合命"。若是男女双方生辰八字相合，婚事就可以定下。

海南解放前，汉族婚配要经过八字合婚。男方收到女方的庚帖后，男方家长便将女方的生辰八字拿去请算命的人与男方的对比分析，这叫"红纸合命"或"出命"。如无相克、相害之虞，联婚之事就算成功，可以择吉日定亲和举行婚礼了。若有相克、相害，那么婚事就可能告吹，这对于女方来说，打击是非常沉重的。为了让女儿顺利出嫁，有些女方父母在"出命"之前，事先要请算命的人算过，以确保"生辰八字"相符。一旦发现"生辰八字"不相符，就在女儿的"生辰八字"上做些手脚，然后才把"生辰八字"交给男方，故有"女人的命是算命的人给的"之说。

（三）订婚

男方定命后，就托媒人到女方家征求结婚，给女方送槟榔、聘金和乾坤帖，女方收到后，退回部分礼款，双方就算结成亲家。订婚之日，男女两家都备办酒席招待亲朋，酬谢媒人。订婚后，男方每年都得给女方送年（送礼）。

（四）行聘

订婚之后，男方家即择吉日给女方家送聘礼，聘礼有现金、猪肉、糕点和槟榔等。聘礼一般由男方托媒人代行，厚薄不一。有因女方苛求聘礼，男方无力办理而解除婚姻的。女方收到聘礼后，照例给男方退回一些礼款。有些汉族地区，在行聘礼时，男方除了备好聘金之外，还要专门备好一份礼金给女方母亲，谓之"肚疼钱"，意即报答女方母亲当年生育女儿之苦，希望女儿女婿勿忘女方父母的养育之恩。

行聘前，男方要选择一个吉日，并通知女方。到了这一天，男方的亲戚朋友都挑酒米带红包来道贺，男方家则以酒菜款待。这一天，女方管这一仪式叫"领礼"。女方父母同样告知宗族和亲戚朋友、左邻右舍前来道贺喝酒，吃"领礼"。

（五）开面

行聘后，男女双方就着手筹办婚事。婚前5～6天，女方准备糕点招待亲戚、邻居、姐妹、朋友等。婚前2～3天，请人整眉、绞面、剪发，并用鸡蛋清洗脸，以保持面容姣好，俗称"开面"。"开面"为待嫁之女所为，未出嫁的女子一般不得为之。婚前，母亲要向女儿进行婚前教育。

（六）哭嫁

女方出嫁之日，一般都会痛哭流泪，以感激父母的养育之恩。若父母一方或双亲早已去世，新娘哭得更久，有的甚至要在亲朋好友的劝说之下才离开家。哭嫁一般在娘家进行，一旦到了男方家，就不得再哭。

（七）出嫁

出嫁之日，男方雇花轿、乐队吹吹打打到女方家迎接新娘。当女方家听到迎亲的锣鼓声、鞭炮声时即把大门关闭，不让新郎入门，这时新郎得给开门钱。门开后迎亲队伍按位入座，女方家敬茶敬烟，并请吃饭。待新娘梳妆完毕后，迎亲队伍便带着新娘的嫁妆，在鞭炮声中浩浩荡荡上路。由伴娘撑着红色雨伞，新娘在喜庆吉祥的祝福中跟着接亲队伍到男方家。

到男方家时，新娘由"全福太太"（即夫妇双全，有子有孙的老阿婆）牵入中堂，与新郎举行拜堂仪式。婚宴基本上是在中午进行。婚宴上，男女傧相陪伴新郎新娘向客人敬酒。晚上闹洞房。

海南解放后，婚俗中的提亲、订婚程序和迎亲花轿基本废除，但聘金习俗一直保留下来。20世纪70年代迎亲交通工具用自行车，20世纪80年代用手扶拖拉机，20世纪90年代用小轿车。

（八）回门

结婚第三日，夫妻带上糕点回娘家，娘家盛情招待，俗称"回门"或"认路""认路头"。

第四节 丧 葬

葬礼仪是人生最后的一项礼仪，标志着人生旅途的终结。丧礼的主要内容都是表示对亡者的哀思。

（一）报丧

老人弥留之际，晚辈须全到场，日夜守护，直到气绝，谓之"送终"。亡者临终之前，儿女为其备棺备寿衣，临终时为亡者剃头、洗浴、穿寿衣寿鞋等，将其置于厅堂正中，脚朝大门。家人则守候在其周围。人断气时俗称"落气"，琼海、儋县地区要放鞭炮三响。万宁地区则鸣放单响炮，或敲锣或鸣枪一声，用白布写上"告父（母）终"挂在大门外，以告知邻舍亲人。家人要用纸给亡者垫头，并用白布或白纸盖住亡者全身，家人抚尸体哀号不已。逝者家属用垂帘将尸体与灵堂隔开，前摆灵桌，置牌位或遗像，没香案，点"引路灯"，灵桌下设焚纸盆。晚辈素服守灵，亲朋来吊，媳妇哭迎，宾客祭奠，孝子陪拜。并派人讣告远方亲友，俗称"报活"，忌呼"报死"，凡闻讯者，远近亲疏，都会前来祭拜。

（二）入殓

入殓俗称"入木"。海南解放前，汉族普遍有停尸7天的习俗，进棺时一般是长子捧头，次子捧脚，移入棺内，垫正头部，然后置随葬品。入殓后，棺材漆上红漆或糊上红纸，同时为亡者设置灵堂，在棺材前立神牌，置香炉、油灯。亲人日夜守灵3或7日。3

日或 7 日后出殡，出殡前一日，要给亡者祭奠，如果亡者为老人，祭奠则更为隆重。海南解放后，葬仪从简。

（三） 披麻戴孝

披麻戴孝一般只有亡者的直系亲属才披。要在前襟加戴麻条，并以白绳系手腕，男左女右；若亡者享年百岁以上，则一律戴红，因为寿享百岁者自古少有，这是让子孙觉得自豪的事情。

（四） 出殡

出殡需选择吉日，出殡前要举行仪式。海南解放前，"饭含"是丧礼中不可缺少的仪式，意思是让亡者吃上人间的最后一口饭。有些地区则在逝者气绝时，把一只银戒指或光洋（硬币）放进亡者嘴中。送葬队伍排列次序为：一人高举亡者名旌，上书亡者称谓、享年，接着花圈、挽幡、挽幛、棺材、子女依次排列，后为送葬人群。送葬队伍不可走走停停，要一路顺畅地送到墓地，这样才能让亡者一路走好，子孙日后顺利。返回时，送葬者不能回头看亡者坟墓。出殡后，亡者家里有人打扫卫生，把亡者衣物丢到垃圾堆，并在家门口烧一堆火，送葬亲人返回时跨过火堆才进家门。同时用橘子叶煮水，亲人回家后用水抹眼睛。

第三章　社会主义精神文明建设

20世纪90年代初以来，西联农场党委精神文明建设坚持服务中心，坚持以人为本，着力推进社会主义核心价值体系，着力深化群众性精神文明创建活动，职工道德水平和社会文明程度不断提高，为加快农场经济建设营造了良好的环境。

一是文明生态队（村）创建工作向广度和深度发展。1991年，根据中央关于精神文明建设重在建设和把精神文明建设落实到基层的指示精神，场党委按照农垦总局党委指示精神作出了在全场范围内开展创建文明生产队活动的决定，并将此项活动作为两个文明建设和改革、发展、稳定的基础性工作。根据文件精神场，场党委还制定了《海南农垦西联农场精神文明生态建设实施方案》，对文明生态队建设的标准、实施方案，在经济建设、领导班子建设、思想道德建设、职工住房和用水用电、环境与文化设施等7个方面提出量化标准，并选择7个靠近分场部的生产队作为文明队建设的先行点。当时文明点创建活动主要是根据各队实际，提出各创建点的经济发展指标、职工自营收入、岗位收入、生产队美化、绿化、亮化、党建、团建、职工素质教育等内容进行展开。

1996年，农场按照《海南省农垦创建文明生态队活动实施方案》要求，对文明队建设的指导思想与目标、组织领导、资金筹措和检查验收等相关事项作出明确规定，使创建文明队活动逐步走上制度化、规范化轨道。在"实施方案"中，将文明队建设的标准调整为经济建设、科学技术推广、领导班子建设、思想道德建设、文化生活建设、环境与卫生建设等6项内容，同时提出每年抓好1个文明队建设的目标。农场党委把文明队建设工作摆上党委重要议事日程，纳入企业经济社会发展总体规划，与加快农场改革发展、改善民生的目标和任务融为一体，同部署、同落实、同检查、同考核，形成主要领导亲自抓，分管领导具体抓，党政工团齐抓共管的良好局面。由于指导思想与目标明确，措施得力，有效地加快推进垦区文明队的建设步伐。1996年10月，西联农场被海南省委省政府评为文明单位。1999年9月，西联农场被评为全国精神文明建设先进单位。同年，西联农场被海南省委、省政府评为1998—1999年度文明单位标兵。

从2002年开始，农场党委根据省委的部署，同时借鉴省内市县创建文明生态村的成功经验，在原来创建文明队的基础上，开展以"优化生态环境、培育生态文化"为主要内容的文明生态队（村）创建活动，提出了"经济发展、社会文明、环境优美、管理先进、科技普及、文化生活丰富多彩"的文明生态队建设标准。同时要求把文明生态队建设与社会主义新农村建设融为一体，共同推进。在创建文明生态队活动中，西联农场被海南省委、省政府评为2000—2002年度文明单位标兵。2006—2008年农场共创建文明生态队13个。

2009年，结合海南国际旅游岛建设及农垦管理体制改革的新形势，农场文明生态队（村）创建的内容、形式、机制上赋予新的内涵，把创建工作推向新的阶段。西联农场红卫队是20世纪50年代建立的生产队，2008年经过全部推倒重建后，成为海南垦区面积最大、住户最多、环境优美、功能齐全的职工住房改造小区，同年被中共海南省委、省政府授予"文明生态示范（村）"队。民生工程是生态文明建设的重要部分，2009—2012年底止，全场共投入40574.1万元，改造职工危旧房6293套50多万平方米，全场投入资金5796万元，硬化道路138公里，极大地改善了农场道路交通状况。投入资金1601万元，解决了全场职工安全饮水，职工群众喝上了"放心水"，告别了饮水难。2012年，农场为245户困难家庭655人办理了低保；春节期间慰问困难职工631户，为困难职工送温暖款物31万多元；资助贫困大学生86人，发放助学金4.8万元；职工大病救助77人，求助资金41万元。

二是精神文明建设取得实效。职工思想道德水平大幅提升。农场先后在全场范围内开展文明大行动、我们的节日、社会主义核心价值观、青年志愿者等学习活动，制定文明生态队创建实施方案，每年定点3～5个生产队作为创建点，并根据各队特点投入资金完成队内道路硬化、土地平整、职工饮水、绿化、亮化，有力地促进了文明生态队的建设。

2013年农场党委从建设"和谐西联、文明社区""人人是窗口，个个是形象"入手，一是深入开展以"两讲五不"（即讲卫生、讲文明、不随地吐痰、不乱抛垃圾、不闯红灯、不乱牵乱挂、不乱停乱放）为内容的公民基本行为规范宣传教育。二是认真贯彻《公民道德建设实施纲要》，大力倡导以文明礼貌、助人为乐、爱护公物、保护环境、遵纪守法为主要内容的社会公德实践活动。三是加强职业道德教育，培养干部职工树立爱岗敬业、诚实守信、办事公道、服务群众、奉献社会的职业道德。

2014—2016年通过开展以"中国梦"为主题的演讲、朗诵比赛，纪念中国人民抗日战争胜利70周年，评选"身边好人""道德模范""好媳妇""好公婆"和"敬老爱孝""五好家庭"，开展文艺下乡、队队通广播等活动，大力弘扬社会主义核心价值观。

2017—2020年，西联农场先后制定并印发了《海南农垦文明大行动西联行动实施细则》和《海南农垦文明环境大行动西联行动实施方案》和《环境卫生整治工作方案》等文件，明确了目标，细化了任务，提出了时间步骤和工作要求。至 2020 年底止，全公司已创建文明生态队 46 个。2014 年物业办女职工王莲青被海南农垦授予"巾帼示范岗"标兵称号；2015 年，农场女职工黎华被评为"温暖人心感动垦区"十佳人物；2020 年海南农垦"最美家庭"评选活动中，李海玲家庭被评为"最美家庭"。

第四章　生态文明建设

第一节　国土空间优化

一、主体功能区战略（主体功能发展定位）

西联农场公司场部与儋州市区连片，规划定位为那大城区的北部片区门户和重要综合服务区、儋州市特色旅游小镇和特色农产品生产及贸易中心。依托儋州的区位和优势，因地制宜，西联农场按照"三镇三园三基地"（三镇：西联、西流、新盈小镇；三园：农旅休闲康养产业园、百年橡胶园、海南新盈红树林国家湿地公园；三基地：热带特色高效农业基地、陆海养殖基地、商贸物流基地）的战略定位发展产业，逐步把农西联场公司打造成具有核心竞争力的现代化农业企业、海南西部的旅游龙头企业、儋州西部商贸物流基地。

二、儋州市那大主城区西联组团控制性规划

（一）定位担当：西联组团承载那大主城区北拓先导的责任担当

为承载海南西部中心城市那大主城区 60 万人口规模建设，儋州提出了"北拓、南控、西优、东强"的城市发展方向，西联组团作为主城区"北拓先导"载体，亟须先行先试，以新型城镇化助力西部中心城市建设。

风貌要求：西联组团的风貌建设承载着主城区门户形象需要。西联组团是洋浦、海口进入那大城区的重要门户，区位价值凸显，对风貌建设提出了较高要求。

风貌担当：提升松涛干渠滨水空间活力，优化北部湾大道沿线空间布局。北部湾大道沿线空间。改善道路沿线的建筑、景观界面，以立面公建化为目标提升西联门户形象。

松涛干渠滨水空间。提升滨水空间活力，使其成为西联组团重要公共活动场所和景观营造空间。

在新时期背景下，西联应赋予资源新的活力，打造人文旅游品牌，为带动区域社会经

济发展做出新的贡献。

1. **产业担当** "五大中心"产业体系下的西联组团产业发展方向。以儋州建设"五大中心"为抓手，以自身产业特点为基础，积极谋划相关的产业布局。

2. **生产服务中心** 结合文旅产业发展现代旅游服务业；以农垦产业优势与八八战略为依托，积极发展电子商贸

3. **服务业** 以区位交通优势为基础，借力洋浦港发展，适时推进智能仓配物流业；使现代服务业逐步成为西联组团支柱产业，全面融入儋州生产服务中心建设。

文化体育中心。立足西联组团独有的历史文化资源，构建覆盖区域的公共文化服务体系，推动西联组团文化旅游大发展，提高居民综合文化素养。

4. **协同责任** 与时俱进推进"垦地协同发展"。以儋州那大城区发展建设的不同阶段为指引，西联组团应与时俱进，实现不同时期下的垦区协同发展。

一级协同（基础设施协同）——整合区域资源，完善区域配套。

二级协同（产业发展协同）——辐射文体中心，提质旅游产业。

三级圈层（北拓先导协同）——面向北拓新区，打造先行示范。

5. **社会责任** 遵循"一创两建"发展战略指引，助力生态文明示范市建设。西联组团作为那大主城区重要的产业组团，应守住底线，优化布局，助力儋州创建国家生态文明建设示范市。

（二）规划定位

本次规划将西联发展融入主城区，汇聚区域资源禀赋，对接自贸港政策和五大中心目标，立足西联、联动那大，将西联组团打造成为集"新兴产业、公共服务、田园共享、宜居生活"于一体的新型城镇化产业社区。

1. **近期** 稳步发展"农业产业和文旅产业"。打造儋州北部农垦农业产业服务集，做好西联文旅产业文章。坚持"以产兴城、以城带产、产城融合"的产业发展理念，以西联农场2万多亩林地、6000多亩水稻田、3000多亩其他热作和经济作物种植地为依托，结合西联组团内的特色文旅资源，围绕农垦八八战略，建设可持续发展的海南特色农旅与文旅目的地。

2. **中期** 积极发展"电子商贸和现代服务业"。依托自由贸易区（港）建设，布局电子商贸和现代服务业。生产、批发、贸易、融资、物流、代理等服务；人才招聘、培训、人员派遣、高级人才访聘服务；铁路、道路、水上、航空货物运输及辅助活动，货物运输代理及快递服务；货物仓储、运输中转等服务，以及仓储租赁等服务生产性装卸搬运以及包装服务；以农垦八八战略产业为基础，构建以信息网络技术为手段，以商品

交换为中心的电子商贸综合服务平台，将传统商业活动各环节的电子化、网络化、信息化，涵盖商城、消费者、产品、物流等环节。

3. **远期** 适时发展"智能仓储物流配套产业"。立足区位交通优势，伺机发展智能仓储物流配套产业依托西联组团绝佳的交通区位优势，结合粤海铁路及远期洋浦支线铁路建设，适时发展以智能仓储物流配套为主的新兴产业，使其成为那大主城区与洋浦地区，甚至海南北部地区智能仓配中心。

三、西流片区场部控制性详细规划

（一）总体定位

本规划区定位为：农旅结合、生态宜居、特色鲜明的"城郊田园小镇"。

（二）空间结构

规划空间结构为"一轴、一廊、两带、两组团、两心、多节点"。

1. **"一轴"** 联系两组团的南北向发展轴线；

2. **"一廊"** 分隔南北两大组团的生态景观廊道；

3. **"两带"** 沿文澜河及松涛水库东干渠形成一条风格迥异的水系景观带；

4. **"两组团"** 活力宜居组团依托优越的田园水系环境基底，打造或田园、或滨水、或滨湖等多样、特色商业及居住景观；特色产业组团主要包括通航产业、热作产业、会展产业等。

5. **"两心"** 南北组团内部的服务中心，活力宜居组团中心为商业水街，特色产业组团中心为服务各个产业的商业商务中心。

6. **"多节点"** 根据各组团中环境突出地区形成的多个特色风貌节点。

（三）用地布局规划

本规划区城镇建设用地包括居住用地、公共管理与公共服务设施用地、商业服务业设施用地、工业用地、道路与交通设施用地、公用设施用地和绿地与广场用地、区域交通设施用地、综合产业用地。

1. **居住用地** 规划将居住用地布局在各个组团内，形成三个居住社区。规划居住用地66.33公顷，占规划区建设用地的33.65％。

2. **公共管理与公共服务设施用地** 公共设施按城镇级和社区级两级配置。规划公共管理与公共服务设施用地12.10公顷，占规划区建设用地的6.14％。

3. **商业服务业设施用地** 规划商业服务业设施用地32.36公顷，占规划区建设用地的 16.42%。包括零售商业、批发市场、旅馆、商务等多种类型，主要布置于原城镇主干道沿线、商业水街两侧、各居住组团周边。同时，规划重点增加配套旅馆、餐饮等旅游商业服务设施。规划商业用地（B1）2.77 公顷，批发市场用地（B12）1.24 公顷，旅馆用地（B14）8.17 公顷，商业商务混合用地（B1B2）6.9 公顷，商务用地（B2）2.59 公顷，其他商务用地 11.69 公顷。

4. 工业用地　规划工业用地主要分布在片区中部，面积 3.39 公顷，占规划区建设用地的 1.72%。

5. 道路与交通设施用地　规划道路与交通设施用地 35.35 公顷，占规划区建设用地的 17.94%。

6. 公用设施用地　规划公用设施用地 4.43 公顷，占规划区建设用地的 2.25%。

7. 综合产业用地　综合产业用地主要布置在片区南侧入口处，用地 10.10 公顷，占规划区建设用地的 5.12%。

8. 绿地与广场用地　规划绿地与广场用地 28.76 公顷，占规划区建设用地的 14.59%。

（四）总体空间结构

西流农场形成"一轴、一廊、三区、多点"的空间结构体系，体现田园风情小镇的特色。

1. 一轴：城镇景观轴　064 乡道沿线景观是西流农场的核心景观，景观轴汇集了商业水街、田园旅馆、烈士纪念园等，构成西流农场场部的特色景观带。

2. 一廊：视线通廊　规划在西流农场场部松涛干渠沿岸，利用道路、水系、自然绿地等，将开放空间和自然滨水空间联系起来，形成景观视线通廊。

3. 三区：景观风貌区　将西流农场划分为 3 种不同特色的景观风貌区：分别为活力公共服务风貌区、特色产业风貌区和生态田园居住风貌区。

4. 多点：景观节点　规划在西流农场内主干道交叉口、重要节点及重要视点，包括滨水景观、公园绿地、文化广场、产业建筑等不同特色的景观区，结合特色打造景观精品，增强西流农场旅游吸引力。

（五）重要城镇景观风貌区控制及引导

结合自然景观环境和西流农场发展目标，将西流农场划分为两种不同特色的景观风貌区：活力公共服务风貌区、特色产业风貌区和生态田园居住风貌区。

1. 活力公共服务风貌区

（1）总则

定位：服务于西流农场场部及周边组团的商业中心，西流农场旅游综合服务中心。功能：设置有城镇商业水街，形态、建筑特点、环境景观及商业业态方面都应具有较强的红色文化特色。通过特色购物街吸引游客进入西流农场游、购、吃、住等，利用旅游购物吸引力，强化片区商业服务及旅游服务功能，带动地方经济发展。同时利用湖泊水系打造滨水休闲公园、亲水平台、滨水广场等景观节点。将烈士纪念园等打造为既具有文化展示与保护功能，又具有旅游观赏价值的景观节点。街区尺度：体现小城镇的空间尺度，在街区的尺度控制上应有较好的适宜度。

（2）设计要点导引

建筑风格：建筑的形态风貌应体现热带特色，尺度适宜，避免过大体量，具有现代感或者红色文化特征，色彩宜清新淡雅，避免过于浓重。整体建筑形式以体现现代风格为主，步行商业街区建筑形式突出红色文化特色。

建筑色彩：新建建筑以暖色、白色为色彩主基调，配以少量明快的红、蓝、黄等纯色。创造清新、明快、和谐的城镇色彩。

空间形态：注重塑造商业建筑围合而成的庭院空间，利用商业街区入口、临街橱窗等塑造有活力的步行景观界面；注重对水环境的保护，并强调滨水开放空间与建筑 之间的景观渗透度，滨水建筑突出建筑与水的多样化组合的景观特色，并以商业、艺术、展览、演艺、娱乐等形式集中展示红色文化。

2. 特色产业风貌区

（1）总则

定位：以展现通航产业、热作产业、会展产业为主的特色产业景观风貌区。

功能：包括金林通航项目、绿色加工工业园、滨水休闲公园及旅游设施。中心绿地及靠近紧邻通航地带考虑作为景观风貌核心，建筑包括商业商务、文化、会展等；工业及仓储结合现状最大木材厂布局，其位置相对独立。

（2）设计要点导引

风貌特色：结合产业特色及要求，建筑体量相对较大，建议对建筑立面、高度、色彩进行控制，使其与周边环境相协调。尽量采用通透、现代、轻盈形式进行设计，突显科技创新、文化创意的风貌特质。

3. 生态田园居住风貌区

（1）总则

定位：本地居民生活居住区，配套组团型生活服务功能。

功能：包括原有居民住宅及新建商业住房区。

（2）设计要点导引

建筑风格：建筑的形态风貌应体现热带特色，尺度适宜，避免过大体量，具有现代感或者地方特色，色彩宜清新淡雅，避免过于浓重。整体建筑形式以体现现代城市风貌的风格为主。

建筑色彩：在自然绿色为背景色的基础上，以浅黄色、白色等浅色系作为主导色，暖色系为辅助色，创造清新、明快、和谐的城镇居住建筑色彩。

空间形态：以低层、多层建筑为主，配套组团绿地和公建等配套服务，延续良好的邻里脉络。

四、新盈片区场部控制性详细规划

（一）发展定位

海南省构建海南西部旅游服务节点，完善区域旅游服务职能。联合周边旅游资源拓展区域旅游服务范围，打造海南西线重要的旅游服务交通节点，提供旅游休憩站服务。完善旅游标识等旅游设施，提供景点售票、宣传推介、导游服务、集散换乘、咨询投诉、餐饮住宿、演艺购物等一站式综合旅游服务。建设新盈片区公共服务中心，优化农场产业发展职能。挖掘整合新盈片区自身资源，发展森林旅游、家庭亲子游等主题娱乐项目，促进产业升级优化。共享农庄、家庭农场、农事体验、花海摄影等娱乐休闲项目，丰富农场产业。场部打造特色旅游度假小镇，强化公共及旅游服务职能打造新盈片区的行政、文化、商业活动中心。重点完善基础设施、公共服务设施建设，整治风貌，未来重点强化对农场产业发展的引领作用，提供农场农产品的展示、销售集中地。

1. 产业发展策略

（1）"农业+"模式。 以现代热带特色高效农业基地为核心，促进三产融合发展，延伸发展旅游度假、商贸物流、健康养生等多元产业。大力开发农业多种功能，延长产业链、提升价值链、完善利益链、促进一二三产业融合发展。

农业：打造一站式、全托管生产服务中心，培育新型农业经营主体，选择优势农产品，形成品牌效应。

农业+工业：实施农产品加工业提升行动，淘汰落后产能，支持核心农产品就地加工转化增值。

农业+服务业：利用互联网拓展农产品、农事体验、旅游度假产品的营销范围，发展近郊旅游、田园度假、商贸物流、健康养生、电子商务等多元产业，形成优势互补、相互依托的支柱产业。

（2）"旅游＋"模式。充分挖掘区域自然资源，突出片区热带农业特色。

打造以场部为综合服务中心，串联周边具有开发潜力景点的旅游线路。联合周边丰富旅游资源形成儋州西海岸旅游线路，新盈片区是游客进入儋州的首站，拥有优越的交通区位优势。农场应与其他景点差异化发展，突出农场热带农业特色；发散式开发场部周边的千年荔枝树、百年榕树群、东场村自流井、万亩红树林等自然资源，以场部为农场的综合旅游服务中心，突出场部的区域中心价值和服务职能。

（3）完善配套。完善场部公共服务和基础设施，实施休闲农业和乡村旅游精品工程，建设设施完备、功能多样的特色产业小镇。

新盈片区导入新的产业功能并打造区域乡村旅游服务节点，需要场部提供完善的配套服务作为基础支撑。场部基建的推进方向包括几个层次：

生产性基础设施，如智能温室、仓储物流园、游客服务中心、农业服务中心。

生活性基础设施，如公交、排水、电网、环卫设施、燃气、商超、互联网＋。

发展性基础设施，如提升学校、医院的配置标准，增加休闲娱乐设施、农事博物馆，整治场部公共空间风貌。

生态性基础设施，如水系、农田、林地保护、污水排放、空气治理等。延伸公共服务，完善基础设施，实现场部功能和景观风貌双提升，提升人口吸引力，实现农民就地城镇化，保证产业兴旺、生态宜居、生活富裕。

（4）盘活资源。盘活存量资源，利用闲置农房发展民宿、康养、展览体验等项目，发展共享农庄、休闲农业、创意商业等。

充分调动农场闲置资源，运用互联网等新技术，精确匹配消费者需求，将资源利用效率最大化。

把农村闲置住房进行个性化改造，形成一房一院一地，并根据需求改造为市民田园生活、度假养生等多种模式，再通过互联网对外出租。

以一种可以让企业参与、城市元素与乡村结合、多方共建的"开发"方式，创新城乡发展，促进产业加速变革、农民收入稳步增长和新农村建设稳步推进。

（二）项目发展目标

依托农场及周边区域丰富且独特的自然与农业资源，以家庭度假和乡村旅游群体为核心客户打造集农事体验、亲子乐活、养身养心、田园栖居等功能为一体的海南田园农场家庭度假首选目的地。

1. 产业空间布局　"一核三区联动发展"的产业布局模式。围绕场部"农业＋旅游＋度假"的产业体系，布局共享农庄区、农事体验区、花海摄影区三大驱动引擎，带动周边连队共同发展，将农产品加工、物流、展销等功能布局于各生产连队，让各连队分别拥有各自的拳头产品和支柱产业，共同打造新盈片区产业振兴战略平台。

2. 产业版块及其产品构成

①亲子乐活区：动物喂养区、趣味运动会、户外游乐设施、果蔬市集、创意体验、生态餐厅等。

②农事体验区：蔬菜水果采摘、农产品加工体验、农耕体验园、休闲养生会所、橡胶文化展示馆等。

③共享农庄区：农产品加工及交易平台、智慧农业馆、农业科普园、露营基地、乡村客栈等。

④花海摄影区：四季花海、主题拍摄场景、户外园艺展览、花卉栽培、盆栽定制等。

⑤综合服务区：游客服务中心、风情商业街、田园度假旅馆、家庭度假民宿、特色餐饮娱乐等。

（三）总体思路

以解决现状问题、达成发展目标为双导向，通过"整合-改造-提升"对规划区进行整体打造。

1. 空间发展策略 打造"三心引动，多区共融，绿色渗透"的空间结构。

（1）三心。

旅游服务核心：为交通过境游客提供餐饮、住宿等服务；

生活服务核心：为场部及周边农场生产队居民提供生活配套服务；

休闲度假核心：为休闲度假人群提供住宿、休闲、娱乐、商业、疗养一体服务。

（2）多区。

商业服务区；

公共服务区；

居住生活区；

休闲度假区。

2. 多规建设用地协调 《儋州市总体规划（空间类）2015年—2030年》确定新盈片区场部开发边界内建设用地指标73.68公顷。调整后建设用地指标保持一致。本次规划依据建设用地边界线进行用地布局，划定建设用地73.68公顷。需局部调整优化核减用地（5.64公顷）与多规保持一致建设用地（68.04公顷）需局部调整优化新增用地（5.64公顷）。

3. 居住用地布局　满足多层次个性化需求，建立多元化住房供应体系，形成"农场生活、田园度假、商务旅游"三大居住片区。

①农场生活居住区：进行棚户区改造，保留传统街坊肌理，提升居住环境品质，建设农场原著居民集中生活区，用地面积约 20.66 公顷。

②田园度假居住区：依托田园风光及医院等设施打造度假人群的田园生活区，用地面积约 12.44 公顷。

③商务旅游居住区：在门户位置依托成熟的商业配套建设商务旅游人士的生活区，商住混合用地面积约 3.42 公顷。

4. 公共服务设施规划　提供优质便捷的公共服务设施，全面提升公共服务水平，打造"五分钟、十五分钟"两级生活服务圈。

五分钟生活圈：满足居民基本生活需求，配置幼儿园、便民店、街头绿地、社区服务站、文化活动站、社区卫生服务站、小型健身场所、快递货物集散站等设施。

十五分钟生活圈：满足居民物质与生活文化需求，配置中学、医疗服务机构、文化活动中心、社区服务中心、专项运动场地等设施。

5. 绿地景观系统　以中部山丘为绿心，以生态林地作底，规划形成"一心望三园、一环串多点"的绿化景观结构。

一心：中部山丘公园，结合生态农业体验主题打造的农业郊野公园。

三园：场部居民主要游憩休闲的城市公园。

一环：由场部主干路串联场部主要功能片区和景观绿地，形成环境的景观轴带。

多点：结合居住区内部绿地打造的社区公园。

人均公园绿地面积 13.5 平方米。

6. 道路系统规划　打造"外联内通、层级清晰、功能完备、绿色智慧"的交通系统；形成"一环、一切"干路网体系。

一环：新盈环路，承担内部主要交通，分流新兴路交通功能。

一切：新兴路，承担主要对外交通联系，与新盈环路形成内部交通环廊。

7. 市政设施规划　规划完备的市政设施体系，包含：供电、供水、污水、燃气、消防、环卫等方面的设施。

供电工程：预测用电负荷 11 兆瓦。规划一处开闭所，接西南角抱舍村 35 千伏变电站。占地约 300 平方米，结合绿化或其他用地进行建设。

供水工程：预测用水量 0.3 万吨/日。规划完善现状供水厂工艺及配套管网，保障场部用水安全。

污水工程：预测污水量 0.25 万吨/日。规划在西侧设置小型污水处理站 1 座。

燃气工程：预测用气量 125 万标米/年。规划在北侧布置调压站 1 座，气源引自儋州燃气分输站。

消防工程：规划在中部设置政府专职消防站 1 座，承担场部及周边村庄的灭火、应急救援任务。

8. 城市设计思路 以生态为底——尊重场地地形现状。

基地以中心区域猴子山突起形成制高点，猴子山与周边区域形成约 30—50 米高差景观，以猴子山为中心，打造规划区生态绿心，奠定绿色基调；

以路网为骨架——促进用地空间成型。

路网围绕猴子山公园进行规划，形成与山体协调的环形交通网络；

尊重场地地形现状，以生态农林为底，以中部山丘为心，围绕绿心，通过交通串联，形成多个组团共生的空间体系。

明确建筑与山体的关系，把握其合理的尺度感，打造城市风貌特征。

"一带、两心、两轴、多廊道、多节点、四区"空间结构。

"一带"：生态公园景观带；"两心"：建筑景观中心、中心公园；"两轴"：主要景观轴线和次要景观轴线；"多廊道"：多条景观通廊；"多节点"：多个绿地景观节点；

"四区"：景观门户风貌区、公共服务风貌区、特色风貌居住区、旅游居住风貌区。

第二节 生态环境保护与修复

一、生态环境保护

西联农场公司提出因地制宜开展自然资源生态修复，走出一条人与自然和谐发展的路子，加强自然生态空间保护，坚持尊重自然、顺应自然、保护自然、发展和保护相统一、绿水青山就是金山银山、山水林田湖草是一个生命共同体等理念必要途径。

（一）开展自然资源生态修复是牢固树立和全面践行绿水青山就是金山银山理念的需要

因西联农场地域广、地类多样，依托土地资源生产生活的垦区居民人数多，且伴随着最近几年热作水果、瓜菜等经济价值的提高，周边农村村民、垦区居民占用农垦土地无序种植，众多防护带（例如防风林、水源防护带、道路防护带）被私垦私占，导致防风能力低、水土流失等问题存在。同时，伴随着人口的增长，居民及周边村民对美好居住环境的向往，出现部分群众占用垦区土地无序盖房的情况，导致出现农垦建设用地低效利用，必要的基础配套设施密集建设，加重了生态环境的承载力。因此，西联农场公司通过土地整治逐步实施自然资源生态修复。

（二）通过土地整治逐步实施自然资源生态修复是保障粮食供应、绿化海南、改善职工居民美好安居生活的需要

1. 通过土地整治，解决西联农场公司耕地面积碎片化、耕地质量不高的问题　一是通过合理地划定宜耕后备资源，因地制宜规模化地开垦新增耕地，将碎片化、耕地质量低的耕地合理地退耕还林，即为海南自贸港建设提供新增耕地指标、保障粮食供给，又有效地实现局部生态修复。二是通过高标准农田建设，改善大面积耕地质量，营造农田防护林，建立起完善的防护林网系统，提高林木覆盖率，增强农田防护能力，新增和改善防洪、防灾、减灾的能力，有效地保证了高标准农田项目区内生态系统的稳定。

2. 通过旧城区升级改造项目建设，实现低效存量建设用地集约高效利用　通过将低效利用的生产队居民点统筹布局到场部区域，同时改造场部区域，将场部建设成绿色小镇。一是有效改善了场部建成区的生态环境，满足了群众美好生活的向往；二是实现了场部区域公共服务设施和市政管网设施的合理布局，有效减少零星建设用地，密集建设公共服务设施，加大生态环境承载力的破坏；三是实现零星建设用地的复垦复绿，有效修复部分区域的生态环境。

3. 通过共享农庄、农旅项目相结合，实现人和自然和谐发展　有效修缮部分垦区零星居民点，并通过项目修复周边生态绿地，实现人和自然的和谐发展。

二、湿地公园生态修复

2016 年后，西联农场公司以"生态修复＋环境治理＋文化注入＋产业带动"的模式，走出一条生态修复与产业发展融合的新路子。

2016 年 8 月 16 日，国家林业局下发《国家林业局关于 2016 年试点国家湿地公园验收结果的通知》（林湿发〔2016〕107 号）文件，正式批准西联农场成立"海南新盈红树林国家湿地公园"，是海南省首个国家级的滨海湿地公园。

2007 年 11 月 15 日，国家林业局制定下发《国家林业局关于同意开展吉林磨盘湖等国家湿地公园试点工作的通知》（林湿发〔2007〕233 号）文件，批准成立海南新盈红树林国家湿地公园试点。2020 年 5 月被列入"2020 年国家重要湿地名录"。湿地公园位于海南省西北部、儋州市东北部的泊潮港内，隶属儋州市西联农场新盈片区。

湿地公园距儋州市 41 公里，海口市 91 公里，离西线高速光村路口 8 公里，距银滩动车站 10 公里，距洋浦开发区 51 公里。有水泥路进入，交通极其方便，导航直接输入东场村或墩吉村即可到达。湿地公园东至临高县界，西至墩吉队，南以村道为界，北接泊潮港，范围全部位于东场队、墩吉队区域内。

新盈红树林国家湿地公园总面积 507.05 公顷，其中湿地面积 388.22 公顷，湿地率76.56%。湿地公园按照自然生态条件、生物群落特征及空间布局将划分为 3 个功能区，即保育区、恢复重建区、合理利用区；其中保育区 235.65 公顷、恢复重建区 111.90 公顷、合理利用区 159.50 公顷。3 个功能区内有两个自然村，东边的东场村和西边的墩吉村，人口约有 1200 人左右。由于功能区内村落历史悠久，流传许多古老的海边文化，比如火山岩石屋、淡水自流井、镇海神兽、护村神狗、巷口爷等。

（一）新盈湿地公园资源情况

新盈湿地公园主要天然植被为红树林，有真红树 8 科 15 种，分别为木榄、角果木、秋茄树、红海榄、正红树、拉氏红树、拉贡木、榄李、海漆、桐花树、老鼠簕、白骨壤、卤蕨、小花老鼠簕、无瓣海桑；半红树植物 5 科 5 种，分别为银叶树、黄槿、苦郎树、阔苞菊、水黄皮。其中拉氏红树是在新盈新发现的物种。新盈湿地公园范围内主要的红树植物群落有：红海榄群落、海漆群落、白骨壤＋桐花树群落、红海榄＋角果木群落、红海榄＋白骨壤＋拉贡木群落（人工种植）、白骨壤群落、卤蕨群落等。湿地公园红树林中生长有大量的伴生植物，经调查统计，主要伴生植物有 18 科 21 种，分别为海金沙、无根藤、海马齿、南方碱蓬、杨叶肖槿、血桐、海刀豆、刺桐、鱼藤、木麻黄、海杧果、瓶花木、蟛蜞菊、草海桐、厚藤、露兜树、短叶茳芏、锐棱荸荠、芦苇，沿着 5 公里长的海岸线绵延生长。在这里发现的中国红树植物新记录种拉氏红树，有海南西海岸最大最古老的、在中国也不多见的木榄群落；有海南西海岸唯一的正红树居群，有海南西海岸最古老的银叶树个体，有成片的红海榄群落、白骨壤群落、海漆群落、角果木群落等等，是海南西海岸最重要的红树林生态系统之一。此外，由于公园有保留原始的海岸环境，所以也有至少 300 种的丰富而独特的海岸植物，其中包括为数不少的古树，如酸豆树、龙眼树、榕树、荔枝等。

新盈湿地公园里除了有红树林湿地，还有浅水水域、库塘湿地、稻田湿地，多样的湿地类型孕育着生物的多样性。由于地处热带、亚热带交界的特殊地理位置，区间生物具有多样性、稀有性和典型性。截至目前，共记录到鸟类 168 种，其中越冬鸟 70 多种，包括黑脸琵鹭、黄嘴白鹭、勺嘴鹬等珍稀濒危鸟种。特别是被 IUCN 列为全球珍稀濒危鸟种的黑脸琵鹭和勺嘴鹬，每年都能观测到其在新盈湿地公园内的越冬活动。每到冬季，这里鸻鹬集结、鸥鹭齐飞，一片生机勃勃，是海南重要的水鸟越冬地，也是黑脸琵鹭在海南的第二大越冬地。

湿地公园内有大型底栖动物 70 多种，如招潮蟹、红树蚬、血螺、沙虾等，其中软体动物最多，有超过 40 种；鱼类有篮子鱼、鲻鱼等；兽类有倭花鼠、赤腹松鼠等；昆虫类主要以蝴蝶和蜻蜓为主，如斑丽翅蜻、啬青斑蝶等；两栖动物主要有海蛙，爬行动物主要为蜥蜴和蛇类，如变色树蜥、石龙子、中国水蛇、银环蛇等。

西联农场自企业化改制以来，在新盈湿地公园建设了一批保护性设施项目。科普宣教设施：访客中心与宣教广场；科研设施：瞭望阁、揽海亭、观鸟屋等；保护性基础设施：巡护道路、木栈道、巡护艇；其他：公园东西门、卫生间、挡土墙、排水沟、停车场等。软件设施有：湿地公园总体规划（2018—2025 年）、网站建设、宣传视频、智能管理平台等。

新盈湿地公园内设有水质监测点 2 处，鸟类观测点 5 处，螃蟹和弹涂鱼监测点 8 处，蜻蜓和蚂蚁监测点 2 处，外来种监测点 2 处，以及螺贝类、红树林病虫害等监测点，形成了较为完善的监测体系。西联农场聘请了北京中网正通公司制作了湿地公园管理网络监测平台。湿地公园管理办公室下设湿地公园监测站，有专门监测工作人员对红树林湿地生物多样性进行每月一次的监测记录。监测内容包括：鸟类监测、螺贝类监测、螃蟹监测、蜻蜓和蚂蚁监测、水质监测以及红树林病虫害监测等。另外，湿地公园管理办公室委托海南大学、海南师范大学、厦门大学等高等院校对湿地公园的水质、土壤、空气质量、红树林湿地恢复、底栖动物动态监测等进行评估与监测等。

新盈湿地公园在建的科普馆主体建筑面积 800 平方米，包括多媒体展示中心、宣教图片展览室。湿地公园制作了一系列宣教宣传体系，在公园各个出入口建设大型湿地宣传牌，公园内交通要道和路口设置醒目宣传标牌，印制了湿地公园宣传手册 3000 份，并组织开展世界湿地主题活动、爱鸟周、湿地联盟会、观鸟节、观鸟赛、科学考察、生态与环境保护义务志愿者等活动。在 2016 年 4 月，湿地公园巡护员罗理想在公园内首次发现全球珍稀濒危物种勺嘴鹬，包括联合国环境署、新华社、海南日报等多家媒体做了大量的报道。每年慕名而来的观鸟爱好者也是常年络绎不绝，大大带动了湿地公园的知名度及提高了周边社区居民的生态保护意识。

（二）退塘还湿 （生态修复）

新盈湿地公园区域内的养殖塘，均系 20 世纪的 80 年代末 90 年代初建设和生产的。2017 年 4 月和 5 月、2018 年 7 月，中央环保督查组、国家海洋督查局、环保部华南督察组驻广州专办先后到海南新盈红树林国家湿地公园督查，督查时要求：新盈红树林国家湿地公园范围内存在 842 亩的养殖塘的问题要整改。2019 年 1 月至 3 月，儋州市领导及相关部门领导、光村镇政府、西联农场公司多次到实地查看，调查摸底，现场办公，并与西联农场公司多次召开协调会，于 2019 年 4 月 1 日开始对湿地公园内的养殖塘实施强制拆除。至 2019 年 12 月底，共清除湿地公园养殖塘 117 口约 1734.1 亩。其中墩吉队 50 口塘 596.7 亩，东场队 67 口塘 1137.4 亩。

（三）　湿地公园规划

2018 年 7 月，西联农场公司对新盈红树林国家湿地公园的保护和建设进行了新的规划。《规划》依托新盈湿地公园内的红树林、访客中心体验园、水鸟栖息地、火山岩古建筑、古院落、古道、自流井等资源。《规划》中实行最严格的生态环境保护制度，结合农场公司的企业实际，配合地方政府，实施违法用地和违法建筑整治、城乡环境综合整治、城镇内河（湖）水污染治理、大气污染防治、土壤环境综合治理、林区生态修复和湿地保护"六大专项整治"，着力解决生态破坏和环境污染突出问题，打好污染防治攻坚战，确保环境质量只能更好、不能变差。

《规划》体现统一规划、合理布局、集中管理、先易后难的原则，优先发展投资少、风险低、见效快、辐射广、服务当地民众多的项目，并为今后的发展留有余地；所有建设项目必须先进行可行性论证和环境影响评估，确保生态环境和旅游资源不被破坏，实现永续利用。《规划》根据湿地公园资源特点及功能定位，确定能充分反映湿地公园特色的核心旅游产品，包括红树林湿地生态观光度假旅游产品、红树林湿地科普考察旅游产品、参与式湿地体验旅游产品、民俗文化旅游产品。

新盈湿地公园新的总体规划充分依托新盈红树林国家湿地公园、新盈千年荔枝园、新盈古榕树群等旅游资源优势，培植打造集民俗文化、观光旅游、休闲度假等为一体的海南西部主题公园及自由贸易区（港）的重点旅游景区。

第三节　节能减排与资源循环利用

西联农场树立生态文明理念，立足国际旅游岛建设及国家南海资源开发和服务基地的战略定位，围绕"减存量、控增量、调结构"，以突出亮点、彰显特色为原则，通过挖掘照明、建筑、交通等存量节能减排潜力，大力发展特色低碳产业和清洁可再生能源，以增量优化促进结构调整和综合能耗下降，形成节约资源和保护环境的产业结构、能源结构、生产方式和生活方式，全面系统地推进绿色发展、循环发展、低碳发展。

一、绿色照明推广工程

按照《海南省建设绿色照明示范省总体方案》（琼府办〔2011〕128号）要求，"十二五"期间，西联农场在完成场部路灯节能改造的基础上，推广节能灯。到2015年，西联农场基本淘汰白炽灯，以及不符合城乡建设规划、照明建设规划、照明节能设计标准及我省节能要求的照明设施和照明系统。

二、新能源汽车推广工程

西联农场公司落实新能源汽车推广的综合协调。目前已经购置4台新能源汽车，落实配套基础设施建设。

三、打造海南农垦热带特色高效生态循环农业发展样板

西联农场公司以生产力布局优化、资源高效循环利用、优势特色品牌为抓手，大力发展热带特色果蔬和畜产品产业，努力构建资源节约、环境友好、产业循环、综合利用的农业发展模式，加快建设美丽宜居乡村，打造海南农垦热带特色高效生态循环农业发展样板。为周边农户和种植基地提供有机肥、沼气、灌溉用水等，实现高效种养结合。

第四节　田园综合体建设

西联农场公司围绕"农业增效、农民增收、农村增绿"的要求和实现"村庄美、产业兴、农民富、环境优"的目标，利用新盈良好的原生态景观、特色热带田园风光和产业基础与农场生产队居民点特色，全面完善农田及居民点基础设施建设，调整产业结构和种植结构，建设一流的热带特色田园风光、一流的热带园艺景观，以"互联网＋农业"全产业链智联信息化平台建设为载体，全面推进项目区农业现代化水平；以现代农业和热带田园景观为基础，以文化为灵魂，加强区域原生态风貌管控和生态修复，配套建设休闲旅游设施，开发观赏性、参与性、体验性和互动性强的休闲旅游创意产品，促进"农旅融合、农旅结合"，建设一流的自然风貌和一流的美丽乡村幸福家园，推动城乡一体化互促共进，打造"农田田园化、产业融合化、城乡一体化"的海垦心盈田园综合体。

一、基本情况

（一）项目基础

海南农垦心盈田园综合体项目位于海南省儋州市境内的海南农垦西联农场新盈片区，项目总面积 16498 亩，其中：农田面积 6000 亩，橡胶园面积 6635 亩，村队建设用地面积 1863 亩，其他用地面积 2000 亩，项目区东南面有西线高速公路、西环高铁经过，设有高速公路新盈互通出口，西环高铁设内银滩动车站，项目北面接红树林国家湿地公园，南有千年荔枝园，西邻著名的光村镇银滩，北联万亩胶园，人文景观丰富，如汉代的劳大将军庙、符皇大帝庙、儋州调声文化等。

（二）项目内容

项目打造一带二心二基地三区，八园串起 10 个美丽乡村。

"一带"：中心景观带；

"两心"：社区服务中心和休闲聚集中心；

"二基地"：电商＋基地，海南人自助菜盘子基地；

"三区"：现代农业生产区、创意农业体验区、热带农业景观区；

"八园"：海水稻培育园、主导产业园、创意农业田园、生态循环农业园、世界热带花果博览园、军垦文化产业园、热带特色园艺体验园、千年荔枝园。

（三）项目投资及筹资方案

项目总投资 7.7 亿元，一期投资 1.2 亿元，建设期 24 个月。现代农业示范区建设 6000 亩。建设内容：主导产业园、创意农业体验园及农庄建设。二期 2.1 亿元，建设期 18 个月，用地面积 6000 亩，建设内容：生态循环农业园、世界热带花果博览园及民宿农庄等。三期 4.4 亿元，建设期 18 个月，用地面积 4498 亩，建设期 18 个，主要建设内容：军垦文化产业园、热带特色园艺体验园、民宿客栈等。其中，申请国家财政资金 2.1 亿元，西联农场公司及合作企业投资 5.1 亿元，海南农垦职工及农民合作社 2000 万元，潜在客户预订认领土地服务管理费用 3000 万元。

二、项目定位

心盈田园综合体是海南农垦独资建设独立运营的自有项目，海南农垦将把该项目倾力打造成：全国农垦供给侧改革建设示范单位，中国农垦田园综合体标杆试点；海南"三产融合"的成功典范；海南"共享农庄"示范样板；海南乡村旅游示范点以及海南人的自助有机菜篮子基地。

三、建设重点

1. 建设现代先进生产体系 完善生产条件，夯实发展基础。以高标准农田建设、海南共享农庄美丽乡村建设等为载体，开展项目区内的"田园＋农村"综合整治，完善农田基础设施条件建设，提高农业综合生产能力；完善生产队居民点住房及水、电、路、污水处理及村庄绿化美化等建设，建设宜居宜业的美丽新村庄，提高人居质量。配套建设旅游集散、公共服务等设施，提高产业服务能力和服务水平。强化科技的引领和支撑作用，加快现代农业科技、互联网技术等在生产中的应用，提高产业效率。构建生产条件良好、生产技术和装备设施先进的现代生产体系。

2. 打造优势特色产业体系 立足项目区热带资源禀赋、区位条件、文化特色和产业基础等优势条件，以热带有机瓜果菜、热带花果园艺产业等高效特色农业为基础，延伸产业链，发展信息技术、种苗、仓储物流、农村电商等前后端产业，培育高端健康农产品品牌；利用"生态＋""旅游＋""互联网＋"及共享经济模式，开发农业多功能性，推进农业产业与旅游、教育、文化等产业深度融合。通过产业链延伸和三产融合发展，打造农业产业集群，形成集农业种植业、农产品仓储物流销售、休闲旅游业等多产融合互动发展的优势特色产业体系。

3. 创新培育新型经营体系 发挥农垦国有企业的土地集中连片的资源优势和组织运营管理高效的组织优势，整合利用垦区资源，完善农业社会化服务体系，积极发展适度规模经营，同时创新经营模式，通过认筹、认种、托管等模式，优化农业生产经营体系，增加农业效益。积极引导农垦企业职工和周边农户以资本、劳务等方式参与项目区建设，形成共建共享，农民分享产业各环节的增值收益，提高农户的获得感和幸福感。

4. 构建乡村绿色生态体系 牢固树立"绿水青山就是金山银山"的理念，构建项目区绿色生态体系屏障。保护项目区田园风光、热带农业自然景观和农村自然风貌，维护生态系统的平衡；加强农业环境综合整治和农村居住环境的综合整治，实现田园秀美、村庄绿美；优化田园景观资源配置，拓展农业生态功能，挖掘农业生态价值，合理开发利用农村田园景观，凸显宜居宜业宜游新特色；加强新技术新设备的应用，积极发展生态循环农业，发展节约型农业，促进农业生产废弃物的资源化综合利用，促进农业可持续发展。

5. 完善乡村公共服务体系 完善项目区内生产性服务体系，搭建服务于农业生产的技术服务、信息管理、仓储物流、电子商务等综合服务平台，促进市场、资本、信息、人才等现代生产要素的聚集，推动产业链延伸和产业集群式发展。配套建设休闲产业集散中心和综合服务中心，完善休闲农业旅游项目和服务设施建设，促进产业融合，推动农村新产业新业态的产生和发展，提高农业产业效益。完善居民点生活、文化等公共服务设施建设，为社区居民提供便捷高效服务。

6. **建立科学高效运行体系**　主动与海南省政府和儋州市政府对接，积极争取各级政府的政策、资金、土地、基础设施建设等方面的支持，争取项目区建设良好的外部环境。积极引入国家级、省级龙头企业以及金融机构共同参与建设，发挥各方优势，搭建市场化运营平台；加强引导职工以资本投入、资产入股、劳务等各种方式参与项目区建设，实现共建共享和农民增收。

四、社会效益

实现项目内职工农民效益倍增计划。示范促进全国农垦供给侧结构性改革建设田园综合体；示范促进全省热带农业现代化和共享农庄建设；补齐海南岛西部地区旅游产业短板；生态效益良好。

第五节　美丽乡村建设

一、美丽乡村建设工作措施

2017 年至 2020 年，西联农场公司实施乡村振兴战略，建立完善村镇规划编制机制，按"一村一品、一村一景、一村一韵"的要求，保护好村庄特色风貌和历史文脉。加强村庄规划管理，使建筑、道路与自然景观浑然一体、和谐相融，大力开展农村人居环境综合整治。

依据《中共中央、国务院关于实施乡村振兴战略的意见》《海南省美丽乡村三年行动计划 2017—2019》，海南省人民政府出台《关于以发展共享农庄为抓手建设美丽乡村的指导意见》《中共海南省委海南省人民政府关于乡村振兴战略的实施意见》《海南省人民政府关于支持美丽乡村建设的若干意见》，中共中央办公厅、国务院办公厅印发《国家生态文明试验区（海南）实施方案》。

具体路径

1. **高水平科学编制美丽乡村建设规划** 要坚持立足当前，着眼长远，规划先行，分步实施，紧扣农业产业、文化和生态旅游融合发展思路，树立大产业、大旅游理念，编制西联农场美丽乡村建设总体规划。同时对生产队进行科学分类，围绕生态建设、产业发展、村庄布局、土地利用、基础设施、环境保护等关键环节优先组织编制村庄建设具体规划。且规划既要统一标准，又要彰显个性特色，不能搞成队队一样化、建设模式化。在编制规划过程中，要在符合"多规合一"和不突破生态保护红线、基本农田保护红线的前提下，编制生产队建设发展规划和建设实施方案。

2. **把美丽乡村建设与脱贫攻坚相结合** 找准传统扶贫模式的不足，对症下药，坚持把培育发展农区现代产业体系作为脱贫攻坚的务本之策和长效之举，将脱贫攻坚与产业发展相结合，积极探索"一乡一业、一村一品"的产业扶贫新路子，力争每个生产队形成一种特色产业，把贫困群众拉进产业化链条，实现就业增收、脱贫致富。

3. **与危房改造（棚户区改造）相结合** 一是规划先行，突出特色。在美丽乡村规划建设中，充分尊重群众的意愿和选择，进行整队推进，不断增强美丽乡村的示范带动效应。在建筑外观风格上，融合文化元素与当地建筑风格，采取改造与装饰相结合，突出适用性和主色调的统一性。二是整合力量，保障投入。坚持"政府主导、部门支持、社会参与、农户自建"原则，以突出打造"一队一品"为目标，积极整合扶贫、新农村建设、危改、一事一议财政奖补等项目资金，加大美丽乡村建设资金投入。

4. **与生态环境治理相结合** 转变观念，提升能力，引导群众投身美丽乡村建设方面。通过组织开展"卫生之家""最美庭院""最美乡村"等卫生评比活动，充分调动群众参与环境整治工作的热情和积极性，全面推行城乡环卫一体化建设，以治理场部生产队环境卫生"脏、乱、差"为重点，集中整治居民住宅小区等区域环境卫生，加大小区私搭乱建、乱堆乱放治理，全面提升环境卫生质量，彻底清理生产队内外、河沟池塘、田头地角、道路两侧、房前屋后等各类存量暴露垃圾。建立起生产队环境卫生清扫保洁清运机制，生产队环境垃圾卫生实现常态化管理，健全生产队"户集、生产队收、居运、市处理"的垃圾收集处理体系，完善环卫基础设施建设，健全生产队环卫保洁的长效管理机制，全面实行垃圾桶装化收集，由保洁人员及时清运，做到日产日清。

5. **与产业发展相结合** 产业发展事关美丽乡村建设的全局，没有发展之美，美丽乡村只能是一间"空房子"，一副"空架子"，一座"空城子"。一是加大产业发展的支持与引导。产业发展是美丽乡村建设的基础，应将其摆在美丽乡村建设的核心位置，进行重点规划。应将其纳入发展规划中，进行部署与安排。既要做好顶层设计，又要因地制宜地做好产业规划与指导。二是坚持走产业化发展道路。坚持农业产业化经营，实现农业规模化、集约化、特色化、品牌化发展。要充分发挥龙头企业的示范带动作用，以市场为导向，以经济效益为中心，要在主导产业上创品牌，在优势产业上创特色，不断增强产业的发展能力。坚持农业产业化经营，鼓励和引导企业走自主创新、品牌化发展之路，不断提高农产品的市场竞争力和影响力。三是注重产业发展与旅游的融合。要注重生产队的文化、特色。推动乡村旅游从观光游到体验游再到文化游转型。在农家乐、养生游、各种乡村采摘游、节庆游的基础上，加入垦区文化的学习、体验，是旅游业发展的有益选择；同时突出田园景观。提高生产队旅游市场竞争力，必须做足地域"乡村"的特色。

6. 与基层党组织特色党建相结合　党支部坚持党建引领先行，不断完善特色、打造亮点，以全面提升生产队人居环境和彰显独特文化特色为突破口，助推美丽乡村建设在生产队内全面开花。一是突出支部主体，夯实战斗堡垒。生产队支部书记认真对照农场公司党委下发的责任、任务、问题"三张清单"，明晰第一责任人职责，切实担负起抓党建、促发展的主体责任；班子成员主动认领"人居环境治理"工作任务，层层传导压力、层层压实责任的党建引领中心工作合力。强化党员身份，确保服务到位。党员、居民代表将服务触角延伸至"最后一公里"，真正发挥"一名党员就是一面旗帜"的示范导向作用。二是推进美丽乡村建设，抓实党员队伍是关键环节。将"党员影响党员、党员带领群众"的影响力渗透在党的中心工作任务中，才能更好地将公司党委的各项决策部署落实下去。三是全力服务职工群众，党建与改善民生"唇齿相依"。美丽乡村既要美出环境，又要美在人心。建立解决问题台账，做到"利民当先"。党员、职工代表定期走访入户，随时记录自己联系、走访的村民反映的问题或提出的建议，做到真正把生产队事务的各项权利交给群众，确保生产队各项工作合民心、顺民意、畅民情，实现党群干群一条心。

二、美丽乡村建设三年行动实施方案

为了加快推进海南农垦美丽乡村建设，努力打造美好新农垦，根据海南省政府下发的《关于印发海南省美丽乡村建设三年行动计划（2017—2019）的通知》要求，西联农场制定了美丽乡村建设三年行动实施方案。

（一）建设目标

按照"规划引领、示范带动、全面推进、配套建设、突出特色、持续提升"的要求，全面推进美丽乡村建设，持续改善生产队人居环境，不断提高村队建设水平。按照宜居、宜业、宜游的标准，2017—2019年底每年建设1个美丽乡村示范生产队，在西流片区红

岛队、西联片区东升队、新盈片区墩吉队各建成 1 个美丽乡村示范生产队，以示范生产队带动，推动全场基本实现"村队美、产业兴、农民富、环境优"的目标。

（二）总体规划

1. **美丽乡村发展定位**　海垦西联农场公司美丽乡村发展定位：依托水资源、胶林资源及红树林资源丰富的自然风光和优越的生态环境，首先发展规模化高效热带水果、特色养殖业、乡村休闲旅游业，其次是以共享农庄为平台贯通农业产业链发展，围绕"食、住、行、游、购、娱"，实施休闲农业和乡村旅游提升工程，推动农业与旅游深度融合。

2. **产业发展规划**　农业产业规划。加大职工土地流转，促进土地成片集中，提升土地规模效益，大力发展热带高效农业，扩大无公害农产品、绿色食品、有机食品生产，突出培养具有海南热带特色的"名、特、优、新"产品，推进"一村一品"生态农业，其中：红岛队突出培育热带高效水果种植及绿色养殖业，东升队突出培育反季节瓜菜产业，墩吉队突出培育生态海水养殖及海水稻种植业。

生态旅游规划。加大休闲农业基础设施建设力度，挖掘乡村旅游文化内涵，把 3 个美丽乡村打造成旅游景点，其中：红岛队靠近 225 国道尧龙水库，适宜发展亲水项目休闲旅游景点，东升队适宜发展田园风光特色景点，墩吉队适宜发展滨海红树林科普休闲旅游观光，初步形成"一村一品、一村一景、一村一韵"的乡村旅游景观，到 2019 年底，力争乡村休闲旅游年接待游客 5 万人次以上。

三、工作任务

（一）场队环境卫生整治 3 年实施计划

1. **总体目标**　通过 3 年左右时间的努力，西联农场场部、生产队环境卫生状况得到根本改观，场部及村队貌形象显著提升，群众满意程度明显提高。建立起覆盖全场的环境保洁、场容秩序长效管理机制。基本达到无卫生死角、场容队貌整洁有序，生产队生活垃圾集中处理率 100％以上。环境卫生设施生产队覆盖率达到 100％，生产队按服务人口配备专职或兼职保洁员，基本做到生产队无暴露垃圾，河道、溪沟无明显漂浮物，河岸无垃圾，生产生活污水得到有效治理。

2. **以儋州市开展的"一创五建"为契机**　注重长效机制的建立，成立了专项整治行动领导小组，明确责任单位和责任人，按照属地管理的要求，完善"统一领导、分级负责、条块结合、以块为主"的管理体制，以儋州市政府那大镇、和庆镇及光村镇为主导，西联居、西流居、新盈居主办，农场公司协助的管理体制，建立健全权责明确、务实高效、运行有序的组织体系和运行机制（完成时间2018年3月前）。

3. 全面推行城乡环卫一体化建设　以治理场部生产队环境卫生"脏、乱、差"为重点，集中整治沿路沿线、农副产品市场、建筑（拆迁）工地、居民住宅小区等区域环境卫生，强化建筑工地管理，加大小区私搭乱建、乱堆乱放治理，严格整治商贩摊点占道经营、出店经营，切实治理户外广告乱象，全面提升环境卫生质量，彻底清理场部街巷、生产队内外、河沟池塘、田头地角、道路两侧、房前屋后等各类存量暴露垃圾（完成时间：2018年12月前）。

4. 建立起生产队、场部环境卫生清扫保洁清运机制　生产队环境垃圾卫生实现常态化管理，健全生产队"户集、生产队收、居运、市处理"的垃圾收集处理体系，完善环卫基础设施建设，健全生产队环卫保洁的长效管理机制，全面实行垃圾桶装化收集，由保洁人员及时清运，做到日产日清（完成时间：2019年12月前）。

（二）基础设施、公共服务建设三年实施计划

2017—2019年西联农场基础设施、公共服务项目实施计划见表6-4-1。

表6-4-1　2017—2019年度西联农场基础设施、公共服务项目建设实施计划表

计划年度	2017年度	2018年度	2019年度
建设主体	西联居、西流居、新盈居、农场公司	西联居、西流居、新盈居、农场公司	西联居、西流居、新盈居、农场公司
建设模式	政府投资及场职工自筹	政府投资及场职工自筹	政府投资及场职工自筹
投资计划	总投资2360万元其中：财政资金1600万元，农场投资100万元，职工投资660万元	总投资3600万元其中：财政资金2000万元，农场投资200万元，职工投资1400万元	总投资3600万元其中：财政资金2000万元，农场投资200万元，职工投资1400万元
建设内容	生产队危房改造55套；无害化厕所100户；村队道路15公里；绿化美化、亮化队20个；4G光纤网络覆盖30个队	生产队危房改造100套；无害化厕所100户；村队道路20公里；绿化美化、亮化队20个；4G光纤网络覆盖30个队	生产队危房改造100套；无害化厕所100户；村队道路20公里；绿化美化、亮化队20个；4G光纤网络覆盖30个队
实施时间	2017.3—2018.3	2018.1—2018.12	2019.1—2019.12

（三）产业项目建设三年实施计划

西联农场产业项目建设实施计划见表6-4-2。

表6-4-2　西联农场产业项目建设三年实施计划表

计划年度	2017年度	2018年度	2019年度
建设主体	西联农场公司	西联农场公司	西联农场公司
建设模式	政府投资、企业自筹、职工参股	政府投资、企业自筹、职工参股	政府投资、企业自筹、职工参股

（续）

计划年度	2017 年度	2018 年度	2019 年度
投资计划（万元）	3900	6000	1000
建设内容	红岛队规划：生态果园种植区 300 亩，生态示范养殖区 50 亩，休闲游览区 50 亩，住宿办公区 20 亩，绿化道路及停车场其他配套设施用地 30 亩	东升队规划：总面积 1465 亩，其中：蔬菜区 1000 亩，果木面积 150 亩左右，观赏区、科普区、农庄区占地 50 亩，垂钓区及莲藕种植殖区 180 亩，其他用地 85 亩	墩吉队规划：位于海南新盈红树林国家湿地公园内，计划发展海水生态养殖 400 亩，海水稻种植 300 亩，乡村民宿 50 套
实施时间	2017.9—2018.12	2018.1—2019.8	2018.1—2019.12

四、保障措施

（一）组织保障

农场公司成立推进领导小组，领导小组由公司主要领导任组长，由公司副职领导任副组长。领导小组成员由各部门的相关人员担任。其职责：根据国家、省政府、海控集团有关美丽乡村建设的文件精神，制定美丽乡村建设行动年度实施方案，全面领导、指挥农场美丽乡村建设的实施；负责与有关部门的协调，解决美丽乡村建设实施中的重大问题，强力推进美丽乡村建设。

推进领导小组下设办公室，由常务副总经理任项目办公室主任，项目办公室为项目具体执行机构，具体负责美丽乡村建设的组织实施。其职责是：根据领导小组的决议，组织起草农场公司美丽乡村建设实施管理办法，编制产业项目作业设计方案；负责产业项目资金的管理，组织产业项目工程建设的监督等。

（二）用地保障

美丽乡村三年行动实施建设的三个示范生产队，选址在海垦西联农场公司西联片区、西流片区、新盈片区。西流片区红岛队预留土地 450 亩，西联片区拥有耕地 7000 亩，新盈片区的墩吉等 8 个生产队现有连片耕地面积 5500 亩，土地资源有保障，符合儋州市土地利用总体规划。

（三）管理保障

严格按照项目管理的有关规定，建立项目负责任人负责制，做到目标明确，责任到人，切实加强项目建设的管理。项目建设需要按照"公开招标、公平竞争、公正评标"的原则，通过市场竞争机制，为避免决策失误，委托中介机构代理招标，聘请专家组进行独立评标，并根据专家组评标推荐意见，通过集体讨论确定中标单位。

（四） 加大投入力度，加强资金管理

对美丽乡村示范点建设整合多项涉农资金，按照"渠道不乱、捆绑使用、统筹安排、用途不变"予以支持，项目资金实行统一管理，设立项目资金专账，做到专款专用；实行资金管理责任制，项目资金指定专人负责，资金使用严格执行一把手负责制；项目执行单位根据项目需要提出资金使用申请，详细说明工程进度和资金的用途、数量，经分管领导审查批准签字后方可使用项目资金；建立和健全内部资金与财务管理制度，严禁挪用、挤占或截留资金。项目实施完成后，需要向省财政部门和上级主管部门报告资金使用情况，随时接受监督、检查和管理。

（五） 动员群众参与

大力开展宣传教育，采取多种形式宣传美丽乡村建设要求、职工群众参与义务等，动员职工群众投工投劳，做好房前屋后环境卫生整治和绿化美化工作，开展文明农户、美丽家庭等评选活动，激发职工群众建设美好家园的积极性和主动性，引导职工群众全过程参与项目规划、建设、管理和监督。

第五章　社会治安综合治理

1983年9月，西联农场综治办根据上级工作部署，分析社会治安形势，总结社会治安综合治理经验，贯彻执行"打防并举、标本兼治、重在治本"综治方针，采取各种手段，维护辖区社会治安，为农场稳定发展保驾护航。

1991年3月，西联农场成立社会治安综合治理委员会，下设社会治安综合治理办公室（简称综治办），与西联农场派出所合署办公，设综治办主任1名、副主任1名、工作人员3名。

1996年，在农场党委领导下，综治办贯彻执行有关社会治安法律法规和方针政策，根据上级综治工作部署，研究制定本辖区社会治安工作计划和阶段性工作方案，提出工作措施，加强综治组织建设，会同有关部门抓好护林保胶，抓好群防群治队伍建设，充分发挥作用；定期开展矛盾纠纷排查调处工作，协同有关部门落实调处责任，消除不安定因素，积极预防群体性事件，维护辖区社会治安；加强流动人口教育、管理和服务工作，开展护林保胶行动，打击偷胶毁林行为，维护农场的利益。

2001年9月，中共中央、国务院《关于进一步加强社会治安综合治理的意见》（以下简称《意见》）明确提出"打防结合，预防为主"是做好社会治安综合治理工作的指导方针，要求打击与防范并举，治标与治本兼顾，重在防范，重在治本。根据《意见》要求，综治办协助派出所开展"严打"斗争，收缴黑枪黑弹，重点打击带有黑社会性质的团伙犯罪，把集中打击、专项整治和经常性打击结合起来，把"严打"落实到各个执法环节，对不法分子保持高压态势，解决突出治安问题，创建无毒社区。协助法治副校长开展工作，加强对青少年的思想教育，送法进校园，根据青少年的特点，开展各种喜闻乐见、寓教于乐的思想教育活动，培养青少年高尚的情操，提高辨别是非的能力，增强自身免疫力，携手学校创建平安校园。

2006年，儋州垦区发生退场风波，西联农场受到影响，部分并场队职工扬言分胶分地，附和西培、八一农场闹退场风波。紧急情况下，综治办根据农场党委工作部署主动作为，配合农场派出所果断出击，严惩带头闹事分子，制止暴力抢割、私分国有橡胶的行为；同时，协助在并场队开展政策宣传、法制教育和解决民生问题等一系列安抚工作，为解决闹退场风波问题做了大量工作。

2010年，西联农场民事纠纷案件21起，调解20起，调解成功率95.2%。配合公安部门开展严打整治工作，维护农场社会稳定，有力地促进了西联农场的和谐稳定。

2011年，全面解决西流转制队封胶占地问题。西流分场4个转制队职工群众以要回并场时带进农场的土地为由，阻止胶工上岗割胶，强行封占10个生产队的国有胶园9875亩，成为当时农垦总局的焦点、热点问题。为了尽快处理好这一事件，新班子成立后采取了解决民生、法制宣传和依法打击违法犯罪活动的办法，解决了这一困扰总局领导近8个月的群体性事件，恢复了正常生产。一是加强领导，明确责任，有的放矢开展工作，力求从源头上化解矛盾。工作组进村（队）开展法律和政策宣传教育工作。与队干部和职工群众一道促膝谈心，共同研究解决民生问题的措施和化解矛盾的方法，有效地解决了思想上的问题。二是加大民生和公益投入力度。积极争取资金576.3万元解决转制队困难户保障性住房建设、道路维修、饮水及三室一场。考虑到转制队困难职工生活难问题，对128户、457人符合儋州市最低保障标准的困难家庭，从2011年5月起，农场每月每人垫付150元的低保费用，2011年已为这些转制队职工垫付低保费用共48万元。三是遏制苗头，及时发现影响社会稳定的问题，积极研究采取对策，组成工作组进队召开会议，走家串户做好政策、法律的宣传，把问题有效地解决在萌芽状态。四是加强沟通协调，请求政法机关介入，找为首骨干人员训诫谈话，以此来震慑他们的违法犯罪行为。2011年内，西联农场辖区内缴获杂胶1752.8公斤，林木84.7立方，查扣运林木家用车24辆，小型运货车1辆，摩托车20辆，打击了一批毁林偷胶分子。

2013年，西联农场紧紧围绕《2013年社会治安综合治理责任书》工作目标，加强和创新社会管理，大力加强人民内部矛盾的排查调处，整治治安混乱地区和突出治安问题，严厉打击各类违法犯罪活动，加强社会治安防控体系建设，深化安全创建工作，完善了社会管理创新工作，为职工群众创造了一个和谐的社会治安环境。2013年，全场发生治安案件比去年同期下降22%。

2014年，西联农场紧紧围绕《2014年社会治安综合治理责任书》工作目标，加强和创新社会管理，整治治安混乱地区和突出治安问题，严厉打击各类违法犯罪活动，加强社会治安防控体系建设，深化安全创建工作。认真开展禁毒、禁赌、平安建设、校园周边治安、消防安全、铁路护路、拒绝邪教等专项整治工作。

2015年，西联农场围绕《2015年社会治安综合治理责任书》工作目标，认真开展好"铁拳专项整治工作"，抓好禁毒、禁赌、平安建设、校园周边整治、消防安全、铁路护路、拒绝邪教等专项整治工作为职工群众创造了一个和谐的社会治安环境。

2016 年，西联农场围绕《2016 年社会治安综合治理责任书》工作目标，认真开展好"铁拳专项整治工作"，抓好禁毒、禁赌、平安建设、校园周边整治、消防安全、铁路护路、拒绝邪教等专项整治工作，还重点开展打击新型电信网络诈骗犯罪行动。自全市掀起打击治理电信网络新型违法犯罪的高潮以来，农场积极响应，取得较好效果。

2017 年，西联居打击网络诈骗工作。儋州市开展打击网络诈骗工作是从 2015 年 11 月份开始的，当时西联农场场部被列为 10 个重点乡镇农场之一。成立居后这项工作属于居的工作之一。根据市反网诈专项办和那大镇综治办的工作部署和要求，西联居与西联派出所认真开展反网诈工作，取得实效，2017 年 5 名悬赏通告上的网络诈骗嫌疑人全部落网，排查出的 4 名重点人员也组织人员跟踪和做好台账及网上录入信息。二是禁毒工作。三是治安维稳工作。在西联居设立交通卡点，组织 10 名工作人员与西联派出所一起设卡检查和劝导过往车辆，确保了辖区未发现重大交通事故。

2018 年，西联居根据市反网诈专项办和那大镇综治办的工作部署和要求，与西联派出所认真开展反网诈工作，取得实效，对辖区在册的 22 名电信网络诈骗重点人员都已安排党员干部和志愿者进行跟踪走访，并在系统里完善各类信息。二是禁毒工作。根据镇综治办和禁毒办的要求，和西联派出所密切配合，积极做好吸毒人员的建档工作。三是治安维稳工作。确保春节、全国两会、博鳌亚洲论坛年会及建省 30 周年、国庆等时期西联居的社会治安稳定。认真组织排查和管控各类重点人员。

2019 年，西联居打击电信网络诈骗和禁毒工作。多次召开相关会议进行部署，要求各组、居民小组长到每家每户开展击治理电信网络诈骗"三表一志"排查核实登记工作，要做到底数清、情况明。同时，利用网格化服务管理系统对重点人员进行系统跟踪管控，指定专管人员到镇网格化服务管理中心进行系统管控录入培训，且专管人员能认真落实系统管控录入工作，按要求完善辖区每个重点人员的基础信息，如：相片搜集、管控小组、定位、走访日记等。同时，要求各管控小组对每个重点人员进行每月 4 次入户走访，要及时更新，了解重点人员去向、思想动态等情况。开展了一系列"反诈"社会宣传工作，形成了浓厚的氛围，使防范和打击电信诈骗宣传家喻户晓、妇孺皆知。

在禁毒工作中，西联居一直把宣传教育作为重点，充分利用各种有效形式和措施，紧紧抓住青少年、学生等重点人群，深化宣传层次，切实抓紧抓好，不断提高全民的识毒、防毒和拒毒能力和禁毒意识。2019 年初起，西联居事务组和西联派出所组成宣传小组到各中小学校、居民小组开展禁毒预防教育活动。全年共发放禁毒宣传资料 3000 多份，悬挂横幅 50 条，张贴标语 150 份，宣传车 50 辆次。西联居在经费很紧缺的情况下从综合经费中拿出 5 万元作为禁毒工作专项经费，保障了禁毒工作的顺利开展。

2020年，西联居打击电信网络诈骗和禁毒工作。要求各组、各片服务点、居民小组长到每家每户开展打击、治理电信网络诈骗"三表一志"排查核实登记工作，要做到底数清、情况明。同时，利用网格化服务管理系统对重点人员进行系统跟踪管控，指定专管人员到镇网格化服务管理中心进行系统管控录入培训，且专管人员能认真落实系统管控录入工作，按要求完善辖区每个重点人员的基础信息，如：相片搜集、管控小组、定位、走访日记等。同时，要求各管控小组对每个重点人员进行每月4次入户走访，要及时更新，了解重点人员去向、思想动态等情况。目前走访日记、相片、管控小组、定位已全部落实。二是禁毒工作。一年来，经过与西联派出所和禁毒专干的相互配合，根据市禁毒支队和那大镇禁毒办的要求已全部调查摸底清楚，根据镇禁毒办要求，进行一年两次填报《那大镇西联居吸毒人员风险评估表》。

附　录

新盈农场简况

一、地理、土地、人口、资源

（一）地理

新盈农场地处海南省儋州市北部，濒临北部湾。农场年均气温23℃，降水量1500毫米，气候温和，夏无酷暑，冬无严寒，雨量充沛，气候凉爽宜人。

农场东南依山，西北靠海，辖区内海岸线长5公里。农场地理条件优越，资源丰富，依山靠海，风景秀丽。交通四通八达，十分便利。海南西线高速公路贯穿农场，第四个出入口距本场场部1公里，距海口90公里，距临高县城20公里，西离洋浦港24公里，南至儋州市41公里。新盈农场与儋州、临高接邻，东连临高新盈港、波莲、南宝三镇，南接儋州东城抱舍，西北与光村镇相邻，北近泊潮港湾。

新盈农场地势较低，海拔20～187米，场部西侧的四方山海拔187米，为全场最高点（是一个古火堆，玄武岩熔的喷发中心），距儋州光村的松林岭大约22公里左右，两山相望。四方山也称"大王山""猴子山"，四方山已列入管理保护范围。由于四方山深林茂密，植被常年翠绿，为新盈人提供了良好优质的饮水资源。四方山西侧200米处就有一口深钻井，场部地区几千人口用水取之不尽、用之不竭，这一方水土养育了新盈农场四代人。

新盈农场东南高，西北低，地貌类型以玄武岩石地为主，地面平缓开阔，坡度多在5°以下，适宜机械作业。该场属琼北微寒中风气候区，干、湿季节各半。该场溪沟较少，流量不大，主要有狗仔沟、铜鼓沟、南蛇沟等。辖区内有6个人工造就的水库，即：南蛇沟水库、七队水库、三队水库、南宝水库、十一队水库、九队水库。这些水库为新盈农场的农业种植灌溉提供了便利。所有溪沟自南向北流经泊潮港湾入海。松涛东干渠那大分干末端经场区西南边缘，但由于水位较低，受益不大。

（二）土地

海南省国营新盈农场位于海南省儋州市北部。现辖区土地总面积 124563.30 亩，土地利用面积 98223 亩；已确权土面积 121053.30 亩，未确权土地面积 3510 亩。农场的土地最早于 1965 年由广东省人民政府审查划拨，1972 年又经海南行政区划拨乾彩、东光、抱舍等地区部分土地。1977 年、1978 年与 1987 年先后三批扩编苏村大队、美文大队、抱舍大队 16 个农村转制队、并场队，增加土地利用面积 1.9 万亩。

（三）人口

建场前的 1952 年至 1956 年，农场仅 494 人；1957 年建场时有职工 1264 人，总人口 3764 人；1958 年第一批 172 名转业军人安置到农场；1960 年第二批 346 名转业军人又编入农场职工队伍；1967 年在职职工人数 2877 人，总人口 4771 人。1968 年以后，有 1342 名知青下乡到新盈农场；1977 年在职职工人数 5022 人，总人口 8853 人。1977 年至 1987 年扩编 16 个农村队，劳力增加 2000 人；1978 年又安置边民和归侨 226 人，随后又先后招收多批省内外社会青年加入农场职工队伍。1987 年在职职工人数 5819 人，总人口 10853 人；1997 年在职职工人数 4586 人，总人口 13013 人；2007 年在职职工人数 3324 人，总人口 15236 人；2017 年在职职工人数 1689 人，总人口 15936 人。如今，农场二代三代职工子女又参入职工队伍，农场在职职工人数最多时达到 5819 人。至 2020 年新盈农场（分场）有 42 个生产队，户籍人口 16415 人，常住人口 15019 人，总户数 5174 户。新盈农场人口平均每年增加 250 人左右。

新盈农场有工厂、学校、医院、幼儿园、银行、邮电、通信设施齐全。

（四）资源

新盈农场资源优势在于土地面积广阔、土地肥沃、依山靠海。境内有许多历史文化遗产。有儋州山歌、调声；有"将军庙""符皇庙"等历史悠久文物遗址；有"国家级湿地公园"和 5 公里长的金海岸、金色沙滩；有"百年荔枝园""百年榕树群"等有待于挖掘开发的丰富资源。

二、农场发展沿革

1952 年至 1956 年 4 月 30 日，临高县加来的第六垦殖场后改为西泉农场第五作业区

（现归属西联农场）。因驻地临近临高县新盈港，故称新盈农场。新盈农场 1957 年 5 月 1 日正式成立，1969 年改称广州军区生产建设兵团第五师第六团。1974 年 10 月归属农垦，复称新盈农场。2008 年 10 月，由于农垦推行体制改革，原新盈农场分离出新盈农场和海胶新盈分公司两个单位。2009 年 3 月海南农垦推行农垦管理体制改革，新盈农场、西流农场、西联农场重组为西联农场，新盈农场改称"海南农垦西联农场新盈分场"；"海胶新盈分公司"与"海胶西联公司"合并，改称"海胶西联公司新盈片区"（现今的海胶新盈办事处）。2017 年 5 月改称"海南农垦西联农场有限公司新盈片区"。

1957 年 5 月 1 日，新盈农场正式成立，首任场长白静波，党委书记姜信。农场党委带领全场 1264 名职工用自己的双手开荒建场。

1958 年，新盈农场第一批 172 名转业军人成了垦荒的骨干力量。1960 年，第二批退役军人来到农场。这时的退役军人已达 518 人，成为新盈农场垦荒种植橡胶队伍的一支强大力量。这些军工以自力更生、艰苦奋斗的英雄气概，一边生产自救，一边开荒种胶，开辟出了几千亩胶园。当时还加强了原有 2000 多亩失管橡胶的管理，使这批胶苗重发新绿。

20 世纪 60 年代初，新盈农场种植橡胶最大的难题就是白茅（茅草）危害。当时农场职工住房全用茅草盖顶。茅草根深达 1 米多，幼管胶树主根被茅草根穿通。当时没有灭茅农药，只能靠人工挖。当时的场长向葵身先士卒，把机关办公室搬到工地，他认为只有灭茅才能种胶，灭茅才能保胶。然而，挖茅除草，挖穴种橡胶的工人十分艰苦，一个强壮的劳力一天只能挖茅 3 至 4 平方米，实际上已是翻挖泥土 4 至 5 立方米了。还要经过严格验收，随意抽 1 平方米检查，捡起断碎的茅根连接起来有 0.75 米就要返工。挖穴每天定额 30 至 40 个穴位。用一个 80 厘米×80 厘米的木架能放下洞穴才算合格。当时正是国家 3 年自然灾害，生活困难，职工劳动量日益加大，每人每日半斤大米，只能依靠瓜菜来充饥。尽管工作艰辛，生活艰难，新盈人仍然继续挖茅、开荒、种胶、造林。由于长期吃"革命菜"，加上缺油少盐，许多工人都患了水肿病，但开荒种胶的工作没有松懈过。

1962 年，中央提出："调整、巩固、充实、提高"的八字方针。新盈农场推行岗位责任制，经济责任制，使劳动生产率大大提高。遇到旱情严重年份，职工都要挑水抗旱，确保胶苗成长。

1969 年 4 月 1 日，新盈农场的体制军事化改革，被命名为广州军区生产建设兵团第五师第六团。生产队改为连队编制，团主管干部均由现役军人担任，张玉锋任政委，乔仲清任团长。

1969 年，从广州、佛山、江门等地先后有 1432 名知青下到新盈农场，加入开发橡胶基地建设的行列。至 1974 年，第五师第六团的职工达到了 3000 多人。

1974 年 10 月，兵团体制撤销，时任政委张玉锋、团长乔仲清离开新盈调回现役部队。

1975 年 4 月，新盈农场成立新的农场领导班子，王吉崇担任场长。

1975 年 10 月，新盈农场年干胶产量 2000 吨左右。为提高干胶产量，农场加强胶园的科学管理，注重在管、割、养上下功夫。另外，还继续开荒拓岭扩大种植橡胶面积，干胶产量也逐年上升。

1976 年，新盈农场实现营业收入 3849000 元，上缴税金 88417 元，利润 1485827 元。

1977 年初，根据上级的指示，新盈农场扩编当时儋州市光村公社的两个大队——苏村大队和美文大队入场。原苏村大队的队址设在苏村，美文大队的队址设在美文队。1977 年 4 月至 6 月和 1978 年 1 月共分三批扩编。第一批是美文大队的美文村、东田村、东场村；第二批是苏村大队的文上村、文下村、镇塘村、盐灶村、邢屋村、墩言村；第三批是苏村大队的苏上村、苏下村、曾屋村、宣安村、合罗村、坡坎村，扩编后的 15 个农村队称农村转制队。1987 年 5 月并入抱舍大队的江花村，称并场队，共 15 个转制队，一个并场队。15 个农村转制队和一个并场队入编新盈农场后，农场土地增加了 1.9 万亩（利用面积），人口增加了 4000 多人，劳力增加了 2000 人，使新盈农场在人口、劳动力原有的基础上都翻了一倍，一个国有中型企业规模形成。为加大农村转制队的土地利用面积，几年间就开荒种植了 3000 多亩橡胶和 2000 多亩林木，平整 1000 多亩有灌溉排水条件的田地，使转制队的生产条件大大改变，生产力得到快速发展，并场的农民真正享受到了通过劳动换来的全民所有制实惠。1978 年农场实现利润 227.25 万元。1995 年转制队的橡胶年总产量达 300 吨，稻谷年总产量达 2000 吨以上。到 2020 年止，转制队种植的农场橡胶和职工种植的自营橡胶面积超过 3.5 万亩以上。

自 1977 年 15 个转制队、1 个并场队并入新盈农场后，农场为转制队、并场队培养了一批优秀干部队伍人才。截至 2020 年，转制队、并场队出身的场级干部 2 人、科级干部 51 人、一般干部（含基层干部、教师、医务人员等）201 人，共 254 人。其中退休职工 2000 多人，享有国家退休人员待遇。

从 1984 年开始，新盈农场开展经济体制改革。

新盈农场打破了原来的等级工资制度，实行了联产计酬承包责任制。在落实承包经营中，实行多种经济形式，贯彻"一业为主，多种经营"方针。当时，职工种养殖业、小型加工厂、商业网点等各种行业迅速兴起，职工经济大幅度增长，繁荣了市场，给农场经济注入了活力。1990 年农场实现利润 257.4 万元。

为改善农场职工的居住条件和环境，农场组建了工程建筑队。每年至少给一个基层生产队建一栋面积为 200 平方米以上的平房或楼房。到 1995 年底，农场全部机关干部住上了楼房，25 个橡胶生产队职工住上平房或楼房，完成瓦房改建平房计划的 50％以上。同时，农场中学、中心小学、苏村学校的教学楼和医院门诊大楼竣工使用，各种设备完善。这一期间，实行了岗位承包责任制，推行橡胶割制改革；加强社会主义物质文明和精神文明建设，社会发展步伐加快；加强党的领导，发挥党组织和党员的战斗堡垒和先锋模范作用；社会治安综合治理工作上台阶，社会大局稳定。

"八五"期间，新盈农场工农业总产值达 1.5 亿元，1995 年职工劳均收入达 4677 元（含自营经济），经济效益逐年增长。

1995 年 11 月 25 日，新盈农场新一届领导班子成立，场长陈志超、党委书记符和强。农场党委带领农场职工继续推进改革，完善制度；实行机关机构、劳动人事、医疗卫生及住房制度改革；狠抓科学技术，实行经营管理系统化，推行橡胶割制改革；致力巩固发展主业，大力调整产业结构，发展职工自营经济；狠抓"两个文明"建设，规划农场建设蓝图，使新盈各项事业再上一个新台阶。

2002 年，新盈农场完成国内生产总值 6655 万元，完成计划的 110％，企业创经营利润 506.4 万元。2003 年实现利润 915.4 万；2004 年实现利润 1036.9 万元。

2005—2009 年期间，由于台风、寒害等诸多方面因素，橡胶产量大幅度减产，2009年，年干胶产量仅 1632 吨。

1997 年 5 月 1 日，新盈农场举行盛大的建场 40 周年庆典。为了办好建场 40 周年庆典，农场着手筹备各项工作。一是建设"展览馆"；二是建设一条 1.2 公里长的"新兴大道"直通农场大门；三是整治全场范围内的人居环境，修建道路。庆祝典礼活动在热烈、激情、展望的气氛中取得成功。

新盈境内本没有大江大河，但也修建了溪沟小桥数座，职工走路、劳作、行路难问题得到解决。1996 年 1.2 公里长的新兴大道硬化工程全面完成，这条大道的修建为新盈今后经济的快速发展奠定了良好基础。1996 年西线高速公路开通，西线高速公路穿越新盈农场腹地 6 至 7 公里，并开通入场出入口。

1998 年以后几年时间，新盈农场有计划地更新土地划拨给职工发展自营经济。职工自营种荔枝 1000 亩、龙眼 200 亩、香蕉 847 亩、胡椒 178 亩、甘蔗 2850 亩、反季节瓜菜800 亩、薯类 4145 亩。职工自觉拓种坡地、荒地、边角地种植作物。2001 年，各项生产收入得到回报。荔枝纯收入 8 万元，香蕉收入 100 万元，甘蔗收入 63 万元，全场养牛量达到 2345 头，养猪 26259 头，养羊 3100 头，养三鸟 30 万只，水面养殖 1792 亩，年自营经济纯收入 2480 万元。劳均自营经济收入 4862 元。由于经济发展有成效，新盈农场受到农垦总局领导的表扬，连续多年被农垦总局评为"两个文明建设"良好单位和优秀单位。

1996 年，按照农场长远规划，经过农场党委会讨论决定，建设一所新的中心小学教学楼和一批校舍，并通过逐年投资形式建成新盈最好的校园，改善学校教育、教学环境。1998 年底中心小学教学楼竣工。同时，加快校舍、体育场所等各项设施建设。2004 年，中心小学全部整体搬迁。由于教学环境改善，教育、教学质量逐年提高。

2008 年 10 月，海南农垦推行管理体制改革，实行政企分开，社企分离。2009 年 3 月，100 多个农场分公司实行重组，新盈分公司与西联分公司合并重组。改称海南橡胶集团西联分公司新盈片区（现为海胶西联分公司新盈办事处）。

新盈农场自 1957 年 5 月 1 日创建以来，经过三代人的艰苦创业不断发展壮大。至 20 世纪 90 年代成为一个橡胶为主业、农工商并举的现代中型企业。新盈农场拥有土地 12 万多亩，土地利用率达 97％以上；其中橡胶面积 9.5 万亩（含职工自营橡胶），水旱田面积 8464 亩；20 世纪 90 年代稻谷年产总量达 2000 吨以上。

2009 年至 2017 年 3 月期间，原国营新盈农场分离出三个职能单位，即：海南农垦西联农场有限公司新盈片区，海胶西联分公司新盈办事处，光村镇新盈居〔新盈居于 2017 年 3 月 23 日设立，农场的社会管理和公共服务职能正式剥离移交新盈居管理和承接）。

2009 年 3 月，新盈农场、西流农场、西联农场三场合并，新盈农场改称海南农垦西联农场新盈分场。

三、新盈农场体制改革

（一）西联农场新盈分场

2009 年 3 月起，撤销新盈农场和海胶新盈分公司，设立两个职能单位：一是设立西联农场新盈分场，二是设立海南橡胶集团西联分公司新盈片区。

从设立分场至片区，两届领导携班子成员全力打造新盈特色，改造环境，其间办了几件大事：一是加快了职工的居住改造项目，到 2020 年改造职工危房 2033 户，处处高楼耸立，职工居住条件发生了翻天覆地的变化；二是道路硬化和通村道路加快进程；三是开发建设翻开历史一页。2016 年，国家林业局验收通过"海南新盈红树林国家湿地公园"，"碧桂园雪茄风情小镇"于 2013 年落户新盈农场。"碧桂园雪茄风情小镇"的开发建设已成一定规模，计划用地 2000 亩，实际已开发 500 多亩，带动了新盈相关产业的发展。海南绿拓置业有限公司"阳光雨露共享农庄"项目落户新盈农场，开发用地面积 1600 多亩。

这两个开发区都处在新盈农场场门地带，为新盈小城镇建设增添风采。

（二）海南橡胶集团西联分公司新盈片区

海胶西联分公司新盈片区的设立与新盈分场同步。

2009 年 3 月，设立海胶西联分公司新盈片区。2018 年改称海胶西联分公司新盈办事处。

海胶西联分公司新盈片区历届领导班子，重视橡胶管理，并进行多次割制改革。

2009 年起新盈片区橡胶生产产量：2009 年 1632 吨，2010 年 1822 吨，2011 年 1095 吨，2012 年 1075 吨，2013 年 1040 吨，2014 年 1123 吨，2015 年 1015 吨，2016 年 685 吨，2017 年 570 吨，2018 年 556 吨，2019 年 766 吨。干胶产量逐年减少等主要原因，是因橡胶老化和多次遭遇自然灾害，另外还有橡胶中小苗发展后劲不足等多种原因。

（三）光村镇新盈居

光村镇新盈居于 2017 年 3 月 23 日挂牌成立。新盈居从原新盈分场机关干部队伍中，分流出 27 名居工作人员（含居委成员 5 名）。把农垦的社会职能属地化一次性移交地方管理，社会职能属地化移交对接工作基本完成。新盈居归儋州市光村镇管辖。

四、新盈农场机构的设置及职能

（一）机关总部办公地点变迁

新盈农场机关总部办公地址自建场以来经过了二次变迁。1957 年，机关总部设在 12 队（今新中队），由于农场不断发展壮大，机关机构需要扩编，另外人口不断增长，因此，1970 年第二次把机关总部搬迁到大王山南麓一块坡地上，1976 年新盈农场机关办公大楼落成后再搬迁机关办公地点（今新盈农场办公大楼）。

机关机构设置。新盈农场从 1957 年成立至今，机构设置不断完善，改革重组前职能部门齐全。从 1976—1981 年修建、扩建了 4 层楼的机关总部办公大楼，并将机关办公机构设立于此。机关职能部门的设置大体上与农垦总局相关机构相对接。机关的职能部门大概分为四类。

①政工类：组织科（党委办公室）、宣传科、教育科、工会、团委、计划生育办公室。

②政法类：纪检监察科、法庭、社会治安综合治理办公室、信访办公室、派出所、武装部。

③行政类：行政办公室、劳工科、经管科、财务结算组、财务科、物业办公室。

④生产类：生产科、供销科、自营经济办公室。

以上部门作为首脑机关，各司其职，有条不紊地指导全场各项工作运作。

（二）基层单位的设置

1977 年 4 月，新盈农场把全场区域分为七个板块。即：第一作业区、第二作业区、第三作业区、第四作业区、第五作业区、第六作业区和机关直属（科级单位）。

①橡胶生产单位：1 队、2 队、3 队、4 队、5 队、6 队、7 队、8 队、9 队、10 队、11 队、12 队、13 队（归直属单位）、14 队、15 队、16 队、17 队、18 队、19 队、20 队、21 队、22 队、23 队、24 队、25 队、专业队、打石队。

②农业生产单位：东田村、美文村、东场村、文上村、文下村、镇塘村、盐灶村、邢屋村、塝吉村、苏上村、苏下村、曾屋村、宣安村、合罗村、坡坎村。

③加工业单位：粮油加工厂、橡胶加工厂、砖瓦厂、胶杯厂、发电厂、修配厂、木俱加工厂。

④机械运输机耕单位：汽车队、机耕队。据统计"解放牌"汽车最多时达 15 辆；"东方红"拖拉机 6 辆；胶轮车（运耕两用）15 辆，手扶车 12 辆。

（三）社会服务单位设置

1. **教育机构**　设有中学一所、中心小学一所、苏村学校。另外还设有第一小学、第二小学、第三小学、第四小学、第五小学、第六小学、第七小学、第八小学、第九小学、第十小学、第十一小学、第十二小学。中心幼儿园一所，49 个基层单位均设有托儿所。

2. **医疗机构**　新盈农场医院一所，40 个基层单位设有卫生所。

五、教育、医疗、派出所体制改革

（一）教育机构

新盈农场早期创办教育机构是在 20 世纪 60 年代初。当时学校称"农中"，顾名思义，边学习、边劳动各兼半，每年学生人数 100 名左右。学校一边学习文化一边学农，虽然学的知识不系统，但也学到不少知识。

1968 年后撤销"农中"，与新盈农场中学合并，此期间新盈农场创办 2 所中学，一所是校址在 19 队的第一中学，一所是原校址在 12 队的第二中学。第一中学是 1975 年创办，

1979 年底撤销搬迁回与二中合并，称新盈农场中学。新盈农场中心小学同一时期创办，与新盈农场中学合为一个学区。

1986 年，新盈农场中学又搬迁到机关居民点西侧的新校址，2005 年第三次搬迁到新兴大道东面新建的新校址。2004 年中心小学搬迁，2005 年中学搬迁，中小学校合并在一个学区内，称新盈农场学校（今称儋州市新盈学校）。

新盈农场中学从 1979 年起，办学条件逐年完善。为了加强师资队伍力量，1979 年，先后从文昌等地招聘了一批教师充实到教师队伍中来。这个时期，加上原有的知青、归侨和职工子女等教师，中学的教师队伍人数已达 35 名。由于教师队伍综合整体素质提高，教育、教学质量年年提高。随着农场子女人口的增长，各基层逐年创办基层小学，到 1997 年前新盈农场创办了 14 所完全小学。

2008 年 10 月起，海南农垦推行管理体制改革，试点把农垦中小学移交地方管理。2009 年 6 月 6 日，新盈农场各小学、中学作为第三批也是最后一批，主体移交地方管理。现称"儋州市新盈学校"。

新盈农场中小学创办 50 多年，先后为农场和国家培养了大批的优秀学生和人才。新盈教育机构创办至今，考取县级以上重点学校的中、小学生达到 500 多人。

（二）医疗机构

新盈农场医院创建于 1962 年初。1969 年 9 月，改称中国人民解放军广州军区生产建设兵团第五师第六团卫生队，1974 年又复称新盈农场医院。

新盈农场医院原来根据作业区和人口分布，设有 5 个基层卫生组，配备 8 名卫生员，拥有一支健全健康的医疗队伍。随着海南农垦医疗改革，2000 年以后，由于工资待遇低，人员不断流失，技术人员准出不准入，造成人才青黄不接。农场又没有更多的资金投入更新设备，原有的医疗设备老化、报废。同时，老龄人员相续退休，技术力量比较薄弱，业务滑坡，能够勉强维持正常业务工作。

新盈农场医院总占地面积 23.3 亩，其中，门诊楼 1493.8 平方米，防疫发热门诊 742 平方米，老病房药厂 1008.75 平方米，食堂 135 平方米。医院原编制床位 80 张，实际开放床位 30 张。医院和防疫站共有职工 34 人，其中，卫生专业技术人员 27 人，行政管理人员 4 人，勤工 2 人，医院执业医师 2 人，执业助理医师 8 人，执业护师 1 人，执业护士 6 人，检验师 1 人，心电图技士 1 人；防疫站 8 人，医院执业医师 1 人，执业助理医师 3 人，兽医 1 人。目前，医院对机构进行改组，设置综合科，以内科、外科、儿科、门诊等科为一体的诊疗科目。辅助科室开展影像、心电图、检验（肝功能、生化）等。能够维持履行诊疗、预防传染病防控、国家基本公共卫生服务、应急性救治工作，同时也是儋州市新型农村合作医疗、城镇从业人员基本医疗、城镇居民基本医疗定点医院。2016 年底，新盈农场医院社会职能属地化正式移交儋州市管理。

（三）派出所机构

新盈农场派出所自 20 世纪 70 年代开始设立，肩负起新盈农场的社会安定和社会治安综合治理工作。

新盈派出所治内防外，严厉打击各类犯罪活动，净化境内社会大环境。新盈的主业是橡胶生产，在 20 世纪 90 年代或干胶价格高涨时，外部人员经常流窜到农场偷胶水和抢胶水。为了确保农场干胶主业生产不受损失，在割胶时间，新盈派出所每天晚上都派人员到重点地带设卡埋伏，有效地防范和打击偷胶犯罪活动。

新盈农场为了加强派出所的治安力量，组建了一支"保安中队"。保安人员最多时达 87 人。由于保安队伍的建立，加强了全场社会治安综合治理的力量和工作力度。

新盈农场与儋州、临高两市县交界。为了严厉打击各类犯罪分子，派出所领导、干警和保安人员不分昼夜值勤、巡逻。由于这支治安队伍的力量强大，工作作风硬朗，执法严明，所以外地人员都不敢到新盈农场作乱，社会大局稳定。

随着社会大局的稳定，2016 年底农场解除保安中队。15 人抽调到派出所组建"协警"分队，分场保留 25 人，海胶保留 10 人，其余人员全部分流。

新盈派出所在维护农场社会稳定方面作出了极大贡献。派出所和干警人员多次立功受奖。所长王炯 1992 年被评为垦区"十大杰出青年"，立二、三等功各一次；1990 年保安队员周石心被评为"全国见义勇为"先进分子；所长辛立强立三等功两次，教导员郑重立三等功一次，所长王国舜立二等功一次；新盈派出所被海南农垦公安局授予"集体三等功"一次。随着垦区管理体制的改革，新盈派出所于 2000 年底实行社会职能属地化，正式移交地方管理。

六、革命老区的奋斗历程

（一）苏村风云

苏村是儋州东北部的上坊境的一个有 70 多户、300 多人口的中心村庄。它的周边有宣安、曾宅、合罗、坡坎、光村、里赤、新龙、瓦窑、新富、泊潮、小榨头、八甲、扩坊、镇员、文郎山、东田、美文等 18 个自然村。海南岛解放前，南边腹背尽是一片片森林，茂盛的山竹，丛生的青化荆棘，铺天盖地到五坡地，延伸到抱舍杧果园、江花南门、年头馆、四方山，与临高南宝的十三村、大淡、乐宣等革命老区村庄接壤。正因为它的天然地理位置，既是水陆交通方便的地方，又有群众基础，所以当时黄金容、张兴就选择这里建立革命根据地。

苏村姓苏，全村一姓。人口众多，人心统一，从大革命到解放战争，在长期的武装革命斗争中，苏村人民前仆后继，英勇奋战，为党为革命事业作出巨大贡献，成为红色革命根据地和红色游击区。

1950 年海南解放。革命胜利了，苏村全体干部党员和人民群众怀着喜悦的心情又回到了自己的家乡。除了在外参加工作、参加部队的人员外，全部解甲归田，并把 100 多支枪和弹药交给人民政府，送到临高加来部队接管。

具有斗争光荣传统的苏村英雄儿女，在中国历次革命斗争中，他们冲破了封建势力的束缚，寻找革命真理，懂得了只有跟共产党打天下，劳苦大众才能翻身做主的道理。因此，每次革命风暴的到来，都给苏村人民带来了勃勃生机。不论在过去的战争年代，还是今天的社会主义建设年代，苏村人民始终把握革命前进的方向，坚定对革命事业胜利的信心，永远跟党走。这就是苏村革命老区的光荣、苏村人民的骄傲。

（二）宣安村党组织创建史

苏村革命老区宣安村是儋州地区成立党组织最早之一村庄，也是早期建立的革命根据地。1925 年初，黄金容、黄堂容根据儋州县委指示在光村、苏村一带秘密建立党组织，开展对敌斗争。

苏村一带（含东田村、宣安村、苏上苏下、合罗和曾屋村）百姓勤劳、勇敢、不屈不挠，敢与不公平的社会作斗争，有抗争精神。党组织多次派人深入苏村一带秘密活动，做群众的思想工作，发现群众的基础好，为此，指派黄金容、黄堂容到苏村地区发展党员，建立党组织。

在没有进入苏村地区以前，黄金容已经秘密发展有了两名党员，杨精业便是其中之一。为了确保党员和全村百姓的生命安全，黄金容、黄堂容与宣安村民买下几亩水田，在坡地上盖起了一间茅草房，借耕田、劳作身份长期隐藏下来，在苏村地区开展革命工作，发展党员建立党组织，并开辟光村、苏村地区新的革命根据地。革命火种从此在苏村地区熊熊燃烧起来。

经过黄金容、黄堂容的不懈努力，到 1928 年在宣安村建立起了党组织。"星星之火，可以燎原"，革命的火种蔓延了整个苏村地区，群众纷纷向党组织靠拢，思想觉悟较高的，理想信念坚定的，拥护中国共产党领导的人员自愿加入中国共产党。20 世纪 30 年代至 40 年代苏村地区就开辟了革命根据地。在黄金容、黄堂容、王昌、李汉、郭壮强等领导的带领下，在土地革命和抗日战争时期，宣安、苏村等村成立了"农会""农民抗日救国会"，广泛开展土地革命，打土豪劣绅。在抗战时期，他们开展抗战宣传，激发了广大青年的抗战热情。一支抗日队伍迅速发展壮大起来，成为苏村地区一支强大的抗日救国力量。

在解放战争时期，苏村革命老区人民被国民党反动派摧残，人民生活水深火热。在这艰难时期，儋州县委书记谢凤安、县长王志高等领导来到苏村地区指挥战斗。1948 年 4 月 15 日中午，县委书记谢凤安、县长王志高、组织部部长张绍箕正在宣安开会，忽遇国民党又围剿宣安村，双方又展开了激战，在战斗中，组织部部长张绍箕壮烈牺牲，牺牲时年仅 27 岁。为了纪念张绍箕烈士，宣安村百姓把他安葬在宣安村前的一块坡地上，并立碑让后人铭记他的丰功伟绩。

自从宣安村建立党组织，先后有 15 人员战死沙场，被捕枪杀 6 人，躲避逃难死亡 12 人，共 33 人牺牲。

（三）东田村党组织的隐蔽战线

新盈东田村是一个革命老区村庄（堡垒村），是苏村地区建立地下党组织最早的村庄之一，在土地革命、抗日战争和解放战争时期，为中华民族的解放事业作出了极大贡献，在琼崖革命斗争史上留下光辉一页。

东田村 1927 年以前就有儋州县委派黄金容等人秘密到东田村开展革命宣传工作，秘密发展党员、建立党组织和秘密地下交通联络站。戴其道（戴伍富）是 1927 年儋临东田办事处交通联络站站长兼东田村党支部书记，苏德风是党支部副书记。他们在 1927—1933 发展了 7 名党员。

据苏德风生前口述（1986 年逝世），东田村处在儋县与临高县的交界地，这个地区（临高新盈港）历来都是敌人兵力驻防的重点地区，也是战略要地。东田村距敌占区最近的也就五六公里左右，加上村庄小（当时仅 30 多户），有广袤的原始森林，加上外来人员少，最适合建立秘密地下联络站点。

东田村党组织的主要任务是收集传递情报和传达上级党组织的文件精神。他们一直隐蔽党员身份，连向妻子都不曾透露，海南岛解放后才公开身份。党组织成员坚持长期为上级党组织提供有价值的情报，他们借到村"庙堂"上香、祭祀为由秘密召开会议，经常变动开会联络地点。

海南土地革命高潮时期，红军和苏维埃政权迅猛发展，使国民党反动派惶恐不安。1928 年 3 月，国民党广东当局调集蔡廷锴师 4000 多人来琼配合驻岛守备部队，对苏区各地进行"围剿"。在中央琼崖特委和县委的领导下，苏村地区坚持长期斗争。这一时期，海南的革命运动进入低潮，但东田村党组织仍然能发动群众参加斗争，对革命充满信心。1939 年 2 月 10 日，日本鬼子占领海南岛。中共琼崖特委和儋县县委带领当地人民"团结抗日、保卫琼崖"。这个时期，东田村党组织转入地下开展情报工作。不管是抗日战争还是解放战争，他们冒着生命危险搜集情报。在解放临高县新盈港战役中，他们提供准确的情报，为部队顺利打赢战役立下了汗马功劳。

马白山将军和符志行曾经带部队在东田村驻扎休整过，东田村的百姓偷偷杀一头水牛慰劳部队官兵，事后马白山将军严厉批评了东田村党支部。当时生存条件十分艰苦，但部队纪律十分严明。待部队出发前马白山代表上级奖励给东田村党组织 12 块银圆作为活动经费，还嘱咐东田村党支部要保护好百姓，要关照好烈士家属。

东田村党组织和百姓团结一心，一次又一次出色地完成上级党组织交给的艰巨而危险的任务，为民族的解放和独立不怕牺牲的革命精神受到上级党组织的充分肯定，中华人民共和国成立后，东田村被人民政府授予"革命堡垒村"荣誉称号。

（四）合罗村曾屋村兵民抗战简述

合罗村、曾屋村在土地革命、抗日战争和解放战争中功不可没。在土地革命时期，青年人勇敢参加农会，提出"打倒贪官污吏、打倒土豪劣绅，废除苛捐杂税"，经常与苏村、宣安党组织联合作战。在抗日战争时期积极参加"抗日救国会"，发动民兵和群众支持苏村老区抗战斗争。从抗日战争到解放战争，合罗村、曾屋村的民兵和群众参加过几十次战斗，不怕牺牲，先后有几十人战死沙场。苏巨鸿写的《苏村风云》中，多次提到了合罗村、曾屋村的兵民视死如归、不怕牺牲的大无畏精神。如曾屋村的曾传英、曾福兴等带领民兵和群众坚持抗击来犯之敌，保护群众、保卫苏村革命老区根据地的故事让人肃然起敬。曾时梅在保卫战中光荣牺牲，把年轻的生命献给了中国人民的解放事业。合罗村多次遭到日本鬼子和伪军的"围剿"，但是民众不屈不挠。从土地革命年代一直到解放战争，合罗村、曾屋村村民英勇杀敌的故事永远讲不完，他们的革命精神将永远激励着我们。

七、知识青年

为了开发海南天然橡胶基地，为国家经济建设和国防建设提供战略物资，20 世纪的

60 至 70 年代，10 万知识青年（简称"知青"）顺应国家号召，奔赴海南垦区开发建设橡胶生产基地。

1968 年起，广州、汕头、佛山、江门等地的 1432 名知青先后下乡到新盈农场（兵团时期）。这些知青的到来使新盈农场职工人数增加了 2000 多人，成为建设橡胶生产基地的一支主力军。这批知青年纪在 18 岁左右，年纪最小的只有 16 岁。他们扎根农场，把最美丽的青春献给国家的橡胶事业。

知青们经历磨难，饱尝艰辛，但他们百折不挠、坚韧不拔、顽强拼搏，与第一代职工一起拓荒，种植橡胶，用汗水、泪水和鲜血开拓出了一块块处女地，一片片良田，一座座橡胶园……有的知青把年轻的生命永远留在了新盈的红土地上，黎晓明就是其中之一。

由于知青们的到来，先进思想和文化的种子在新盈这片红土地上播种、生根、发芽，一直延续下来。

20 世纪的 60 至 70 年代农场就组建了宣传队，演员大多数来自知青。宣传队晚上经常下到连队慰问演出节目，他们的表演节目内容丰富，技艺精湛，深受广大干部、职工群众的喜爱。当时新盈农场宣传队在垦区已声名远播。宣传队还经常被邀到其他兄弟农场、部队演出。

那个年代，连队的住房墙壁到处写满了美术字标语，画满了壁画（油画）。有《红灯记》李铁梅、《智取威虎山》杨子荣，还有"毛主席上井冈山"等。画面人物栩栩如生、呼之欲出。垦区农场第二代职工子女都是受到了知青文化熏陶成长起来的。当时的学校教师队伍大部分来自知青。那时农场周边有许多自然村落，交通闭塞、思想观念落后。自从知青来到农场后，这里的百姓不管男女老少都十分喜欢这些大姑娘、小伙子，经常邀请他们到家里做客，把家里的毛薯、红薯、地瓜、波罗蜜、甘蔗，毫不吝惜地拿给他们吃。由于来往频繁，这一带的农民百姓学会了讲普通话，也了解了外面的世界，还有的知青与当地百姓结下了不了情缘。20 世纪 70 年代末期，知青们先后返城，但还有少数人至今没有离开农场，在农场成家立业，一直工作到退休。

知青返程后，有的人还念念不忘当地百姓，忘不了艰苦年代那些叔叔阿姨、老大爷老奶奶的无和帮助，过年过节经常寄些生活用品给他们。六连的一位广州女知青李红宾返城后年年春节前给东田村一位姓戴的老爷爷和他老伴寄钱、寄衣服等，一直到这两位老人逝世为止。这样的感人故事不胜枚举。

1990 年 5 月新盈农场知青第一次回"娘家"探亲，捐资在"大王山"上修了一条 150 米长的水泥阶梯"知青路"。1997 年 5 月 1 日，新盈农场知青第二次回"娘家"参加建场

40 周年庆典活动。新盈农场五队、七队、八队等十多个单位的知青先后自发组织回"娘家"聚会探亲。

八、新盈调声文化

新盈农场 1977 至 1978 年先后几批扩编了 15 个自然村。这些自然村庄已有千百年的历史。儋州自古就有调声，据史载，自西汉时期流传至今的有两千多年的儋州调声和山歌，光村就是发源地之一。

儋州调声是具有独特地域风格的民间歌曲，声形并茂、载歌载舞。2006 年 5 月 20 日，儋州调声经国务院批准列入第一批国家级非物质文化遗产名录，儋州市政府把每年的农历八月十五日定为"中秋调声节"并加以保护和传承。诸多诗人都赞美儋州山歌和调声，说儋州山歌、调声，节奏感和韵律有唐诗宋词之风韵，被田汉喻为"南国乐坛的奇葩"。山歌和调声以声形方式表达出了儋州人的豪放和热情。

新盈农场儋州人在 20 世纪 80 年代以前除了唱山歌外，一般都是未婚青年男女来组合调声。在劳作之余，欢乐的节日，男青年就会相约某村的妙龄少女到本村调声。在调声过程中男女双方都会利用这种契机，追求爱情。只要男女双方都有爱慕之心，就会发生恋爱，有情人最终成为伴侣。

每逢节假日、祭祀、开祠堂或哪家有喜事、子女金榜题名时，家属都会请女调声队到本村本舍调声一场，图个快乐和喜庆。但现在的男女调声与 20 世纪 80 年代以前的调声队伍发生了很大变化，上场调声的男女队伍都是已婚男女，未婚青年男女一般都不敢上场，原因是青年人不懂调声，只会观赏。调声队伍中年纪最长的有七八十岁。

九、新盈农场历届党组织

（一）临高垦殖所第六垦殖场党小组（1952 年 7 月—1953 年 3 月）

组长：林宗潘（1952 年 7 月—1953 年 3 月）。

（二）国营西泉垦殖场第五林区（也称第五作业区）党支部（1954 年 3 月—1957 年 4 月）

党支部书记：官长洪（1954 年 3 月—1957 年 4 月）。

（三）国营新盈农场党委会（1957 年 5 月—1958 年 8 月）

党委书记：姜信（1957 年 5 月—1958 年 8 月）。

（四）儋县东光公社新盈大队党总支部（1958 年 9 月—1959 年 5 月）

党总支书记：姜信（1958 年 9 月—1959 年 5 月）。

（五）人民公社化后恢复的国营新盈农场党委会（1959 年—1966 年 5 月）

1. 公社化后恢复国营新盈农场建制，并由上级批准成立场党委

党委书记：姜信（连任、1959 年 6 月—11 月）。

代理书记：向葵（1959 年 11 月—1960 年 5 月）。

党委书记：姜信（1959 年 12 月—1966 年 5 月）。

副书记：官长洪（1959 年 12 月—1962 年 2 月）。

2. 国营新盈农场第一次党代会及其产生的党委会

党委书记：姜信（连任、1961 年 3 月—1964 年 8 月）。

副书记：孙栽根（1961 年 3 月—1964 年 8 月）。

冯尔忠（1960 年 11 月—1964 年 8 月）。

3. 国营新盈农场党员大会及其产生的党委会

党委书记：姜信（连任、1964 年 9 月—1966 年 5 月）。

副书记：孙栽根（1964 年 9 月—1966 年 5 月）。

冯尔忠（1964 年 9 月—1966 年 5 月）。

（六）"文革"前期（1966 年 6 月—1969 年 9 月）

1966 年 6 月至 1968 年 5 月，党委会受到冲击，基本处于瘫痪状态，原党委领导人未变动。1968 年至 1969 年 9 月成立革委会，没有成立党委会。

（七）兵团组建时期（1969 年 9 月—1974 年 9 月）

新盈农场 1969 年 9 月 16 日正式命名为广州军区生产建设兵团第五师第六团。1970 年 2 月成立中共广州军区生产建设兵团五师六团临时委员会。

临时党委书记：张玉峰（1970 年 2 月—1971 年 5 月）。

副书记：乔仲清（1970 年 2 月—1971 年 5 月）。

1971 年 5 月 4 日至 8 日五师六团召开第一届党代会，选举产生党委委员、副书记、书记。

党委书记：张玉峰（1971 年 5 月—1972 年 5 月）、唐宗文（1972 年 6 月—1974 年 9 月）。

副书记：乔仲清（1971 年 5 月—1974 年 9 月）。

（八）取消兵团体制阶段

1974 年 10 月取消兵团体制，农场改称为：广东省国营新盈农场，同时成立广东省国营新盈农场体制改革临时领导小组。

组长：唐宗文（1974 年 10 月—1975 年 9 月）。

副组长：王国生（1974 年 10 月—1975 年 9 月）、冯尔忠（1974 年 10 月—1975 年 8 月）。

组员：孙栽根（1974 年 10 月—1975 年 8 月）、官长洪、王吉崇。

（九）广东省国营新盈农场第四次党代会及其产生的党委会

党委书记：王国生（1975 年 10 月—1981 年 4 月）。

副书记：王吉崇（1975 年 10 月—1981 年 1 月）、吴乾荃（1975 年 10 月—1981 年 1 月）、陈锦祥（1975 年 10 月—1980 年 9 月）。

（十）社会主义建设新时期（1976 年 10 月至今）

1981 年 1 月 27 日至 30 日农场召开第五次党代会，选举产生本届党委会。

党委书记：暂缺（1981 年 5 月—1982 年 7 月）、林华兴（1982 年 7 月—1984 年 9 月）。

副书记：王吉崇（连任，1981 年 1 月—1985 年 3 月）、吴乾荃（连任，1981 年 1 月—1985 年 3 月）。

（十一）第六次党代会选举产生的党委会

随着领导体制改革，农场党委由过去的常委制改为党委制，1984 年 9 月由海南区党委任命了党委主要领导人，并于 1985 年 3 月 25 日至 26 日召开第六次党代会，选举产生党委会。

党委书记：王坚（1984 年 9 月—1987 年 12 月）。

副书记：王吉崇（连任，1984 年 9 月—1987 年 12 月）、吴乾荃（同上）、刘勇坤（1984 年 9 月—1987 年 12 月）。

十、新盈农场历届领导

（一）临高垦殖所第六垦殖场（抱舍垦殖场）（1952 年—1953 年 3 月）

场长：林宗潘（1952 年 3 月—1953 年 3 月）、白静波（1953 年 3 月—1954 年 3 月）。
副场长：蒙成德（1952 年 9 月—1953 年）、卢凤玉（1953 年 3 月—1954 年）。

（二）国营西泉农场第五作业区（原称洛基垦殖场第五作业区）（1954 年 3 月—1957 年 4 月）

主任：白静波（1954 年 3 月—1957 年 4 月）。
副主任：云大农（1954 年 3 月—1954 年 8 月）、陈涉（1955 年 2 月—1957 年 5 月）。

（三）国营新盈农场成立后（1957 年 5 月—1958 年 9 月）

场长：（无）。
副场长：白静波（1957 年 4 月 24 日—1958 年 9 月）、吴连华（1958 年 6 月—1958 年 9 月）。

（四）儋县东光人民公社新盈大队（1958 年 9 月—1959 年 5 月）

大队长：白静波（兼公社副社长）（1958 年 9 月—1959 年 5 月）。
副大队长：吴连华（1958 年 9 月—1959 年 5 月）。

（五）恢复国营新盈农场（1959 年 5 月—1966 年 5 月）

场长：向葵（1959 年 11 月 3 日—1964 年 8 月初调离）。
副场长：白静波（1959 年 5 月—1959 年 12 月调离）、冯金德（1961 年—1966 年 5 月）、官长洪（1962 年 2 月 9 日—1966 年 5 月）、吴连华（1959 年 5 月—1966 年 5 月）、詹所林（1962 年 8 月 8 日—1964 年 6 月 9 日）。

（六）革委会成立前农场领导成员（1966 年 6 月—1968 年 5 月）

场长（无）。

副场长：吴连华（连任，1968 年 7 月病故）、冯金德（连任）、官长洪（连任）。

（七）国营新盈农场革委会成立（1968 年 6 月—1969 年 9 月）

主任：姜信（原农场党委书记）。

副主任：李石清（原农场保卫干事）、范石生（原农场工人）、冯金德（原农场副场长）。

（八）广州军区生产建设兵团第五师第六团（1969 年 9 月—1974 年 10 月）

团长：乔仲清（1970 年 1 月—1974 年 10 月）。

副团长：王国生（1972 年 3 月—1974 年 10 月）、官长洪（1970 年 1 月—1974 年 10 月）。

政委：张玉峰（1970 年 1 月—1972 年 5 月）、唐宗文（1972 年 5 月—1974 年 10 月）。

副政委：孙栽根（1970 年 1 月—1974 年 10 月）、金富（1971 年 8 月—1974 年 10 月）、冯尔忠（1973 年 12 月—1974 年 10 月）。

（九）国营新盈农场体制改革临时领导小组（1974 年 10 月—1975 年 10 月）

组长：唐宗文（1974 年 10 月—1975 年 10 月）。

副组长：王国生、冯尔忠（任期都同上）。

组员：孙栽根、王吉崇、官长洪（任期都同上）。

（十）广东省国营新盈农场（1975 年 10 月—1976 年 10 月）

场长：王吉崇（1975 年 10 月—1976 年 10 月）。

副场长：林华兴（同上）、官长洪（同上）、张伯宏（同上）。

（十一）社会主义建设时期（1976 年 10 月—1987 年 11 月）

广东省国营新盈农场（1976 年 10 月—1987 年 11 月）。

场长：王吉崇（连任，至 1987 年 12 月）。

副场长：林行华（连任，1982 年 7 月提任党委书记）、官长洪（连任，1982 年离休）、张伯宏（连任，1984 年 12 月退二线）、张伯清（1981 年 7 月—1984 年 12 月）、张金玉（1982 年 9 月—1987 年 12 月）、李墩仕（1984 年 2 月—1984 年 12 月）、唐耀石（1984 年 9 月—1987 年 11 月）、程行昌（1986 年 11 月—1987 年 11 月）。

（十二）1987年12月—2009年新盈农场历届班子任职

1. 1987年12月—1989年

场长：潘亮粦。

书记：王吉崇。

副书记：吴乾全、王官琼。

副场长：陈兴昌、刘永坤、唐耀习。

2. 1989—1993年

场长：王吉崇。

书记：羊中兴。

副书记：冯尔本、王官琼。

副场长：陈兴昌、梁圣义、李礼侬。

3. 1993—1995年底

场长：王吉崇。

书记：符和强。

副书记：冯尔本。

副场长：梁圣义、李礼侬。

4. 1995年底—2004年4月

场长：陈志超。

书记：符和强。

副书记：王国防。

副场长：梁圣义、李礼侬。

5. 2004年4月—2008年

场长：陈小川。

书记：陈志超。

副书记：王国防。

副场长：李礼侬、梁圣义。

6. 2008年—2009年3月

场长、党委书记：何启义。

海胶新盈分公司总经理：陈小川。

西流农场简况

国营西流农场创建于 1951 年 1 月，其前身为木排苗圃，是海南岛解放后种植橡胶最早的国营单位之一。后木排苗圃改名为木排场，同时又创建了大域场，1954 年春两场合并为木排垦殖场，1955 年春，又将和庆垦殖场并入，仍名木排垦殖场，同年 8 月改名西流垦殖场，1957 年初改称西流农场。1959 年又划进并发展了和祥地区的土地，1966 年原和庆公社四行大队（含四行上、下村、大域村、华侨村、马岭村）以场带队性质归场管理，1977 年 7 月正式并入本场，1981 年 7 月又并进了和庆镇的美胡村，构成农场规模现状。

至 2020 年，西流现有土地总面积 81250 亩，已开垦利用 59369 亩；总人口 11659 人，其中在职职工 141 人，改革重组前职工最多时有 4882 人（不含临时工），离退休职工 2115 人。现下辖 4 个作业区，1 个镇委，33 个生产队（其中橡胶队 27 个、胡椒队 2 个、农业队 4 个），7 个公司，标准胶厂、木材厂、马赛克厂、塑料编织袋厂、胶杯厂各 1 个，中学（含职业中学）、中心小学、中心幼儿园各 1 所，完小 6 所，1 间职工医院。1994 年全场工农业总产值 4043.6 万元，劳动力平均纯收入 2520 元，全员劳动生产率 7861 元。自 1959 年部分胶树开割至 1994 年，累计总产干胶 47586 吨，割胶 35 年平均每年产胶 1360 吨；1969—1981 年，除 1972 年不足千吨外，其余年份均年产干胶超千吨；1982 年开始年产超过双千吨（2002 吨），一直保持到 1984 年。从 1985 年起由于橡胶更新倒树，年产干胶不足两千吨。农场从 1960 年开始上缴利润，到 1967 年上缴已超过当时国家对农场的投资。建场至今，国家累计投资 3095 万元，累计积累 10344 万元，两相抵消后净积累 7249 万元，投资回收率 30%；到 2020 年固定资产净值 1547 万元。

一、地理、交通、气候、土地、人口、资源

（一）地理位置

西流农场位于海南省儋州市东部，地理坐标在北纬 19°30′14″～19°38′42″，东经 109°33′58″～109°44′56″之间。场区东近澄迈县域内的国营和岭农场，南濒和庆镇、隔美万水库而近国营兰洋农场，西接国营西联农场，北邻临高县南宝镇、国营加来农场、和舍镇。

（二）交通条件

场部距海榆西线公路（国道 225 线）3 公里，距儋州市市府所在地那大 15 公里，距省府海口市 124 公里，距洋浦经济开发区 70 公里，规划中的西环铁路从场部穿过，交通十分便利。

（三）气候、土壤及水源条件

农场自然条件良好。场区地势南高北低，海拔一般为 80～160 米，最高峰为牛岭（地处四区四队）313 米。地貌类型以花岗岩、变质岩丘陵台地为主，除一些孤丘外，坡度多在 8°以下，大部分适宜机械作业，仅北部东西两端为连绵丘陵，坡度多在 15°左右。土壤三要有两种：东南部为花岗岩砖红壤，土层较厚，多为砾质黏壤，发生层次明显，pH 4.5～5.5，有机质含量中等，一般富钾而缺磷，保水性较好；西北部为变质岩砖红壤，土层中等至较厚，多为含砾黏壤或轻黏壤土，发生层次比较明显，pH 4.5～6，有机质含量随植被不同而异，有效磷缺乏，保水性尚好。开垦前植被大部分是次生杂木林和稀树灌木林，东南部有草类和灌木草类群落。气候属琼北微寒中风气候区，干、湿季节各占半年，气候温和，年平均气温 23.8℃，极端高温出现在 1980 年 4 月 23 日，达 40.1℃，极端低温出现在 1955 年 1 月 12 日，为－2℃；雨量充沛，年降水量 1722 毫米。常风风力一般 2～3 级。场区虽非台风登陆场所，但从海南岛琼海以北登陆的台风却经常由此过境出海，只是风力已明显减弱，最大为 11 级，一般为 8～9 级，或减弱为热带低压，属轻风地区。场内水系自东而西有海岸河、木排河、和庆河和源自加朗河的大城河及其支流罗便溪，诸河场自南向北，在本场北部汇成文澜江后，继续北流出境，经博铺港入海；松涛东干渠和那大分干渠穿经场区，用水比较方便，但主要用于灌溉农田。

二、经济发展情况

（一）1952—1992 年西流农场经济发展情况

1952—1992 年西流农场经济发展情况如附表 1、附表 2。

附表 1　1952—1992 年西流农场基本情况（一）

年　份	年末总人口（人）	其中：职工（人）	农场国内生产总值（万元）	工农业总产值（万元）	其中：农业产值（万元）	人造林到达面积（亩）	水果产量（吨）	粮食产量（吨）	肉类总产量（吨）	其中：猪肉（吨）
1952	254	226	—	71.31	71.31	16	—	—	—	—

（续）

年　份	年末总人口（人）	其中：职工（人）	农场国内生产总值（万元）	工农业总产值（万元）	其中：农业产值（万元）	人造林到达面积（亩）	水果产量（吨）	粮食产量（吨）	肉类总产量（吨）	其中：猪肉（吨）
1953	559	527	—	86.20	86.20	306	—	—	—	—
1954	1227	1162	—	124.53	124.53	728	—	—	—	—
1955	1649	1536	—	101.11	100.76	812	—	40	—	—
1956	1610	1370	—	62.31	57.38	1448	—	45	—	—
1957	1648	1381	—	122.17	116.61	1475	—	97	—	—
1958	2014	1389	—	131.11	124.57	1475	—	228	—	—
1959	2596	1372	—	97.60	88.70	1494	1	43	—	—
1960	3667	2354	—	257.16	170.14	1494	1	20	—	—
1961	3724	2379	—	280.45	155.32	1766	—	267	—	—
1962	4045	2210	—	192.23	150.78	1789	—	141	—	—
1963	4589	2441	—	228.31	181.74	1878	—	134	—	—
1964	4975	2440	—	306.75	246.28	2402	—	93	—	—
1965	5796	2914	—	475.90	397.15	3455	—	120	—	—
1966	6224	3094	—	720.87	584.21	3752	—	247	—	—
1967	6746	3081	—	777.84	658.02	3689	1	416	—	—
1968	7874	3637	—	609.54	503.75	3104	2	318	—	—
1969	7951	4310	—	948.55	811.16	3155	1	239	—	—
1970	9238	4885	—	1146.43	1038.39	3191	10	60	—	—
1971	9618	5159	—	759.65	734.14	1433	2	61	—	—
1972	10023	5189	—	780.73	737.39	1694	6	81	—	—
1973	10396	5334	—	858.38	816.75	1792	5	200	—	—
1974	10351	5184	—	797.12	742.44	1244	4	273	56	53
1975	10497	5190	—	979.78	912.32	1035	14	403	55	50
1976	10239	5120	—	1137.32	1055.09	1272	31	359	127	122
1977	12618	6115	—	1245.34	1163.53	1695	19	566	168	161
1978	12223	6149	—	1248.17	1166.80	2325	17	766	196	182
1979	12071	6102	—	1240.73	1169.80	3255	23	1250	269	258
1980	12033	5972	—	1502.38	1405.34	4105	8	967	353	331
1981	12180	6057	—	1403.23	1321.25	4202	9	725	322	318
1982	12081	6052	—	1556.36	1459.65	4470	27	843	431	429
1983	12034	5950	—	1472.50	1360.84	6042	25	1020	416	408
1984	11921	5890	—	1693.42	1573.74	5021	20	868	394	389
1985	11621	6046	—	1560.24	1432.90	4509	53	876	938	933
1986	11664	5969	1226.79	1441.60	1307.80	4635	49	881	987	978
1987	11353	5537	1508.53	1511.50	1362.60	4346	29	1095	1172	1167
1988	11715	6295	1620.00	1522.50	1318.90	5246	41	857	929	924
1989	12108	6313	1479.00	1581.30	1293.00	5147	26	891	715	710

（续）

年　份	年末总人口（人）	其中：职工（人）	农场国内生产总值（万元）	工农业总产值（万元）	其中：农业产值（万元）	人造林到达面积（亩）	水果产量（吨）	粮食产量（吨）	肉类总产量（吨）	其中：猪肉（吨）
1990	12811	6058	1595.70	2725.20	2107.50	5621	41	1044	1349	1346
1991	13072	6046	1450.00	3315.70	2228.00	6168	56	1175	1502	1500
1992	12428	5673	2058.00	4494.00	2129.00	6855	32	1142	1276	1274

附表 2　1952—1992 年西流农场基本情况（二）

年　份	橡胶种植面积（亩）	当年定植（亩）	橡胶总株数（万株）	已开割橡胶面积（亩）	已开割橡胶株数（万株）	干胶总产量（吨）	年亩产干胶（公斤）	单株年产干胶（公斤）
1951	3497	3125	8.48	—	—	—	—	—
1952	23352	19855	53.45	—	—	—	—	—
1953	25768	2416	58.91	—	—	—	—	—
1954	25768	—	57.63	—	—	—	—	—
1955	28889	1671	72.09	372	0.46	5	9.9	0.8
1956	33162	4273	94.83	372	0.46	5	13.4	1.1
1957	32578	—	92.55	372	0.52	8	18.1	1.2
1958	32779	—	92.68	380	0.78	9	19.3	0.9
1959	35021	2086	100.00	3824	9.56	37	9.3	0.5
1960	47388	12673	141.16	15058	13.09	92	6.1	0.7
1961	47781	—	100.82	21118	19.68	168	8.0	0.9
1962	39972	—	94.07	21118	27.71	255	12.1	0.9
1963	35271	1347	88.62	22394	35.20	271	12.1	0.9
1964	36264	447	92.10	25373	40.31	417	16.4	1.0
1965	35348	—	89.08	38280	48.18	693	24.5	1.4
1966	35750	400	90.33	31916	58.11	1110	34.8	2.0
1967	36126	376	91.45	31916	65.50	1195	37.4	1.8
1968	36126	—	89.55	31916	63.40	877	27.5	1.4
1969	37097	480	91.08	31916	70.10	1479	46.3	2.1
1970	44190	7100	102.85	32598	75.76	1853	56.8	2.4
1971	35690	1571	82.73	32307	75.07	1821	51.0	2.5
1972	35137	—	81.05	34227	68.17	1348	39.4	1.9
1973	35049	—	82.56	34227	69.26	1407	41.1	1.9
1974	35049	—	83.08	34227	70.85	1266	37.0	1.4
1975	35445	516	83.65	34227	80.13	1528	36.6	1.7
1976	35884	507	82.78	34227	78.48	1749	43.3	2.0
1977	40351	77	91.90	36132	81.70	1937	45.9	2.3
1978	40120	26	89.82	36193	79.50	1871	47.0	2.4
1979	40285	165	90.06	36262	79.38	1872	43.9	2.5
1980	40235	—	88.42	36320	77.67	1823	44.1	2.1

（续）

年　份	橡胶种植面积（亩）	当年定植（亩）	橡胶总株数（万株）	已开割橡胶面积（亩）	已开割橡胶株数（万株）	干胶总产量（吨）	年亩产干胶（公斤）	单株年产干胶（公斤）
1981	40777	542	89.69	36438	77.44	1872	51.5	2.7
1982	41070	293	90.83	36654	78.16	2002	55.0	2.8
1983	41608	467	92.58	37112	79.22	2013	54.6	2.8
1984	42197	—	94.63	37566	80.26	2116	56.7	2.8
1985	42202	—	93.50	38066	80.32	1692	44.9	2.2
1986	42320	100	93.13	38205	79.63	1615	42.5	2.1
1987	42509	300	94.44	38062	78.99	1720	47.0	2.3
1988	42681	—	96.27	37238	77.34	1591	44.0	2.1
1989	42869	59	97.84	36761	75.95	1625	44.0	2.1
1990	42349		100.03	34940	72.88	1410	40.4	2.1
1991	40773	—	92.29	31788	60.57	1429	45.0	2.4
1992	37875	—	90.20	27480	51.00	1270	46.2	2.4

（二）西流农场1996—2008年经济发展情况

1996年，按不变价计算（下同），西流农场国内生产总值2915万元，工业总产值716万元。

1997年，农场国内生产总值3064万元，工业总产值722万元。

1998年，农场国内生产总值2726万元，工业总产值373万元。

1999年，农场国内生产总值2922万元，工业总产值221万元。

2000年，农场国内生产总值3122万元，工业总产值271万元。

2001年，农场国内生产总值5441万元，工业总产值390万元。

2002年，农场国内生产总值5817万元，工业总产值410万元。

2003年，农场国内生产总值6250万元，工业总产值450万元。

2004年，农场国内生产总值7632万元，工业总产值480万元。

2005年，农场国内生产总值7830万元，工业总产值460万元。

2006年，农场国内生产总值7082万元，工业总产值450万元。

2007年，农场国内生产总值7494万元，工业总产值500万元。

2008年，农场国内生产总值达到7984万元，比2000年增加4862万元，年均增长11.2%；人均国内生产总值达到5533元，比2000年增加2339元，年均增长13%；劳均纯收入要达到6440元，比2000年增加2840元，年均增长6%；工业总产值达到510万元。但整体上看，第二、三产业发展仍滞后，特别是第二产业回落较大，只占产值结构的5％，同时第一产业中种植业仍占较大比重，受市场、自然条件影响大。现有的农业生产条件和农业基础设施，对于预防和抗御自然灾害的能力还相当薄弱，科学技术、科学创新攻关不到位。参与国际经济大循环的条件仍很差，参与市场竞争能力脆弱，受市场冲击很大。

（三）产业发展情况

1. 种植业　2020 年西流农场橡胶种植总面积 4.2 万亩，建场初期 2.3 万亩，定植率增长 82.6％；1955 年起年生产干胶 5 吨，近年平均年产干胶 2200 吨，最高时达到 3300吨；全场森林覆盖率达到 63％；2020 年有 6250 亩绿色农产品生产基地。2020 年全场种植业总产值达到 5344 万元。

2. 畜牧业　2020 年畜牧业产值达到 500 万元的目标，通过市场带动、政策鼓动，形成千家万户分散养殖、基地小区规模养殖相结合的发展格局，2020 年肉牛存栏 1800 头，生猪存栏 18000 头，羊存栏 1400 只，家禽存栏 30 万只。加强政策扶持力度，建立畜牧发展基金，积极引进外部资金，互利互惠，共同发展，提高联动效益。

3. 工业　实行租赁经营的木材厂、塑料编织袋厂、毛织厂等工厂的正常生产和运行，继续实施"筑策引风"政策，改善投资环境，利用原粮油仓库、车队车库等场地，采取租赁经营等方式，引入生态型外来工业企业。2020 年，全场工业总产值 356 万元。

4. 服务业　在大力发展个体私营经济的基础上，在国家及农场给予宽松政策支持的条件下，个体经济的发展应以每年递增 10％的速度发展。到 2020 年，个体户 170 户，私营企业 20 户。

（四）小城镇化建设

西流农场加快推进城镇化建设，配套社区职能，完善社区功能。加强中心城镇规划建设，充分发挥小城镇的集聚功能，引导专业市场向小城镇集中。在总体规划的指导下，完成场部控制性规划及红旗、红牧、红岛等乡村规划。

加快综合开发步伐，尽快改变城镇面貌，改善居民居住条件。场部小城镇建成区实际居住人口达到 5000 人以上，完成住房改造 1900 套，总面积 114000 平方米；完成休闲、体育广场建设，总面积 25000 平方米；场部排水工程 4000 米；全场 90％的职工喝上自来水。

（五）交通、通信建设

坚持全社会办交通的方针，建设和完善场区的交通网络体系，至 2008 年，全场公路水泥硬化 65.61 公里。公路货运量达 10 万吨，客运量达到 15 万人次，加强运力发展和运输服务建设，全面实现交通网络化。

推进农场、企业，社会服务和家庭信息化，完善配套上网工程，提高社会公共部门的网络运用水平。至 2020 年，宽网用户发展到 1000 户，电话用户发展到 4000 户。

三、西流农场发展四个时期

西流农场发展分为四个阶段：

（一）垦殖建制时期（1951—1955 年）

1950 年 5 月海南岛解放以后，为了打破帝国主义对我国的经济封锁，粉碎帝国主义妄图通过对天然橡胶实行禁运，用橡胶卡我们脖子的阴谋，中共中央及时作出发展祖国橡胶事业的战略决策，决定先在海南岛开发种植橡胶。1951 年 1 月 16 日，海南行政区党委根据党中央的指示精神，在木排山区这块革命老根据地上开辟出世界上最大的橡胶苗圃场，并开始垦荒种胶，这是海南岛解放后种植橡胶最早的国营单位之一，当时取名木排苗圃，后改为木排场，这便是西流农场的前身，由归侨张运用担任场长。当时育苗、种胶的工人主要是在国外当过橡胶工人的归国难侨，开始有 50 多位，主要劳力则是当地民工，他们除了完成开荒育苗挖苗的任务外，还进行开荒定植橡胶。当时的木排地区是山区，到处是原始森林，粗藤缠树，林木蔽日，灌木丛生，荆棘遍地，除当年游击队出入的羊肠小道外，别无道路可走，老百姓形容为"山猪也难钻进去"。可是我们的干部、工人和民工，凭着一颗颗火热的心，靠一双双勤劳的手，挥刀斩荆棘，扬锄挖硬土，饮溪水，睡大树下，经过半年的日夜奋战，硬是在荒山野岭中开出 3100 多亩橡胶苗圃基地，并从那大地区收购来橡胶种子，当年育出 1500 多万株橡胶苗。1952 年 3 月海南、湛江、广西等地区创建的农场都来到这个苗圃挖苗定植，几乎每天都有几十辆车来木排苗圃运苗。我们的工人、民工一边育苗一边自己开荒定植橡胶，至 1952 年底，完成橡胶开荒定植 22519 亩近60 万株。为了扩大开荒面积，完成橡胶定植任务，1952 年 5 月又创建大域场。

1952 年 7 月，为了加快橡胶事业的发展，党中央又决定将海南省军区的第 26 团、27 团、28 团与到达海南的广西宾阳军分区 152 师机关和直属分队合并，组成约 8000 人的中国人民解放军林业工程部队第一师，参与海南农垦建设。林一师下辖三个团，分赴各地成立垦殖场，三团在加来建立临高垦殖所，并派出官兵在现西流农场第三作业区辖区内建立一〇五七场（场址在现场部）和一〇五八场（场址在红英队）。这个时候还从大陆动员来一批工人，并在本地吸收一批工人。1954年4月，木排场和大域场合并为木排垦殖场，一〇五七场和一〇五八场也合并为和庆垦殖场，接着两场又于1955年初合并，仍名木排垦殖场，同年8月改名西流垦殖场；场长是符气元，党委书记是林志高。从1953年起，开始"大转弯"时期。因为1953年前基本在平地种胶，又没有先种防风杯，种下的橡胶受风害威胁长不起来。通过总结经验教训，决定大转弯向荒山进军，"依山靠林"发展橡胶，这一符合海南地理条件的植胶经验的推广，加快了橡胶事业的发展。与此同时，对已种下的橡胶加强管理巩固，防寒抗旱挖茅草。1955年1月12日，农场遇到百年来的低温，气温降至零下2℃，胶苗受到严重的寒害。全场总动员投入保胶苗工作，开始用人工给胶苗涂泥，每株涂泥1米高，目的是保持苗身水分不蒸发；但由于冻伤严重也保不住，后来只得从头锯掉让其重新抽芽；不巧又碰上天旱，大家又挑水淋苗，由于面积大，山高坡陡路又远，挑水淋苗的工作非常艰苦，而且时间又长达四五个月。当时还有一项工作也非常艰苦，这就是大挖茅草。由于当时开荒定植是采取刀耕火种，砍山烧光后就挖穴种植橡胶，造成茅草大面积生长，甚至包围了橡胶苗，影响了胶苗的生长。为了把胶苗从茅草的包围中解放出来，全场上下又全部投入到挖茅草的战斗中去，进行大锄大翻，深锄细检，以苦干加巧干的革命精神，将3万多亩的茅草挖光。

这一时期，通过1955年开展企业化管理运动，垦殖场由原事业管理转为企业管理，经营管理进一步加强，初步建立了计划、成本、物资、劳动等管理制度，使垦殖场走上了稳步发展的道路，至1956年，西流垦殖场有橡胶面积32200亩。

（二）农垦建制时期（1955—1969年）

1957年2月，西流垦殖场改名西流农场，场长是洗书敬。当时农场的主要工作是实行胶园梯田化，全场职工干在林段，吃在林段，睡在林段，白天干，夜晚也干，职工们"月亮当太阳，下雨当冲凉"，表现出很高的工作热情。后来，由于"大跃进"，人民公社化大炼钢铁，浪费了大量的人力、物力、财力，造成胶林管理放松，林段大片荒芜，有些林段灌木长到四五米高。1958年10月，为了跟上全国实现人民公社化的形势，农场还与和庆公社合并为全民所有制的上游人民公社，6个月后又恢复各自建制。1959年农场划进和祥地区的土地，农场抽调了大量劳力集中到和祥开荒定植橡胶。劳力较缺，加上1959—1960年连续遇上自然灾害，地方粮食大减产，无粮供应农场，造成农场粮食十分困难，职工每天只有 3 两米，大家饿着肚子干苦工，工效很低，林段灭荒工作一时难以完成。当时职工们靠挖山薯、采番薯叶、革命菜等充饥，许多人因营养不良得了水肿病。1960 年农场来了一大批退伍军人加强了职工队伍的力量，才将林段灭荒任务完成。从1960 年开始，为克服粮食缺少困难，全场各单位开始开水田种水稻，开荒坡种番薯，大挖林段间种木薯，以补充粮食不足。至 1961 年后期全国粮食开始丰收，农场职工粮食困难状况才逐步解决。1961 年以后职工每餐有 2 两米粥加 1 斤煮熟的木薯或番薯。

从 1959 年开始，西流农场开始有少部分胶树开割，这些胶树都是 1951—1952 年定植，1955 年寒害未冻死的，株数很少又很分散。

至 1961 年，西流农场全面贯彻中共中央关于对国民经济实行"调整、巩固、充实、提高"的八字方针，缩短基本建设战线，自力更生克服困难，1962 年初见成效，经济生活紧张状况缓解。1962 年西流农场给国家提供干胶 562 吨，上缴利润和税金共 224.7万元。

从 1963 年开始，农场的经营管理进入新的时期。1963 年，开始推行胶园"四化"（良种化、梯田化、覆盖化、林网化）建设，从此橡胶生产逐步提高到了一个新的水平。之后，海南农垦局根据国务院制定的经营管理五条和农垦部制定的经营管理十六条的精神制定"三定一奖"（定人员、定费用、定任务、超产奖）。西流农场贯彻执行"三定一奖"后，大大地调动了职工生产的积极性，加强了对橡胶林段的控萌管理，不让橡胶林段再次荒芜。为了提高干胶产量，农场加强了对开割胶树的施肥，发动全场职工义务献肥，此外还在林段挖水肥缸给胶树施水肥，从而使干胶产量逐年提高，到 1969 年农场年干胶产量已达到 1027 吨，第一次超千吨。在管好胶割好胶的基础上，还加快了橡胶的发展速度，1963—1965 年共开荒定植橡胶 3070 亩 70100 株，农场的芽接树都是从这时开始种的。

从 1967 年 1 月开始，农场的正常生产秩序被打乱，对农场各项工作造成一定影响。

（三）兵团建制时期（1969 年 4 月—1974 年）

1969 年 4 月，农垦划归中国人民解放军领导，成立广州军区生产建设兵团，西流农场编为第五师第五团。1968 年下半年来场的一批广州、汕头知青和化州政治学徒，其中后来有许多人成为农场的骨干，加强了职工队伍的力量，职工的思想素质和文化素质有了较大的提高。

1972 年，在橡胶生产上，由于犯急于求成的错误，造成不必要的损失浪费：一是在种胶上只讲速度不讲质量，造成许多胶树补植换植；二是割胶方面，由于 1969—1971 年违背橡胶生产的自然规律，违反技术规程实行加刀强割，使 1972—1974 年产量下降，造成不必要损失，付出一定的代价。这一时期，农场曾于 1974 年 4 月接管五师七团（加来农场）美积、沧浪一带的土地（即农场原 21 连、23 连），而将和祥地区的土地移交给了五师十三团（和岭农场）。

（四）恢复农场建制时期（1974 年至今）

1974 年 8 月西流农场恢复农垦体制。1975 年 12 月西流农场将美积、沧浪的土地归还加来农场。1977 年 4 月，和岭农场也将和祥的土地归还了西流农场。

从 1975—1977 年，西流农场对橡胶生产进行调整，花一定力气解决前几年橡胶发展遗留下来的问题，核实面积，加强管理，取得初步成效。但由于"学大寨"造梯田等政治运动，因而这 3 年橡胶发展步伐还是比较缓慢。

1978 年中共十一届三中全会制定了中国实行改革开放的政策，这在西流农场的发展史上是一个重大的转折点。配合全国改革开放的新形势，西流农场在海南农垦局的直接领导下，积极进行管理体制的改革，努力探索搞活企业经营的路子，加强了两个文明建设，积极调整产业结构，农场生产不断发展，企业的自主权扩大，企业的内在活力和经济实力明显增强。改革开放以来，西流农场出现了可喜变化：

1. 主业橡胶生产得到进一步发展 1978—1985 年，在实生树多、死皮多，干胶产量低的情况下，干胶生产年年超额完成生产计划。1982 年农场产量达到 2002 吨，第一次实现"双千吨"目标；1978—1985 年，7 年生产干胶 10312.6 吨，上缴利润、折旧、税金共 2664.5 万元。据 1982 年统计，国家对农场累计投资 2007 万元，累计积累 7858 万元，两相抵销后净积累 5851 万元，投资回收率达 392%；在海南农垦局所属各场中，投资回收率仅次于西庆场而居第二位。从 1985 年起，农场开始对低产实生老胶树进行大面积更新，平均每年以 2000 亩至 3000 亩的速度倒树。在胶树不断减少，干胶产量逐年下降的情况下，照样年年超额完成干胶生产计划。与此同时，抓好橡胶定植，建设好第二代胶园，至 1994 年止，全场已种第二代橡胶 13269 亩共 48 万株，其中少部分现已开始割胶。

2. 产业结构改革取得初步成就 农场从过去的单一种植橡胶开始转为发展多种经营。从 1986 年起在更新的林段实行立体农业种植，在橡胶行间种胡椒、咖啡、甘蔗等中短期作物，至 1987 年底已种咖啡、胡椒 1276 亩。1992 年开始种植澳洲坚果、荔枝、龙眼、杧果等水果，至 1994 年底水果种植面积已发展 937 亩，同时还种有甜笋、甘蔗等一批热带经济作物。场办工业的发展也十分迅速，20 世纪 80 年代以来，农场在原有标准胶厂、修配厂、粮油加工厂、胶杯厂的基础上，先后办起了塑料编织袋厂、彩色玻璃马赛克厂、木材厂、红砖厂等工厂，1992 年全场工业产值达 2365 万元，首次实现工农业产值平分秋色的目标。商贸、建筑、运输等第三产业也取得可喜成绩。

3. 小城镇建设取得成效 至 2019 年，农场机关建起 2 幢办公大楼，建成 1 幢 3 层的招待所，场部铺设 1 公里长的水泥路，场区安装了有线电视，建成 1 项饮水工程。

4. 职工收入逐年提高，生活得到极大改善 从 1978 年开始，农场家庭可以发展养猪，种自留地，从此掀开了职工工余时间劳动致富的新篇章，职工除工资外有了副业收入，极大地改善了职工的生活。1978 年全场职工工资总额为 350.5 万元，职工年人均工资 558.50 元，1994 年职工工资总额为 1360 万元，职工年人均工资 1970 元；若按 1995 年 6 月开始实发的套改工资计算，则职工年人均工资已达 2410 元，分别比 1978 年提高了 253％和 332％，若加上奖金和职工自营经济收入等则更高。全场 90％以上的家庭有电视机，职工人均存款 2150 元，职工人均住房面积增加了 3.5 倍。全场 33 个生产队全部通电照明，部分生产队安装了自来水。

5. 文化教育卫生事业蓬勃发展 现有 1 所中学，1 所中心小学，6 所完全小学。场中学先后建起了 3 幢教学大楼，1 幢实验楼，3 幢教师宿舍楼，2 幢学生宿舍楼。1993 年，场中学办成海南省农垦高级职业中学，设财会、市场营销、机电等专业，师资力量较雄厚，教学设备也较完善。同年，建成一座拥有 400 米环形跑道的标准田径运动场，并于 1994 年 4 月成功举办海南农垦第三届中学生田径运动会。1995 年 2 月，场职业中学被海南农垦总局定为职业技术教育示范校。场职工医院 1980 年建成石条结构的抗震大楼一座，分门诊和病房两部分，设有病床 80 张，医疗设备和医疗水平都在不断提高，绝大多数患者可在场医院治愈。场医院比较重视抓好卫生防疫工作，使"预防为主"的方针得到进一步落实，有效地控制了各种病情的发生。

6. 社会治安综合治理工作取得显著成绩 农场地处儋州、临高、澄迈三县（市）交界处，毗邻 6 个乡（镇），19 个管区 109 个自然村，20 世纪 80 年代初，附近农村有一些不法分子到农场滋事骚扰，偷胶毁林现象较严重，治安形势较严峻。为了严厉打击各种违法犯罪活动，农场狠抓社会治安综合治理，落实"谁主管，谁负责"的原则，坚持打、防、管、建相结合，开展专项斗争，搞好场乡联防，建立各种治安防范网络，搞好护林保胶，确保干胶生产正常秩序，有效地止住了偷胶毁林歪风，案件发案率逐年下降，为职工安居乐业创造了良好的社会环境。由于工作成绩显著，农场综治委、派出所多次被海南农垦总局和儋州市政府评为社会治安先进单位、保胶护林先进单位。西流农场 1992 年和 1993 年连续两年被海南省授予省"社会治安综合治理"先进单位，1993 年场派出所的干警经省公安厅批准荣立集体三等功。

四、西流农场历届领导人

西流农场历届副场级以上领导如下表。

附表 3　西流农场历届领导人

序号	年份	姓名	职务	备注
1		张运用	场长	1951 年 1 月至 1952 年底任职（木排场）
2		王之仁	场长	1952 年底起任职（木排场）
3		陈会富	副场长	木排场
4	1951 年 1 月— 1954 年初	符妠南	副场长	木排场
5		王文明	场长	1952 年初起任职（大域场）
6		符气连	场长	1953 年初起任职（一〇五七场）
7		陈德敬	场长	1953 年初起任职（一〇五八场）
1		符气元	场长	木排垦殖场
2		王之平	党委书记	木排垦殖场
3	1954 年初— 1955 年初	林志高	党委书记	木排垦殖场
4		朱运禧	场长	和庆垦殖场
5		钟　震	党委书记	和庆垦殖场
1		符气元	场长	—
2		林志高	党委书记	—
3		詹道三	副场长	—
4		陈克君	副场长	—
5	1955 年初—1957 年 4 月（西流垦殖场）	王澄标	副场长	—
6		王　雄	副场长	—
7		符国顺	工会主席	后任副场长
8		黄守琳	工会主席	—
9		符锡英	团委书记	—
1		冼书敬	场长	—
2		谢克之	党委书记	1959 年 1 月至 1961 年 7 月在任
3		李　凯	党委书记	1961 年 8 月至 1964 年 1 月在任
4		钟德宽	党委书记	1964 年 2 月起任职
5	1957 年 4 月—1969 年 4 月（西流农场）	王文明	副场长	—
6		祝为田	副场长	—
7		周思仁	党委副书记	—
8		胡观连	党委副书记	—
9		谢志雄	工会主席	—
10		翁绍川	工会主席	—

（续）

序号	年份	姓名	职务	备注
1	1969 年 4 月—1974 年 8 月（兵团五师五团）	郑忠厚	团长	—
2		李向荣	政委	任职至 1972 年 5 月
3		钟德宽	副政委	1972 年 5 月起任政委
4		李步海	副团长	—
5		周恩仁	副团长	—
6		张广泰	副政委兼政治处主任	1971 年 8 月起任职
1	1974 年 9 月—1975 年 9 月（西流农场交接工作领导小组）	钟德宽	组长	—
2		符锡书	组长	—
3		李步海	副组长	—
4		冯尔忠	副组长	—
5		周恩仁	组员	—
6		王文明	组员	—
7		胡观连	组员	—
8		林廷军	组员	—
9		蓝炳生	组员	—
1	1975 年 10 月—1980 年 12 月（西流农场）	李步海	场长	任职至 1978 年 5 月
2		符锡书	党委书记	—
3		林廷军	党委副书记兼副场长	—
4		赖诗仁	党委副书记	1979 年 8 月起改任副场长
5		冯尔忠	党委副书记	—
6		李楚珍（女）	党委副书记	1979 年 8 月起任职
7		林玉伦	副场长	—
8		周恩仁	副场长	—
9		黄奇坚	工会主席	—
1	1981 年 1 月—1984 年 10 月	肖 东	场长	—
2		林廷军	党委书记	—
3		冯尔忠	党委副书记兼纪委书记	—
4		李楚珍（女）	党委副书记	任职至 1981 年 4 月
5		赖诗仁	副场长	—
6		周恩仁	副场长	任职至 1982 年 7 月
7		林玉伦	副场长	—
8		陈贻钦	副场长、会计师	1983 年起任职
9		黄公权	副场长	1983 年 8 月起任职
10		黄奇坚	工会主席	—

（续）

序号	年份	姓名	职务	备注
1	1984 年 10 月—1990 年 2 月	戚火贵	场长	任职至 1989 年 10 月
2		林廷军	党委书记	—
3		冯尔忠	党委副书记兼纪委书记	1985 年 12 月起不兼纪委书记
4		张其辉	副场长	任职至 1989 年 11 月
5		黄公权	副场长	任职至 1989 年 8 月
6		黄孔泽	副场长	1986 年起任职
7		谢永强	副场长	1988 年起任职
8		黄亚安	副场长	—
9		王国防	纪委书记	—
10		林赞华	工会主席	—
11		肖　东	正场巡视员	—
12		林玉伦	副场巡视员	任职至 1986 年 6 月
13		陈贻钦	会计师	保留副场待遇
1	1990 年 3 月—1994 年 1 月	周德琳	场长	—
2		林廷军	党委书记	任职至 1990 年 12 月
3		冯厚标	党委书记	1990 年 12 月起任职
4		王少强	党委副书记	—
5		冯尔忠	党委副书记兼纪委书记	—
6		邓建明	副场长	—
7		邱伟锋	副场长	—
8		王国防	副场长	—
9		林赞华	副场长兼武装部长	—
10		陈小川	副场长	—
11		黄孔泽	副场长	任职至 1991 年
12		陈宋文	工会主席	—
1	1994 年 1 月—1995 年 7 月	邓建明	场长	—
2		冯厚标	党委书记	—
3		王少强	党委副书记	—
4		冯尔忠	党委副书记兼纪委书记	—
5		邱伟锋	副场长	—
6		王国防	副场长	—
7		林赞华	副场长兼武装部长	—
8		陈宋文	工会主席	—

（续）

序号	年份	姓名	职务	备注
1		邱伟锋	场长	—
2		邓建明	党委书记	—
3		王少强	党委副书记兼纪委书记	—
4		王国防	副场长	1997 年调离
5		林赞华	副场长兼武装部长	—
6	1995 年 7 月— 2000 年	陈宋文	工会主席	1998 年调离
7		林子春	副场长	1997 年调入
8		李 刚	副场长	1999 年—2001 年
9		曾万玉	场长助理	1999 年任命
10		赵传钦	场长助理	1999 年任命
11		姚亚朝	场长助理	1999 年任命
1		邱伟锋	场长	—
2		邓建明	党委书记	—
3		冼国辉	党委书记	2002 年 7 月调入西流农场
4		王少强	党委副书记兼纪委书记、工会主席	—
5	2000—2002 年	林子春	副场长	—
6		黄海忠	副场长	2001 年任命
7		曾万玉	场长助理	—
8		赵传钦	场长助理	—
9		姚亚朝	场长助理	—
1		邱伟锋	场长	2005 年兼海胶西流分公司经理
2		冼国辉	党委书记	—
3	2003—2007 年	王少强	党委副书记兼纪委书记、工会主席	—
4		林子春	副场长	2005 年兼海胶西流分公司副经理
5		黄海忠	副场长	2005 年兼海胶西流分公司副经理
6		曾万玉	副场长	2003 年任命
1		冼国辉	党委书记、场长、社区管理委员会主任	—
2	2008—2009 年	王少强	党委副书记兼纪委书记、工会主席	—
3		曾万玉	副场长	—

五、西流农场历年被上级授予的荣誉称号及单位

附表 4　西流农场历年被授予的信誉称号及单位

时间	被授予单位	荣誉称号	授予单位
1978 年度	西流农场	先进集体	国家农垦部
1979 年度	西流农场	红旗单位	广东省人民政府
1979 年度	西流农场	红旗单位	国家农垦部
1979 年度	红卫队	先进集体	国家农垦部

六、西流农场历年被国家各部委授予的劳动模范、先进生产(工作)者名单

林成富：1956 年"全国农业水利先进生产（工作）者代表会议"表彰的先进生产者。

王敬时：1979 年"全国农垦系统红旗单位、先进集体和先进生产者会议"表彰的"全国农垦先进生产（工作）者"。

林　廷：国家农垦部 1981 年 4 月授予全国农垦系统普通教育先进教师。

七、西流农场历届荣获全国优秀割胶工称号人员名单

1985 年度（第 1 届）：黎其凤、张淑珠、傅群英、董海清、王连娥；

1986 年度（第 2 届）：黄础婵、王赛伟、梁焕彩；

1987 年度（第 3 届）：甘海坚、张秀香、张淑英；

1988 年度（第 4 届）：陈学观；

1989 年度（第 5 届）：陈佩花、黄础婵；

1990 年度（第 6 届）：王连梅、王赛伟、张秀香；

1991 年度（第 7 届）：张菊芬；

1992 年度（第 8 届）：黄础婵、陈御清、王丽珍、陈佩花；

1993 年度（第 9 届）：张秀香、陈兆连、陈学忠、王赛伟；

1994 年度（第 10 届）：黎小葵、黄家珍、周亚俭。

八、省级授予的劳动模范、先进生产（工作）者名单

符凤鸣：1953 年"华南垦殖局首届劳模庆功大会"表彰的劳动模范，林业部一等劳动模范。

佑晚弟、李英、曾纪光：1956 年 3 月华南垦殖局第一次先进生产（工作）者代表会议表彰的先进生产（工作）者。

李崇升：1959 年 3 月"广东省第二届工矿、交通运输企业先进单位和先进生产（工作）者代表会议"表彰的先进生产（工作）者。

谢子元、卢善、朱自羽：1963 年 3 月"广东省工业、交通、基建、农业、财贸方面社会主义建设先进集体和先进生产（工作）者代表大会"表彰的先进生产（工作）者。

李志明：1982 年 9 月"广东省职工先进生产（工作）者和先进集体代表大会"表彰的省先进生产（工作）者。

陈丽珠（女）：1983 年 6 月"广东省财务、会计工作先进集体和先进工作者代表会议"表彰的省先进工作者。

1952—2020 年西联农场党政领导名录

附表 5　1952—2020 年西联农场党政领导名录

序号	年份	姓名	职务	备注
1	1952 年 5 月至 11 月	黄锡吾	洛南站党支部书记	—
1	1952 年 12 月至 1954 年 2 月	刘克安	中共南联垦殖场党总支书记	—
2		陈乃如	场长	—
3		黄锡吾	副场长	—
1	1954 年	王定泰	洛基场党委书记	后改为西泉农场
1	1954 年 3 月至 1957 年 3 月	吴修一	南联垦殖场场长	—
2		朱 力	南联垦殖场副场长	—
3		郝向前	副场长	—
4		龚硕惠	中共南联场委员会党委书记	1954 年 3 月任命至 1957 年 3 月调出
5		潘仲全	党委副书记	
1	1955 年	吴修一	南联垦殖场场长	—
2		朱 力	副场长	—
3		郝向前	副场长	—
4		王传训	副场长	—
1	1956 年	吴修一	南联垦殖场场长	—
2		龚硕惠	南联垦殖场书记	—
3		潘仲全	副书记	—
4		郝向前	副场长	—
5		朱 力	副场长	—
6		王传训	副场长	—
7		黄锡吾	副场长	—
1	1957 年	郝向前	场长	—
2		黄锡吾	副场长	—
3		李 侃	中共西联垦殖场委员会书记	1957 年 4 月至 1959 年 7 月
4		潘仲全	副书记	—
5		王 礼	工会主席	—
1	1958 年	郝向前	场长	—
2		李 侃	中共西联垦殖场委员会书记	—
3		潘仲全	副书记	—
3		王 礼	工会主席	—

（续）

序号	年份	姓名	职务	备注
1	1959 年	黄锡吾	西联农场场长	—
2		肖　东	副场长	—
3		王　礼	副场长	—
4		吴安义	副场长	—
5		郝向前	中共国营西联农场委员会书记	1959 年 8 月任命
6		邓光明	副书记	1959 年 12 月调出
7		郑庆志	副书记	1959 年 12 月调出
8		李成林	副书记	1959 年 12 月调出
1	1960 年	郝向前	书记	—
2		黄锡吾	场长	—
3		王　礼	副场长	—
4		肖　东	副场长	—
5		伍惠珍	王　礼	—
1	1961 年	郝向前	书记	1959 年 8 月至 1961 年 2 月
2		李玉忠	书记	1961 年 3 月至 1963 年 10 月
3		郑庆志	副书记	—
4		黄锡吾	场长	—
5		王　礼	副场长	—
6		肖　东	副场长	—
7		伍惠珍	副场长	—
1	1962 年	李玉忠	书记	—
2		黄锡吾	场长	—
3		郑庆志	副书记	—
4		李汇业	副书记	1962 年 8 月任命
5		肖　东	副场长	—
6		王　礼	副场长	—
7		伍惠珍	副场长	—
1	1963 年	李玉忠	书记	—
2		黄锡吾	场长	—
3		李汇业	副书记	—
4		肖　东	副场长	—
5		伍惠珍	副场长	—
1	1964 年	黄锡吾	场长	—
2		郑庆志	副书记	—
3		李汇业	副书记	—
4		韩　云	副场长	—
5		伍惠珍	副场长	—

（续）

序号	年份	姓名	职务	备注
1	1965 年	黄锡吾	场长	—
2		李汇业	副书记	—
3		韩 云	副场长	—
4		吴安义	副场长	—
5		肖 东	副场长	—
6		伍惠珍	副场长	—
7		王 礼	副场长	—
1	1966 年	黄锡吾	代书记	1966 年 2 月 28 日至 1969 年 10 月
2		李汇业	副书记	—
3		伍惠珍	副场长	—
4		林桂波	副场长	—
1	1967—1969 年 10 月	成立"革委会"		1967 年 2 月党委被夺权
1	1969 年 11 月至 1973 年 1 月（五〇四团）	冯道元	政委	—
2		李树泰	团长	—
3		童海斌	副书记（副政委）	1971 年 8 月调出
3		黄世胄	参谋长	—
4		李汇业	政治处主任	—
5		杨东惠	生产处	—
1	1971 年	冯道元	政委	—
2		李树泰	团长	—
3		黄世胄	参谋长	—
4		李汇业	政治处主任	—
5		杨东惠	生产处长	—
6		于长海		—
1	1973 年 2 月至 1974 年 9 月	袁德山	广州军区生产建设兵团党委书记（政委）	1973 年 2 月任命，1974 年 10 月成立接收小组，接收兵团。（根据中央精神"解散兵团移交地方管理"）
2		于长海	副书记（副政委）	—
3		伍惠珍	副团长	1973 年 12 月任命
1	1974 年 10 月至 1975 年 9 月	黄锡吾	组长	—
2		李汇业	副组长	接收兵团后主持日常工作至 1975 年 9 月
3		伍惠珍	副组长	—
4		郑俊齐	副组长	—
1	1975 年 10 月至 1976 年 10 月	黄锡吾	党委书记	海南区党委任命
2		杨秀先	党委副书记	—
3		陈小利	党委副书记	—

（续）

序号	年份	姓名	职务	备注
1	1978 年	黄锡吾	党委书记	—
2		杨秀先	党委副书记	—
3		覃振华	党委副书记	1978 年 4 月任命
4		陈小莉	党委副书记	—
5		王文明	副场长	—
6		范锡光	副场长	—
7		伍惠珍	副场长	—
8		唐碧林	副场长	—
1	1979 年	黄锡吾	党委书记	—
2		韩 云	场长	1979 年 10 月任职
3		杨秀先	党委副书记	—
4		覃振华	党委副书记	—
5		陈小莉	党委副书记	—
6		王文明	副场长	—
7		范锡光	副场长	—
8		伍惠珍	副场长	—
9		唐碧林	副场长	—
1	1980 年	黄锡吾	党委书记	—
2		韩 云	场长	—
3		杨秀先	党委副书记	—
4		覃振华	党委副书记	—
5		王文明	副场长	—
6		范锡光	副场长	—
7		伍惠珍	副场长	—
1	1981 年	黄锡吾	党委书记	—
2		韩 云	场长	—
3		杨秀先	党委副书记	—
4		王文明	副场长	—
5		范锡光	副场长	—
6		伍惠珍	副场长	—
7		黄先进	（常委）	—
1	1982 年	梁华忠	党委书记	—
2		韩 云	场长	—
3		黄先进	党委副书记	—
4		黄奇坚	党委副书记	—
5		王文明	副场长	—
6		范锡光	副场长	—
7		符永光	副场长	1982 年 2 月调任
8		伍惠珍	副场长	1982 年 4 月退休
9		黄远明	副场长	—

（续）

序号	年份	姓名	职务	备注
1		梁华忠	党委书记	—
2		韩　云	场长	—
3		黄先进	党委副书记	—
4	1983 年	黄奇坚	党委副书记	—
5		王文明	副场长	—
6		范锡光	副场长	—
7		符永光	副场长	—
8		黄远明	副场长	—
1		梁华忠	党委书记	—
2		韩　云	场长	—
3		黄先进	党委副书记	—
4		黄奇坚	党委副书记	1984 年 3 月调离
5	1984 年	黄闻章	党委副书记	—
6		范锡光	副场长	—
7		符永光	副场长	—
8		黄远明	副场长	—
9		王文明	副场长	—
10		熊师胜	副场长	1984 年 10 月调任
1		梁华忠	党委书记	—
2		韩　云	场长	—
3		黄先进	党委副书记	—
4	1985 年	黄闻章	党委副书记	—
5		范锡光	副场长	—
6		黄远明	副场长	—
7		熊师胜	副场长	—
8		符永光	副场长	—
1		梁华忠	党委书记	—
2		韩　云	场长	—
3	1986 年	黄先进	党委副书记	—
4		黄远明	副场长	—
5		熊师盛	副场长	—
6		黄祖康	副场长	—
1		梁华忠	党委书记	—
2		韩　云	场长	—
3	1987 年	范锡光	党委副书记	—
4		黄文章	党委副书记	—
5		黄祖康	副场长	—
6		杨无琼	副场长	—

（续）

序号	年份	姓名	职务	备注
1	1988 年	范锡光	党委书记	1988 年 6 月任职
2		韩　云	场长	—
3		林伟松	党委副书记	—
4		黄闻章	党委副书记	—
5		黄远明	副场长	—
6		杨元琼	副场长	—
7		唐碧林	副场长	—
1	1989 年	范锡光	党委书记	—
2		韩　云	场长	—
3		林伟松	党委副书记	—
4		黄闻章	党委副书记	—
5		黄远明	副场长	—
6		杨元琼	副场长	—
7		唐碧林	副场长	—
1	1990 年	范锡光	党委书记	—
2		韩　云	场长	—
3		林伟松	党委副书记	—
4		黄闻章	党委副书记	—
5		黄远明	副场长	—
6		杨元琼	副场长	1990 年 6 月调离
7		唐碧林	副场长	—
8		王世平	副场长	1990 年 3 月任职
1	1991 年	林伟松	党委书记	—
2		范锡光	场长	—
3		黄月才	党委副书记兼纪委书记	—
4		黄远明	副场长	—
5		黄闻章	副场长	—
6		唐碧林	副场长	—
7		沈中建	工会主席	—
1	1992 年	林伟松	党委书记	—
2		范锡光	场长	—
3		黄月才	党委副书记兼纪委书记	—
4		黄远明	副场长	—
5		张鉴源	副场长	—
6		黄闻章	副场长	—
7		唐碧林	副场长	1992 年 7 月调离
8		吴荣华	副场长	1992 年 10 月任命
9		简纯林	副场长	—
10		沈中建	工会主席	—

（续）

序号	年份	姓名	职务	备注
1	1993 年	林伟松	党委书记	—
2		范锡光	场长	1993 年 12 月 21 日退休
3		黄闻章	副场长	—
4		张鉴源	副场长	—
5		黄远明	副场长	—
6		沈中建	工会主席	—
1	1994 年	林伟松	党委书记	—
2		黄月才	副书记	—
3		简纯林	场长	—
4		黄闻章	副场长	—
5		张鉴源	副场长	—
6		黄远明	副场长	1994 年 4 月 1 日退休
7		沈中建	工会主席	—
1	1995 年	林伟松	党委书记	—
2		黄月才	副书记	—
3		简纯林	场长	—
4		黄闻章	副场长	—
5		张鉴源	副场长	—
6		温小玉	副场长	1995 年 1 月 20 日任职
7		沈中建	工会主席	—
1	1996 年	林伟松	党委书记	—
2		黄月才	副书记	—
3		简纯林	场长	—
4		黄闻章	副场长	—
5		张鉴源	副场长	—
6		温小玉	副场长	—
7		简陈洪	工会主席	—
1	1997 年	林伟松	党委书记	—
2		黄月才	副书记	—
3		简纯林	场长	—
4		黄闻章	副场长	—
5		温小玉	副场长	—
6		林开周	副场长	—
7		简陈洪	工会主席	—

（续）

序号	年份	姓名	职务	备注
1		林伟松	党委书记	1998 年 4 月任场长
2		黄月才	副书记	1998 年 4 月离休
3		简陈洪	副书记	—
4		简纯林	场长	1998 年 4 月调往农垦总局
5	1998 年	吴荣华	副场长	—
6		温小玉	副场长	—
7		林开周	副场长	—
8		黎玉清	副场长	—
9		王少明	副场长	1998 年 6 月任副场长
10		黄文章	工会主席	—
1		林伟松	党委副书记、场长	—
2		简陈洪	党委副书记	—
3		黄闻章	党委副书记兼工会主席	—
4	1999 年	吴荣华	副场长	—
5		温小玉	副场长	—
6		黎玉清	副场长	—
7		王少明	副场长	—
1		林伟松	党委副书记、场长	—
2		简陈洪	党委副书记	—
3		黄闻章	党委副书记兼工会主席	—
4	2000 年	吴荣华	副场长	—
5		温小玉	副场长	—
6		黎玉清	副场长	—
7		王少明	副场长	—
1		简陈洪	党委书记、场长；公司董事长	
2		林伟松	党委副书记；公司副董事长、总经理	—
3		吴荣华	党委副书记、纪委书记；公司监事会主席	
4	2001 年	黄闻章	公司工会主席	—
5		王少明	公司副总经理	—
6		黎玉清	公司副总经理	—
7		温小玉	社区管委会主任	
1		简陈洪	党委书记、场长；公司董事长	
2		林伟松	党委副书记；公司副董事长、总经理	
3		吴荣华	党委副书记、纪委书记；公司监事会主席	
4	2002 年	黄闻章	公司工会主席	—
5		王少明	公司副总经理	—
6		黎玉清	公司副总经理	—
7		温小玉	社区管委会主任	

（续）

序号	年份	姓名	职务	备注
1	2003年	简陈洪	党委书记、场长；公司董事长	
2		林伟松	党委副书记；公司副董事长、总经理	—
3		吴荣华	党委副书记、纪委书记；公司监事会主席	
4		黄闻章	公司工会主席	—
5		王少明	公司副总经理	—
6		黎玉清	公司副总经理	
7		温小玉	社区管委会主任	—
1	2004年	简陈洪	党委书记	
2		李智全	党委副书记、农场场长、公司董事长	
3		黎玉清	公司总经理	
4		吴荣华	党委副书记、纪委书记、工会主席	
5		朱坚	副场长、公司副总经理	2004年6月到总局社保处挂职
6		刘晓联	副场长、公司副总经理	2004年10月9日任职
7		黄闻章	工会主席	2004年10月9日退居二线
8		温小玉	社区管委会主任	2004年10月10日退居二线
1	2005年	黎玉清	党委书记	—
2		欧阳文溪	农场场长、西联分公司总经理	2005年5月9日任职
3		吴荣华	党委副书记、纪委书记、工会主席	
4		朱坚	副场长	—
5		刘晓联	西联分公司副总经理	—
1	2006年	黎玉清	党委书记	—
2		欧阳文溪	农场场长、西联分公司总经理	
3		吴荣华	党委副书记、纪委书记、工会主席	
4		朱坚	副场长	
5		刘晓联	西联分公司副总经理	—
1	2007年	黎玉清	党委书记	—
2		欧阳文溪	农场场长、西联分公司总经理	
3		吴荣华	党委副书记、纪委书记、工会主席	2007年4月调离
4		朱坚	副场长	—
5		刘晓联	西联分公司副总经理	—
1	2008年	黎玉清	农场党委书记	2008年9月5日任场长、社区管理委员会主任
2		欧阳文溪	农场场长	任职至2008年9月5日
3		朱坚	农场副场长	—
4		欧阳文溪	海胶西联分公司总经理	
5		刘晓联	海胶西联分公司副总经理	—

（续）

序号	年份	姓名	职务	备注
1	2009 年	冼国辉	党委书记	2009 年 3 月任职
2		黎玉清	场长	—
3		王国防	党委副书记、工会主席	2009 年 3 月任职
4		王少强	党委副书记、纪委书记	2009 年 3 月任职，2009 年 5 月调省农垦总局第七纪检审计派驻组
5		朱 坚	副场长	—
6		曾万玉	副场长	2009 年 3 月任职
7		林发挥	副场长	2009 年 4 月任职
1	2010 年	冼国辉	党委书记	—
2		黎玉清	场长	—
3		王国防	党委副书记、工会主席	—
5		朱 坚	副场长	—
6		曾万玉	副场长	—
7		林发挥	副场长	—
1	2011 年	冼国辉	党委书记	2011 年 8 月调往龙江农场
2		卢 明	党委书记	2011 年 8 月任职
3		黎玉清	场长	2011 年 4 月调往蓝洋农场
4		王兵祚	场长	2011 年 4 月任职
5		王国防	党委书记、工会主席	—
6		曾万玉	副场长	—
7		林发挥	副场长	—
8		符锡拥	副场长	2011 年 4 月任职
1	2012 年	卢 明	党委书记	—
2		王兵祚	场长	—
3		王国防	党委书记、工会主席	—
4		曾万玉	副场长	—
5		林发挥	副场长	—
6		符锡拥	副场长	—
7		王明灵	场长助理	—
1	2013 年	卢明	党委书记	—
2		王兵祚	场长	—
3		王国防	党委书记、工会主席	—
4		曾万玉	副场长	—
5		林发挥	副场长	—
6		符锡拥	副场长	—
7		刘杰文	投资公司副总经理、场长助理	—
8		王明灵	场长助理	—

（续）

序号	年份	姓名	职务	备注
1		卢明	党委书记	—
2		王兵祚	场长	—
3		王国防	党委书记、工会主席	—
4	2014 年	曾万玉	副场长	2014 年 10 月调蓝洋农场
5		林发挥	副场长	2014 年 10 月办理退休
6		符锡拥	副场长	—
7		刘杰文	投资公司副总经理、场长助理	—
8		王明灵	场长助理	2014 年 10 月办理退休
1		卢明	党委书记	—
2		王兵祚	场长	—
3	2015 年	王国防	党委书记、工会主席	2015 年 2 月办理退休
4		符锡拥	副场长	—
5		刘杰文	副场长	—
1		卢 明	党委书记	—
2	2016 年	王兵祚	场长	—
3		符锡拥	副场长	—
4		刘杰文	副场长	—
1		卢 明	党委书记	—
2	2017 年 1 月至 3 月	王兵祚	场长	—
3		符锡拥	副场长	—
4		刘杰文	副场长	—
1		何传经	党委书记、董事长	—
2		王兵祚	董事	—
3		郭应雄	董事	—
4		石向荣	董事	—
5	2017 年 4 月至 12 月	符锡拥	党委委员	—
6		刘杰文	党委委员	—
7		焦见芬	副总经理	—
8		何华兵	财务总监	—
9		陈干忠	监事	—
10		谢永斌	董事会秘书	—
1		何传经	党委书记、董事长	—
2		王兵祚	董事	—
3		郭应雄	董事	—
4		石向荣	董事	—
5		苏保财	总经理	—
6	2018 年	符锡拥	党委委员	2018 年 2 月调海胶西培分公司
7		刘杰文	副总经理	—
8		焦见芬	副总经理	—
9		何华兵	财务总监	—
10		曾万玉	监事	—
11		谢永斌	董事会秘书	—

（续）

序号	年份	姓名	职务	备注
1	2019年	何传经	党委书记、董事长	—
2		苏保财	董事、党委副书记、总经理	—
3		王兵祚	董事	—
4		郭应雄	董事	2019年1月至3月担任公司董事
5		石向荣	董事	2019年1月至3月担任公司董事
6		许伟东	董事	2019年4月担任公司董事
7		郭海滨	董事，党委副书记、纪委书记兼工会主席	
8		刘杰文	副总经理	—
9		符冠豪	副总经理	—
10		沈元明	财务总监	—
11		曾万玉	监事	—
12		谢永斌	董事会秘书	—
1	2020年	何传经	党委书记、董事长	2020年9月担任八一公司党委书记、董事长
2		苏保财	董事、党委副书记、总经理	—
3		王兵祚	董事	2020年9月办理退休
4		许伟东	董事	
5		郭海滨	董事、党委副书记、纪委书记兼工会主席	
6		羊博锴	董事	2020年9月任西联农场公司董事
7		刘杰文	常务副总经理	—
8		符冠豪	副总经理	—
9		沈元明	财务总监	—
10		曾万玉	监事	2020年8月办理退休
11		谢永斌	董事会秘书	—
12		何钦宝	总经理助理	—

海南橡胶西联分公司历任领导干部名单

附表6　海南橡胶西联分公司历任领导名单

序号	年度	姓名	职务	备注
1	2009	何启义	党委书记	—
2		羊荣伟	总经理	—
3		刘晓联	副总经理	—
4		林子春	副总经理	—
5		李卫雄	副总经理	—
6		李礼侬	副总经理	—
1	2010	何启义	党委书记	—
2		羊荣伟	总经理	—
3		刘晓联	副总经理	—
4		林子春	副总经理	—
5		李卫雄	副总经理	—
6		李礼侬	副总经理	—
1	2011	何启义	党委书记	—
2		羊荣伟	总经理	任职至2011年6月
3		郭应雄	总经理	于2011年7月任职
4		刘晓联	副总经理	—
5		林子春	副总经理	—
6		李卫雄	副总经理	—
7		李礼侬	副总经理	—
8		谢兴欢	总经理助理	—
1	2012	何启义	党委书记	—
2		郭应雄	总经理	—
3		刘晓联	副总经理	任职至2012年7月
4		林子春	副总经理	—
5		李卫雄	副总经理	—
6		李礼侬	副总经理	—
7		谢兴欢	总经理助理	—
1	2013	何启义	党委书记	—
2		郭应雄	总经理	—
3		林子春	副总经理	任职至2013年11月
4		李卫雄	副总经理	—
5		李礼侬	副总经理	—
6		谢兴欢	副总经理	—

（续）

序号	年度	姓名	职务	备注
1		何启义	党委书记	任职至 2014 年 3 月
2		许伟东	党委书记	—
3		郭应雄	总经理	—
4	2014	李卫雄	副总经理	—
5		李礼依	副总经理	—
6		谢兴欢	副总经理	—
7		李选明	总经理助理	—
1		许伟东	党委书记	—
2		郭应雄	总经理	—
3		李卫雄	副总经理	—
4	2015	李礼依	副总经理	—
5		谢兴欢	副总经理	—
6		李选明	总经理助理	—
1		许伟东	党委书记	任职至 2016 年 1 月
2		吕用峰	党委书记	—
3		郭应雄	总经理	—
4		李卫雄	副总经理	—
5	2016	李礼依	副总经理	任职至 2016 年 7 月
6		谢兴欢	副总经理	—
7		谢德兴	副总经理	—
8		李选明	总经理助理	—
1		吕用峰	党委书记	—
2		郭应雄	总经理	—
3		李卫雄	副总经理	—
4	2017	谢兴欢	副总经理	—
5		谢德兴	副总经理	—
6		李选明	总经理助理	—
1		吕用峰	党委书记	任职至 2018 年 3 月
		郭应雄	总经理	任职至 2018 年 3 月
2		许伟东	党委书记	2018 年 4 月任职
3		许伟东	总经理	2018 年 4 月任职
4	2018	李卫雄	副总经理	—
5		谢兴欢	副总经理	—
		谢德兴	副总经理	—
6		李选明	总经理助理	—
7		谢建堂	总经理助理	2018 年 8 月任职

（续）

序号	年度	姓名	职务	备注
1		许伟东	党委书记	—
2		许伟东	总经理	—
3		李卫雄	副总经理	—
4	2019	谢德兴	副总经理	—
		谢兴欢	副总经理	
5		谢建堂	副总经理	2019 年 10 月任职
6		李选明	总经理助理	—
1		许伟东	党委书记	—
2		许伟东	总经理	—
3		李卫雄	副总经理	—
4	2020	谢德兴	副总经理	—
		谢兴欢	副总经理	
5		谢建堂	副总经理	
6		李选明	总经理助理	—

西联农场获国家级和省级表彰先进人物

欧学泗：1937 年生，他任西联农场东光队割胶班长时，为了多产胶，利用休息时间带领全家齐上阵，到自己割胶的岗位上压青、施肥 14000 多公斤；割胶树位在他的精心管护下，产胶水量显著提升，1978 年产胶水 5080.5 公斤，超额完成胶水 1063.5 斤，比上年度增长 13.8%。在完成本职工作同时，他主动要求帮队里管理 2.59 亩水田，全年收获稻谷 2914 斤，平均亩产 1125 斤，并无偿将稻谷上缴给国家。1979 年获广东省人民政府授予的劳动模范称号。

黎惠容：1925 年生，1956 参加农场工作，是东明队积肥班班长。1976—1978 年义务为国家生产稻谷 3407.5 斤、花生 199 斤。在工作中她勤劳苦干，带领全班职工月月超额完成积肥任务。1978 年队里下达的积肥任务是 782000 斤，实际完成 944000 斤，超额完成任务 26%。她将自己开垦出来的 9 分地种出来水稻 1270 斤上缴国家；她还业余管理一个岗位，1978—1979 年施肥达 6 万多斤，单株产量达 4.7 公斤，单产比同类型胶园提高 1 公斤。1979 年获广东省人民政府授予劳动模范称号。

罗坤明：西联农场红卫电站电工。1973 年参加工作以来，刻苦钻研科学知识，勇当技术革新创将。1979 年他和其他工人一起设计制造了电子自动并车仪、半自动闸门、水轮机半自动调节器、发电自动调速器，大大地提高电站供电效率，每年为国家节省 12000 多元。1979 年获广东省人民政府授予的劳动模范称号。

1979 年获广东省人民政府授予劳动模范称号的还有：刘元拾、陈坤荣、洪昌武、陈美莲、潘兴赐、符仍魁。

黄裕秀：1985 获得广东省人民政府授予的劳动模范称号。

刘学现：1999 年获全国五一劳动奖章、2020 年获得全国劳动模范和海南省劳动模范称号。

曾江：1956 年全国农业水利先进工作者。1956 年获华南垦殖局授予的先进生产（工作）者一等奖。1963 年广东省人民政府授予其社会主义建设先进生产（工作）者称号。

陈瑞祥、谭细槐、叶女太、李发荣：1963 年获广东省人民政府授予的工业、交通、基建、农业、财贸系统社会主义建设先进生产（工作）者称号。

林秉坤：1964 年获广东省授予的先进生产者称号。

黄锡吾：1979 年 3 月获国家农垦总局授予先进生产（工作）者称号。

罗坤明：1980 年获国家农垦部授予的先进生产（工作）者称号。

骆维安：1980 年获广东省授予的先进教师称号。

黄裕秀：1982 年获广东省人民政府授予的先进生产（工作）者称号；1985 年获广东省人民政府授予的劳动模范称号。

梁华忠：1986 年获全国农垦优秀政工干部称号。

王资柏：1986 年获广东省农村科技先进工作者称号。

郑玉梅：1989 年获海南省优秀教师称号。

黄裕秀　彭杏梅：1989 年获全国三八红旗手称号。

1985 年农牧渔业部、农业部授予的优秀胶工：植昌清、许树初、陈维连、李选明、黄裕芳、陈美莲、李桂汝、王昌连、魏任招、颜惠琴。

1986 年农牧渔业部、农业部授予的优秀胶工：杨秋卿、梁和好、吴楚芬、邓月凤、陈素莲、卢文珍、蔡素娥。

1988 年农牧渔业部、农业部授予的优秀胶工：黄裕秀、颜惠琴。

1989 年农牧渔业部、农业部授予的优秀胶工：吴楚芬、王学英、劳梅桂。

西联农场"十一五"规划时期（2006—2010年）发展情况

一、经济发展情况

"十一五"期间农场累计完成生产总值达到 10.36 亿元。

第一产业累计完成生产总值 5.36 亿元，年均增长 −5.21 ％，其中：种植业生产总值累计 4.06 亿元，年均增长 −9.80 ％；养殖业生产总值累计 0.76 亿元，年均增长 25.01 ％。

第二产业累计完成生产总值 2.13 亿元，年均增长 3.95 ％。

第三产业累计完成生产总值 0.35 亿元，年均增长 17.61 ％。

2010 年农场全年完成生产总值 23492 万元。其中第一产业生产总值 6720 万元；第二产业生产总值 6865 万元；第三产业生产总值 9907 万元。

附表 7　国营西联农场"十一五"经济发展情况表（主要产业及产值）　　单位：万元

项目	2006 年	2007 年	2008 年	2009 年	2010 年
生产总值	15755	14695	16659	33040	23492
1. 第一产业	10672	9044	9541	17656	6720
其中：种植业	7929	6799	6932	14962	3999
养殖业	443	847	1109	2567	2662
2. 第二产业	3064	2426	2978	6027	6865
其中：工业	2780	1819	2041	1978	2537
建筑业	284	607	937	4049	4328
3. 第三产业	152	338	459	1090	9907
其中：旅游业	—	—	—	—	
房地产业	152	338	459	790	1209
服务业	—	—	—	300	300

二、社会事业发展情况

1. 教育事业发展情况　"十一五"期间，农场高度重视教育事业。教育事业整体移交地方前，西联农场有 3 所初级中学、7 所小学、32 个教学点，在校生 2296 人，教职工 201 人。九年义务教育人口覆盖率达 99.9%，儿童就学率 99.9%，初中毕业生升学率达 89.1%。农场各级学校正常教学，没有出现重大教学事故。技能培训方面，全场 179 名在职教师参加了各级各类继续教育培训。此外，农场密切配合地方政府顺利完成了教育事业整体移交工作。

2. 医疗卫生发展情况　　"十一五"期间，农场医疗卫生工作得到加强：一是加强农场医院和基层卫生所建设，积极完善农场、作业区、生产队三级医疗卫生服务网络，全场有医院1所，医疗服务点9个，医务从业人员72人。二是积极动员职工群众参加医疗保险，不断扩大医疗保险参保率。2008年实行城镇居民医疗保险和农村合作医疗以来，职工群众参保人数达5138人，参保率达99％。此外，"十一五"期间，农场全力抓好重大疫病防治工作，没有出现重大疫情。

3. 养老保险发展情况　　"十一五"期间，农场主要从以下方面开展养老保险工作：一是全力做好养老保险费征缴工作，确保养老保险费征缴稳定。二是离退休人员养老金发放正常，退休人员生活得到保障。三是养老保险补缴工作稳步推进，断保问题及时得到处理。"十一五"期间，农场共为96名断保职工办理续保和退休手续，农场参保人数逐年增加。2006年参保人数4911人，2007年参保人数增加到5097人；2008—2009年参保人数达8421人，2010年参保人数达到2767人。

4. 社会治安与社会稳定情况　　"十一五"期间，农场严格按照社会稳定、秩序良好、群众满意的工作目标，以构建和谐社会和创建平安社区为工作重点，深入开展各项严打专项工作和禁毒人民战争，在维护稳定、案件侦破、治安防范、护林保胶、禁毒等方面工作取得一定成效，确保了社会的持续稳定和发展，为促进经济社会的发展创造了良好的社会环境。

附表8　国营西联农场"十一五"社会发展情况表

项目	2006	2007	2008	2009	2010
技能培训（人）	102.00	94.00	97.00	163.0	181.00
就业率（％）	100.00	100.00	100.00	100.0	100.00
入学率（％）	99.80	100.00	99.90	99.9	99.90
医疗参保人数比例（％）	28.77	28.24	29.77	7.8	8.26
享受养老保险人数比例（％）	28.77	28.24	29.77	7.8	8.26
生态文明村建设个数（个）	7.00	9.00	13.00	8.0	4.00

注：总人数为变量，参保比例以该年度总人数与参保人数计算而得。

三、基础设施建设情况

1. 道路建设情况　　"十一五"末期，西联农场有交通道路158公里，累计完成了67

个队的村村通工程，基本形成了三纵三横环状的道路网络。"十一五"末期农场尚有69.71公里路面没有硬化。

2. 农田基本建设情况 "十一五"期间，农场对红旗水库、红旗干渠进行了除险加固和防渗硬化处理。"十一五"期间累计清淤渠道34.506公里，累计工程土方量2.07万方。改良土壤130亩，新增灌溉面积190亩。

3. 职工住房建设情况 "十一五"期间，农场职工住房条件得到了明显的改善，累计完成保障性住房和危房改造4807套，总建筑面积达到220969平方米，解决了18747人住房难问题。职工人均住房面积由2005年的每人6.07平方米提高到每人11.79平方米。目前，农场尚有14752人存在住房难问题。

4. 安全饮水建设情况 "十一五"期间，农场争取国家财政资金615万元，实施了18个生产队的饮水安全工程，重点开展了饮水水源和输水管道建设，解决了9630人的饮水安全问题。目前，农场尚有91个生产队23869人存在饮水完全问题。

5. 公共设施建设情况 "十一五"以来，农场以建设社会主义新农场和和谐社区为目标，开展了一系列的"创建和谐社区"建设活动，农场场容场貌、队容队貌发生了重大变化。"十一五"期间，投资28.68万元建设职工活动中心和老年人活动中心，受益人口达到2078人。累计投资316.4万元改造硬化场区道路和路灯安装，受益人口达到11861人；累计改造完成了99373.5平方米的小区绿化，受益人口达到18747人。累计投资80.3万元建设污水处理厂1处，建设垃圾处理站1个。累计投资2.6万元建设了45个文明生态队。

6. 环境整治建设情况 "十一五"期间，农场以建设文明生态队为载体，改造了45个生产队的生产生活环境，累计完成了1处公厕改造工程以及沼气工程建设。职工居住环境和生活条件有了明显的改善。

西联农场"十二五"规划时期（2011—2015年）发展情况

一、经济有较大发展

1. 主要经济指标稳健增长　五年来，西联农场经济有较大提升。2015年工农业总产值完成24033万元，比2010年增长20788万元，增幅13.5％；在岗职工年均收入18697元，与2010年同期对比增加了4757元，增幅25％；职工自营经济纯收入24943万元，与2010年同期对比增加了13617万元，增幅54.5％。

2. 抓好项目开发以促经济发展　5年来，西联农场积极招商引资，引入有实力的企业与农场合作开发项目。全场经总局批准的土地合作开发项目共有12个，是垦区项目最多的农场。项目占地面积共616.67亩，计划总投资52034万元，项目建成后农场可受益27520万元；目前已收取了提前收益金和履约保证金2048.22万元，对推进农场二次创业，促进经济发展和繁荣起到了积极作用。

3. 依托土地优势做好农业项目开发　2012年西联农场被列为农垦10个热带农产品标准化产业基地之一。按照总局要求，西联农场依托土地资源的优势对农产品生产基地建设进行规划布局。一是依托农综项目投资468万元，完成了西流分场5个转制队共3904亩水田的中低产田改造；二是依托农综项目投资903万元，对新盈分场一、二号工地及周边共7200亩耕地进行中低产田改造，并逐步建成现代农业示范基地。三是西联农场与新海康源农业开发有限公司签订了合作协议，通过农场出土地，公司有偿提供种苗、免费提供种植技术和按合同价统一回收成品的合作方式，利用农场东升240亩农业基地来种植桑树。至2020年桑树种植基地已完成土地平整及灌溉设施的安装工作，完成种苗面积130亩。四是利用新盈分场30亩地进行辣木标准化示范种植，截至11月14日，已完成辣木种植工作。此外，为了提升职工自营经济活力。目前，分别成立儋州西联海晶波罗蜜种植专业合作社、儋州西联禾牧养猪、儋州西联绿原瓜菜种植等3个专业合作社。

4. 加强土地管理提升土地收益　西联农场始终坚持"守土有责、建好家园"的理念，组织开展土地专项治理工作。全场职工共签订自营经济用地合同户数2224户，面积13968.32亩。为了调动干部增收的积极性，农场把土地租金的收缴与干部岗位补贴挂钩，将土地承包款收缴工作落实到各个单位，责任到每一位干部。5年征收职工自营经济土地承包款563.79万元。

二、民生建设成果持续扩大

5年来，农场按照习近平总书记强调的"人民对美好生活的向往，就是我们的奋斗目标"的要求，积极努力地改善民生，重点抓好住房、道路、饮水、低保等民生工程。

1. 抓好职工住房建设　农场制定了《职工住房建设实施管理办法》，采取统建、联建、散建和为困难家庭垫资建设的办法加快推进，坚持每周听取职工危房改造进度汇报，及时发现和处理建设中有关问题，并成立了职工危房改造领导小组和监管小组，确保项目顺利推进。5年来，共完成职工保障性住房和危房改造2187套。

2. 抓好道路建设　5年来，投入5401.46万元硬化通畅道路43.3公里；投入1349万元与海胶西联分公司共同建设38.9公里胶园道路，解决胶工在胶园"路难行"问题。

3. 解决职工安全饮水　在农垦总局的大力支持下，共投入1059.8万元，解决了西联32个转制队、西联红卫队、西流红牧队、红岩队、新盈新伟队共2509户，10932人的安全饮水问题。

4. 抓好适龄人员就业再就业工作　5年来，农场通过再就业培训的方式，举办了8期专业技术培训班，培训适龄就业人员459人，同时借助本地项目，采取与开发商约定的方式，先后介绍108名新盈职工子弟到雪茄风情村和高铁建设工地就业。

5. 积极开展扶贫帮困送温暖活动　5年来，农场坚持开展春节前送温暖慰问活动，共慰问各类人员3229人次，发放慰问金164.3万元；金秋助学281人次，发放助学金33.4万元；开展大病救助339人次，发放救助金143.6万元。在办理低保情况中。把解决困难职工群众的最低生活保障作为一项重要举措，积极争取与市政府、市民政部门沟通，取得支持。2014年为514户，1108人办理了低保，让困难职工享有最低生活保障。

6. 惠民资金发放工作稳步推进　按照上级有关要求落实惠民资金补贴发放工作，申报农机具购置补贴1030.873万元。对全场3021户种粮农户进行登记、复查、审核及公示，通过"一卡通"把698.1741万元补贴资金全额发放到农户卡上，有效地调动了农户种粮的积极性。

7. 加快推进场部小城镇建设　利用一事一议国家财补资金及总局配套资金，结合农场实际，按照"规划先行，整体开发，完善设施，统筹协调"的要求，投入2009万元用于场部小城镇和基层基础设施配套建设，完善了农场分场部、中心公园、场部三条主道路（联港南路、思进路、思源路）、东园小区、西园小区、红卫小区及11个基层单位的基础设施建设。

三、社会事业建设取得新进步

1. 安全生产工作取得较好成效　农场全面推动建立安全生产"党政同责、一岗双责、齐抓共管"的责任体系，深化隐患排查治理和打非治违，抓好安全生产监督管理，制定突发事故应急预案，强化安全生产宣传教育培训，增强安全意识，开展安全生产检查 75 次，从根本上做好预防工作。通过采取一系列行之有效的办法，5 年无重大安全事故发生，连续 3 年获得市安全生产先进单位称号。

2. 信访维稳工作成效明显　5 年来，场党委全力落实信访维稳工作责任状。坚持"属地管理、分级负责，谁主管、谁负责，依法、及时、就地解决问题与疏导教育相结合的原则"，层层抓落实，把农场大接访活动工作按总局的部署落到实处。2011 年西流分场 4 个转制队职工群众以要回并场时带进农场的土地为由，阻止胶工上岗割胶，强行封占 10 个生产队的国有胶园 9875 亩，成为当时农垦总局的焦点、热点问题。为了尽快处理好这一事件，新班子成立后采取了解决民生、法制宣传和依法打击违法犯罪活动的办法，解决了这一困扰总局领导近 8 个月的群体性事件，恢复了正常生产。但是转制队的稳定问题还是比较脆弱，利益诉求较多，尤其是就业和村队建设的诉求没有得到完全解决，职工群众的期望比较高，工作稍有松懈，就有可能重新引发大规模的占地封胶事件。因此，5 年来，领导班子丝毫不敢放松，把解决转制队职工诉求列入领导班子的重要议事日程。一是争取资金 576.3 万元解决转制队困难户保障性住房建设、道路维修、饮水及三室一场。考虑到转制队困难职工生活难问题，对 128 户、457 人符合儋州市最低保障标准的困难家庭，从 2011 年 5 月起，农场每月每人垫付 150 元的低保费用，2011 年已为这些转制队职工垫付低保费用共 48 万元。二是遏制苗头，及时发现影响社会稳定的问题，积极研究采取对策，组成工作组进队召开会议，走家串户做好政策、法律的宣传，把问题有效地解决在萌芽状态。三是加强沟通协调。请求政法机关介入，找为首骨干人员训诫谈话，以此来震慑他们的违法犯罪行为。通过农场领导班子不懈的努力，目前没有发生占地封胶等群体性事件，农场持续保持稳定。

3. 社会治安持续好转　农场领导班子加强和创新社会管理，整治治安混乱地区和突出治安问题，严厉打击各类违法犯罪活动，加强社会治安防控体系建设，深化平安创建工作。认真开展禁毒、禁赌、校园周边治安、消防安全、铁路护路、拒绝邪教等专项整治工作。5 年来农场辖区共破获刑事案件 69 宗；查处治安案件 440 起。刑事拘留 67 人，行政拘留 105 人，有力地打击了违法犯罪分子。

4. 医疗卫生事业不断得到加强　场属 3 家医院及防疫站认真开展疾病防治和卫生防疫工作，搞好公共服务管理，提升服务质量。积极完成市卫生部门下达的防控任务，做好手足口病、登革热等重大流行疾病的防控工作，为保障职工群众身体健康做出应有的努力。

四、精神文明建设取得新成果

1. 生态文明建设不断加强　一是开展环境卫生整治工作。农场以开展文明大行动和环境卫生综合整治活动为抓手，建立长效机制，加强监督检查，场部环境卫生保持良好状态，主要道路的环境卫生整治成果得到巩固和提高，基层单位环境卫生有了较大改观。在实施"绿化宝岛"行动中，5 年共完成造林任务 7503.97 亩，种植株数 45.99 万株。其中：场部绿化 1581.55 亩，种植株数 25.86 万株；经济林种植面积 5922.42 亩，种植株数 20.12 万株。存活率达 95%，完成上级下达的"绿化宝岛"苗木种植工作任务。二是完善新盈红树林国家湿地公园基础设施建设。积极向上级筹资红树林环境建设资金 1290 万元，启动建设了公园大门、科普瞭望塔、观测台等基础设施工程。三是农场筹集资金完成了 6 个基层服务型党组织党建示范点和文明生态居委会的创建。上述项目的建设，有利于净化、绿化、美化、亮化职工的居住环境，不断提高职工群众生活质量和幸福指数，打造和谐幸福家园。

2. 企业文化活动内容丰富　场工会积极开展"农垦梦在闪光·争当金牌职工"劳动竞赛活动，组织职工为农场发展建功立业。组织召开践行社会主义核心价值观——读书更美丽座谈会，营造健康文明的社会风尚。积极与回访知青、建场老职工进行联谊，举办"我们的成长始于西联""听乡音、观潮剧、爱农垦"等文化活动。通过开展形式多样的文体活动，用文化的力量鼓舞职工、凝聚职工，促进农场经济社会健康发展。农场还结合已修缮的思进路，建设一条以廉政文化、综合治理、计划生育、安全生产、法制宣传为主要内容的文化长廊，营造浓厚的企业文化宣传氛围。

五、干部队伍和党风廉政建设得到加强

1. 注重干部管理和作风建设　在各级党组织和党员中深入开展创先争优、整治庸懒散奢贪、党的群众路线教育实践活动及"三严三实"教育等一系列活动，场党委重点学习宣传中共十八大、十八届三中、四中全会精神、习近平系列重要讲话及法制知识，中心组

集中学习 65 次，全场党员干部参加集中辅导、讨论学习 45 次；在各级媒体上发稿 1123 篇（次）。进一步增强了基层党组织的凝聚力、战斗力和号召力；进一步改进了党员干部的工作作风；进一步完善各项规章制度。先后制定了民主生活会制度、场务、党务公开制度、年度述职述廉、民主测评制度。

2. 认真抓好党风廉政建设　一是全面贯彻中共中央八项规定和省委省政府二十条规定，严格制定"两方案一计划"，巩固群众路线教育实践活动成果。党员领导干部厉行节约，反对铺张浪费，严格控制各项资金的开支。"三公"经费开支明显下降，"中秋""春节"两个传统节日，均实现了公务接待"零"开支。二是切实履行党风廉政建设"两个责任"，把廉政建设工作纳入总体目标管理，结合党的群众路线教育实践活动，以制度建设为重点，切实根除党员干部"四风"之弊。三是场党委组建设立"纪检监察审计"办公室，加强廉政建设和反腐倡廉工作力度。以党总支或支部为单位分别组织党员干部学习《廉政准则》和观看反腐倡廉警示教育片，开展"远学焦裕禄、近学牛开成"活动，邀请儋州市人民检察院的检察官到农场进行了预防职务犯罪专题讲座。此外，按照总局纪委的要求，场党委在原有编制的人事管理、财务管理、土地管理、基建工程、劳动社保、人口和计划生育等 6 个廉政风险防控工作板块的基础上，研究制定了项目管理、物业管理等 2 个廉政风险防控工作板块，并将有关廉政风险资料汇编成册，形成了防控工作的常态化。

在总结经验的同时，西联农场当前存在的困难及问题：一是社会管理还有待加强，维稳任务仍比较繁重。二是受财力制约，基础设施和民生项目建设尚不能满足群众要求。三是一些党员干部的思想观念、能力素质还不适应新形势新任务的要求，庸赖散奢贪"不干事、不担事"的现象仍然存在，加强干部监督管理仍有不少需要改进的地方。这些困难和问题，均待认真加以解决。

西联农场"十三五"规划时期（2016—2020年）发展情况

一、经济有较大发展

主要经济指标稳健增长 5年来，西联农场经济有较大提升。2017年完成总收入4551.89万元。其中：营业收入2322.1万元，营业外收入2229.79万元。营业利润127.14万元。利润总额为1400.37万元。净利润1312.05万元，占2017年度计划净利润300万元的437.35％。2018年完成总收入4329.26万元，占2018年度计划总收入4200元的103.08％。其中：营业收入1992.88万元，资产处置收益829.2万元，营业外收入1507.18万元。总成本2856.17万元，营业成本1376.09万元，营业外支出1480.08万元。营业利润1445.99万元。利润总额为1473.09万元，净利润1076.34万元，占2018年度计划净利润800万元的134.54％。2019年完成总收入6343.21万元，占2019年度计划总收入5900万元的107.51％。其中：营业收入3727.22万元，资产处置收益1092.31万元，营业外收入1523.68万元；利润总额完成1800.78万元，占2019年度计划利润总额1800万元100.04％。2020年完成总收入7126.7万元，占全年KPI总收入指标6300万元的113.12％；利润总额2243.69万元，占全年KPI利润总额指标1300万元的172.59％。

二、推进农场公司改革发展

根据省政府办公厅《海南农垦农场公司制改革的指导意见》，经过学习考察，开展座谈会，组织编写了《农场公司组建方案》和《公司章程》，并经职代会审议通过，报集团审批，经海南农垦投资控股集团有限公司批复正式成立。2017年5月8日，海垦西联农场公司正式挂牌运作，这标志着西联正式踏上了现代企业发展的道路。

（一）基本完成社会职能移交工作

农场公司紧扣改革中心工作，加快社会职能移交。一是学前教育。2016年7月8日，与儋州市政府签订幼儿园移交协议，随同移交的还有符合移交条件的38名在职在岗教职员工。二是医疗卫生。2016 年 11 月 30 日，与儋州市政府签订协议，将西联、西流、新盈 3 家职工医院、3 家防疫站移交地方政府管理，移交符合条件人员 384 人，其中在编在岗人员 165 人、退休人员 219 人。三是公安协警。已将西联、西流、新盈 3 家派出所作了移交，移交民警 22 人、协警 33 人。四是安排到"居"工作的人员。西联、西流、新盈三个片区安排到"居"人员共计 78 人。五是环卫保洁。接收从物业管理站分流出来的 78 名保洁员进行安置。六是社会性资产移交。13 项社会职能已基本实现移交。此外，还积极协助儋州市卫建委及各相关医院人员到 20 个卫生室医疗网点进行确定、测量、清理、平整等工作。农场公司投入资金 16.5 万元解决场地平整等事项，圆满完成了各项工作任务，得到了市政府的表扬和充分肯定。七是落实社会性资产移交工作。公共照明设施已和 3 个镇签订移交协议；公共体育健身设施已与 3 个镇及儋州市文体局签订移交协议；生产队道路、桥梁方面已和 3 个镇及儋州市交通局签订移交协议，公厕已跟那大镇与儋州市环卫局签订移交协议；园林绿地已与那大镇、和庆镇及儋州市园林管理局签订移交协议；社会性资产四方协议（大协议）已跟儋州市人民政府、海南省农垦控股集团有限公司、海南省国有资产委员会完成协议的签订。

（二）加快推进产业发展

5 年来，农场积极招商引资，引入有实力的企业与农场合作开发项目。一是落实波罗蜜标准化种植及种苗示范基地项目建设。推进红岛 400 亩项目厍地中 250 亩的基础设施建设、种苗定植，150 亩清理工作及红牧队 180 亩项目用地的清理工作。在整合 1124.1 亩职工承包橡胶用地的基础上继续整合 212.1 亩职工承包橡胶用地，作为 2021 年波罗蜜产业用地。完成种苗示范基地 150 亩，波罗蜜标准化种植 1000 亩的任务。二是按照时间节点加快推进思源雅居商住楼项目、新盈森杯海岸（新盈棚改）项目、绿拓阳光雨露共享农庄（海垦新盈共享农庄）项目。绿拓阳光雨露共享农庄完成项目区域内整合场地面积 1068.2 亩，其中职工自营经济用地 942.4 亩，海胶西联分公司用地 125.8 亩。5 个生产队建设用地腾挪规划编制已初步完成。缴交 5 年的项目土地租金 336.48 万元。对推进农场二次创业，促进经济发展和繁荣起到了积极作用。

（三）落实产业项目规划

农场公司按照"三镇三园三基地"的产业发展战略抓好项目规划。一是西联场部、西流场部、新盈场部控制性详细规划已编制完成，西联场部控制性详细规划修编已通过儋州市规委会，待儋州市政府批复实施。西流场部、新盈场部控制性详细规划已批复实施。二是新盈片区胶厂、新兴、新豪、新乐、新秀 5 个生产队（新盈阳光雨露康养园项目）村庄规划已经儋州市政府批复实施。三是现正组织编制西联片区洛南队、红旗洋，新盈片区墩吉队、新康队，西流红旗队、红牧队 6 个生产队村庄规划和 1 个西部仓储与物流中心概念规划。

（四）落实土地管理工作

农场公司坚持有针对性地开展农业用地规范化管理政策法规宣传教育工作，坚持敢于碰硬，把一个又一个难题啃下来。一是完善农业用地管理。农场公司已完成对内合同换补签并录入系统 3468 份，5737 宗，面积 26789.01 亩，换签率达 99.77％（按图斑面积计算）。对外租赁合同换签并录入系统 28 份，50 宗，面积 1169.6 亩，换签率达 99.57％。2017—2020 年土地租金收入收缴 1603 万元。二是落实"两违"整治工作。全农场公司疑似"两违"图斑 1826 宗，已百分之百全面完成图斑外业调查取证，系统销号处置 1211 宗，占处置任务总量的 66.31％，占控股集团下达销号任务总量（1026 宗）的 118％。三是抓好土地划转变更登记。原农业用地 118 本证 147129.8 亩，已办理完成划转 138 本证 184427.48 亩（含确权发证划转），占计划任务的 125.35％。建成区 4 本国有土地使用证 4601.51 亩，已办理完成建成区完税手续，已组织完成宗地资料，报送不动产登记中心审核。四是落实"被占地"调处收回工作。农场公司目前有被占地 654 宗，面积 21146 亩，2019 年目标任务收回 30％的被占地 6343.8 亩，现已完成被占地调处收回 133 宗 2756.55 亩，占计划收回的 43.5％。其中：19 宗 1537.85 亩为海胶集团西联分公司使用；104 宗 1061 亩被职工占用；外单位占用地收回 10 宗 157.7 亩。五是落实土地资产化。2019 年已完成符合条件的宗地 5 宗面积 2129.71 亩农用地资产化。2018 年 12 月，农场公司本部（不含二级企业）资产负债率 86.16％，2019 年 5 宗土地资产化后，资产负债率降为 45.93％。农场公司分别选择了西流片区、新盈片区各两宗，西联片区 1 宗，面积共 3014.2 亩的地块进行了勘测，对 5 宗地进行了评估作价，较好地完成了第二批资产化 10492.5695 万元的运作，并上报海垦集团审批给予入账登记管理。

（五）民生建设成果持续扩大

5 年来，农场按照习近平总书记强调的"人民对美好生活的向往，就是我们的奋斗目标"的要求，积极努力地改善民生，重点抓好住房、道路、饮水、扶贫帮困等民生工程。

抓好职工住房建设。5年来，共完成职工保障性住房和危房改造564套。

抓好道路建设。投入1498万元硬化通畅道路39公里，解决胶工在胶园"路难行"问题。

解决职工安全饮水。在农垦总局的大力支持下，共投入7.3345万元，解决了西流片区红岩队及四行队安全饮水问题。

加快推进场部小城镇建设。在推进场部特色小城镇建设中，以道路硬化、场部及小区美化、靓化、绿化为重点，完善小城镇基础配套设施。投入资金210万元安装太阳能路灯在西流场部主干道和西联木材厂宿舍区至东园水利，修缮西联木材厂宿舍区至东园420米人行道及护栏。投入资金900万元修缮西联联港小区、新盈粮厂小区、新宝小区、西流分场主干道路等基础设施建设。

给困难职工、困难党员、离退休老干部、省部级劳模等3034人送去163.96万元的慰问金及物品；资助贫困学生38人，资助金额17.4万元；职工大病救助182人，救助资金75.56万元。积极推进20户困难职工产业扶贫工作。农场公司对全场公司20户入城镇户籍贫困人口进行建档立卡，主要通过"一户一策，一户一帮扶部门，一户一帮扶联系人"等措施，积极推进20户困难职工产业扶贫工作。在扶持养殖方面。根据贫困户实际情况及自身条件，农场公司投入5.4万元为18户贫困户购买提供阉鸡（成鸡）以及鸡饲料。通过农场公司＋专业合作社＋贫困户模式，探索入股联营。投入10.79万元成立了养蜂专业合作社，其中投入4万元让20户贫困户入股养蜂合作社，利润分红，每户分得利润分红1080元。另外，西联片9户贫困户政府扶持入股海南高辉农业投资有限公司，利润分红。西流片区5户政府扶持2万元让入股和庆海平达养猪合作社，每户每年得到分红1200元；新盈片区6户贫困户入股光村镇雪茄烟业种植和儋州沙赠地瓜种植专业合作社百香果蔬菜种植产业，每户每年得到1.3万元利润分红。目前20户贫困户已脱贫。

（六）强化企业内部管理

1. 认真做好富余人员清理工作 2016年清理131名富余人员，减少社保费负担13万元；2017年清理693名富余人员，此项工作减少社保费支出510.7万元；2018年共计清理66名富余人员，完全解除原西联农场2009年后缴费已满15年自愿断保人员。依法依规将原西联农场在册不在岗断保回场登记造册人员353名全部清理，解除其原西联农场劳动合同关系。2019年度富余人员共计清理54人，为企业减轻了负担。

2. 清理历史债权债务及盘活闲置资产　2016年在追缴欠款方面，共追缴欠款356万元。2017年追缴历年承包欠款80.39万元。盘活沉寂资产给农场公司带来收入15.12万元。2018年追收富鑫岛公司土地转让款833.52万元，龙湖、富鑫岛两家公司逾期缴款利息247.73万元，追收对外承包租赁款26.12万元。2020年完成清收往年欠款173万元。对闲置厂房和仓库等闲置资产，通过租赁承包经营、合作、合股、抵押等方式盘活。引入合作伙伴，力求解决富余人员就业，增加就业岗位，增加企业收入。盘活闲置资产给农场公司带来收入17.93万元。

3. 加强成本控制　西联物业实行承包，自负盈亏，人员工资、社保费用不再由农场公司拨入。尤其是物业公司成功转型，输血转为造血，由过去农场公司长期垫付资金转换成物业公司扭亏为盈，上缴利润，为企业创收做贡献。主营业务实现大幅增长，农场公司"三公"经费支出明显下降。2017年比2016年同期对比降低27.06％。2018年比2017年同期对比降低比例16％。2019年比2018年同期对比降低比例16％。2020年比2019年同期对比降低比例20.67％。

（七）全面加强党建工作

各级党组织按照党中央部署和省委、控股集团党委要求，精心谋划、加强指导、压实责任、以身作则、带头示范，精心组织召开动员会议，启动主题教育工作。认真制定本单位工作方案，明确主要任务。做好规定动作和自选动作，推动广大党员干部学懂弄通和全面贯彻习近平新时代中国特色社会主义思想，往心里走、往深里悟、往实里做，树牢"四个意识"、坚定"四个自信"、坚决做到"两个维护"。

1. 扎实开展"不忘初心，牢记使命"主题教育　农场公司党委突出抓好"学习教育、调查研究、检视问题、整改落实"4个环节，既抓规定动作，又创新开展自选动作，确保达到理论学习有收获、思想政治受洗礼、干事创业敢担当、为民服务解难题、清正廉洁做表率的具体目标。

2. 加强党的基层组织建设　重点集中整顿软弱涣散基层党组织。投入110多万元完成20个党支部规范化建设。建设党员活动中心4个，规范化活动室16个，党建书屋4个，提供良好的学习条件。

3. 抓作风，促廉政　通过开展日常谈心谈话、约谈函询、诚勉谈话和民主生活会等方式，真正让"红脸出汗"常态化。党支部查找问题总数有187条，党支部书记查摆问题总数有 101 条，党支部书记收到批评意见总数 104 条。对 5 名上班迟到、早退的人员进行了问责。对 25 名庸政、懒政、怠政的干部开展集体警示谈话。对 65 项部门重点工作进度缓慢的 5 名负责人进行通报。对"学习强国"App 中不积极、积分排后的 10 名党员进行组织约谈。

海南西联农场志

HAINAN XILIAN NONGCHANGZHI

后记

海南农垦西联农场志编纂委员会于 2020 年 5 月成立,志书的上、下限时间为 1950 年、2020 年。本志书初稿至 2021 年 3 月基本完成。

海垦控股集团领导非常关心志书编写情况,农场公司党委主要领导还就编写志书的重要性与场志办的工作人员做了专门的谈话,海胶西联分公司、那大镇西联居、和庆镇西流居、光村镇新盈居等有关单位也提供了许多资料。为了核对一些数据,工作人员多次到海南省档案馆、农场公司档案室查找、核对历史资料,力争每一个事实和每一个数据都经得起历史的检验。

本志书共计 50 余万字,采取分工合作的方式编纂完成,具体的分工如下表。

内容			责任人
概述			谢永斌　吕月媚　梁步宁
大事记			谢永斌　吕月媚　梁步宁
第一编　地理和建制沿革			谢永斌　吕月媚　黄振
第二编　经济	第一章　经济总情况		谢忠南　何建臻
	第二章　基础设施建设		王开波　梁富年
	第三章　产业发展		薛鸿盛　薛图邦
第三编　管理	第一章　管理机构设置		谢永斌　吕月媚　黄振
	第二章　经营机制改革	第一节　农场企业化改革	谢永斌　吕月媚　黄振
		第二节　农业经营管理体制的创新	薛鸿盛　薛图邦

内容			责任人
第三编　管理	第三章　计划财务管理	第一节　计划管理	谢忠南　何建臻
		第二节　统计管理	谢忠南　何建臻
		第三节　财务管理	吴彦易　陈赞全
	第四章　社会保障管理		王彪　陈慧颖
	第五章　安全生产管理		何钦宝　简国强　吴德荣
	第六章　土地管理		钟有显　罗成兴
	第七章　政务管理		谢永斌　吕月媚　黄振
	第八章　人力资源和劳动保障管理		王彪　陈慧颖
第四编　党群组织	第一章　农场党团组织		王彪　王国强　符鹏安
			符丽春　洪一铮
	第二章　农场群众团体		梁步宁　洪一铮
	第三章　农场治安机构		何钦宝　吴德荣
第五编　科研教育卫生			何钦宝　吴德荣
第六编　社会生活	第一章　人口		谢忠南　何建臻　陈慧颖
	第二章　民俗		王彪　陈慧颖
	第三章　社会主义精神文明建设		梁步宁
	第四章　生态文明建设		钟有显　罗成兴
	第五章　社会治安综合治理		何钦宝　吴德荣
附录	新盈农场简史		曾杰平　杨发俊　苏杰成　罗理想
	西流农场简史		符汉雄　符友富
	1952—2020 年西联农场党政领导成员名录		谢永斌　王国强　符鹏安
	海南橡胶西联分公司历任领导名单		江道兴
	西联农场获国家级和省级表彰先进人物		梁步宁
	西联农场"十一五"规划时期（2006—2010 年）发展情况		谢永斌　谢忠南　钟有显
	西联农场"十二五"规划时期（2011—2015 年）发展情况		
	西联农场"十三五"规划时期（2016—2020 年）发展情况		
图片资料整理			谢永斌　梁步宁

　　本书特邀中国作家协会会员、《海南开发报》原社长兼总编辑李挺奋担任执行主编。

　　在本志书即将付梓之时，我们对曾经关心和支持本志书编纂工作的各级领导和各界同仁表示诚挚的谢忱。由于我们水平有限，且历史资料缺乏，书中错漏在所难免，敬请读者批评指正。

海南农垦西联农场场志编纂委员会

2021 年 7 月 1 日

中国农垦农场志